THE
CLOUD
REVOLUTION

云端革命

新技术融合引爆未来经济繁荣

[美] 马克·P. 米尔斯（Mark P. Mills） 著
丁林棚 等译

HOW THE CONVERGENCE OF NEW
TECHNOLOGIES WILL UNLEASH THE NEXT
ECONOMIC BOOM AND A ROARING 2020S

中国出版集团
中译出版社

图书在版编目（CIP）数据

云端革命：新技术融合引爆未来经济繁荣 /（美）马克·P. 米尔斯（Mark P. Mills）著；丁林棚等译. -- 北京：中译出版社，2023.1

书名原文：THE CLOUD REVOLUTION: How the Convergence of New Technologies will Unleash the Next Economic Boom and a Roaring 2020s

ISBN 978-7-5001-7172-0

Ⅰ. ①云... Ⅱ. ①马... ②丁... Ⅲ. ①技术革新－经济发展－研究 Ⅳ. ①F062.4

中国版本图书馆CIP数据核字(2022)第156425号

THE CLOUD REVOLUTION: How the Convergence of New Technologies Will Unleash the Next Economic Boom and A Roaring 2020s by Mark P. Mills
Copyright © 2021 by Mark P. Mills
The simplified Chinese translation copyright © 2022 by China Translation and Publishing House
Published by arrangement with author c/o Levine Greenberg Rostan Literary Agency through Bardon-Chinese Media Agency
All rights reserved.

图字：01-2022-4035 号

云端革命：新技术融合引爆未来经济繁荣
YUNDUAN GEMING: XINJISHU RONGHE YINBAO WEILAI JINGJI FANRONG

出版发行	中译出版社
地　　址	北京市西城区新街口外大街 28 号普天德胜大厦主楼 4 层
电　　话	（010）68359373，68359827（发行部）68357328（编辑部）
邮　　编	100088
电子邮箱	book@ctph.com.cn
网　　址	http://www.ctph.com.cn

出 版 人	乔卫兵
策划编辑	郭宇佳　赵　青
责任编辑	郭宇佳
文字编辑	赵　青　邓　薇
封面设计	潘　峰
营销编辑	张　晴　徐　也

排　　版	北京竹页文化传媒有限公司
印　　刷	北京中科印刷有限公司
经　　销	新华书店

规　　格	710 毫米 ×1000 毫米　1/16
印　　张	29.5
字　　数	257 千字
版　　次	2023 年 1 月第 1 版
印　　次	2023 年 1 月第 1 次印刷

ISBN 978-7-5001-7172-0　定价：89.80 元

版权所有　侵权必究
中 译 出 版 社

致我的妻子。

目　　录

前　言 i
序 I

第一部分
技术预测

第一章　技术至关重要 003
第二章　技术革命的结构 007

第二部分
有史以来最大的基础设施

第三章　硅引擎："计算机"的终结 019
第四章　信息是基础设施 035

第三部分
三个领域的技术革命：信息、机器、材料

第五章　信息1：知识繁荣 059
第六章　信息2：商业数字化 069

第 七 章	信息3：科学数字化	085
第 八 章	材料1：从去物质化到再物质化	095
第 九 章	材料2：从采集到合成	105
第 十 章	材料3：能源关系	119
第 十一 章	机器1：人类的放大器	131
第 十二 章	机器2：运动中的魔法	139
第 十三 章	机器3：生产资料	157
第 十四 章	机器4：为万物注入能量	167
第 十五 章	机器5：从自动化到自动机	181

第四部分
"咆哮的20年代"

第 十六 章	工作1："工作终结"的神话	191
第 十七 章	工作2：制造业的服务化	201
第 十八 章	工作3：服务的机器人化	215
第 十九 章	工作4：货运无人机、硅汽车与空中出租车	225
第 二十 章	医疗1：生命密码中的疗法	239
第二十一章	医疗2：未来不是星际迷航，但比这还要好	251
第二十二章	医疗3：(保健)服务的机器人化	265
第二十三章	教育与娱乐：掉进(同一个)兔子洞了吗？	275
第二十四章	教育1：远程辅导	283
第二十五章	教育2："脏活""软"技能的虚拟化	293
第二十六章	娱乐1：从欧里庇得斯到电子竞技	303
第二十七章	娱乐2：消遣"工具"	313
第二十八章	科学1：对奇迹的追求	321
第二十九章	科学2："神经技术"时代	337

后　记	未来的事业	349
致　谢		377
译后记		379
尾　注		385

前　　言

1920 年是极其不幸的一年，在此之后，举世无双的"咆哮的 20 年代"便拉开了序幕。

1918 年爆发的西班牙大流感一直持续到 1920 年。若按人均比例计算，这场瘟疫在美国造成的死亡人数比近年来暴发的新冠疫情造成的死亡人数（统计截至 2021 年）高出近 400%。1920 年，第一次世界大战给美国留下的伤疤仍隐隐作痛——10 多万名美国士兵战死沙场，这一数字远超美军在阿富汗和伊拉克战争中的死亡人数，尽管美国与阿富汗的冲突是美国历史上最长的战争。1920 年，20 世纪最严重的一次经济衰退席卷美国，这次危机一直持续至 1921 年 7 月。①

1920 年前后，还相继发生了一系列政治危机和戏剧性事件。在此前 3 年，在弗拉基米尔·列宁（Vladimir Lenin）的领导下，俄国十月革命爆发。这也加剧了美国的"第一次红色恐慌"，使美国人担心"极左主义"和共产主义会影响到美国的劳工运动。于是，纽约州议会开除了 5 名正式当选的社会主义党派议员。当时，各大报纸的头条都是"这里是美国，不是苏联"。全国爆发了大规模罢工，各市停摆，市政府派

---

① 指美国 20 世纪 20 年代初，因刺激战时经济膨胀的因素消失，导致美国经济的不稳定性因素增长，爆发于 1920—1921 年的再生产过程中的生产过剩危机。——编者注

遣出数千警察和联邦军队镇压罢工运动。

1919年，美国上下充斥着各种各样的炸弹威胁和轰炸。8枚邮件炸弹分别在几个城市同时爆炸，其中许多针对的是调查"无政府主义者"的人。1919年夏天发生了一场种族暴乱（南卡罗来纳州查尔斯顿市实施了短暂的戒严），数十名市民和警察死亡，既有黑人也有白人。1920年初，时任美国司法部情报总局局长的埃德加·胡佛（J. Edgar Hoover）警告称，美国应该为1920年5月1日可能爆发的"暴力起义"做好准备。但此事最终并未发生。

1920年11月的总统选举也动荡不安，成为美国政治史上的一个转折点。这一年，女性在美国历史上第一次拥有投票权。选举获胜者沃伦·甘梅利尔·哈定（Warren G. Harding）提出"恢复常态"的竞选口号①。现在，人们听到这句口号会隐隐有种似曾相识的感觉。的确，整个20世纪20年代的文化精神给人一种熟悉的感觉。

需要强调的是，美国不但成功度过了1920年的种种危机与动乱，而且，正如现在所知，"咆哮的20年代"随之而来。在接下来的80年里，美国的国家财富持续累积，整体国民幸福感不断提升，达到了历史最高值。

人们通常认为，美国之所以在20世纪20年代繁荣发展，是因为这个国家从第一次世界大战的打击中得以完全恢复。战后心理康复至关重要；但同时，大量涌入市场的新科技也给人们的生活方式带来了翻天覆地的变化，并由此推动了经济的发展。这10年，汽车、收音机、电影、电力等许多重大发明问世，一系列由此衍生出的发明、服务和商业也逐一问世。

1920年，文化领域也在蓬勃发展，大事频传。这一年，科技巨头们用巨额财富建造豪宅，在创造出传说中的"黄金海岸"的同时，

---

① 当时的美国人民刚刚经历了第一次世界大战，不希望再次介入国际争端，渴望在战后恢复和建立正常的生活。——编者注

也使人们更担心收入差距的问题。这一年，大量新作家和新书籍也相继涌现，弗朗西斯·斯科特·菲茨杰拉德（F. Scott Fitzgerald）在这一年发表了首部小说《人间天堂》(*This Side of Paradise*)；阿加莎·克里斯蒂（Agatha Christie）的首部小说《斯泰尔斯庄园奇案》(*The Mysterious Affair at Styles*)得以出版；捷克作家卡雷尔·恰佩克（Karel Čapek）创作的剧本《罗森的万能机器人》(*Rossum's Universal Robots*，简称*R.U.R*)问世，该剧首次引入"机器人"这个新词来探讨对自动化反乌托邦的恐惧。

的确，我们知道，20世纪并不是一个自始至终充满鲜花与美酒的时代。尤其要说的是，"咆哮的20年代"以1929年悲惨的股市崩盘结束，随之而来的是经济大萧条时代，接着另一场"大"战带来的悲剧又接踵而至。

但相比于1920年，20世纪末美国人的人均寿命增长了30岁，人均财富增长了700%（结合通胀率后的数据），这归结于两个原因。

一是信息、材料和机器三大核心技术领域取得了飞速发展，并实现了史诗性汇合，让所有现代社会产品和服务得以出现。

二是美国文化和政治制度发生了本质变化，让技术创新得以蓬勃发展。简而言之，那段长期的繁荣发展并不是由某项"大"发明或某个人带来的。

证据就在身边，"隐藏在显而易见的地方"。21世纪20年代，现今的三项核心技术领域再度飞速发展并产生交汇。在2020年新冠疫情暴发前，这些趋势就已经出现了。如果说全球疫情泛滥的2020年存在积极影响的话，那一定是科学技术上升趋势的加速。

未来的技术发展，也许会比始于20世纪20年代的技术繁荣更具影响力。我们将再一次见证经济生产力的极大增长，这种增长也必然使国家总体财富随之增加。"水涨"就意味着"船高"，未来将重复过去的一个中心模式。在不远的将来，有25%的人会过上如今只有5%的人拥有的生活，而未来5%的人则会过上如今只有1%的人才拥有的生活，以此类推。

尽管很难预测未来的政治走向，但我们有信心预测出未来的科学技术将带来哪些本质变化。

政治与科技都会向前发展，主要原因就在于发展是二者的本质。

序

21世纪20年代的繁荣发展,将以普及"云"知识和"云"技术为核心。"云"是社会上最新颖、发展最快的基础设施,其基本构造元素是硅,将成为下一代微处理器的基础。"云"看起来也许像是一个随意使用的公关术语。但就像互联网不同于电话一样,这个新事物和互联网的差异同样巨大,因此需要用一个新词汇来描述它。

电话使人们得以通话,而在其发明数十年后,90%以上的家庭都安装了电话。这种通信网络,促进了后来互联网的构建。互联网将分散在各地的台式电脑联结起来,并同样在其发明数十年后,使得90%的家庭都能联通网络。如今,互联网本身也促进了"云"构建。万事万物都能够与"云"相连接,各式各样层出不穷的"智能"产品更是如此。但这一次,"云"都联结回了一个集中式(超级)计算基础设施。

"云"是一种特殊事物,与以往的发明差异巨大。这种差异性在电子商务的兴起过程中便已初露端倪。"云"的身影还可见于"随时随地"的导航技术、能识别语音的"虚拟数字助手"技术,以及最近出现的"数据湖"技术——该项技术可将新冠肺炎病毒研究互联并加速课题研究。有了"云",硅片能产出的马力将不再局限于办公室、实验室或工厂中,亦不会局限于人们的口袋中,而是转变成一种像远程实用程序一样扩张延伸的硅系统，成为人类迄今建造的规模最大的基础设施。

硅引擎是"云"的核心，其主要作用不再是计算或"运算"，而是"推理"。人们简单随意地把这样的转变称为人工智能（AI），然而这一标签会让一些人产生误解，让他们担心人类将失去工作。人工智能确实具有革命性，但若放在20世纪20年代，这个词的含义也就相当于把车叫作人工马、把飞机叫作人工鸟，或是把电动机叫作人工水车。

若试图将现在与20世纪"咆哮的20年代"相比，就必须认识到这样一个显而易见的特点——"从小鹰号航空母舰到登月计划"，20世纪大发展的步伐被经济大萧条和第二次世界大战打断了。然而，这些灾难并非起源于技术。大萧条是由政策的方向性错误所引发的人为事件，诺贝尔经济学奖得主米尔顿·弗里德曼（Milton Friedman）对这一点做了明确的阐述。而就像所有的战争一样，第二次世界大战也是由法西斯的邪恶[1]造成的结果。

反过来讲，正是20世纪"咆哮的20年代"的技术，成为驱动了长达数十年经济繁荣的动力。这些支柱性的技术，对于第二次世界大战期间同盟国最终取胜至关重要。[2]

"云"端商务大教堂

"云"基础设施之大，从其实体规模看便一目了然。在我们所生活的宇宙中，所有事物都有其实体，包括电子产品和所谓的"虚拟"世界。互联网尖端智能设备（如口袋里装的、手腕上戴的或普通汽车中隐藏的十来种计算机设备）的尺寸不断缩小，其覆盖范围却不断扩大，甚至无处不在。"云"中心的计算机，也就是所谓的数据中心，却不断地膨胀扩张，达到了超大型的规模。

10年前，谷歌工程师创造了"仓库规模计算机"这一术语，来描述当时新兴的一种数据中心。每一个数据中心占地都有 100 万平方英尺（约 9.3 万平方米），相当于一个购物中心的大小。这些数据中心并不是装满了计算机的建筑，而是一个个仓库规模的、体积庞大的计算机。[3] 然而，仓库的作用只是储存，存储只是数据中心的功能之一，因此摩天大楼建筑作为数据中心的比喻可谓恰如其分。这是因为，摩天大楼就像数据中心一样，也是"商务大教堂"。"商务大教堂"这个说法由《纽约时报》(*The New York Times*) 于 1913 年提出，用以描述 20 世纪第一座真正的摩天大楼，即 792 英尺（约 241 米）高的伍尔沃斯大厦，它也是当时世界上最高的建筑。[4] 但仅仅 17 年后，这项纪录便被高达 1 250 英尺（约 381 米）、占地 200 万平方英尺（约 19 万平方米）的帝国大厦打破了。帝国大厦级别的高楼因此成了彰显国家和城市经济实力的鲜明旗帜——不仅是因为这些建筑背后所蕴含的技术实力，更是因为它们是商业交汇的缩影。而数据中心，则是 21 世纪的隐形旗帜。

如今，距伍尔沃斯大厦竣工已有 100 多年，全世界的超高层建筑已建成近 50 座。同时，世界上有约 500 座占地规模相当于帝国大厦面积的超大型数据中心，一个数据中心就可占据一整幢建筑。而所有超大型"商务大教堂"却仅占据数据中心总占地面积的三分之一。从长远的规模前景来看，这 500 座超大型数据中心的总体能源需求，相当于 6 万座帝国大厦级别的摩天大楼。

要理解当今数字大教堂何以产生如此巨大的经济实力，关键在于明白以下事实：一台占地仅 10 平方英尺（约 1 平方米）的数据中心所具备的计算能力，约等于 1980 年时全世界所有计算机的计算能力之和。这些数据中心所具备的计算力，全部通过信息高速公路网络与市场相连，而信息高速公路的规模大大超过了沥青和混凝土公路。通信硬件阵列沿着"高速公路"推动着数据字节，不仅构成了长约 30 亿英里（约 48 亿千米）的玻璃电缆（大部分埋于地下），另外还有由 400 万座基站构成的无线连接，其连接距离相当于 1 000 亿英里长（约 1 609 亿千米，即地日距离的 1 000 倍）。"数量本身就是质量"，这句话再贴切不过了。

迅猛发展的"云"基础设施建设将会给 21 世纪 20 年代带来巨大的科技进步，使科技进步速度远超 20 世纪 20 年代，并对电子商务、社交媒体以及经济的各个方面带来巨大影响。到目前为止，来自互联网的数字变革和早期"云"技术的发展主要与以信息为中心的活动（如娱乐、广告、新闻和金融）有关。这些领域更容易数字化，加起来只占经济总量的近 20%。其他的经济活动很大程度上停留在原子世界中，尚未进入比特世界，一直很难实现数字化。但现在，这个情况已经开始转变了。

本书将探讨以下问题：与"云"相关的事物的技术发展情况，以及"云"将来会以怎样的方式影响一切？潮流背后的推动力是什么，未来的发展趋势如何，以及为什么凭借一些精准的数据和有用的信息，就能够做出对未来的预测？或许会有人指责我们太天真、太乐观，或许会说本书描绘的图景不过是硅谷那老一套的"一切将从此改变"的说辞。我们承认，确实有些乐观，但这种乐观并非毫无根据。

信仰是动力和创新的源泉

在接下来的一个世纪中，科技进步将会像上个世纪那样扩大财富，提升幸福感。是否对此怀有信念十分重要，因为人们对未来的信念会直接影响当下民众的行为和政府的决策。如果你相信横扫历史的创新进程已趋疲缓，如今的创新只发生在几个小角落或少数几个人手中，就会形成"监控生长"的局面。所谓"监控生长"，即政府获得更多控制权，而资本和个体创新的自由度则大大减少。

在一个对技术充满悲观的世界里，人们并不仅仅满足于增加"全民基本收入"，而会要求政府加强管控，推进医疗体系社会化，给政府更多授权以获得满意的社会发展效果，建立更大的保障网络。

如果认为，新的繁荣就在眼前，而控制下的资本主义（世上没有完全的"自由市场"，只有相对自由的市场）是唯一能释放错综复杂的市场活力、将市场引领向新的繁荣局面的机制，那么将要采取的行动就大相径庭了。

因此，关于美国正确政治模式的争论，实际也是人们对于科技将如何改变未来的争论。

以经济视角看，新冠疫情大流行给世界带来的震荡，突显了对更高技术生产力的需求，不仅是医疗卫生方面的技术创新，更是关乎社会生活的方方面面。更高的生产力意味着用更少的投入和成本，获得更多更好的"输出"（用医疗卫生领域的话来说，即"结果"）。生产力的提升使得人们更容易获得服务和产品，也因此大范围地增加了人们的财富，提高了生活水平。悲观者指出，生产力发展在过去 20—30 年中确实停滞不前，这说得对。唯一带来了生产力实质性进步的活动，只出现在以互联网为中心的电子领域这一狭小的范围之内。但是"云"对于互联网，正如互联网对于电话一般，是实质性的重大转变。

想知道近年来生产力增速放缓是否会一直持续下去，我们就应该关注隐藏在对电子商务和社交媒体的讨论中的嘈杂信号。在使"云"的出现成为可能的基础技术变革中，以及在相关的实用人工智能及机器人技术中，可以发现相关的指标。本书将探讨，后者带来的影响不会像短视的悲观主义者想象的那样黯淡。"机器学习"、人工智能和机器人等工具，共同在促进整个经济体发展、提高潜在生产力的道路上迈出了一大步，尽管这一步姗姗来迟。这个类比也许不够恰当，但实用人工智能正处于与 20 世纪 80 年代前后的传统计算机技术大致相当的阶段。实用型机器人正在等待着与"福特 T 型车"类似的产品问世，在可预见的未来，这一应用有可能实现。毕竟，在第一辆经济实惠的福特 T 型车于 1908 年问世之前，汽车已经存在了 25 年。

数百年历史已证明，经济学家乔尔·莫基尔（Joel Mokyr）所说的"技术是'财富的杠杆'"是真理。但是，正如莫基尔在其《启蒙经济》（*The Enlightened Economy*）中指出的那样，经济增长"远超大部分经济学家的预想，要更多地依赖于人们所相信的事物"，因为这种"信仰"会影响他们的行为。[5]

关于增长和创新的心理，同意莫基尔观点的人大有人在。诺贝尔经济学奖得主埃德蒙·费尔普斯（Edmund Phelps）在其著作《大繁荣》（*Mass Flourishing*）中，开篇就提出警告，虽然他"不否认科学一直在进步"并且这种进步显然有利于时代发展，但他的研究重点是作为"现代经济动力源泉的态度和信仰"。费尔普斯认为："推动一个国家本土创新的主要因素，是一种保护和激发个性、想象力、理解力和自我表达的文化。"[6]

对此，本书基本同意，除了一点——如果没有新的科学和技术，今天的人类社会虽然也会充满活力且更具创新性，但将仍在使用马车，仍在劳动密集型农场工作。技术和文化同样重要。

比起以往任何时代，当下即将到来的由"云"推动的技术变革，将大大增强费尔普斯心目中造就大繁荣的那种关键动力。

与经济联系最密切的人很容易被新的商业理念打动，而现代经济会将其转变为探索者和实验者，使他们在发展中并在运用理念的过程中，去管理创新进程。（这时就需要科学家和工程师去协助处理技术问题，这样便颠倒了技术驱动的角色。）事实上，这种情况把各种人都变成了"拿主意的人"，金融家变成了思想家，生产者变成了营销者，终端用户变成了先驱者。[7]

对此，我们要说一声"阿门"。虽然我们也同意费尔普斯的观点，即繁荣的源头是制度，"而不是杰出的人物"。但创新者和政治家同样重要，前者是创造者，而后者可以是促进者，也可能是障碍。

但在当下这个时代，有一种广为流传的观念：真正能够改变世界的创新已成历史，未来的进步只存在于现有科技之中，如采用更多人工智能技术的升级版智能手机、用电池而非石油驱动的"清洁型"汽车。这两类创新都不像当初发明智能手机或汽车那样具有重要意义。尽管规范主义者承认，人工智能算是关键性科技变革的一个领域，但他们仍将其视为破坏就业的主要变量。

规范主义者

围绕新冠疫情发生的事件突显出的一些技术令人印象深刻，如病毒的快速基因测序技术、医疗数据共享技术、灵活制造药品的技术和越来越多人使用的远程会议技术等。但是，这些事件也突显出我们的能力是有限的。在求医问药方面，2020 年的危机提醒人们，药物发明的整体能力正在下降。自 1950 年以来，美国食品药品监督管理局（FDA）批准上市的新药物，每年药品的产出量都下降了 1/2（以 10 亿美元计）。研究人员发明了一个词语——"反摩尔"定律（Eroom's Law，又译"爱隆"定律、尔摩定律），用以描述这一现象。这个词将摩尔定律（Moore's Law）倒写，用来表示相反的现象。[8] 摩尔定律是由英特尔公司的联合创始人戈登·摩尔（Gordon Moore）提出的，因此以其姓命名。这一定律描述了一个广为人知却近乎神奇的现象：处理器计算能力每两年增长一倍，而其成本则不断下降。

每 10 亿美元的药物发明量减少现象，只是近年生产力放缓的一个例子，这一现象在制造业、服务业和教育行业都有发生。对多数人来说，这一切都证实了这样一个观点：人们生活在一个技术局限的时代，技术无法满足人的期望，这一情况不仅发生在医疗保健领域，还发生在社会中的方方面面。有一种说法是，这个时代是一个"新常态"的时代，增长确实存在，但比过去更慢。

技术为过去两个世纪增加了社会财富，规范主义者并不反对这一点。人们说，规范主义者只不过是现实主义者，会根据近期历史的证据来预测未来。那种认为科技正在加速变革的流行观点，主要指的是社交媒体、视频聊天、流媒体电影和电子商务领域。这些东西提供了新的便利和娱乐形式，但并不像工业革命那样有影响力。

对于规范主义者来说，医疗保健确实得到了改善，但其进步十分缓慢，而且成本越来越高。人工智能和机器人则只会使很多人失业，而主要使技术人员受益。在这种世界观下，要想复苏就业市场，人们就越来越需要从其他国家手中抢占市场份额，因为的确没有什么真正的新产品可以大规模生产。

简而言之，规范主义者认为，在近期不会出现任何可与电气时代和管道时代初期比拟的具有重大经济和社会影响的技术革命。我们注意到，1920年只有20%的家庭有抽水马桶；到1930年，50%的家庭有抽水马桶。[9]一些经济学家认为，增长放缓是一种"成功的标志"。[10]同时，少数科技大亨将继续获得大幅的财富增长。

在一个整体技术进步放缓的世界里，未来将是一个有更多"无"和更少"有"的世界。如果规范主义者是正确的，那么世界则确实面临着真正的限制，这种限制要求我们改变治理方式。

第一个规范主义者可能是经济史学家让·吉姆佩尔（Jean Gimpel）。他在1976年出版的《中世纪的机器》(*The Medieval Machine*)中精辟地论述了世界上第一次工业革命带来的巨大财富和福祉——"早期的机器时代"，其特点是"普遍使用水力"（中世纪的石油）和"使人民生活充满活力的农业创新"。[11]

在本书的导言中，吉姆佩尔却成为"当下主义"视角的受害者。他用这一狭隘的视角来看待历史，显然他的分析受到了1973年石油危机的严重影响。"近期，国际能源危机引发了目前的经济和金融衰退，这使许多人深感忧虑，担心西方技术社会可能会像世界其他所有文明一样,注定衰落和灭亡。"

因此,他在后记中预测:

> 当今社会的技术动力正急剧停滞,能改变社会结构的根本创新在未来不太可能会出现,只能在已有的创新领域中期待改良。像以前的所有文明一样,我们已经达到了一个技术的高峰,也可以预见未来几个世纪的衰落与枯竭。在西方文明的发展周期中,不会出现下一次工业革命。

当然,吉姆佩尔写下这些话时,英特尔公司和摩尔定律都已存在近10年了,而美国数字设备公司(DEC)亦已售出了近100万台台式计算机。2003年,吉姆佩尔的书重印时,出版商认为有必要在封面上加个说明:

> 吉姆佩尔在后记中断言,他那个时代的西方面临着另一波技术衰退,而他没有预见到20世纪80年代及90年代的数字繁荣和后工业经济的发展。

这个判断是一次重大的"失误"。如果吉姆佩尔今天还活着,我们认为,他一定能观察到,互联网迄今为止所产生的影响,还没有像工业革命早期那样带来重大变化。他的这一判断是对的。

为了反驳现今的规范主义者(持这些观点的人不在少数),仅仅摆摆手说"一直都有进步"是不够的。仅仅列出惊人的发明也是不够的,这很大程度上是因为,未来将要出现的新发明和服务不会出现在这一列表中。我们需要有力的证据来反驳"新规范"的说法。这就是我们写这本书的目的。我们认为,最近几十年经历的"新规范"只是一个过渡期。

当然,任何针对未来的预测,都涉及那句人尽皆知的老话:预测是非常困难的，尤其是预测未来。这句话从诺查丹玛斯①（Nostradamus）到马克·吐温②（Mark Twain），从尼尔斯·玻尔③（Niels Bohr）到尤吉·贝拉④（Lawrence Peter Berra）都曾说过。然而，借用彼得·德鲁克⑤（Peter F.Drucker）的一个想法，预测的关键在于，预料"已经发生的事情"。[12]

20世纪70年代，生产力增速骤降，没有任何经济学家预测到计算机和软件发明的影响，而此时这两种事物已存在10多年了，并在许多方面发挥了作用。这一类新产品后来创造出许多新的产业，并刺激生产力再次上升。然而当时的经济学家们既没有注意到这一点，也没有对其进行理论建模，更没有预料到它会衍生出新型的企业和公司（如微软、亚马逊、优步和苹果）——其雇佣员工数量从十几人到数十万人不止。1976年，时任美国经济顾问委员会主席的艾伦·格林斯潘（Alan Greenspan）主导起草，并给总统提交了一份经济报告，该报告中没有任何一处使用"计算机"一词。[13] 在经济预测中漏掉计算机革命也许是可以理解的，但这绝不是一个小错误。

并不是没有人预测到计算机的出现及其效用，关键是时机。被誉为"三大计算机之父"的数学家和医学工程师查尔斯·巴贝奇（Charles Babbage）在1823年设计了一台计算机，从而预测了计算机的问世。在他那个时代，数表计算是由人来操作的，这些人被称为"计算员"（computer），即"计算的人"，与"指挥的人"被称为"指挥家"是一个道理。⑥巴贝奇知道这一切完全可以自动化。认识到一个绝妙的想法能成为有用的工具，这确实是一种重要的潜能，但能使这一工具在社

---

① 法国籍犹太裔预言家。——译者注
② 美国文学家。——译者注
③ 丹麦物理学家，1922年诺贝尔物理学奖获得者。——译者注
④ 前美国职棒大联盟的捕手、教练与球队经理。——译者注
⑤ 现代管理学之父。——译者注
⑥ 巴贝奇认为这个过程可以自动化，并设计了一台需要2.5万个零件、高8英尺（约2.4米）、重15吨的机械装置。虽然他从未建造出这台机器，但在他诞辰200周年之际，伦敦科学博物馆根据原始图纸建造了一台可以运作的巴贝奇机器。它的计算精度比2000年的普通袖珍计算器还要高。

会中得到广泛应用并产生巨大影响力,需有必要的能动条件,知道这些条件何时会出现也同样是技术预测的要素之一。

所以,试看这个时代:自1987年以来,美国制造业领域的总体增长,大部分由硅引擎生产所带来。[14] 计算机软件及硬件生产现已成为一个每年近3万亿的全球性产业。[15] 但这些都是历史。其他国家却不可避免地加入生产昔日发明的竞争,这种趋势有增无减。规范主义者没有看到未来有任何改善的迹象。

按照这种世界观,美国未来的繁荣将主要来自窃取其他国家的工作和产品,无论是通过补贴还是关税来实现。这是一种和平年代的征服,就经济而言,这一形式的征服与历史上的领土侵占没有什么区别。生产力的长期增长模式表明,美国可能处于一个发展周期的底部(如图0.1所示),但这并不是一个有足够说服力的驳斥论点。

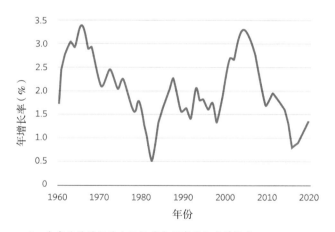

注:本表统计的是非农场经营类领域的年度增长率。

图0.1 美国生产力增长率:一种新规范? ①

相反,哪些具体的新技术即将产生,会引发生产力的增长,造成历史上曾发生的巨大影响,都需要证据来证明。

---

① 来源:美国劳工统计局(U.S. Bureau of Labor Statistics)。

这次真不一样："云"与三个技术领域

人类文明的加速发展始于 19 世纪，并贯穿几乎整个 20 世纪。毋庸赘言，这场高速发展绝不仅仅是铁路、电话、汽车、电灯或发动机等这些其中之一发明的结果——尽管在不少书里是以单项发明的视角而写的。人类文明的大繁荣源自一系列发明，这些发明同时出现且相辅相成。比如，对铁路运营来说，电报和时区的发明至关重要，而高强度钢的发明也同样重要。更关键的是，这些发明是借助发明家和企业家的一套常备"工具包"才得以问世的。

在"咆哮的 20 年代"，三个相互协同的基础技术领域发生了科技的交汇进步，引发了工业革命的加速发展，这些领域包括信息的收集和传播、生产手段（机器）的进步以及可用于各种生产的新型材料。

在机器制造的前端领域，工业制造机器问世于 20 世纪早期。它们由电力驱动，高速运转，高度可控，不仅产量巨大，而且品质极佳。众所周知，同时问世的还有交通和电力生产领域的新机器，如汽车和飞机。

在信息技术的前端领域，20 世纪不仅诞生了电话和广播（以及后来出现的电视），实现了信息传播，而且出现了新的获取信息的工具，如光谱学仪器、X 射线晶体学仪器以及精密时钟等，其中原子钟和后来衍生的全球定位系统（以下简称 GPS）占领了技术巅峰。精确的测量和监控改进了生产能力（人们不能修复无法测量或看到的东西），并扩展了人们对基础现象的理解。

在材料技术的前端领域，与 19 世纪相比，20 世纪出现了性质迥异、种类更加多样的生产材料，尤其是化学物品（聚合物、药物）和高强混凝土。千百年来，人类建筑环境中所使用的大部分材料，其来源都相对单一：元素周期表上的 92 种（自然）元素中，人类只使用了一小部分。早期用于制造汽车的材料主要包括木材、橡胶、玻璃、铁、铜、钒和锌。如今，一辆汽车至少使用了元素周期表中三分之一的元素，而计算机和通信设备使用了超过三分之二的元素。

如今，在这三个领域，技术的进步使得许多事物"早已成为现实"，通过它们，21 世纪 20 年代开启的未来在即，其轮廓已经赫然在目（如图 0.2 所示）。

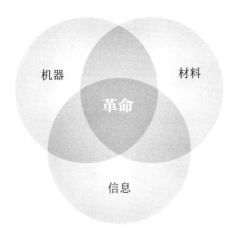

图 0.2　技术发展三领域的交叉革命

重启技术的三个领域

如今，在信息领域中心将看不到收音机和电话这样的工具，取而代之的是一种通用信息工具——微处理器。微处理器尺寸不一，小如跳蚤，大如餐盘。它们的信息处理能力也大不相同，有的只能完成简单的计算，而有的功能完备，宛如芯片上的主机。各式各样的微处理器是实现"云"技术的基础元件。

在不断扩张的"云"技术基础建设中，数据中心就像处于核心位置的"商务大教堂"。而微处理器不仅让这些数据中心成为可能,还蜕变成一种崭新的人工智能"推理"系统而非"计算"引擎。这一切正在与观察、测量工具相融合并增强其功能。用数字技术的表述来说,就是它融合并增强了获取数据的手段。同显微镜、望远镜一样,微处理器大大超越了基础研究工具的能力。

微处理器技术不仅革新了实验室、工厂和农场的测量与检测手段,而且革新了人们的日常生活。以信息为中心的传感器神通广大,包含从每部智能手机里的微型全球定位系统和加速度计[①]芯片,到能够事无巨细地收集一切信息的"灰尘"传感器。现在,这一切所能达到的规模和颗粒度都前所未有。

并且,在重启机器的过程中,我们发现,作为一种新的生产手段,3D打印技术已经成熟,能够神奇地将计算机图像直接变成最终产品。3D打印机不仅能应用于大规模工艺生产,还能够从根本上仿造自然"培育"生物结构,如制造人造皮肤、类肤材料,乃至人造器官,这些是无法通过传统机床实现的。

机器领域也出现了能够制造分子级规模设备的工具,也就是能在人体细胞中运作的机器,这些工具是微处理器生产供应链中的衍生发明。而在半个世纪之前,这些发明还只存在于艾萨克·阿西莫夫(Isaac Asimov)等科幻小说家的幻想中。几十年来,甚至几个世纪以来,人们对技术充满期待,不断渲染技术的能力,而21世纪的机器现在(终于)开辟了一条路,让无系留[②]仿人机器人能够与人类协作,不受限制地完成许多任务。

在21世纪的三大技术革命中,第三个领域是材料性质的变革。如今,同20世纪初一样,人们正在见证一场材料领域的革命,但这一次包括了通过计算机技术设计并合成的材料。这些材料可以表现出"非自然"特性,例如隐形。长期以来,人类一直在梦想着能够像炼金师

---

① 加速度计,指测量运载体线加速度的仪表。——编者注
② 无系留(untethered)指无缆绳牵引、无中间介质限制活动范围的状态。——编者注

那样变换物质，而这一梦想即将实现。

相比于依赖现有材料或反复试验开发新材料的手段，工程师们如今可以通过超级计算机运行的算法，以"材料基因组"为依据，按照具体需求，设计出独特的材料。新兴材料中涉及的"瞬态"电子器件和生物电子器件这两个新类别，将像硅电子器件的问世那样，同样产生大规模的应用和工业生产。

无论是这三个领域中的哪一个，我们都会发现，"云"越来越多地运用于技术创新之中。而"云"技术本身也随着新材料和新机器的发展，相辅相成地不断进步与壮大，形成自身不断强化的良性循环。在这个崛起的21世纪，信息充盈一切，而正是这个特征，为创新和生产注入了一剂催化剂，催生出了前所未有的景象。

但是上述这些创新，并非有些人眼中的特色创新。这些人宣称，21世纪的技术革命主要集中在"社会如何生产能源"方面，尤其是如何减少人类对占据人类能量来源的85%的碳氢化合物的依赖。简而言之，能源（即食物和燃料）是生存之本。我和同事彼得·休伯（Peter Huber）合著的一本书就专门探讨了这一现实问题，总结能源领域的规律与趋势。[16] 生产实用、廉价、充足的能源，这是别无选择的课题。但是，解决这一问题的办法，总是和这三大技术领域的进步不无关系。虽说助力文明进步的材料和机器确实日新月异，但大多数情况下，这样的革新并非人们在大众媒体中常看到的那样。这一点，我们将在后文中探讨。

此外，与规范主义者所宣扬的相反，事实表明，我们正处在一段罕见的历史时期之开端，每一个领域的核心技术都在经历根本性的变化，影响到人们的日常生活。就像过去一样，这将推动社会结构发生永久性的转变。当前的技术进步最终将不仅帮助人们完成消灭赤贫的大业（这项事业在20世纪已经大致完成），21世纪的突飞猛进还会显现在其他重要领域中，包括提升人均财富，改善人民健康状况，为更多的人提供社会便利，使之享受到更多、更丰富的娱乐与休闲。

扎根过去，发明未来

本书实际上是对三大技术领域中革命的模式、证据和影响的调查。书中不会试图列出每一种重要的创新，这样做会导致书中的报告连篇累牍，无法清楚地揭示预测模式。相反，本书将集中精力探讨那些激发根本性变革的或是典型的重点创新。

本书的目的是对未来 10 年，甚至 20 年的发展做出预测，所以本书所探讨的是现有发明在不久的将来的商业可行性。（我们注意到，有些发现虽然令人兴奋或大有前景，但需要几十年的时间才能发展成熟，因而不会在本书关注的时间范围内引起结构性的转变。对此不做过多论述。）我们可以改一改德鲁克的格言：我们不久的将来创造于不远的过去。

在探索过去时，虽然本书时常会提到具体的公司和个人，但这项调查的目的并不是判断孰赢孰输。当然，对革命性创新的种种益处加以利用并使之社会化的，正是企业家、投资者和商业领袖。但本书调查的目的，是揭示即将发生的划时代创新的总体广度和深度。

因此，本书分为四个部分。

第一部分，简要阐述预测未来的原因和方式，尤其是对技术革命的性质预测。自然现象都有规律，同理，创新现象亦有其规律。（本书在一部分附录中针对现代历史的方面进行了深入探究，这部分所揭示的规律令人深思，有时亦非常有趣。）

第二部分，探讨作为世上最新颖、最非凡的基础设施——"云"的本质。人类在创造和使用通信系统的技术道路上走过了漫漫长路。许多人认为随着互联网的出现，我们已达到了一个历史发展的巅峰。然而，无论是规模还是功能，"云"变革的深刻程度远超从电报到手机的转变。"云"是史无前例的、全人类规模的信息基础设施。

第三部分，转入对三个技术领域革命的探讨，并着重关注数字化和"云"的作用。我们从世界及环境中获取信息的主要方式，已经离不开由计算机和"云"计算形成的观察工具，这种工具所赋予的视野达到了前所未有的规模和精度。同样，从前合成材料盛行的时代，如今已演变成了一个计算设计材料盛行的时代。而在机器领域，"云"正在改变生产手段和运输方式，比电气化对生产的燃料和地理位置产生的改变更为深远。

第四部分，同样基于已经发生的事情，本书将推测这一切对于构成我们工作、旅行、健康和安全、教育、生产及娱乐的活动与工作，意味着什么。

第一部分

技术预测
Technology Forecasting

第一章

技术至关重要

我们很幸运，技术革新将会成为未来的内在部分。历史学家戴维·奈（David Nye）精辟地指出："技术之所以重要，是因为它和人类密不可分。"[1] 技术很重要，是因为它提高了人类的能力，使人类不仅能从自然的变迁和灾害中存活下来，而且使这一过程越来越容易。从一项最基础的数据指标中，可看出技术的整体效果：在过去的150年间，人类的人均寿命翻了一番。而且这种进步早于细菌学说、抗生素或现代医学的问世。越来越多的人晚年依然健康，全球平均寿命出现了举世瞩目的大幅增长。而这之所以能够发生，恰恰是因为技术，尤其是那种能够使许多疾病、灾难造成的破坏和死亡降到最低值（很多情况下甚至消除）的技术。

技术之所以重要，还因为它是提高生产力最有效的方式。当然，管理方式的改进也发挥了作用，但技术驱动型生产力不仅增强了人类劳动力，而且减少了生产总投入（劳动力、土地、材料、能源），同时还提高了产出（产品、服务、活动）。围绕这一事实，罗伯特·索洛（Robert Solow）提出了一套有说服力的经济增长理论，这一理论获得了1987年的诺贝尔经济学奖。[2] 自工业革命以来，消费者可以轻易购买到食品、燃料及其他任何能想到的产品，证明技术驱动型生产力带来了近乎神奇的增长，其影响可见一斑。

这种进步的显著净效应体现为赤贫人口大幅减少。1820年，世界上约95%的人口生活在极端贫困之中。到1920年，世界人口已经大幅增多，但极端贫困的比例降到了80%左右。到20世纪末，世界人口继续大幅增加，而极端贫困的比例已降至10%。[3]

实际上，只有在富裕社会中，公民才有能力和意愿在诸如社会和环境目标等方面花更多的钱。无论是从日常见闻还是严肃研究中都可以看到，当人们相信自己或孩子能够在美好的未来获得更多财富时，就会更加乐观。

技术之所以重要，还因为它让生活更舒适、更有趣、更令人愉悦，生活中的一切都因此变得更加便利，而非仅限于做那些生存所需的事情。如今，人们的交通、工作和睡眠方式都比历史上任何时候更为方便舒适。而从显微镜到超级计算机的技术，使人有可能了解到关于宇宙的趣事，即使这种追求不是为了某种目的，而只是纯粹出于好奇心。

技术对娱乐很重要，而娱乐的发明可能比工具的发明更早。在罗马时代，"运动会"、音乐、演讲及旅游等都与当今价值数万亿美元的全球娱乐产业一样，有着相同的特点。[4] 在1938年出版的《游戏的人》（*Homo Ludens*，在拉丁语中意为"运动、游戏和学校"，没有对应的英文表达）一书中，荷兰历史学家约翰·赫伊津哈（Johan Huizinga）提出，休闲、娱乐和幽默中的"游戏元素"是文化和社会的关键特征，赫伊津哈由此成为这种现代思想的先驱。

不管一个人怎样看待他人的选择，技术驱动型生产力让更多人有了更多空闲时间去娱乐。或者换句话说，提高生产力的目的，是让更多人在做任何事时都能找到更便捷的方式。然而，在追求财富、物质享受和娱乐的过程中，并非没有道德风险。关于这类问题，神学家、哲学家、社会科学家、政治家以及普通民众有过很多论述。在人们赖以生存的这个现实世界中，技术至关重要，人们似乎有一种天性，与各种技术成果达成了一种浮士德式的交易。从印刷机到第一部电影再到互联网，通信技术可以传播知识或者用来正大光明地娱乐，但它也可以传播色情信息和恐怖主义宣言。

有些人对进步感到失望，更喜欢他们认为"更质朴"的旧时代。然而，一个社会的技术和道德之间，并没有明显的关联。但是，技术进步与减少各种形式的苦难以及增进人类福祉之间，却有极大的关联。

未来之可期，超乎众人所料

在这个时代，大萧条的连环出击以及新冠肺炎疫情导致工厂停工，甚至削弱了硅谷间歇迸发的乌托邦热情。而且有人鼓吹这样一种论调：气候变化使我们处于"世界末日"的边缘。这种令人气馁的说法使人无法置之不理。[5] 人类未来的几乎各个方面都受制于这个问题。

在剖析这种"灾难意识形态"时，法国哲学家帕斯卡尔·布吕克内（Pascal Bruckner）指出，历史悠久的灾难话语策略，很大程度上来自知识分子，"这些由知识分子传播的恐惧就像一种贪吃的酶，吞噬焦虑，消化吸收，然后再去寻找新的焦虑"。[6] 人类面临生存威胁的观点并不新鲜，人类确实在现在和将来都会永远面临来自自然力量的严重威胁，而技术是应对这一情况的唯一工具。本书将会探讨气候问题可能带来的影响，但会在更广泛的背景下展开讨论，结合更多的方面探讨技术进步对人类未来总体意味着什么，尤其要探讨人类减轻自然破坏而非征服自然的能力。

技术创新将使生活更安全、更美好、更有趣，但认识到这一点并不会阻止人们用技术做一些让生活变得危险、不愉快或者更糟糕的事情。因此，我们也意识到了实施政府管理、采取促进经济和个人自由的政策，以及建立稳定、可信、有效法制的必要性。

与此同时，历史表明，尽管许多统治者管理无方，但许多人的生活条件还是得到了极大改善，且程度远超早期任何人的想象。历史还表明，政府和政策制定者尽管拥有权力，但无法一厢情愿地按照自己的意志（和支出）实现想要的创新。不过，政府可以建立一个框架，在这个框架下，普通想法和企业家的想法可以同台竞争。

为了看清未来前景，因时制宜地制定政策，人们自然就需要预测未来。诺贝尔物理学奖得主、全息摄影术的发明者丹尼斯·加博尔（Dennis Gabor）在1963年写道："我们无法预测未来，却可以创造未来。"经过分析，加博尔得出一条思路，使人们能够预测未来，至少预测技术的发展趋势。[7] 未来最有可能发生的变化，就是当今那些近在眼前的"隐形的"基础性创新。

洛克菲勒大学（Rockefeller University）人类生态学教授杰西·奥苏贝尔（Jesse Ausubel）表示，预测未来政治和社会变革的结果非常难，但未来的很多事情"并不像大多数人想象的那样难以预测"。至少有一件事可以预测，那就是我们还没有走到基础创新的尽头。事实上，当下正处于下一个创新大周期的开端。

第二章

技术革命的结构

20世纪早期,苏联经济学家尼古拉·康德拉季耶夫(Nikolai Kondratieff)首创了一种方法:利用大型宏观经济学模型,预测长期周期性经济繁荣与衰落。[1]尽管有学者指出,康德拉季耶夫的一些见解是基于卡尔·马克思对技术与资本的看法,但他经自主研究率先提出了以自己名字命名的康德拉季耶夫周期,又称康波周期,来描述技术进步与经济增长。

在康德拉季耶夫出生前,技术革新带来的工业化已有200年历史,尽管技术已经给社会带来不少改变,这些变化的本质依然让康德拉季耶夫十分着迷。他的研究成果催生出一种新的认知范式①,即便并未主导此后的所有技术预测性研究,也对这些研究造成了重要影响。[2]不幸的是,康德拉季耶夫因评论苏联的经济会反复陷入相同的循环,而与约瑟夫·斯大林(Josef Stalin)不合。斯大林下令逮捕并审判了康德拉季耶夫,将他送往古拉格集中营服刑。1938年,康德拉季耶夫在集中营里去世。

康德拉季耶夫死后不久,奥地利经济学家约瑟夫·熊彼特(Joseph Schumpeter)于1942年出版了一本影响深远的著作:《资本主义、社会

---

① "范式"一词是物理学家托马斯·库恩(Thomas Kuhn)于1962年创造的术语。

主义与民主》(*Capitalism, Socialism and Democracy*)。该书部分内容以康德拉季耶夫的研究为基础。熊彼特将技术进步视作一种"创造性破坏",这个形象的短语现被用来描述和定义技术对商业,尤其是就业的根本性影响。就像克莱顿·克里斯坦森(Clayton Christensen)后来提出的"颠覆性创新"一样,它用简洁的表述提炼出一种特殊现象。

历经两个世纪的康波周期模式表明,过去几十年的状态实际上是一个正常的过渡期,而不是永久的"新标准状态"。康德拉季耶夫认为,经济繁荣的康波周期为65—70年,如果这一历史周期成立,目前的经济必会迎来进一步发展。然而,金融咨询师总是警告人们,"过去的表现并不能保证未来的表现"。同理,人们必须知道,这些模式是否是虚幻或是暂时的,抑或只是某种现象使然。即使是在后一种情况下,人们也必须了解这种模式背后的原因。想想太阳黑子周期,这是一种长期被看作像钟表发条一样做规律运动的自然模式;而它刚刚经历的这一周期的预期正常峰值比历史模式晚了50%,且峰值活动水平也低了50%。[3]

人们只能从远处观察太阳,且(目前还)无法将太阳与其他更大的相似恒星样本进行比较。但与此不同的是,人们能够通过技术周期来分析更多的数据,以阐明驱动康波周期的可能因素。在这方面,委内瑞拉经济学家卡洛塔·佩雷斯(Carlota Perez)曾进行过非常透彻的探索,还对工业革命爆发以来的技术趋势做出了详细分析。[4]

佩雷斯绘制出各个时代周期中的一连串基础创新浪潮,并指出每个周期都始于"一批重要的新技术"的"爆发"式出现。"爆发"一词能够表示突然涌现而打乱"自然生态平衡"的意思,所以佩雷斯特意选择了这个词。在大量技术爆发之后,一个经济狂热增长的阶段便会到来,然后是一个更加繁荣的长期"黄金时代"(即图2.1中"协同")。在这个时代,"每个人的财富都会提升,包括那些几年前感觉自己落后了的人"。接着,在下一波技术"大浪潮"出现之前,经济会维持在缓慢增长的成熟阶段。

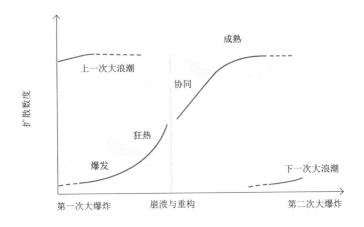

图 2.1 佩雷斯范式 ①

按照佩雷斯的计算,自工业革命以来,我们已经历了四个大周期——这一说法建立在康德拉季耶夫的研究基础上,并与其观点相似。以这种算法,世界应该很快就会进入下一个"黄金时代"。为了让下一个周期出现,需要看到全新技术的爆发。为了验证这种可能性,人们需要更多地了解能促使经济繁荣的技术本身的发展模式,而非整体经济的宏观模式。

模式与时间线

佩雷斯模式这个概念颇有影响力,不过,这一模式当然无法告诉我们技术爆发的具体时间。从技术爆发到人们"狂热"地采用一项新技术的这段时期,无论发展的时间轴是以 1 年还是 10 年为单位,这种模式看起来都一样。技术的生长模式和生物系统的生长模式有所相通,并非巧

---

① 来源:卡洛塔·佩雷斯,《技术革命与金融资本》(Technological Revolutions and Financial Capital),爱德华·埃尔加出版社(Edward Elgar),2003 年。

合。一旦一种创新"诞生",其系统本身的性质(微小的事物增长得更快)、所在生态系统、争夺生态位(市场份额)的需求和躲避捕食者攻击(竞争)的生存能力便决定了它的模式。一些潜在因素必然组合到一起,由此产生了生物系统和技术系统,二者的发展最终都受到同种自然规律的制约。

当然,在预测一项技术的发展时,时间线至关重要。火箭技术的稳步发展,使得工程师们在1960年前后(火箭首次问世后的几十年)就满怀信心地预测到了阿波罗登月计划的成功。20世纪20年代(马可尼发明无线电后的20年),无线电技术的迅速崛起也是可以预见的。这项发明促使大卫·沙诺夫(David Sarnoff)于1919年创立了美国无线电公司(RCA),为投资该公司的人带来了巨额收益。

当投资者考虑技术对未来股市的影响时,时机的重要性也不言而喻。自从18世纪末第一个现代股票市场诞生以来,人们就一直在孜孜不倦地试图在纷杂的市场行为中找出模式。支持市场周期的理论和数据,很大程度上取决于人们希望分析和押注的内容。但周期模式看起来都非常相似。

像火箭、飞机、计算机或疫苗这样的全新技术诞生后,人们会集中精力预测其技术发展模式,这时就需要了解与其相关的所有赋能因素或限制因素的趋势。虽然事后看来,基础性变化带来的"颠覆性创新"好像在一朝一夕间就能实现,但事实并非如此,它来自根本性的转变。

汽车发明20年后,实用的T型车设计才出现。又过了将近20多年,汽车的销量才出现拐点,开始猛增。[5]同样,从第一次实现核裂变到1958年在宾夕法尼亚建起第一座商用核电站(希平港核电站)也用了将近20年。此后又过了20年,核能才为世界提供了5%的电力供应。此外,虽然登月就像美国第35任总统约翰·F. 肯尼迪(John F. Kennedy)在1962年做出的著名承诺一样,"在这10年内"很快就实现了,但这项计划在第一枚火箭到达外太空将近20年后才启动。事实证明,太空旅行仍然很难。尽管杰夫·贝佐斯（Jeff Bezos）和埃隆·马斯克（Elon Musk）等科技巨头对太空旅行充满期待，但人们仍在等待佩雷斯范式中转向"狂热"增长阶段的拐点。

英特尔公司第二代传奇首席执行官安迪·葛洛夫（Andy Grove）在其著作中经常提到，无论是对于企业预测还是政府预测，了解到达拐点所需的时间以及相应的挑战性工程问题都十分重要。当下的数字时代正经历着"加速前进的变革"，关于这一比喻，有一个值得注意的现象：第一台实用的商用计算机——通用自动计算机（UNIVAC），于20世纪50年代中期问世，距第一台电子计算机的发明已经过去了将近20年。之后，又过了将近20年，以大型计算机为标志的拐点才出现，而此后再过20年，个人计算机的拐点才到来。

同样，从互联网诞生到1997年亚马逊公司上市大约间隔20年。又过了20年，电子商务突破了零售总额的5%，这是拐点到来的明显标志。此外，在锂电池发明后大约20年，第一辆真正实用的电动汽车（特斯拉）才出现。如今，人们也满怀期待，希望在接下来20年里，电动汽车使用率能够突破5%的大关。

过去两个世纪似乎就是由一个个20年组成的，一项新技术从头脑中的想法发展到具有商业可行性需要20年的时间，再用20年来实现一定程度（比如5%）的市场渗透。此后，技术发展速度可能非常快，也可能依旧很慢，这取决于市场或系统的固有惯性。这种发展速度可以是快速（消费品）、中速（汽车），也可以是极慢速（基础设施与空间旅游）。

要想预测事物在未来是否很快会有所不同，关键在于了解新技术是否已经达到了（以及在多大程度上达到了）佩雷斯认为的爆发点。要想知道究竟是否如此，就要明白，相关的模式并不是增长率模式，而是几种彼此关联但又相互独立的技术发展交叉模式，这几种技术的同时发展引发了技术爆炸。

"三"的法则

以苹果手机为例。无论是苹果公司还是史蒂夫·乔布斯(Steve Jobs),都与硅片微处理器、液晶显示屏和锂电池无关,可如果没有这三项技术的发展和成熟,苹果手机就不可能问世(见图 2.2)。

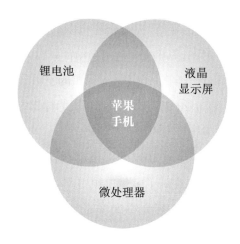

图 2.2 智能手机与"三"的定律

但凡缺少这三项关键技术中的任何一项,就不会有苹果手机。早在几十年前,人们对这三项技术法宝的研究就开始了,研究过程也应用了其他人发明的突破性创新工具。苹果公司和乔布斯首次实现了这三项技术法宝的成功应用,但他们并未因此有何损失。商业的成功很大程度上都取决于基本技能,即如何管理企业和激励员工。

正如许多读者所知,"三"的法则更常见于故事、笑话和神学理论等领域。人们通常认为,拉丁语中"omne trium perfectum"(三即是全)这一说法的提出者是古罗马的西塞罗[①]。虽然在一定程度上,选择三种

---

① 马尔库斯·图利乌斯·西塞罗(Marcus Tullius Cicero,公元前 106—43 年),古罗马著名政治家、哲学家、演说家和法学家。——编者注

引发变革的赋能技术是人为决定的（总有其他因素），但它确实是一种有用的分类法，能够在设备和产品层面相当准确地抓住出现突破的关键交点。正如本书所说，"三"的法则对整个社会都适用。

所有发明都建立在更基础的事物之上，层层组合之后，这些事物就像俄罗斯套娃一样，可以一直追溯到早期的发明、见解和发现。事实上，人们可以将这些事情一直追溯到所有事物的源头——原子、力和信息。继续以苹果手机为例。2007年，第一部苹果手机问世，具有划时代意义，使苹果公司在2018年成为第一家市值达1万亿美元的公司。苹果公司的竞争对手也迅速赶追，共同改变了一个全球行业。如今，全球已有数十亿部智能手机，遍布世界各地。这一切之所以能够发生，都是基于三种赋能技术的结合，这三项技术在2007年之前就已经历了数十年的改进。

1959年，杰克·基尔比（Jack Kilby）在德州仪器公司（Texas Instruments）发明了硅材料大规模集成电路（LSI），该电路是组成微处理器必不可少的。后来，基尔比还因此而获得了诺贝尔奖。大规模集成电路使人们的计算机靠廉价的单硅薄片就能运行，其价格也不断走低。此外，20世纪80年代，大规模集成电路还推动了超高性能无线电芯片的发明，它和大规模集成电路一样微小。连接无线网络的，正是智能手机的无线电芯片。

自20世纪50年代体积庞大的阴极射线管电视屏幕出现以来，人们就一直憧憬着高分辨率、腕表表盘大小的电视屏幕的到来。直到1964年，美国无线电公司的乔治·海尔迈耶（George Heilmeier）才发明了液晶显示器（LCD），并最终因此项发明入选美国发明家名人堂。电视显像管需要使用极高电压，液晶显示器却可以使用低电压来控制光线从电敏液晶的薄层上穿过或被其反射。10年后，日本夏普公司（Sharp Corporation）的真司加藤（Shinji Kato）和宫崎隆明（Takaaki Miyazaki）进一步完善了这项技术。

之后，在20世纪90年代，性能先进的锂离子电池问世了。它具有强大的储电能力，假如没有锂电池，现在的智能手机就不可能如此实用便携。斯坦利·惠廷厄姆（Stanley Whittingham）因在20世纪70年代开创了该项发明而获得了2019年诺贝尔化学奖。如果没有锂电池技术，智能手机还会像一块大砖头那么大。

"三"的法则在历史上屡见不鲜：路易·达盖尔（Luis Daguerre）用高质量镜头和能够记录并修复图像的化学物质发明了早期摄影法，即"达盖尔照相法"（Daguerreotype）。而在早期照相机发明的几个世纪之前，通过暗箱捕捉图像的想法就出现了。

电报之父萨缪尔·芬利·布里斯·摩尔斯（Samuel F.B. Morse）带来了"维多利亚时代的互联网"[①]。它是以电磁铁、电池和电缆制造这三种赋能技术为基础发明出来的。

几十年来，伽利尔摩·马可尼（Guglielmo Marconi）的名字一直是无线电的代名词，他利用电报、电话和射频真空管这些当时多年前已发明的技术，开创出了"无线"技术。

威利斯·开利（Willis Carrier）发明了第一台实用的空调，为美国南部的崛起立下了功劳。空调的发明同样也是基于三项赋能技术：离心式压缩机（碰巧也是他发明的）、电动机和廉价配电技术。

如果没有内燃机、石油精炼和装配线理念这三者的融合，亨利·福特（Henry Ford）便不可能打造出他的庞大企业。装配线的发明源自弗雷德里克·泰勒（Frederick Taylor），他在1899年前后改变了伯利恒钢铁厂（Bethlehem Iron Works）的炼钢方式。

1941年，美国无线电公司创始人大卫·沙诺夫想到了利用阴极射线管、无线电以及通过扫描技术来收集和传输图像，由此开创了电视时代。

国际商业机器公司（IBM）的托马斯·沃森（Thomas Watson）使用硅晶体管、磁带和计算机逻辑概念（又名软件）这三项技术，为世界带来了实用的现代计算机。

---

① 汤姆·斯坦迪奇（Tom Standage）曾以此为名出版了一本引人入胜的书。

被尊为"互联网之父"的温顿·瑟夫（Vinton Cerf），通过融合其他人早前发明的遍布式计算、遍布式电信和信息编码分组路由的概念，开发出了互联网。

从更高的抽象角度来看，可以看到亚马逊也是由三类技术融合而成：互联网、智能手机和数据中心，而这些技术没有一项是杰夫·贝佐斯发明的。

如果把时钟再往回调，就会看到，理查德·西尔斯（Richard Sears）和阿尔瓦·罗巴克（Alvah Roebuck）建立的伟大零售帝国也同样如此。1893年，两人共同开创了一个目录邮购帝国，创造了一种全新的商业模式。他们看到了身边潜在的可能性并彻底改变了零售业。他们认识到自己可以使用一种全新的能力"工具包"，这些能力直接与当今的商业革命相呼应：铁路的存在使配送货物成本更低；集中的大规模制造使商品生产成本更低；木浆纸大规模（化学）生产的时新技术使二人能够以低成本生产并分发大量代售商品目录。

西尔斯与罗巴克公司（Sears & Roebuck）没有参与这三项重要技术中任何一项的发明。但在1893年左右，这三项技术全都已经非常成熟，也就催化出了这种新型商业范式。该公司的销售和分销范围几乎覆盖了人们能够想象得到的所有东西，从衣服、书籍到预制组装房屋。在接下来的一个多世纪里，这种范式成为经济的一个持久特征，但这并不是件坏事。

相变

经济学家乔尔·莫基克借用了物理学中的"相变"①一词来描述变革性创新引发的经济与社会革命。[6]从铁路发明前到铁路发明后，从农

---

① "相变"是指在外界约束条件（温度或压强）变化至某些特定条件下，系统中相的数目或相的性质发生的突变。——编者注

业社会到工业社会，人们的日常生活经历的相变，就像固体转变成液体一样变化巨大。

可以看到，产品（汽车、智能手机）、商业系统类型（西尔斯、亚马逊）以及用于服务或支持新企业的基础设施种类（铁路、航空）发生了相变。此外，还有社会层面的相变，例如"工业革命"、漫长的康波周期。

今天，人们正处于这一开端的末尾（即佩雷斯拐点），见证了三项构成社会基础的核心技术领域产生的相变汇合。

- 在信息系统的基本构建单元中，无论是微处理器还是互联网，信息系统本身的性质发生了相变（彻底改变了信息获取、存储、处理和共享的方式）。
- 制造和移动物体的机器性质发生了相变。
- 制造物体的材料性质发生了相变。

在接下来的内容中，我们会总结上述三项技术在同时代各自领域内发生的相变，然后思考三者交叉时所产生的社会层面的革命（见图2.3）。

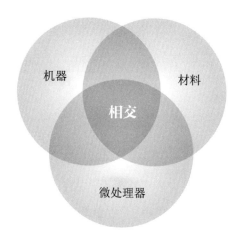

图2.3 相交与"三"的定律

有史以来最大的
基础设施

Biggest Infrastructure Ever Built

第三章

硅引擎:"计算机"的终结

很久以前,"计算机"(computer)指的是人类计算员。该词不是源于 IBM 或苹果公司,而是源于一种存在了几个世纪但现在已不复存在的职业。过去,通常会有数百人被雇来手动执行单一任务的计算。

1757 年,计算员验证了天文学家埃德蒙·哈雷(Edmond Halley)对一颗彗星回归(该彗星以他的名字命名)的预测。正如历史学家大卫·格里尔(David Grier)在其著作《当计算机还是人类》(*When Computers Were Human*)中所言,这项任务对一个计算员来说太困难了。因此,一位法国数学家想出来一个办法,将复杂的计算分成三个独立并行的计算(这开创了并行处理的理念,是现代人工智能的关键)。这位数学家与一位天文学家及当地一位钟表匠"对数字情有独钟"的妻子一起,花了好几周的时间来推导哈雷彗星的回归周期公式,并最终以惊人的准确性预测出了这颗彗星将于 1758 年回归,这个事件非常著名。[1]

在随后的几个世纪中,人类计算员成为商业、政府和战争的重要组成部分,特别是在两次世界大战中,需要满满几个屋子的计算员参与计算。从 5 000 年前的算盘到 1911 年起 IBM 制造的现代计算机,机械计算器早已存在,以使计算员提高计算速度。但直到阿波罗登月计划的时代，简单机械计算器无法完成的任务，还得交由计算员来处理。尽管美国宇航局很早便采用了电子计算机，但在那次航天任务中仍旧雇用了一大批专门的计算员，包括许多女性。玛戈特·李·谢特利（Margot Lee Shetterly）在《隐藏的数据》（Hidden Figures）[2]一书中记录了所有计算员的名字。在这段历史中，直至今日，衡量计算机功绩的指标是什么？就是每单位时间内的计算数量。

现代人工计算机时代始于1937年，当时克劳德·香农（Claude Shannon）在他极具开创性的麻省理工学院硕士论文中，提出了使用一台能够迅速切换"开""关"状态的电子机器，来执行二进制（数字）逻辑，这也就是二进制逻辑的1和0。二进制逻辑的想法本身，源于数学家乔治·布尔（George Boole）1847年提出的概念。英国经济学家威廉姆·斯坦利·杰文斯（William Stanley Jevons）基于布尔的数学，利用这一概念在1869年做出了一个钢琴大小的机械"逻辑引擎"装置。[3]

但直到第二次世界大战，世界上最早的两台电子计算机才在英美两国建成，且几乎是同一时间建成。英国的巨人计算机（Colossus）率先问世，美国的埃尼阿克（ENIAC，亦称电子数字积分）计算机紧随其后。英国计算机先驱艾伦·图灵（Alan Turing）是与香农同代的同行，他注意到运用电子计算机来破译德军密码轻而易举，而同样的工作则需要"100个英国人每天用桌上计算器工作8小时，算上100年的时间"。[4]

随后几十年里，使用真空管的逻辑开关被晶体管取代，之后又被微处理器取代，而微处理器则是由大量微型晶体管阵列组成的"大规模集成电路"。计算员这一工种消失了，而人工计算机则无处不在：曾经奇特的军事设备，如今成为唾手可得的商品。因此，无论是从字面义还是比喻义来说，硅引擎也和钢制引擎一样，成为驱动现代社会发展的一个普遍动力。

在此应注意到，所有发动机实际上都是将某种能量从一种混乱的形式转化（或说"精炼"）成一种高度有序的形式，物理学家称其为"功"。

这是人们所处的这个宇宙中一个核心的物理学事实，它阐明了"数据是新石油"这一观点的基础。这两种发动机，都能够推动技术持续进步，这个类比的重点就在于此。比硅引擎早一个世纪发明的钢制引擎，起初以不可阻挡之势迅速改进，但随着时间的推移和物理学上的限制，钢制发动机的发展越来越慢。

这个时代面临的一个关键问题是，硅引擎是否也正处于一个类似的发展放缓的临界点——逻辑引擎给整个信息基础设施这幢大厦带来活力，而在改进逻辑引擎的过程中，我们是处在结束期的开端，还是处在开端的终点？

内燃机、机械发动机和电动发动机，都是为了实现一个物理作用而设计的。这类发动机的改进速度受制于一个因素，即人们在多大程度上接近不可改变的热力学定律以及摩擦力、惯性和重力等事物的边界。然而，逻辑引擎并不产生物理作用，其设计用途是对思想进行操作。在这方面，改进也最终受到自然法则的制约。但在逻辑领域，这些规律似乎更有弹性。

20世纪下半叶，船用柴油机的长期收益趋于平稳，这项发明对全球商业的飞速增长至关重要。超过80%的世界贸易运输是通过船舶进行的。[5] 在早期，这项技术出现了指数级的增长：1910—1950年，每台船舶发动机的最大马力跃升了100倍；1950—2000年，发动机提升改进的速度放缓，每台发动机的功率只增加了10倍。[6] 人们在商业和基础设施中应用新的技术能力，且不断开创新的使用方法，发动机驱动的船舶贸易因此扩大。

但正如本章要强调的那样，硅引擎未来性能发展的三个相关的关键方面都取得了根本性进展，这包括原始计算能力（每秒的计算量）、硅引擎的运行逻辑（软件的数学架构）及制造引擎能使用的各种材料。三方面进展同时发生，相互影响，将促进硅引擎发生相变。

从逻辑计算机到推理机：黄氏定律的兴起

让我们首先从计算能力这方面谈起。衡量计算机计算能力的标准，与两个世纪前在屋子里装满计算员可谓一模一样。硅片计算机的关键，就是用晶体管填满屋子，并用它们产生更大的单位时间计算量。

每个逻辑引擎所含晶体管数量的测量定律，由英特尔联合创始人戈登·摩尔（Gordon Moore）于1965年4月在一篇文章中首次提出，并成为行业内著名的摩尔定律。他这样描述这条定律：硅蚀刻技术的进步使晶体管尺寸以极快的速度不断缩小，因而每块集成电路所含的晶体管数量每两年就会翻一番。

如摩尔定律所示，自1971年英特尔公司推出了它引以为豪的拥有2 300个晶体管的4004微处理器以来，晶体管的尺寸已经大幅缩小，一个中央处理器（CPU）如今就能容纳数百亿个晶体管。除此之外，每个晶体管的开关转换速度加快了1 000倍（这通过缩小晶体管的尺寸而实现），为计算能力带来了迄今罕见的指数级飞跃。而这也催生了一个强大的制造行业，每年可生产出500亿个微型处理器，这些微型处理器是用以构建各类数字机器的基础元件。

在关键的计算力指标方面，这一趋势还没有显示出渐近的变化。逻辑引擎的性能，以每秒钟的计算量来衡量，在过去半个世纪的进展中，从真空管到晶体管再到CPU，计算马力已经增加了数万亿倍（见图3.1）。

然而有些讽刺的是，晶体管在不断变小，芯片却在不断地变大。英特尔4004微处理器在一片仅12平方毫米的硅片上安装了数千个晶体管。而2019年底一家叫赛雷布拉斯（Cerebras）的初创公司推出的一款哥斯拉级别的大块头芯片，足足有半个比萨大小，有超过1万亿个晶体管，覆盖了2 000万平方毫米"硅地产"面积。它还拥有15千瓦的功率，比三座房子用电的峰值功率还大。[7]

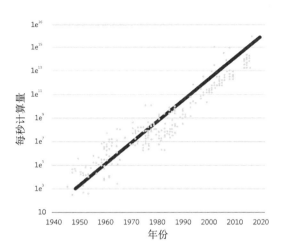

注：计算机性能的基本衡量标准是每秒钟可以执行的计算次数。第一批电子计算机的运算速度便远远超出人类，每秒可进行1 000多次计算。20世纪60年代，通用自动计算机达到了每秒10万次的计算水平；1976年，第一台克雷超级计算机的运算速度达到了每秒100亿次的水平。到了1990年，这一记录又为台式个人计算机所超越，而今天的超级计算机以每秒几万亿次的计算速度运行。[1]

图 3.1 计算能力在 70 年中的变化：每秒最大计算量

    除了像赛雷布拉斯芯片这样的大尺寸和原始计算能力之外，这种逻辑引擎的另一个突出特点是转向了一种新的逻辑运算形式。这是从二进制逻辑到推理机的转变，也就是所谓的人工智能。到目前为止，半导体完全由前者所控制。而基于推理机或学习算法而非计算的硅引擎，在最近已趋于成熟并持续迅速发展，这表明一场深刻的结构性变化正在发生。对新一类人工智能芯片的需求并没有取代传统的CPU，而是对其进行补充，并促进了所有类别半导体引擎的发展。其应用所带来的影响，类似于电子表格和语音命令之间，或计算和推理之间的区别

---

[1] 来源：威廉·D.诺德豪斯（William D. Nordhaus），《计算领域两个世纪的生产力增长》（*Two Centuries of Productivity Growth in Computing*），《经济史期刊》（*The Journal of Economic History*），2007年。

造成的影响。[8] 从数字逻辑到推理逻辑的改变，就像半个世纪前从算尺到数字微处理器的改变一样，具有重要的意义。

1986 年，英裔加拿大人、认知心理学家兼计算机科学家杰弗里·辛顿（Geoffrey Hinton）与他人共同撰写了一篇开创性论文，文中最早提出了学习算法或"机器学习"的概念。人们广泛认为，辛顿是人工智能的"教父"，但直到辛顿提出这一概念后 20 年，硅硬件才发展到了能够执行其提出的各种大规模并行功能的程度。[9] 这一时间间隔，与克劳德·香农从撰写出关于二进制逻辑的开创性论文，到实际产生足够强大的芯片来生产有效的数字引擎之间的间隔不相上下。

使硅引擎得以形成并使辛顿得以实现其设想的思想火花，产生于 1993 年。这一年，黄仁勋（Jen-Hsun Huang，别号詹森）与他人合伙创立了英伟达公司（Nvidia），寻求发明一种新的微处理器来处理这些并行功能。传统的 CPU 无法满足视觉渲染（即"图像处理"）所需的大规模并行处理，无法产生看起来真实且能实时移动的图像。黄仁勋最初专注于电子游戏市场，据他说，这是因为至少在当时来说，电子游戏市场是"计算机领域最具有挑战性的"。[10]

第一个英伟达图形处理器（GPU）彻底改变了图像生成和管理方式，取代了使用传统 CPU 来管理或创建图像的蛮力解决方式。英伟达既不是第一个也不是唯一制造专用 GPU 的公司。事实上，英特尔公司于 1983 年便已开发出了一种可应用于游戏的显卡，这一显卡集成了多个 CPU，通过蛮力计算法处理图形任务。然而，英特尔也并非史上第一个或唯一的 CPU 制造商。不过，历史自有办法找到一个公司，把生产出具有历史转折意义产品的荣誉赋予它。英特尔在 1971 年推出的 CPU 和英伟达在 1993 年推出的 GPU 便获此荣誉。英伟达的 GPU 推出后，在不到 10 年的时间里飞速更新迭代，使其芯片不仅主导了电子游戏产业，更是创造出了全新的半导体制造业。如今，英伟达有数不清的电子游戏玩家和数十家芯片初创公司。GPU 架构新颖，使其能以数千倍于二进制逻辑引擎的速度来处理图像。这种新的逻辑加速取代了摩尔定律，被称为"黄氏定律"。

碰巧的是，处理图像或图形的架构和数学正是"机器学习"所需的那种逻辑。因此，在 2006 年，辛顿发表了另一篇开创性的论文，描述了如何通过足够的计算能力来放大机器学习，将其应用于更复杂的多层"神经网络"架构，使得除机器学习之外的"深度学习"亦成为可能。几年后，斯坦福大学研究人员吴恩达（Andrew Ng）的研究表示，GPU 能够通过一种叫作"卷积神经网络"的方式来处理惊人的复杂任务，而这将需要更大的硅片马力。[11]

到 2010 年，各种各样的人工智能产品都进入了高速发展阶段。如今看来那仿佛是一夜之间的科技腾飞，其实却是长达数 10 年积累的结果。不断推动传统 CPU 进步的硅制造技术在持续精进，由此也推动了 GPU 的生产迅猛增长。因此，人工智能芯片迅速出现，既能够完成看似简单的日常任务（事实上对计算机而言很难），包括终于得以实现的语音指令识别技术，也能够完成更复杂的任务，例如计算机断层扫描（CT）的数据分析、汽车或机器人导航、生物功能模式识别及疾病传播图绘等。

图灵奖是计算机领域的诺贝尔奖，表彰在计算机领域做出重大贡献的人。2020 年，这一奖项颁给了两位为 1995 年动画电影《玩具总动员》（*Toy Story*）制作图像的皮克斯动画工作室的工程师[12]。这充分说明 GPU 在转变硅引擎的作用中起到了举足轻重的作用。

GPU 还和许多其他类似的非二进制逻辑引擎结合，其功能远不止读取或创建图像，这些非二进制逻辑引擎包括神经处理器（NPU）、智能处理器（IPU）、矢量处理器（VPU）和张量处理器（TPU）。张量处理器是谷歌为自己的数据中心设计的人工智能芯片，这种芯片功能非常强大，运行温度很高，需要使用水冷散热。如今的计算机集合了 CPU、GPU 和 NPU 三种处理器，其性能优越，就像一辆先进的小汽车，既有普通轿车的舒适，又有法拉利的速度，还有半拖车的承载力，集所有优点于一身，而这在汽车上是不可能实现的。

在高端性能方面，如今一片人工智能芯片便可以提供与整个20世纪90年代军用超级计算机相媲美的图像／视觉处理能力。[13] 这些强大的高端芯片造成了巨大的冲击波，而其背后却是数不清的低性能微型嵌入式GPU级芯片，就如同与CPU"沾亲带故"的产品激增一样。

如今，人工智能芯片越来越多地应用于日常生活中的物品和机器，其应用也由简入繁，小到智能手机的语音呼叫功能、面包机和门禁，大到（配备了人工智能摄像头的汽车）自动刹车使用点数据分析，乃至通过人工智能健身传感器来推断人体生物特征这样的惊人功能。数以亿计的小型低成本人工智能芯片广泛应用于市场，其性能达到了2000年前后的旧芯片的水平，而哥斯拉级的巨型芯片则占据了企业计算领域的大片疆土。[14]

GPU的更新迭代表明，数据中心、商业和研究"可视化"，以及机器的运输和制造成为发展最快的应用领域，而非电子游戏。[15] 这是对CPU级硅引擎增长模式的呼应。但与从计算尺到CPU的转变不同，这次从CPU到GPU的转变涉及对两类引擎的互补应用。

刨根问底

这种转变让人想到了材料。百年前，在化学产业形成初期，材料科学具有举足轻重的地位。而如今，无论在媒体还是商业新闻中，材料科学已经退隐幕后很长一段时间了。材料科学领域当前和未来的重大进步，在于对材料的理解、加工，甚至全新的创造。相较其在微处理器中的应用来说，材料科学和工程学本身应用更为广泛，作用更为关键。例如，历史上飞机的商业化需要铝材，汽车制造业兴起之初则需要高强度钢、合成橡胶以及生产汽油所用的化学提炼法等。我们会在后面的章节中再讨论这个问题。

硅技术领域的制造发展史也同样以材料为中心，始于半导体级纯硅的发明，这是一种自然界中不存在的物质。在此之后，人类便孜孜不倦地寻找各种元素及组合方式，以缩小计算机尺寸、提升运算速度。1980年左右的计算机，使用元素周期表中的20多种元素；今天，计算机中含有70余种不同的元素。这种快速的扩张，其目的主要是不断缩小晶体管尺寸，提高运行速度，还要消除"噪声"。[16] 无论用什么材料，尺寸都无法无限缩小，但要达到小尺寸的极限，工程师们还有很长的路要走。[17]

今天的晶体管，其关键部件已能做到不超过6个原子的宽度。[18] 不过至少在实验室中，我们已经可以预见到更先进的技术可以将今天的尺寸再缩小一半，达到仅仅几个原子的宽度，这可是非同小可的进展。[19] 尽管还没有实现商业化，工程师们已经在理论上证明了使用碳纳米管代替硅作为基础材料的可能性。不过，这种可能性也只相当于贝尔实验室1948年首次展示半导体晶体管的阶段。[20] 同时，其他能够迅速付诸实用的方法的理论可能性也不断增加。

通过采用新的架构，并缩小构造硅引擎所需的辅助部件的大小，每个CPU或GPU的晶体管密度可以不断增加并持续多年。新架构包括从原来的平面二维结构转向三维结构（即微观的摩天大楼），将更多的功能集成到同一个硅片上，而不是增加外部功能组件。其中一部分表现为所谓的"小芯片"的形式，其所有辅助设备都排列在同一个基底上，而非各自作为单独的部件组合到一起，从而大幅缩小了逻辑体积。

还有一种架构变化是，通过改进芯片表面的数据流量处理方式提高运行速度。传统的方法包括将数据存储在芯片的一部分"内存"中，并在数据被调用时，将其发送到CPU众多负责分析计算的"内核"之一,这种传统的方法现在仍被广泛使用。随着数据量的增加,即便数据都在同一个芯片上,逻辑"内核"和"存储器"之间距离很微小,但在两者之间来回移动数据,必然会减慢运行速度(想想交通堵塞),还会影响芯片的能源消耗。解决办法就是将内存分割开来,在每个分布式"内核"中共同放置较小的数据块,并使用智能芯片级嵌入式软件,动态地决定每个位置的存储内容。这是优步(Uber)和爱彼迎(Airbnb)所使用逻辑的微观版本。

然而,提升逻辑密度的另一条路径是,通过计算机软件优化设计引擎本身的布局和结构。硅引擎由数十亿个部件组成,其基础设计极为复杂,包括优化部件位置、路由和材料所产生的冲突。这些都是由强大的计算机辅助设计(Computer Aided Design,以下简称为CAD)系统所完成的。计算机实际上完全通过自举而运行。

严格来说,硅引擎密度的每一次增加并非都是摩尔定律延续的结果,即并非只通过缩小晶体管本身尺寸来实现。正如麻省理工学院计算机和机器人领域的先驱罗德尼·布鲁克斯(Rodney Brooks)近期表示的,如今很多人还声称摩尔定律有效,这"有点偷梁换柱",因为我们所测量的东西已经发生了改变。[21]不过,在未来20年内,即便在硅引擎密度方面取得的成果只相当于从2000年至今这么多,也足够改变世界了。

然而,这并不是说未来就不可能像1971年第一个商用硅CPU问世那般,取得影响深远的技术进步。人们发明了全新种类的材料,依据各种各样的物理原理开发出截然不同的设计,这些终将突破摩尔定律的阻碍。从单电子自旋电子学到量子计算,那些还未能实现的事物,已经存在于人们的想象之中。理查德·费曼(Richard Feynman)是20世纪伟大的物理学家之一,他对当前微型机器的状态做出的预想,颇有先见之明。用他的话来说,在逻辑引擎方面"底层空间广阔"。

每次逻辑运算的单位耗量,是计算能力上升空间的最终决定因素。在使用已知各种技术降低单位逻辑工作耗能方面,我们离物理学上的极限还有1 000倍的距离。[22] 要衡量离理论上的"底层"最终还有多远，有一种方法是通过人脑计算量的类比来衡量，人脑是计算能力的圣杯，比今天最好的硅逻辑引擎至少节能1亿倍。[23] 或者反过来说：按照今天的计算效率，需要10吉瓦①才能够模拟一个20瓦的人脑的计算能力。[24]

从摩尔定律到"云"定律时代

尽管现在以摩尔定律来衡量计算能力有"偷梁换柱"之嫌，但是，未来10—20年，计算机性能一定会大幅提高，构成硅引擎真正的"相变"。如今已有了非常清晰可见的证据，这证据并不是人们手中无比便利的智能手机，而是在高性能计算的奇异世界中。由政府机构和研究机构主要资助的超级计算机一直处于领先地位，而在开发这些超级计算机的过程中，工程师们另辟蹊径，找到了提高其性能的方法，可以在日常计算中更广泛地使用之。

自1990年以来，晶体管密度这一简单的，甚至是原始的衡量标准已经提高了约1万倍。但是，于2020年上线的世界上最快的超级计算机，比1990年的顶级机器还要强大300万倍。

超级计算机性能的最近一次飞跃，是在近10年的渐进发展之后发生的，这次飞跃缘于使用最先进的CPU和GPU的组合。下一代图形−中央处理器（以下简称GPU-CPU）机器的建设已经开始，并将在几年内上线，这些机器的性能将至少再增强10倍，并以每秒百亿亿次（Exaflop）的计算速度运行，或比10年前的顶级机器强大约1 000倍。目前，人们正在探索实现下一个1 000倍以上的飞跃，达到10万亿亿次（Zettaflop）的速度。[25]

---

① 1吉瓦=10亿瓦。——编者注

当各国政府都在争相抢夺领先优势，实现更高性能的计算能力的时候，商业领域则将昔日成本相对较低的超级计算技术普及化，将这些科技能力运用到数据中心，让每个人都可以享用。现在，任何私营企业或研究人员都可以按字节租用高性能机器，这些机器几年前还只有美国国防部才能使用。在"云"中提供无处不在的超级计算能力，是实现信息处理的一个变革。

人们已经看到，超级计算机可应用于自然及生物模拟、毒品检测、天气预报和产品开发等领域。在不久的将来，任何地方的研究人员和产品开发人员都可以利用硅技术进行车辆碰撞测试、城市交通流量模拟、水资源或污染管理，甚至进行治疗性药物测试，而无须在现实中进行。[26]

人们手中的智能手机比过去的大型主机性能还要强大，这的确非同小可。不过，智能手机及其应用程序与"云"端互联，其计算能力已经超过了摩尔定律的 100 倍，这一点影响更为深远。因此，信息基础设施与过去的通信网络有着本质上的区别。它与互联网的区别就像智能手机与 20 世纪 60 年代的电话的区别一样。

但是，技术亮点和差异虽然至关重要，却不见得会产生巨大影响。新产品和服务会占据利基市场①，却不一定会撼动整个经济体。当涉及推动整个经济发展的技术时，成本是衡量优劣的核心标准。当汽车和飞机的相关技术发展到一定程度，能够大幅降低其每英里的消耗成本时，搭乘汽车和飞机出行便会非常普遍。

因此，经济价值的标准，是以每美元能带来的计算量的增长率来衡量的，而这一标准自人类作为计算员的时代就一直在使用。在"云"时代，每美元支出所获得的计算量，以越来越快的速度不断提升。这种加速与当初从加法器到电子计算机的变化一样显著（见图 3.2）。

---

① 利基市场（niche market）是指针对企业的优势在较大的细分市场中细分出来的市场，这个市场通过寻找细分策略，寻找市场缝隙的方式来实现营销上的突破。产品推进这个市场，有一定盈利的基础。利基在这里特指针对性、专业性很强的产品。——译者注

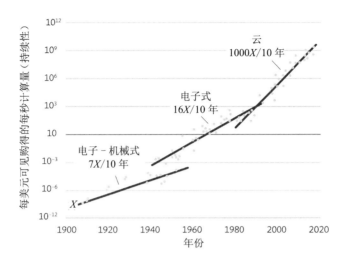

注：在今天，用 1 美元可以买到的由人类计算员执行的每秒计算量（图中的"X"）自 1900 年以来基本没有变化（已根据通货膨胀调整数据结果）。随着电机加法器的改进，每美元可获得的自动计算量以每 10 年 7 倍的速度增长。然后，电子时代的到来使这一指标变成每 10 年提高 16 倍。"云"的出现，大约在 2000 年前后，开始了以每 10 年增加 1 000 倍的革命性速度增长。[1]

图 3.2　超越摩尔定律：廉价"云"计算的"指数"时代

在 20 世纪 60 年代的大型主机时代，花在硬件上的每一美元，相当于买入每秒进行一次计算的能力。到 2000 年，1 美元便可以买到每秒 10 000 次的计算量。今天，1 美元可以买到每秒 100 亿次的计算量，而且可以随时随地租用。[27] 以上计算都考虑了通货膨胀的因素。这样的经济转型，与以往任何时候都不同。由于"云"计算实现了"信息即服务"，各种新的服务开始涌现，而且将来还会有更多的服务出现，往往被归为人们广泛使用的"（插入新类别）的服务"。虽然服务本身

---

[1] 来源：史蒂夫·尤尔维特森（Steve Jurvetson）、瑞·柯兹威尔（Ray Kurzweil）、汉斯·莫拉韦克（Hans Moravec）。

是"虚拟的",但使服务成为可能的"云",尽管它的名字让人有一种"云"里雾里的感觉,却绝非虚无缥缈的东西。"云"以一种全新的基础设施为中心,最终将带来环境计算的新时代。

环境计算

有些发生过的事情会让人清楚地意识到,世界从此即将走向不同的时代。例如,1882年9月,爱迪生在纽约中央珍珠街车站用电灯照亮了世界上第一个中央发电厂;1913年12月,亨利·福特在底特律开启了第一条现代汽车生产线;1952年5月,英国海外航空公司在伦敦启动了第一架商业喷气式飞机。同样,1952年11月,雷明顿·兰德公司(Remington Rand)的通用自动计算机对美国总统选举结果进行了统计,并正确地预测了选举结果。[28]但哥伦比亚广播公司的传奇新闻人沃尔特·克朗凯特(Walter Cronkite)选择推迟宣布这一预测,因为他更相信传统的民意调查结果和专家预测,认为阿德莱·史蒂文森(Adlai Stevenson)会胜过德怀特·D. 艾森豪威尔(Dwight D. Eisenhower)。

又如,2011年2月,IBM的沃森(Watson)超级计算机作为参赛者加入了电视游戏节目《危险》(*Jeopardy*),与节目中两位全连胜的人类游戏冠军同台竞技,结果拥有200千瓦功率的沃森计算机轻松获胜。这一时刻,人们再次清晰地认识到,世界从此即将发生改变。

上一次IBM进行类似的特技表演是在几代计算机之前,即1997年,当时它让一台名为"深蓝"(Big Blue)的计算机与国际象棋大师加里·卡斯帕罗夫(Gary Kasparov)进行了一场比赛。这一事件标志着计算技术的巅峰,因为国际象棋是有诸多局限的技术领域。而沃森计算机能使用自然语言和非结构化信息,展示出了人工智能级的非凡计算潜力,其计算能力的关键在于IBM的"操作系统"。这个系统的人工智能软件的设计目的并非计算电子表格的数据结果,而是使沃森计算机能理解诸如"帕里斯·希尔顿"(Paris Hilton)这样的问题,根据语境识别并判断这个名词究竟是指法国的酒店还是好莱坞的名人。

如今,计算机具备人工智能语音识别功能,从电视机到烤面包机,再到智能音箱等,各种机器也都具备语音操控功能。数十亿智能手机用户对此已经司空见惯。现在远超沃森级别的人工智能系统,配备于各数据中心,协同"云"的二进制引擎共同服务。到目前为止,人工智能主要应用于搜索更加智能化,或为消费者的购买决策提供建议,或为卖家和买家进行超级个性化匹配。人工智能的部署技术基本上还处于有待开发的阶段,未来还将涉及更复杂的计算问题,并将辅助实现更重要的任务,如:制造或运输系统的实时控制、与科学家的合作研究、与临床医生的医疗诊断合作等。随着"云"功能不断扩充,以及越来越具体的边缘计算进一步深入日常生活的缝隙中并成为一种环境特征,这种潜在的功能将在未来变得越来越有用。

智能手表是环境计算的未来缩影。尽管现在的智能手表制造商已经不计其数,但对手表这一产品再次做出定义的时刻却是在2015年,这一年苹果推出了其相关产品。各类手表的全球销售量每年略高于10亿块,但智能手表在问世后的短短5年间,便占据了近10%的总市场份额,现在仅苹果公司的智能手表销量就超过了所有瑞士手表公司销量的总和。[29]

语音通话是智能手机的一项基本功能,同样,计时也是智能手表的一项最基本功能。不过,这种功能代表了一种新兴的产品类别,即在一切产品(而不仅仅是珠宝和服装)中嵌入计算技术,并且其GPS定位的精度可达毫米级。[30]

人们花了30年的时间,才把20世纪50年代一个房间大小的主机缩小成台式机。再过30年,台式机的计算能力将被装进手表里,而且是连接到"云"端的手表。那时,一个占地10平方英尺(约1平方米)

的服务器架的"云"端可以获得比1980年地球上所有计算机加起来都多的计算能力。在这30年过去之前,现在与"云"连接的计算-通信-显示功能将同样继续缩小,缩小到足以隐藏在许多日常事务中,而不是直接取代它们。

大多数人可能会选择佩戴、消费,甚至在身体中嵌入类似计算机的产品,这一想法在今天似乎还有些怪异。但时代和技术总在变化。手表发明于17世纪,但直到20世纪初才被人们普遍佩戴,造成这一现象的部分原因是士兵们在第一次世界大战期间首次佩戴了手表,而制造技术的进步也使手表更实惠可靠。在探讨新兴信息基础设施的结构之前,请思考一下史蒂夫·乔布斯于1985年的预测。时年30岁的乔布斯在瑞典的隆德大学发表了一场鲜为人知的演讲:[31]

> 计算机究竟是什么?对这个问题,可以有很多看法。我自己的看法是,计算机是新媒介——一种崭新的媒介,即众多媒体,如印刷、电视、广播中的一种媒介。而且我认为,在未来,计算机将被看作软件的传输工具,就像一本书是作者的信息传输工具一样。

史蒂夫·乔布斯借用了"传输工具"这个基础设施中的术语,这绝非偶然。

第四章

信息是基础设施

历史上很少出现根本性的新基础设施，但只要有这样的设施出现，总会刺激出许多意想不到的全新类型的企业、服务和活动产生。个人流动网络（即高速公路）的发明和扩张引发了一系列社会变革，而"看不见"的电力网络（即电网）的发明也起到了同样作用。许多人将互联网的崛起比作电网的崛起，但这个类比存在类别错误，因为互联网耗电，而电网发电。不过，这确实有助于说明新基础设施所产生的变革特点。

电力基础设施具有革命性，不仅因为它取代了现有配电方式（工厂的履带和滑轮、水磨、木材和煤炭的运输车），更是因为它还使完全不同的新机器、新服务和新产品成为可能。虽然电灯比煤气灯或鲸油灯更好（价格更便宜、性能更可靠，意义重大），但两种灯还是在提供相同服务。而在电力技术出现之前，根本不可能发明出空调、真空吸尘器和激光器等装置。

卓越的通信系统和新信息基础设施（即"云"）之间的区别，与当今时代紧密相关。就像电灯照明和油灯照明一样，虽然形式变化很大，但第一代电话和第一代手机都提供了基本相同的服务，即语音通话服务。虽然智能手机仍然提供同样的语音通话服务，但这是人们能从与"云"连接的智能手机所获得的最低价值信息服务。为了认识方兴未艾的信息基础设施与传统技术的差异,我们再次将其与过去的模式进行比较,而且这次将从一个简单的思维实验开始。

不妨比较一下,1900年和1950年在家庭或工作中经常使用的一些技术产品。其实,1950年的大多数日常生活电器和服务在1900年根本不存在,或者说不是日常用品。1950年,人们在生活中会用到汽车、计算机、飞机、冰箱、书籍、邮件、电影院、餐馆、医院、药品及无处不在的电力和电话。与此同时,试着把这个"列表"与2000年的对比一下。除了技术上的改进(这些改进往往都具有较大的价值),这个列表内容基本上保持不变。

智能手机以及使其成为可能的配套基础设施,是过去半个世纪中出现的唯一截然不同的最重要的日常产品和服务,其不同足以使信息共享方式产生"相变"。

从"驿马邮递"开始的"相变"

电报发明之前,无论传递多少信息,最快的传输速度都是驿马的速度。当然,我们知道历史上也有一些偶然例外。比如,恺撒军团凯旋的消息是以声波的速度传播的,因为在离罗马城门很远的各个哨塔之间,士兵只能靠(大声)呼喊传递消息。与此类似,18世纪90年代末,法国开发了一套带有机械臂的信号塔作为一种旗语的系统,以光速高效地远距离传递信号。

此外,大约在1850年,保罗·朱利斯·路透(Paul Julius Reuter)建立了如今以其名字命名的新闻服务机构(路透社),并利用鸽子将股票交易价格传送到约100英里(约161千米)外,这比通信员骑马或坐火车还要快。1863年,路透社成为第一个建造私人电报线路以传输股票价格信号的公司(如今人们对股票交易速度的类似追求就始于此)。虽然所有技术都实现了高速,但都只用于非常狭隘的目的,均不具备大量信息的承载力。用现代术语来说,这些技术的"带宽"都非常有限。

在电力时代之前,历史上最快的高带宽通信网络,可能就是美国著名的"驿马邮递"(Pony Express)了。它虽然寿命不长,如今早已过时,但极具启发意义。它能够在短短 10 天内,从大西洋沿岸来到近 3 000 英里(约 4 828 千米)外的太平洋沿岸,传递多达数百万字节(以今天的度量标准衡量)的邮件,创下了史无前例的纪录。

驿马邮递很快为洲际电报所取代,而仅仅 20 年后,第一批商业电话交换台开始激增,但电报的生命周期比驿马邮递长得多。从 1880 年到第二次世界大战期间,电报流量增长了近 5 倍并达到顶峰。要知道,发展电话技术并将其成本降低到能与廉价电报相竞争,这非同小可。所以电报系统在其诞生一个世纪后,才最终"成为历史"。

但电话未能取代高带宽的传统邮件服务。在电话流行的世纪,美国邮政网络的邮件量增加了约 200 倍。直到因特网出现整整 10 年后,实体邮件的数量才开始减少。[1]

电话和实体邮件同时增长,说明了所有通信网络的两个核心特征:其一,传播速度;其二,承载能力(带宽)和节点数量。网络的效用就取决于这两点。

"带宽"这个术语是电磁时代的产物,在字节领域具有超现实的性质,但本质与物理现实类似。带宽是衡量信息承载大小的标准,衡量所含信息的大小是一封信还是一个图书馆。在早期电报网络上,发送一本书的数据要花一整天,而在拨号上网时代,通过电话线发送数据只要几个小时。

至于节点,从每个社区一个电报点(或邮局)到每个家庭一部电话,其效用明显增加。而无线手机将节点的数量增加到每人一部。如果继续用书籍类比,可以说,增加节点就像从与一个人共享图书馆变成与所有人共享。

现在,技术已经把我们置于下一个网络演变的历史阶段上,这比把我们从电报时代带到手机时代意义更为重大。可以从带宽和节点数量（而无须考虑所携带的信息种类）的趋势上看到这些指标。实际上，另一场相变正发生在眼皮底下。

连接一切：节点 3.0

1983 年，在最后一份电报发出一年之后，第一部商业手机出现。这款由摩托罗拉公司设计的手机，采用了贝尔实验室（Bell Labs）于 1947 年提出的理念：在"蜂窝"一样的设备中构建大量无线电发射塔，打造一个实用的无缝网络，以在短距离内连接到低功率的便携式无线电手机。[2] 熟悉的模式在历史上一再重复，即使手机销量已开始腾飞，全球固定电话的总数仍持续增长了 20 多年，直到 2006 年达到顶峰后才开始不可逆转地下降。如今，在手机发明约 40 年后，节点的数量，即手机用户的数量，正接近地球人口数。

随着网络继续扩张到覆盖几乎每个人，节点总数仍将继续增加，特别是新的卫星群为另外 10 亿左右的用户提供了更便宜的连接方式。[3] 蓝色起源公司和太空探索技术公司竞相将数千颗互联网连接卫星送入近地轨道。这种扩张虽然非常壮观，但节点数量的增加有限，毕竟已经有近一半的用户因此连接在一起。所以，网络节点数的下一个变化将来自以下方面：机器、单个产品、汽车、机器部件及其子部件，甚至是动物和人体内的器官部件。

如今，这种连接被称为物联网（IoT）。而且现在已经有数十亿的机器相互连接，以机器为中心的网络连接的增长预计将远快于人和人连接的增长。在过去 6 年里，使用物联网的公司比例增加了两倍，这些网络将库存中、运输中或工厂车间的各种部件和产品连接了起来。但是，当下仍正处于物联网节点必然增长的早期阶段。

人们从物联网中可以提取许多有用的信息：位置、温度、速度、身份、化学成分等。10 年前，许多预测者过早地宣称：到 2020 年，将有 500 亿的"事物"互联。[4] 但这一预测并没有发生。据估计，今天的物联网连接了 100 亿—200 亿的事物。虽然这已经远远超过全球人口总数，但它仍然只是潜在"节点宇宙"中很小的一部分。

要想将网络扩展至微小甚至极小的节点，其挑战在于，人们要能够设计出超小和超低功率的无线电来建立连接。这是个围绕能源的工程挑战，且远比早期专家们所料想的更复杂。智能手机中的无线射频芯片与物联网芯片之间的功率差，就像火箭和小型无人机之间的功率差。为了将无线网深入万事万物（如机器内置部件乃至皮肤表层）中，就需要几乎不耗电就能工作的无线射频芯片。

当然，没有动力，一切都无法运转，但也有一些变通方法。例如，通过无线传输能量来远程供电，超高效的无线射频芯片可以在主板零能耗的情况下运行。其中，无线电力传输的想法由尼古拉·特斯拉（Nikola Tesla）于 1899 年提出。[5] 但要想达到照亮建筑物或者移动车辆的电力水平，仍然是个不可能的梦想（至少是个非常不切实际的危险梦想）。不过，当对能量的需求降低数千或数百万倍时，物理学就会带来有趣的变化，工程也可以实现，比如微传感器节点就是这样。

在美国，人们用易通电子收费系统（E-ZPass）和类似的射频识别（RFID）芯片收取高速公路通行费，数百万车主已经体验过此类远程低功耗节点的魔力。这种不需电池和插头的电源来自外部，即所谓的"读写器"。读写器向无电源的芯片发射无线电能量，这些能量不仅携带着用来接入射频识别芯片的信号，还能（暂时）给芯片供能，以便芯片能将无线电信号发送回读写器。

射频识别非常适合用来获取数量有限的偶发信息，如读取物品的名称、位置或辨别真伪。数千亿事物所拥有的海量信息极具价值，可以跟踪和监测服装、食品、行李，也可以跟踪和检测主题公园的游客、体育赛事的观众、医疗用品、仓库里或卡车上的货箱，或者世界上错综复杂的大规模供应链中的任意部件或物品的信息。巧妙的微型天线则提供了一种新选择，可以进行无线供电，其方式与射频识别类似，可以从周围环境的无线电波中获取微小的能量，甚至可以借助这些无线电波传输数据，就像在环境电波上骑行送信一样。[6]

在仍需应用程序或主板电源的地方，则可借助用于生产微型机器的先进材料，这些材料可以从周围环境的振动、运动、温差，甚至人类皮肤的热量或汗水、心脏肌肉的跳动（对植入的生物传感器来说）中获取能量。而用于生产微型逻辑芯片的机器和材料，使得这种微型"能量收割机"成为可能。虽然它们不能收集很多能量，但对于功率日益降低的传感器和无线节点来说已经够用了。

上述内容只是个开始，具体内容会在后面的章节中谈到。还有一类新兴的生物兼容电子材料，其出现或将可穿戴设备的含义扩大到可摄入和可植入的电子产品。正如美国西北大学生物电子学先驱詹姆斯·罗杰斯（James Rogers）所说，"植入人体的传感器是智能手机和可穿戴设备的自然延伸"，并将"最终与人体合二为一"。[7] 可以预见，这将对健康和安全产生深远影响，更不用说体育和娱乐了。但本书目的是描绘节点和网络的相变，这种相变的意义就在于，它让人类看到了一个无限大的节点宇宙，这个宇宙比迄今为止任何节点的规模都要大许多。

在住宅和工业应用中，物联网节点的新时代已经开始，因为物联网在这些地方最容易实现：来自节点的实时可见信息可以使家庭、电器、机器和城市都更加智能。[8] 物联网可以用于证券监控，舰队跟踪，地理防护（了解某物或某人是否在指定区域），燃料和材料使用，供应链管理，设备状况、交通、环境和安全监控等各个方面。[9]

经过早期过度高涨的热情，物联网预测者已经冷静下来，如今他们的预测是：在未来5年内，将有大约400亿台设备接入物联网，然后接入设备数量继续加速增长。[10] 其中，所谓的"企业"应用程序构成了最大类别，因为它们涉及构成文明的所有物理对象和活动（见图4.1）。

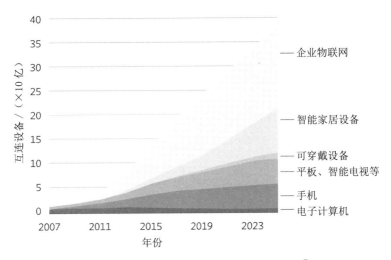

图 4.1　新网络范式从个人节点到无处不在的企业节点[1]

从无线电视角来看,无线电是无线连接节点宇宙的关键基础技术。在可预见的未来,人们需要最终建立一套基础设施,这种设施要求每人都配备数百甚至上千台无线电设备,而大多数设备在日常生活中是看不见的。[11] 从一个世纪前每家只有一台无线电收音机,到今天人手一台智能手机,其历程真可谓长路漫漫。但是在未来,拥有 10 000 亿节点不再是空想,而是必然。

无线电技术不仅扩展了节点宇宙的范围,而且对扩展带宽也至关重要,这并非巧合。

信息超级高速公路:带宽 3.0

带宽革命的最显著标志,就是智能手机的视频聊天功能——"视,而不见"。对于正在崛起的"95 后"来说,他们的首选交流方式是视频

---

① 来源:大卫·默瑟(David Mercer),《全球互联和物联网设备预测更新版》(*Global Connected and IoT Device Forecast Update*),《战略分析》(*Strategy Analytics*),2019 年。

而非音频。[12] 同样的功能也使体育赛事或电影的流媒体直播得以传送到手持设备上。这一切都因高带宽无线网络而成为可能。高带宽无线网络的理念历史悠久，经历了漫长的工程之路，最终实现了今天人们认为理所当然的功能。

传输实时视频的想法可追溯到广播的早期阶段。1919年，美国无线电公司成立；其后不久，无线电先驱大卫·沙诺夫就开始了这方面的研究。1964年，美国电话电报公司（AT&T）推出了一款（笨重的）可视电话，尽管只能放在桌子上，而且需要有线连接，但它至少实现了人们期待已久的愿望，成为可供消费的产品。虽然这款产品未能获得商业上的成功，但确实成了科幻电影的重要内容，尤其是1968年，斯坦利·库布里克（Stanley Kubrick）将阿瑟·克拉克（Arthur C. Clarke）的《2001：太空漫游》（*2001: A Space Odyssey*）拍成电影，其中就形象地展示了这一产品的身影。在美国电话电报公司推出桌上可视电话的同一年，漫画家切斯特·古尔德（Chester Gould）在多家杂志上刊登的连环画《迪克·特雷西》（*Dick Tracy*，又名《至尊神探》）中，已经画出可视电话手表的样子。因此，可视电话手表很可能来自古尔德的想法。这一想法不断经过改造，终于，摩托罗拉工程师马丁·库珀（Martin Cooper）于1983年发明了第一款手机，他表示："迪克·特雷西的电话手表是我的灵感来源。"[13]

工程师们从一开始就知道，人们需要更多的带宽来传输与视频相关的大量信息。而且他们明白，要想有效应对这一挑战，就需要无线电在物理尺寸和能量需求上都大幅度减小。

1902年，在加拿大新斯科舍省的格莱斯湾，伽利尔摩·马可尼（Guglielmo Marconi）建造了第一个商用无线信号广播电台，其带宽只够传送一个电报信号，这个信号几乎瞬间就在英国康沃尔郡被接收，但它却耗费了几百千瓦的能量，需要由建在旁边的专用燃煤发电厂来提供。

在马可尼革命性壮举的10年后，第一次世界大战见证了第一个"便携式"无线电电台的诞生，它重达一吨，被安装在马车上。[14] 第二次世界大战期间,摩托罗拉公司推出了一款35磅(约15.9千克)重的标志性无线电电台,美国大兵们把它背在包里。战争结束40年后,摩托罗拉公司又制造出了世界上第一款使用半导体无线射频芯片组装的手机,最终取代了巨大的高能耗真空电子管"手机"。

无线信息带宽新范例的第一个迹象出现在1993年,当时美国IBM推出了使用蜂窝网络的手持计算机"西蒙"(Simon)。尽管它并不成功,却是第一款智能手机,其失败很大程度上是因为它太超前了,因为当时的无线电技术还不能提供足以媲美固定电话的带宽。同年,苹果公司推出了口袋大小的个人数字助理(PDA)设备——"牛顿"(Newton),但它没有蜂窝网络连接功能,所以迅速消亡了。此后,类似的个人数字助理设备只取得了短暂的市场成功,其中包括1997年的掌上先锋(Palm Pilot)。

众所周知,乔布斯于2007年推出的苹果手机(iPhone)引起了商业轰动。它的成功以及紧随其后的模仿者们的成功,与它优雅的设计关系不大,而更多的是因为"支持技术"的出现,特别是具有足够带宽的无线网络,实现了以前只有通过固定线路连接的台式机才能达到的带宽。

应该注意的是,虽然无线网络实现了"最后一英里"的连接,但有线网络仍然是网络的一个不可分割的部分,就像地方支线公路并不排斥高速公路,而是增加了后者的实际使用频率一样。陆基通信电缆和海底通信电缆始于维多利亚时代,如今电缆安装仍如火如荼,其中许多电缆的铺设路线与150年前第一条电报电缆的铺设路线并无二致。此外,长途电缆的带宽容量也在不断扩大,这就相当于将数百条高速公路叠加在一个州际公路上,而且成本每隔几年就会减半。[15] 如今,全球有线流量每两年就翻一番,其中大部分都服务于无线节点的扩展。

但为了有效连接将来所有的无线节点,还需要更多的带宽。由于电磁波特殊的物理性能,要实现这一目标,就需要缩短无线电波长。马可尼的真空电子管产生的无线电波有几百米长,可以携带"电报级"的摩斯电码。通过创新,人们最终制造出了以半导体为基础的芯片级功能电路，这种功能电路被称为单片微波集成电路（MMIC），可以高效地产生超短无线电波。

从马可尼时代到单片微波集成电路的漫长征途中，工程师们把无线传输一个字节所用的能量减少至100亿分之一，同时把带宽增加了100万倍。[16] 历史上，没有哪个信息传输系统取得过如此巨大的进步。而只有在信息物理学领域，才能实现这种进步。打个比方，如果这样的增长在实体交通方面能够实现，那就意味着一辆汽车所携带的燃油可以为美国所有商用航空飞机提供一年的动力。[17]（微小的单片微波集成电路就是这样的，因为它们在雷达波段工作，而且也被重新用于汽车巡航控制以及车辆和工业机器人的自动导航。）

虽然较短波长所具有的数据传输能力，在以前只有光纤电缆才能达到，但这些电波在大气中只能传播很短的距离，因此蜂窝式网络发射塔数量随之大增。随着运营商打算将网络转移到这些短波波长发射模式（即所谓的"第五代移动通信技术"或5G），此举在缩短用户和发射塔之间距离的同时，必然会增加无线蜂窝的数量，而且最多可增加10倍，但发射塔的体积会缩至比萨盒大小。[18]

随着流量大小和复杂性的增加，这些"微型蜂窝"或"纳米蜂窝"将协同使用自身的嵌入式计算机来控制"智能"天线，甚至插入和引导连接，使每条信息公路能够承载更多的信息流量。同样，这种增加承载量的方式不可能在车用公路上实现。

因此，试想一下，在无线带宽进一步扩张的时代到来之前，人类在实现当前无线带宽的长征路上都取得了何种净效应：随着5G变得无处不在，一台智能手机携带的数据量是1970年前后整个美国通信系统的1 000倍，[19] 每个移动用户将获得100倍的带宽容量，而且在每平方英里的面积上，每个网络单元可以处理100倍的连接设备和1 000倍以上的数据流量。[20] 这些成效都是极其诱人的。与此同时，所有这些成本都在不断下降。

有了无处不在的高带宽网络，未来会有更多的视频流量。事实上，在第一代移动互联网兴起的 6 年时间里,全球用户平均每天观看视频的时间为 35 分钟,相较于 6 年前,时长增长了 7 倍。[21] 未来还会有更多的社交媒体、电子游戏和流媒体视频,但这些都不足以构成一场改变社会的经济革命。更重要的是,高带宽网络使人们可以在商业领域使用视频工具,这些工具不仅可以用于娱乐,还可以用于各个领域的数据密集型分析和自动化。高带宽网络还促进了数据密集型增强现实(AR)技术和虚拟现实(VR)技术的扩散,形成期待已久的各种工具,涉及零售、教育、制造、建筑、汽车、农业和医疗保健应用程序等方方面面,实际上,这些工具类别都是前所未有的。

带宽和节点的扩展使网络不再用于通信本身,而是作为信息基础设施而存在。

"世界大脑"和应用程序

在 2011 年出版的权威著作《信息简史》(*The Information*)一书中,詹姆斯·格雷克(James Gleick)追溯了人类创造和使用信息工具的历史,从字母表一直追溯到谷歌母公司"字母表"(Alphabet),清楚地阐明了网络的中心地位:

> 不是知识的数量造就了大脑,甚至也不是知识的分配造就了大脑,而是互联性……网络是个抽象对象,它的领域是信息。[22]

赫伯特·乔治·威尔斯(Herbert George Wells)在晚年写了一本书,提出了一个猜想,描述了一个拥有"世界大脑"(也是该书书名)的未来。"正如格雷克所说,'它将超越书的静态形式',而'具有网络的形式'。"威尔斯在 1938 年写下前面这句话时,人类进入横跨全球的电话和电报网络时代早期已经有半个世纪了。

在威尔斯做出预言很久之后的 1962 年,美国图书馆资源委员会仿佛看到了不祥之兆,因而开始了一项名为"未来图书馆"的研究,并委托麻省理工学院的计算机科学家约瑟夫·利克莱德(J.C.Licklider)探索"世界大脑"存在的可能性。就在那一年,肯尼迪总统发表了著名的"10 年内"登上月球的演讲。在那个时代,晶体管开始大规模生产,电视机进入 90% 的美国家庭,第一颗通信卫星被送入轨道。1962 年,世界上大约有 2000 台计算机,比起第二次世界大战期间英国和美国秘密制造的两台计算机,数量已经有了很大的增长。[23] 一年前,也就是 1961 年,伦纳德·克莱因洛克(Leonard Kleinrock)发表了一篇论文,名为《大型通信网络中的信息流》(*Information Flow in Large Communication Nets*)。在这篇论文中,他提出了分组交换的想法,这是个绝妙的概念,具有校正误差的功能,由此可以在本身就容易出错的网络上发送大量数据。正是这一概念奠定了未来互联网的核心架构。[24]

图书馆资源委员会明白,他们的项目既不是关于书籍本身,也不是关于电视,而是关于"新型图书馆"中"知识的进步和应用"。这种新型图书馆在结构上会更像"栅格而不是层级"……简单来说就是网络。[25] 利克莱德很清楚制造这样一个新事物的可能性。但他在最终报告中反复指出,实现这一愿景需要突破性的技术进步和新发明。

1962 年的预测者们见证了不久前广播和电视的高速发展,所以对网络发展速度过分热情也就情有可原。20 世纪 20 年代初,美国拥有收音机的家庭比例从 0 上升到 90% 只用了 20 年。第二次世界大战后,电视普及的速度更加惊人:从几乎为 0 上升到 90% 只用了 10 年。这种主流信息产品的采用速度在 50 年内都无可匹敌,直到手机、智能手机和互联网的出现,才打破了这一局面(见图 4.2)。

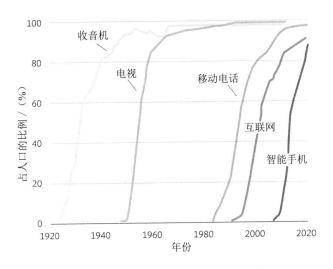

图 4.2 网络增长率：从收音机到智能手机①

1964 年，贝尔实验室的物理学家曼弗雷德·布拉泽顿（Manfred Brotherton）萌生了关于建立高带宽和以视频为中心的双向网络（与广播无线电和电视的单向网络截然不同）的想法，并用"超级高速公路"一词描述这样的信息网络。当时的美国已迅速扩建了 46 000 英里（约 74 000 千米）的州际高速公路系统，其经济前景令许多人信服，因而布拉泽顿的这个比喻也就非常合乎逻辑了。当艾森豪威尔总统签署法案启动州际高速公路系统时，这些网络基础设施的建设才开始 6 年。

直到 1974 年，"信息高速公路"一词才流行起来。当时，在为洛克菲勒基金会撰写的一篇形势预测文章中，韩裔美籍艺术家白南准（Nam June Paik）颇具先见之明地看到了利克莱德和布拉泽顿等人想法的可能性，并以一种非专业形式阐述了这一概念。白南准设想了"信息高速公路"的好处，认为它可以和美国州际高速公路相得益彰，他

---

① 来源：帕斯卡尔·勒·马森（Pascal Le Masson）等，《风险管理的新视角》（*A New Perspective for Risk Management*），《设计原理：设计前、设计中和设计后：高度发达的技术型社会的社会动机》（*Principia Designae Pre-Design, Design, and Post-Design: Social Motive for the Highly Advanced Technological Society*），施普林格出版社日本分社（Springer Japan），2015 年。

写道,因为在 1974 年,州际高速公路已经成为"经济增长……的支柱"。[26]（很久以后,参议员阿尔·戈尔（Al Gore）在一次演讲中使用了这个人们耳熟能详的说法。）正如白南准所说：

> 我们现在的大众娱乐电视,将来会分化出千差万别的视频文化,或者更确切地说,增生出许多视频文化的'分支'和'尾巴'。可视电话、电传传真、双向交互购物电视、图书馆研究、民意调查、健康咨询、生物通信、办公室间的数据传输和许多其他变体,所有这些将使电视拓展为混合媒体电话系统,被应用于千变万化的新场合,这不仅方便了日常生活,也使得生活内容本身丰富多彩。

如今我们知道,白南准的愿景后来实现了,但这需要互联网的充分发展,而且要等到以智能手机为中心的高带宽无线网络的出现。2015 年,当移动设备占到所有互联网连接设备的一半以上时,木已成舟,大局已定。

后来,互联网转变为（使用通信网络的）信息基础设施,这一点体现在随后出现的全新消费产品类别上——"特殊用途"的软件程序,即应用程序（亦称 app）。如今众所周知,应用程序是专门的软件工具,而不是通用的软件形式。

特定用途工具的想法本身就很古老,锤子就是个例子。只要看一下任意一个维修车间,就能见到各种特定用途的机械工具。事实上,人们总共已经发明了至少 7 000 种不同类型的特殊手工工具,可以说每个都是一款机械应用程序。[27]如今,手工工具行业每年的全球业务规模为 160 亿美元。[28]但是,在问世仅 10 年之后,智能手机上就有至少 300 万种不同的应用程序。[29]此外,应用程序行业的年销售额已经达到 700 亿美元。[30]

如今,地球上很少有人不熟悉应用程序。美国方言协会将其纳入 2010 年度词汇。正如美国企业研究所（American Enterprise Institute）学者布莱特·斯旺森（Bret Swanson）在 2012 年所写,应用程序发布后的

4年时间里，其用户下载量从零增长到600亿次，这种产品推出速度在材料领域前所未有，甚至根本不可能。[31] 目前，每年全球应用程序的下载量超过1 000亿次，而且还在不断增长。[32] 尽管大约40%的应用都是游戏，但随着其他"实用"类别应用程序的增多，游戏的比例将在未来几年内下降至1/3。

应用程序革命始于以软件为中心的简单事物，比如游戏、社交媒体、照片服务、报纸阅读平台、餐厅预订和打车服务。当下，商业、金融、公共事业和生产力、食品配送、汽车、居家旅行以及医疗保健等应用程序尚处于早期发展阶段。但如今，应用程序的功能将发生转变，让人更容易看到、控制和安排经济缝隙中的一切。虽然所占份额仍然较小，但针对商业、工业和医疗保健市场的应用程序开发已经站稳了脚跟。

例如，只需要注意少数几个应用程序，就会发现应用程序可用于以下方面：进修培训和交互式学习；通过远程接入"云"人工智能，为医生提供相当于助理护士的功能；根据天气帮助农民做出是否灌溉的决策，或者根据商品市场行情指导农民收获；为建筑承包商寻找设备；商业建筑能源管理……总之，从尿布到母乳喂养，在各个方面寻求建议的消费者都能获得解决方案。

美国国家科学基金会（National Science Foundation）使用一款开放检索的在线研究应用程序。甚至在超级计算机的世界里，这些具有超强计算能力的"无畏战舰"也在转向使用应用程序，以此降低这些机器的复杂性。实质上，任何一个应用程序的潜在用途都可以构成一份清单，其中包括社会上所有能从即时有效的信息中受益的事物。

千真万确的是，某种"世界大脑"正从庞大而隐蔽的信息基础设施中浮现。2020年之前的10年里，以"云"为中心的信息服务出现了爆炸性增长，一些新商业类别每年可以创造出3 000亿美元的价值，这些新商业类别包括软件即服务（SaaS）、基础设施即服务（IaaS）和整个业务的平台即服务（PaaS），其核心全都是数据中心（见图4.3）。

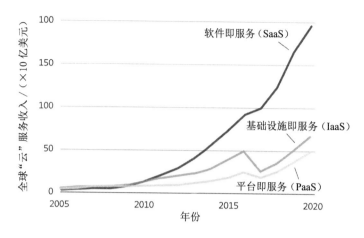

注：在 2020 年之前的 10 年里，以"云"为中心的信息服务经历了爆炸式的增长，并创造出了一个新的商业类别，且这个新商业类别的销售额已经达到每年 3000 亿美元。因为方便有效，使用软件即服务（SaaS）、基础设施即服务（IaaS）或平台即服务（PaaS）的企业越来越多。

图 4.3　以"云"为中心的信息服务及其收入①

信息房地产：摩天大楼和数字大教堂

历史可能会把 1996 年视为世界上第一个数字大教堂诞生的年份。那一年，一家名为"艾克斯德斯通信"（Exodus Communications）的公司在没有举行任何仪式的情况下，于加利福尼亚州的圣克拉拉建立了第一个现代数据中心，该设施占地 1.5 万平方英尺（约 1 394 平方米），专门为无数因特网服务提供者（ISP）存储"服务器"硬件[33]。同年，美国西部 7 个州发生大规模停电，许多自行管理互联网设备的信息企业被迫下线，但因其备份电源系统，艾克斯德斯数据中心及其客户都继续保持在线。这体现了数据中心的一个关键优势和设计特点。[34] 艾克斯德斯公司于 1998 年上市，成为互联网 1.0 时代的高价股票之一。

---

① 来源：IT 直率（ITCandor），互联网数据中心（IDC）。

2001年，它不幸成为股市泡沫破裂的受害者。然而，它的房地产资产被一系列数据中心公司收购并扩大，现在，这些公司组成了全新的工业生态系统，甚至可以说是崭新的商业房地产类别。[35]

因此，"云"开始崛起为一种必不可少的基础设施，数据中心也同样开始发挥关键作用，不管公共电网怎么浮沉变迁，都始终保持在线。2020年，当新冠疫情带来的隔离措施传遍世界各地时，正是无处不在的成熟的"云"技术，使得各经济领域中的无数人得以继续工作或学习。

然而，与早期标志性商业建筑截然不同的是，数字大教堂几乎完全消失在人们的视线之外，基本上处于隐身状态。可能是数字大教堂的隐身状态让一些人错误地认为，数字革命在某种程度上预示着经济的非物质化，即网络空间和虚拟现实的魔力已经将经济增长与硬件和能源使用脱钩。但事实并非如此。

"数据中心"（datacenter①）这个词不够吸引人，甚至有些苍白。它出现于20世纪70年代，用来描述办公楼或大学里不断涌现的计算机房，但这相当于把摩天大楼称为办公中心。现代数据中心与70年代计算机机房的相似度，就像迪拜3 000英尺（约914米）高的哈利法塔（Burj Khalifa，世界上最高的摩天大楼，又名迪拜塔）与亚利桑那州墓碑镇的一家纺织品商店的相似度一样低。

1913年，第一座现代摩天大楼——伍尔沃斯大厦建成，高792英尺（约241米），是当时世界上最高的建筑。而600年前，世界最高的可居住建筑是英国林肯大教堂，其塔尖部分于1311年竣工，整体高达524英尺（约160米）。伍尔沃斯大厦建成之日，人们对第一座摩天大楼充满敬畏，不仅因为它的高度，还因为它在商业上的必然性以及建筑意义。因此，《纽约时报》称其为"商务大教堂"。[36]

---

① 原文如此。——编者注

摩天大楼之所以能够出现，是因为当时高强度钢、电力和汽车等新技术已经成熟。仅仅是这类建筑本身，就促成了企业经济集中和各种经济加速。同样，在当下这个时代，数据中心作为一种新型房地产，因为硅加工、软件和数字高速公路等技术的融合而得以实现。

约10年前，在占地百万平方英尺的超大数据中心还没出现时，谷歌工程师就已称其为仓库规模的计算机。"数字大教堂"一词可能更合适，原因与1913年《纽约时报》的意图相同。正如摩天大楼在规模和数量上不断增长，数据中心的规模和数量也在增长，只是增长得更快。虽然当今数字大教堂的面积只有第一个数据中心艾克斯德斯的100倍左右，它们所拥有的计算能力却呈指数级差距。

事实上，世界最大数据中心之一（至少在写本书时）位于内华达州的雷诺附近，面积是哈利法塔的两倍。[37] 哈利法塔可容纳约10万生物处理器（也就是人），而该数据中心可容纳约20万硅处理器。虽然这两类建筑每平方英尺的造价大致相同，但数据中心每平方英尺的租金是摩天大楼的5倍。[38]

不论是现存的，还是计划建造的，像哈利法塔这种规模的摩天大楼依然屈指可数，然而全球已经有大约500座超大规模的数据中心。每个数据中心单间房屋的面积都超过100万平方英尺（约9.29万平方米），在不久的将来，预计还会有100多座落成。[39] 当今世上最大的10个数据中心的面积加起来，比100个最高的摩天大楼的面积还要大。[40] 此外，全球有5 000多家企业级数据中心在运营，相比之下，只有1 500家企业级办公中心（比如伍尔沃斯级的摩天大楼）投入使用。[41] 较小的数据中心大约有800万座。[42] 如果只用类似的房地产术语来衡量，很明显，我们正处于信息基础设施实体扩展的早期阶段。

如今，每年约有200亿美元用于增加"云"数据中心的硅服务器，这一速度仅因2020年的新冠疫情带来的经济下滑而稍有降低，但降低后的支出仍然相当于10年前每年支出的两倍。根据摩尔定律的增长规律，这些支出意味着与 10 年前相比，计算能力每年增加 300 倍。[43]

现在需要考察的是"云"结构中的一个新功能，即所谓"边缘数据中心"。据估计，这样的微型数据中心数以万计，将建立在离客户更近的"云"基础设施的"边缘"地带。虽然这一边缘牵涉较小的数据中心，但其中许多数据中心仍将比第一个艾克斯德斯数据中心更大，而且所有这些中心的处理能力都将更强。

为什么是边缘？尽管听起来难以置信，但原因确实是光速太慢，慢到无法将人工智能驱动的信息从远程数据中心传递到各种实时应用场合，如无人驾驶汽车、自动化制造和"智能"物理基础设施（无论是在办公室还是医疗中心）。预计在未来 10 年左右的时间内，为"云"计算构建边缘硬件将花去全球 7 000 亿美元。[44]

由于"云"是一种信息基础设施，所以本书不再继续用美元或平方英尺来衡量其增长速度和规模，而是回到创建、移动和处理的字节数这一关键指标。如今，"云"技术几天管理的数字流量就比 2007 年全年管理的流量还多。（顺便说一句，苹果手机 iPhone 正是在 2007 年问世。）到 2025 年，流量将继续增加 4 倍。巨大的数字流量和无处不在的数字房地产，标志着环境计算时代的开始。

在接下来的章节中，本书将讨论这种革命性的基础设施是如何影响其他技术领域的，但在此之前，请简要看看能源方面的影响：房地产、摩天大楼和高速公路都是高能耗的基础设施，"云"也是如此。而这就是将如今社会的"'云'化"比作百年前社会电气化的问题所在。显然，"云"只消耗能源，而不生产能源。

在 2020 年新冠疫情期间，大量公民被迫进行视频会议，网上购物也大幅增加。如果全国规模的居家隔离在 10 年或 20 年前发生，那么如今能够远程办公的数百万人就会加入失业大军。对于大学和学校来说，让数千万学生在家学习也就不太现实了。

因为疫情，数千万人使用聚焦（Zoom）及其同类产品来工作或社交，使用电子商务和远程医疗，玩更多电子游戏，播放更多电影等，所以数字流量在2020年的飙升也就不足为奇。[45]虽然人们放弃了消耗汽油的工作通勤和实体店购物之旅，但是向数字化的转变也不可避免地消耗了能源，只不过不易被发现罢了。事实证明，能源使用是所有"流量"的核心指标。

本质上说，"云"的能量需求与许多其他基础设施，尤其是交通设施的能量需求相比，有着很大的不同。对于交通设施来说，消费者在加油时就可以看到90%的能源都花在了哪里。而对于智能手机或台式机来说，99%的能量都消耗在了看不见的地方，也就是说，花在了吸入电子的数字大教堂和四处蔓延的信息高速公路上。

信息传输的物理原理背后，暗藏着一个令人惊讶的事实：使用"云"基础设施观看视频一小时的能耗，比一个人乘坐10英里（约16.09千米）公交车的能耗还多。[46]如果市民使用Zoom开视频会议而非自己开车上下班，净能耗就会减少；但如果学生使用Zoom而非步行去上课，净能耗就会明显增加。这就是社会中能源使用的复杂性质。这也是为什么在百万平方英尺的建筑中，充满了因高速运转而发烫的硅。

每平方英尺数据中心所消耗的电力，是每平方英尺摩天大楼所耗电力的100倍。[47]正如我们上面提到的，数据中心的面积要比摩天大楼的面积大得多。这就解释了为什么数据中心公司在谈论他们的建筑时，多使用兆瓦（百万瓦）而不是平方英尺来形容。想想看，在成千上万座毫无特色的数字大教堂中，每座建筑里都有成千上万个冰箱大小的硅机器架。这些硅机器架被称为服务器，这是互联网的物理核心。每个这样的架子每年的耗电比50辆特斯拉电动车的耗电还要多。此外，数据进出数据中心经过的是长达数十亿英里的无形的信息高速公路，这些高速公路分别由一系列用来传输信息的硬件组成，而这些硬件也极度耗电。

移动一个字节的能耗是微乎其微的，但投入工作的晶体管数量却是个天文数字。如今，人类每年生产的晶体管数量，比世界上所有农场种植的小麦和大米总和的 10 000 倍还多。[48]

几十年前，世界上还不存在信息基础设施，如今，其用电量已经达到整个日本用电量的两倍，而且这还是基于几年前的硬件和流量状况做出的估算。一些分析人士声称，随着近年来数字流量的飙升，效率的提高减弱了数据中心能源使用的增长，甚至使之持平。[49]但事实与这种说法渐趋相反。自 2016 年以来，数据中心在硬件和建筑上的支出大幅增加，与此同时，硬件的功率密度也在大幅提升。

如今，信息基础设施正在增加一个新功能，即边缘数据中心的增加，以此扩大"硅地产"的覆盖面积。目前的预测是，到 21 世纪 20 年代，边缘硬件将增加约 10 万兆瓦，这相当于为美国所有商业办公楼的暖通空调系统供电。[50]

但最终，"云"基础设施还需要多少能源，将取决于未来数据增长的速度。整个计算和通信世纪的历史表明，对字节需求的增长速度远快于工程师提高效率的速度，而且没有证据表明这种情况会有所改变。

现在，人工智能可否用于能源领域仍是个变数（更不用说经济领域了，稍后将讨论这个问题），因为人工智能芯片是迄今为止最需要数据、最耗电的硅制产品。[51]然而未来世界还需要数十亿个人工智能芯片。用于机器学习的计算机功率每几个月就会增加一倍，这已经超过了摩尔定律的增长速度。[52]在能源计算方面，我们注意到，单个人工智能应用程序在模式学习阶段（比如学习如何诊断一种特定的病原体），就要消耗 10 000 多辆汽车一天所需的能源。[53]

信息基础设施的能源特征揭示了一些根本问题。事实上，所有基础设施都是如此。这里要表扬一下微软，它在 2020 年初发布的能源宣言中特别提道："人类繁荣的进步……都与能源的使用密不可分。"[54]在 21 世纪，以"云"为中心的基础设施也不会有什么不同。而且时间会证明，这是好事。

第三部分

三个领域的技术革命：信息、机器、材料

Revolutions In Technology's Three Spheres:
Information, Machines, Materials

第五章

信息1：知识繁荣

现在应该非常清楚，"云"与互联网的差别就像互联网与电话的差别一样大。接下来，本书将转向讨论"云"对信息领域的影响。上述三个领域中的第一个领域就是信息，信息的定义是"人们对某事或某人所提供或了解的事实"。而根据定义，知识是对某事或某人的"理论性或实践性理解"，所以信息也就使得知识成为可能。信息决定一切。

如今，"云"开启了另一个时代。在这个时代中，计算测量、实时推理分析与实时共享相互结合，这种现象与以往截然不同。

现在，无论是信息获取的规模和精度、信息的可得性和即时性，还是可测量内容的爆炸式增长，都是史无前例的。这种创新的融合代表了信息和知识创造的相变（见图5.1）。当然，我们现在都是按字节数来计算的，而不是按书的数量。

在讨论"云"如何给信息获取的"手段"带来质的改变之前，就像稍后谈到"生产手段"变化一样，首先要考虑信息存储和获取方式的量化转变。显而易见，在如今生活的时代中，信息获取的规模比以往大得多。但在今天和不久的将来，信息获取量之大正是信息领域发生这种相

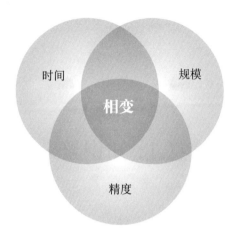

图 5.1　规模、精度与时间交叉处信息获取的相变

变的关键触发因素之一。这就印证了一句格言,"数量本身就是质量"。

这个时代的一个标志就是:接受书本教育的人群在逐渐减少。因为当时书籍和其他纸质出版物还是存储信息和知识的主要方式。

在此声明,纸质媒介时代的终结尚未到来。正如约瑟夫·利克莱德本人所言,"作为展示信息的媒介,纸质页面无与伦比"。无论是数字图书馆,还是数字图书平台(如电子阅读器),都没有完全消除人们对纸质图书的兴趣。今天,书籍的销量比以往任何时候都多,全球每年都会销售数百亿本书,其中仅在美国就有约 30 亿册的年销量,产业价值达 440 亿美元。[1] 值得注意的是,这些书籍中有一半是非虚构类书籍,且近年来电子书销量停滞不前,精装书的销量反而有所增长。

早在亚历山大图书馆①(Great Library of Alexandria)时期,统计书籍和期刊数量是衡量信息量的好方法,但是如今这一办法已经不再是衡量信息量的关键尺度。利克莱德曾经估算过,存储 20 世纪 60 年代中期的全部纸质信息需要多少字节的数字内存,他预估出的结果对于

---

① 亚历山大图书馆始建于托勒密一世(约公元前367—283年),是世界上最古老的图书馆之一。

当时来说是个天文数字。所以利克莱德把数字存储器的有限容量，看作实现数字"未来图书馆"愿景的主要阻碍。他从计算中得出大约需要 10 亿兆字节来存储他那个时代所有书籍和其他出版物（他没有把艺术作品和音乐作品包括在内）。当时，大型计算机的内存系统只有 1 兆字节。利克莱德估计当时全部信息总和约为 1 拍字节（PB，用我们当今的高容量储存单位来计算的话），尽管这一数字已经很大了，但他预测到 2000 年它还将增加 5 倍。[2] 然而，在 2000 年到来之时，信息量已经增长了 10 万多倍。[3] 而在 2000 年之后的 20 年里，这一数字至少又增加了 1 000 倍，2040 年可能会再增加 1 000 倍。

换句话说，在 2000 年之前的 40 年里，数据宇宙的规模增长了 10 万倍，但在 2000 年之后的 40 年里，它将增长 100 万倍。这绝对是一个"有其自身质量的数量"。并且，如今尚无证据证明信息增长会出现上限。信息实际上是一个无限的领域，无论是商业领域，还是科学领域，在追求知识的过程中，人们能够用某种方式衡量世上事物的数量似乎永无极限。

大数字让我们词穷

全球数字"图书馆"规模已经远远超过了利克莱德在 20 世纪 60 年代中期时的想象，甚至可以说超出了 90 年代其他任何人的想象。在"云"时代早期，人们不得不使用利克莱德出版作品时还尚不存在的名词来命名数字。现在以泽（zetta）字节[①]为单位计算数据，这是在利克莱德研究发表 30 年后创造的一个数字前缀。

命名很重要，编号、计数以及对数字的命名，可能是人类最古老的技能。它们帮助我们构建思想和范式，并且使商业的存在成为可能。

---

① 即 10 万亿亿字节。——译者注

数字被人们用来衡量事物，揭示了很多关于文明状态的信息。历史学家认为，正式的编号体系始于公元前 4000 年，由苏美尔人创造。但是古埃及人是第一个创造出表示 100 万大小数字的词汇（象形文字）的民族，当时 100 万是个难以想象的大数字。[4] 从那时起，社会中不断扩大的消费和服务规模就已经开始要求使用并熟悉大数字了。

现在每年的粮食和矿产产量以百万吨计，人口和设备以 10 亿为单位，飞机航线和公路使用总里程以万亿英里计，电力和天然气以万亿千瓦时或万亿立方英尺为单位，经济体以万亿美元计。但是，如果每种事物都以每年增长 1 万亿的速度发展，达到一个泽需要 10 亿年。

大数字的命名能够大致反映历史，让我们看到人们在测量和统计数量上的扩展轨迹。那些没有潜心研究过大数字前缀的人可以这样记：每个前缀都代表一个 1 000 倍的跳跃。前缀"千"（kilo）可以追溯到 1795 年。1 000 的 1 000 倍，即 100 万，在 1873 年被赋予了前缀"兆"（mega）。分别表示 10 亿和万亿的前缀"吉"（giga）和"太"（tera）都是在 1960 年利克莱德的年代被采用的。在 1975 年，官方创建了前缀"拍"（peta，giga 的 1 000 倍）和"艾"（exa，peta 的 1 000 倍）。后来在 1991 年又创建了前缀"泽"（zetta，exa 的 1 000 倍）。

大数字的命名带来了便利，但在脱离语境的情况下，它们单看起来变得不再直观。一泽叠美元钞票的高度，相当于从地球到太阳往返 70 万次的距离，即 9 300 英里（约 149 669 千米）的 70 万倍，这种规模是无法想象的。而构成地球大气层的所有分子总重量约 5 泽克。

在泽之后，只剩下一个官方命名的前缀，即比泽大 1 000 倍的"尧"（yotta）。由于"云"将在 21 世纪 20 年代结束前突破尧字节时代，一些计算机科学家已经非正式地命名了一些新的大数字："雷"字节（brontobyte）表示 1 000 尧字节，而"旧"字节（geopbyte）则表示 1 000 "雷"字节。[5]（令人可惜的是，我们注意到，巴黎国际计量局最终为大数字选择的官方命名，可能都不会像这些命名一样充满想象力。[6]）

思考一下另一种理解当今全球数字库规模的方式，我们可以采用与利克莱德开始研究时相反的方式。利克莱德用字节表示他那个时代实体书的数量，我们或许可以反其道而行之，以"磅"为单位来表示"云"中的字节数。现如今，每年存储和移动的信息总量估计为60泽字节，实际上它们都是通过某种物理硬件进行存储（和移动）的。因此，问题在于60泽字节到底有多重？这个问题关注的应该是将所有信息容纳在一个库的硬件的重量，而不是每个字节本身有多重，否则就成了纯粹的数学问题了。

那么答案是多少呢？约1 500万吨。要感谢亚马逊公司，它使用机器将信息从一个库转移到另一个库，这次迁移让我们能够对该数据进行物理测量。

亚马逊为扩展其"云"基础设施，推出了一个名叫"雪地车"的产品，这个名称让人费解。它是一辆重达33吨，长45英尺（13.716米）的半挂车，车里装满了数字内存。一辆雪地车可以容纳100拍字节的数据，这大约是200万部智能手机里的数据量。创建该服务是为了让存储了大量本地数据的机构能将信息转移到"云"端。现在，各种机构越来越倾向于将大部分应用转移到"云"端，因为"云"端不仅是一种低成本存储数据的方式，在规模效应下还是一种低成本处理和保护数据的方式。此外，它还省去了现场检查和维护的任务。但是，这种存储方式必须有方法，将数据从本地转移到远程超大规模数据中心才行。

在数英里距离内，数据传输的速度要比在数米距离内传输得更慢，这是物理学中一个令人讨厌却不可避免的事实。通过最好的高速光纤网络将一个100拍字节的数据库转移到另一个远程仓库规模的数据中心需要20年的时间。但如果这个距离是几米的话，那么时间可以缩短到约一周之内。因此，停在客户现场的雪地车便能够上传数据，并在现实中携带该数据库行驶到"云"数据中心，这一点颇具讽刺意味。（在上传过程中，雪地车硅硬件的电力消耗约为40桶油，当它穿越全国开到某一个"云"数据中心,它的钢制发动机又会再消耗10桶油左右的能源。)

这样的视觉化形象会告诉我们一些有用的信息,反映了实际工程和商业挑战中的一些问题。随着21世纪20年代迎来尧字节时代,这些问题集中体现在了基础设施的建造和运行方面。

"数据就是新石油"

2006年,英国数学家和数据科学家克莱夫·汉姆比(Clive Humby)提出"数据就是新石油"。[7]显然,石油产生能量,数据消耗能量,两者截然不同,但这并不是重点。石油为内燃机提供燃料,创造出了许多新的服务和产品并推动了20世纪的经济崛起。现在,人们发现原始数据或信息正是硅引擎的燃料。这些引擎正在大量创造出更多的新产品与新服务,不断推动21世纪的发展。

再看一个类比。数据作为一种"资源"在历史上是独一无二的,因为人们只是通过想象想要测量和记录的事物就创建了它。要想知道数据的边界在哪里,需要问以下问题:还有什么东西可以数字化?答案是:一切东西。

因此,在当今时代,数据的本质已经发生了转变。现在的数据与前数字世界的不同,就像合成产品(塑料、药品、汽油)与化学出现之前世界上的天然产品(木材、桑麻和谷物)之间的区别一样。人类即将进入一个全面扩张的时代,不断地生成、存储数据,并提炼成实用产品和服务的潜力,而这些数据无论在种类还是规模上都是史无前例的。

古埃及人汇编了粮食储存等数据,因为这样能够实现规划。罗马的人口普查提高了税收精确度——计税是人类最讨厌的一项计数用途。长期以来,用于管理征税或供应链的两种数据收集形式,对于人类文明一直至关重要。现在,我们有了数字手段来计算和跟踪从矿口到工厂再到消费者的材料信息,以及一切可以随时进行实时测量的事物特征(位置、温度、速度、磨损率等)。现代数据,指的不仅仅是去医院的人数或经过一个城市的汽车数量,还包括实时收集的每个人的心率、特定位置、活动(站立、睡觉、移动、呼吸)等数据,或每辆车(在日后甚至是任何机器或设备)的位置、速度和运行状况等数据。

之后,还有关于数据的数据——元数据。试将元数据视为一种类似于金融衍生品的东西。有关金融交易的速度和数量方面的信息并不涉及任何交易细节(例如,股票市场价值变化的方向和速度),同理,在所有收集、传输、存储和处理数据的机器的"数字化排放"中也存在有用的信息。随着数字系统在广度和深度上的扩展,它深入所有事物的缝隙之中,这种所谓的元数据也变得越来越有价值。从元数据中提取模式,揭示的远远不止是数据机器本身的运行状况,同等重要的是,可以了解到数据的复杂性和依赖于数据的一切是否可靠。元数据揭示了很多原始数据现在的用途。手机、电话或机器开启的位置和频率可以说明拨打电话或使用机器的潜在活动。

之前提到,到目前为止,对"旧经济"业务的所有刺激和干扰都主要集中在以信息为中心的活动上:电话、电视、邮件、新闻、娱乐、广告、金融和旅游服务的虚拟世界。与此同时,大部分经济[(超过80%的美国国内生产总值(GDP)]都与实体机器和活动有关,例如农场、工厂、房屋、办公楼、医院、发电厂和车辆等。在所有与硬件相关的活动中,数字化仍处于早期阶段。

当然,软件从很久以前就开始一步步入侵硬件领域。工业自动化所谓的"固件"控制系统(嵌入硬件内部的软件部分)是在互联网之前出现的。硬件数字化存在滞后现象,不是因为这些行业的领头人是"老古董",而是因为人们很难发明出有效、便宜、可靠、精确且值得推广的传感器,并将其商业化。这种传感器和(无线)连接最近才得以形成商业规模,这是即将到来的相变的关键之一。来自这种传感器的数据量将使迄今为止的一切事物都黯然失色。数据这种资源，与天然产物不同，因为数据是人类创造出来的，而且创造这种资源的技术手段在规模和精度上正在逐步扩大。

建筑环境和自然环境是无限的数据宝库

亚历山大图书馆是公元前250年左右世界上最大的图书馆，藏书约50万册（有些人认为可能达到了数百万册）。[8]至少从那时开始，实体图书馆就一直是我们的主要信息存储库。信息与知识的聚集，不光为亚历山大这座城市带来了政治和经济力量，还吸引来了世界各地的天才。不仅亚里士多德（Aristotle）在此开展教学，阿基米德（Archimedes）和欧几里得（Euclid）也在此地进行研究并得出了影响多个时代的关键见解。

另一个可与之媲美的信息系统革命，直到1440年前后古登堡（Gutenberg）发明印刷机后才发生。在那之前，抄写员需要花4个月的时间才能制作完一本书，而且其中包含的信息最快也只能以马的速度运输传播。用现代术语来说，印刷机让信息存储规模呈指数式增长，它制作图书的速度至少比抄写员快200倍。

又过了500年，在信息存储和共享手段方面，另一个具有同等重要意义的关键技术革命才出现。19世纪中叶，蒸汽滚筒印刷机问世，而化学革命则创造了纸浆纸，这两者使物理信息的生产速度猛增了100—1000倍。

到了20世纪中叶，世界似乎为信息生产所淹没。富兰克林·德拉诺·罗斯福（Franklin Delano Roosevelt）总统在第二次世界大战期间的科学顾问，范内瓦·布什（Vannevar Bush）曾在1945年《大西洋月刊》（*The Atlantic*）的一期中写道：

> 人类经验的总量正在以惊人的速度增长，我们穿过重重迷宫，终于实现了对此时来说至关重要的发明，但是，实现这一目的的方式却与横帆船时代毫无二致。[9]

仅仅 15 年后，利克莱德便在其 1962 年为图书馆委员会所开展的研究中将信息存储和访问合二为一。当时，工程师和科学家普遍认为，要想从根本上找到更好的信息存储和访问方式，计算机是唯一途径。图书馆委员会很清楚这一事实，他们在研究项目的陈述中指出，未来的知识库"可能与现在的图书馆不太一样"，也不"根植于"书籍。[10]

确实，在利克莱德那里就能找到一些在当时非常激进的想法的源头。例如，使用电子屏幕而不用纸张来显示文件，使用触摸屏而非键盘来操作计算机，以及使用特定软件，这类软件只借助简单语言而非计算机代码就能进行"搜索"。利克莱德可能是第一个明确提出"技术正在呈指数式增长"这一观点的人。自那以后，这几乎就成为这个时代老生常谈的观点。

在当代，指数式扩张仍在继续。在这个罕见的时代，即便是夸张的修辞也不足以说明现实情况。数据生产的大爆炸取决于观测建筑环境运行、活动的性质及能力，日益自动化的各种硬件和系统将其进一步扩大。

自动化需要传感器、软件以及必然生成大量数据流的控制系统。在自动驾驶汽车问世前，每辆具备相关功能和安全系统的"联网"汽车每天将产生几太字节的数据。世界上已经有超过 10 亿辆汽车，未来还会更多。按这一趋势，一天产生的数据就有几泽。这还不包括每台机器其他各种硬件的维护和安全改进、一切商业、供应链和基础设施的日常事务和活动所产生的几太字节数据。

同样，在另一个密切相关的大规模数据扩展领域可以看到，人类感知和测量自然环境所有特征的能力取得了势不可当的进步。例如，通过喷洒在农田上的智能微尘，传感器就能够产生和大型虚拟仪器一样的效果。还有一些新类别的科学仪器正在经历一场不为人知的革命，这和自望远镜及显微镜发明以来的任何革命都有所不同。科学家们现在不仅在天文研究中收集海量信息，在生物领域里也是如此，这是因为每个新仪器都会生成几拍字节的数据。[11]

在某些情况下，"测量手段"的进步实际上比计算领域中人们所熟知的进步更为显著。现在，传感器的测量可以用无比神奇的方式深入到自然的"底部"。实际上，今天的仪器可以探测到单个细菌的运动。例如，科学家最近开发出一种传感器，它能够测量原子核直径千分之一级别的运动。[12]

所有变化趋势都会最终饱和，但人类还远远没有达到信息供应的顶峰。信息是唯一无限的资源。

在促使人类崛起的各种关键性变革中，几乎没有什么像访问和存储信息的方式一样没发生多少变化，却又有如此重要的意义。

第六章

信息2：商业数字化

2008年，信息技术取得了重大突破。那一年，联入网络的设备首次超过了网民的数量[1]，可仅仅5年前，网民数量还比联入网络的设备多出足足10倍。大部分数据都是从隐藏在建筑、家庭和医院这样的人造环境中的设备收集而来的，而不仅来源于智能手机。接下来，全新类别的生物兼容传感器的出现，将从根本上扩大可收集到的有关人类生物功能的信息。后面的章节中会详细解释，这不仅与医学事业有关，与个人健康也有关系。[2]

数据流的主要运行领域已经从个人领域（电子邮件和视频娱乐）转移到工业和商业领域。每年花在物联网上的费用达数千亿美元，而提供给消费者的应用的开发及维护成本只占其中不到15%。[3] 这还不算管理、营销、销售和会计类的老式信息系统方面的支出，也不包含用于科学类仪器的信息系统（包括软件和硬件）的费用，这些仪器用来测量数据，从而监控从半导体到医药制造、从交通运输到农业系统的各类生产和加工过程。即便如此，大多数组织还有待部署物联网系统。[4]

在政府对商业资本支出的基本核算中可看出，信息将彻底主导未来经济发展。这份支出可分为四个基本核心类别，其中，不包括劳动力和税收的美国商业支出的首要来源便与信息相关,这类信息既包括硬件的直接信息,也包括企业软件这样的间接信息,而这种企业软件仅存在于放置在其他地方的"云"硬件之中。自 21 世纪初以来,信息一直是美国资本支出的最大类别(见图 6.1)。其他发达国家也有相似趋势。

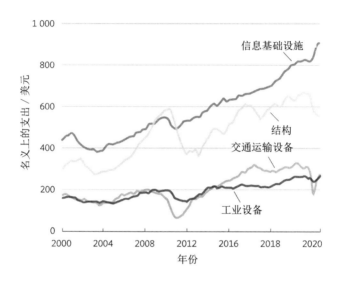

图 6.1　美国商业年支出①

商业数据海啸

2020 年新冠疫情期间,有一个日常生活数字化检测的例子引人深思。全世界各地都出现了这样一个场景:只要走进建筑物、乘坐交通工具或走进公共场所,就会有人用测温仪指向你。

这一切都要归功于弗朗西斯科·"弗兰克"·蓬佩伊(Francesco

---

① 来源:圣路易斯联邦储备银行(Federal Reserve Bank of St. Louis)。

"Frank" Pompei），他于 1999 年发明了远距离数字测温计。这种测温计最初是为了方便给孩子们量体温，现在不仅在家庭和医院中无处不在，同时也广泛应用于工商业领域。

蓬佩伊的发明依托的是数字时代的工具：将能够感知红外辐射（即热量）的新型半导体材料与板载软件（通过微小的计算芯片实现）结合而得以实现。尽管测量温度的原始方式可追溯到埃及时代，不过人们熟悉的玻璃医疗温度计，可追溯到一个多世纪前。玻璃医疗温度计热量测量领域的最后一次飞跃，比丹尼尔·华伦海特（Daniel Fahrenheit）[①] 发明的水银温度计的测量速度提高了 4 倍，而这一飞跃发生在 150 年前。

在测量生物反应、化学制药或燃烧的状况时，温度常常是第一个测量值，它是宇宙中最基本的特征，因其几乎是所有形式活动统一衡量标准。无论是形容身体还是经济，使用"热"这个词来表达是有原因的。

现在，随着硅传感器的尺寸缩小、成本减少，人们可以持续且大规模地测量温度和其他环境现象。装有传感器的消费类设备已经可以通过测量温度、心率、血氧水平、运动状况以及有时极其关键的位置信息，来发现各种疾病的早期指标。

人类持续精准定位的能力大大提高，这是测量史上最显著的一次进步。想要知道这一进步究竟有多大，就有必要回顾一下 18 世纪中期人类的定位能力。1714 年，英国政府设立了经度奖，鼓励人们发明航海工具(直到半个世纪之后，这个问题才得以解决)。现在，无论是司机还是行人，都会将个性化实时精确导航视作理所当然的事。

20 世纪 50 年代，斯坦福大学的布莱福德·W. 帕肯森（Bradford W. Parkinson）和航空航天公司（Aero Space Corporation）的伊凡·A. 葛汀（Ivan A. Getting）想象使用卫星信号来进行精准导航。但是，同时测量

[①] 即华氏温标的创立者。——编者注

数百万台机器或携带智能电话人群的移动信息和位置数据，这个方法在当时并不存在，甚至是无法想象的。由于发明了 GPS，他们在 2003 年获得了美国国家工程院颁发的德雷珀奖，该奖项被公认为工程界的诺贝尔奖。[5]1989 年，一套可以应用在军事上的 GPS 系统问世了，并在 1993 年开始得到商业应用。之后，硅材料制造飞速发展，GPS 芯片组的尺寸大幅缩小，因此到 1999 年，第一部问世的手机便具备了定位与导航功能。在这之后的 10 年内，GPS 芯片组开始普遍应用在每部手机上，使得人们可以精准测量个人、动物或机器的位置。

回溯过去，无须调研便可知有多少人在 2020 年新冠疫情期间选择"待在家里"。人们可以利用与数百万台智能手机相关的所有（匿名）运动数据来进行实时测量，就像测量城市交通一样。3/4 的美国人携有智能手机，1/5 的人佩戴装有健康传感器的智能手表或健康追踪器，而人们已经有能力在城市范围内，甚至在全国范围内，掌握与健康有关的人口移动规模。[6]在人类测量史上，从未出现过能如此远距离测量的情况。

视觉与行为的数字化

就像发明 GPS 的人一样，1969 年，当威拉德·博伊尔（Willard Boyle）和乔治·史密斯（George Smith）在贝尔实验室发明出能够制造数码相机的硅器件时，他们也没有想到这会发展成用数十亿台相机去捕捉数万亿张照片的行业规模。两人后来因发明电荷耦合器件（CCD）而获得了 2006 年的德雷珀奖和 2009 年的诺贝尔物理学奖。这种硅传感器，标志着长达一个世纪的胶片摄影时代就此落幕。CCD 成像仪很快就被一种平行硅技术所取代，那就是互补金属氧化物半导体（CMOS）图像传感器。这种图像传感器的一个关键优势是，可使用与 CMOS 晶体管相同的制造技术来生产,因此可以像硅片 CPU 一样快速降低成本,同时提高性能(就像 GPS 芯片组一样)。

物理胶片是早期具有革命性的技术手段,用以记录视觉信息,进行各种视觉测量。而数码相机的发明结束了物理胶片的统治,这是必然的。1900 年,乔治·伊斯门(George Eastman)发明了柯达布朗尼相机,摄影技术得以普及。同样,数码相机带来的变化也具有深远意义。当年,摄影图像大量产生,不仅推动了一种新消费产品(和科学/商业工具)的产生,它还引起了人们对隐私问题的关注。让么多人拥有如此权利(在对方不知情的情况下)去采集其他人的图像,这让人深感担忧。瞬间快照相对于完整背景的准确度问题,也是法律上的难题。许多人担心,这些照片背后存在着人为操控的行为。[7] 这些问题听起来应该都不陌生。尽管如此,数码相机现在仍是世界上最常用的、能产生色位信息的摄影工具,这不仅是因为数码相机是智能手机的一个标准功能,而且还因为它完全嵌入了商业和科学应用。

人们倾向于使用视觉"工具"作为测量和记录信息的常用手段,这在很大程度上是因为视觉是人类五官中最主要的一种。大脑中专门负责视觉的神经元比负责声音的神经元要多出 10 倍左右。[8] 这也就是人们在使用 GPS 测量时,通常要用到地图的原因。

要计算视觉测量方式的极速增长,人们不仅可以用色位来计算,也可以采用像素。像素是测量显示器成像能力的单位。1970 年,在数字成像时代到来之前,数字像素的产量基本为零;到 2007 年(智能手机时代的开端),每年有 2 万亿像素的图像在手机和科学仪器中生产出来或被输入其中。到 2020 年,每年生产的像素超过了 10 000 万亿。[9] "沸腾的 21 世纪 20 年代"将是千兆像素的时代。

图像从光学图片转变为数位的组合,正是这种转变创造出了轻松存储、共享、修改与操纵图像这样前所未有的功能。正如所有智能手机用户所知,这一功能催生出了各种吸引人的消费服务,在工业、医学和科学领域也产生了很大用途。解析数字像素的软件，不仅可以通过使用"面部识别"技术读取面部图案来解锁智能手机，而且还可以在医疗中提供预测判断。数码相机的发展趋势同样也遵循摩尔定律，数据测量与信息收集的手段不断扩充，技术应用地点不断增多。

智能手机还包含其他几类测量工具，它们也都遵循着摩尔定律曲线，尤其是麦克风和加速计。这两者不仅扩充了智能手机本身所能产生的信息，并且在其他机器和设备中得到了广泛应用。

测量运动的微观加速计是一个十分有用的硅制工具，不仅可以检测手机的倾斜角度或移动情况（从而检测用户是处于坐卧还是走动状态），而且随着灵敏度的提高，还可以在建筑物和房间内增添所谓的"惯性导航"，定位精度可达数英寸之内。与10年前相比，今天的加速度计体积缩小了一半，耗电量降低了1/70，成本降至1/10，因此也被越来越多地安装进各种移动物体。[10]

智能手机里的数字麦克风，其性能和效用也经历了同样的发展轨迹和应用模式。最初，麦克风是用来拨打语音电话的，但其测量各种声学信号的功能也同样能应用于工业、医学和商业领域。最新的声学硅传感器可以通过使用板载软件来消除衣料摩擦这类背景噪声，从而清晰地探测到心脏和肺部的声音。这种传感器实际上可以成为个人数字听诊器。[11]

数字测量工具套件还将不断扩大，未来会包含生物兼容与适形传感器，其中一些传感器将以文身或植入的方式放入活体组织；还将有智能传导纱线，能让衣服或者像创可贴一样的贴片具备数据生成功能。这使得人们发明出能够实时测量与监测并做出诊断的工具。这些东西曾经只存在于科幻小说中，现在却存在于现实生活中迅速崛起的新兴产业。

要确保一个人身体健康，保证流程规范，维持机器正常运转，有一半的工作是从观察和测量开始的。私家汽车的安全性技术，是此类应用中最早出现且发展最快的一个。在实用级自动驾驶技术（终有一日会实现）的发展道路上，人类驾驶汽车时的运行数据越来越重要。每辆新车都装有大量传感器，这些传感器收集的数据涉及100多个不同参数，通常分为四类：移动性参数（行驶距离、位置、速度等）、行为参数（车灯使用、刹车、雨刮器等）、车辆的"健康"参数（发动机温度、冷却液水平、电池状态等）和安全参数（锁、安全带、安全气囊状态、紧急制动及转弯情况等）。[12]这些数据为制造商、城市规划者、车队经营者、保险公司、投资者、监管者及车主的判断提供了依据（这些数据在分享前可以进行隐私处理，但未来还将有更多关于隐私和所有权问题的争议）。

在"云"时代，信息测量与收集会获得前所未有的广泛应用，尤其在工业和商业领域。与娱乐相关的数字信息本身就十分庞大，甚至成为一个"必不可少"的行业，这类信息将持续增长。与油管（YouTube）和娱乐相关的数据流量已经达到了天文数字的规模，而油管最近也刚刚成为数字存储和传输的最大用户之一。然而，在21世纪20年代，商业数据海啸将使之黯然失色。

货币数字化：从厄玛到金融科技

1967年，自动取款机（ATM）的发明实现了银行网点的自动化和普及化，使世界各地出现了约300万台现金取款机。2007年，智能手机的发明让每个人手中都有了一台虚拟的数字ATM，让存取资金更加便捷，这使得技术的普及速度增长了千倍。同样使用"云"计算技术的消费设备，也使所有金融服务得到普及，将个性化落实到了极致。在过去，很多这样的服务都是普通百姓难以获得的。这种便利让交易往来如虎添翼，在历史上一直都是经济发展的重要推动力。

当然，货币是商业的核心，并早已取代物物交换成为产品和服务的主要交换形式。相较于其他历史主题，人们对金钱和物价的了解最多，正如布兰迪斯大学（Brandeis University）教授大卫·费舍尔（David Fischer）所说："只有一种类型的原始材料跨越了有文字记载的全部人类历史范围，那就是物价的记录……在埃及的沙漠中，学者们发现了记录法老时代生活费用的莎草纸。"[13] 应该感谢一位化名为中本聪（Satoshi Nakamoto）的人，是他让我们清晰地认识到，这个时代所有与钱有关的事情都史无前例地卷入了数字化旋涡。在 2009 年中本聪发布如今著名的比特币时，却鲜有人注意到比特币是货币形式和交易手段数字化的缩影，而在历史上，货币形式与交易手段一直是货币的两个关键特征，极少发生根本性的变化。

还应该感谢一位退休人类学教授杰克·韦瑟福德（Jack Weatherford），他于 1977 年出版了《货币的历史：从砂岩到赛博空间》（*The History of Money: From Sandstone to Cyberspace*）一书。在互联网发展的早期阶段，他就以少有的先见之明写道："我们现在正在进入一个过渡时期，将有许多相互竞争的货币和价值体系，而没有一个体系会占据主导地位。"

货币的数字化进程在计算机诞生之初便已经开始了，事实上，计算机的第一个商业用途就是收集货币。在第二次世界大战中，为破译密码而建立 ENIAC 计算机的工程师在战后立即设计了一台真空管计算机，即第一台商用计算机——通用自动计算机，该计算机于 1951 年 6 月 14 日被安装到了美国人口普查局。自从人类已知的第一次人口普查（古巴比伦王国）以来，各个时代的政府一直在统计人口和估算资产，以便向其居民征税。与此同时，在私营金融领域，美利坚银行于 1955 年推出了技术先进的电子财会记录机（ERMA）。这台机器取代了人类"计算机"，也就是那些记录、计算和处理支票的记账员。第一台电子财会记录机使用 8 000 个真空管，重达 25 吨，所消耗的电力比十几所房子还多。最终建造的 32 台生产型机器（生产商恰好是通用电气公司）则使用效率高得多的晶体管。电子财会记录机每小时可处理约 4 万张支票，而有经验的记账员每小时仅可处理约 200 张。当然，银行家从这一进步中的获益是大于普通消费者的。韦瑟福德将 1960 年视为面向消费者的电子货币进步的标志性开端，那一年，美国运通公司（American Express）在旅行支票上添加了磁性墨水。紧接着，1972 年，旧金山联邦储备银行开创了电子支付方式以淘汰支票。电子消费记录的保存与跟踪手段得以发明，人们拥有了将交易与个人账户实时联系起来的能力，这为信用卡的革命性普及创造了基础设施条件。

信用卡的广泛普及是货币形式的第一次重大变化，这是自 14 世纪产生"钞票"（由意大利佩鲁齐银行提供）以来，及更早的硬币和纸币（约公元前 600—700 年）发明以来的一次重大变化。信用卡的魔力在于便利，而不在于获得信贷本身。事实上，和其他涉及货币的物品一样，信用卡也有着古老的渊源。信用系统早于硬币出现，大约可以追溯到巴比伦汉谟拉比统治时期，即大约公元前 1750 年。[14] "塑料"却使信贷的应用范围大大增加，可谓天翻地覆。

如果一定要找相关人员和日期的话，恐怕还是约瑟夫·利克莱德，时间是 1962 年。这一年，他发表了一篇名为《世界大脑》(*World Brain*)的论文，阐述了一种通信传输协议，能够可靠地传输大量数据，而这直接成为支撑互联网和电子商务的基础协议。[15]

随后，智能手机迅速吸收了信用卡的全部功能：首先是预录账号的应用，然后迅速迁移到应用程序上，这些应用程序可以直接从信用卡或银行账户中进行电子支付。这样，购物交易的全部过程就得以数字一体化。

塑料卡片的应用十分便利，数十年来一直在蚕食现金的使用。数字化加速了这一趋势，而新冠疫情则更加速了这一进程。2010 年，人类仍处于智能手机时代的黎明，当时美国的现金交易量占所有金融支付的51%，瑞典是56%，中国是99%。到了2020年，这些国家使用现金支付的比例分别为28%、9%和41%。[16]（在新兴市场领域，仍有70%—90%的交易使用现金。）

现在，金融服务的每一项功能都为"云"技术所吸收，并通过智能手机得以普及，包括各种贷款、保险、投资、合同、"机器人顾问"，以及在以上所有这些方面发生的各种超级专业化的服务形式，可谓无所不包。有一个新词——"金融科技"，就用于描述所有这些崭新的金融商业手段。调查显示，在2020年夏天，美国有近60%的人使用金融科技应用来管理资金，比新冠流行前的使用机会更多，其中73%的人称其为新常态，而80%的人管理资金时从不去银行办理。[17]

因此，这些现象推动老牌公司和风投初创公司展开全球竞争，生产更便利的金融科技产品和平台就不足为奇了。在2020年之前的5年里，有近500亿美元的总风险资金被投入排名前250家私营金融科技公司。[18]

回到合成货币，即所谓的加密货币的话题，暂且不提"法定货币"的交易天地。所谓"法定货币"，就是由"政令"决定的货币形式，意即政府权威做出金融承诺宣布回归的通货。比特币及其他纯数字形式的具有交换价值的东西，跟其"数字兄妹"（如航空公司和零售商的促销计划）有所不同，也不同于实际银行账号或信用账户发起的数字基金交易。相反，数字硬币完全是合成的。例如，比特币可以进行数学意义上的"挖矿"，并且是一种完全独立于任何企业、政府或担保机构的交易手段。

中本聪所创造的谜题，答案就在于每个比特币本身。这个谜题只有2 100万个解法，因此只能存在2 100万个比特币。"挖掘"一枚比特币需要使用一个巨大的计算机库，以蛮力的计算方式来找出下一个解决方案。

2021年初，未开采的比特币仅有约250万个，而流通中的1 850

万个比特币在短短一年内升值5倍，总值超过1万亿美元。这似乎是一个很大的数字，但就背景而言，它只是全球所有金融资产总价值的千分之一。这种金融资产包括所有类别的股票、房地产、私人（而非政府）债务和投资以及相关的金融合同与协议。[19]

区块链是用来注册和交换比特币的网络结构，但人们常把它和比特币混淆。区块链是一种分布式架构，其数据库并不是存储在一台计算机中，而是存储在无数计算机里被称为"区块"的部分里，这些计算机分布在网络的各个地方。区块以时间顺序相连，其编码需通过数据的一致性验证，所有区块都可以从网络的任何节点透明地进行验证。因此，区块链网络可以为任何种类的交易提供宝贵的安全保障。这也是为什么它被越来越多地用于管理医疗记录，或用于高价值产品及易腐产品的供应链一致性记录。

区块链的灵活性和安全性很吸引人，但做到灵活和安全要付出代价，并限制它在金融领域的应用。区块链网络的散列性特点使它每秒只能处理几十笔交易。[20] 然而，像信用卡这样的业务必须每秒处理几万笔，这在（安全）数据中心便能轻易完成。分布式区块链架构必然需要整个区块链上的无数台耗能计算机协同合作来确认每笔交易。

比特币挖矿所需的能源也令人惊讶，需要满满几个大型仓库的计算机才够用。极其讽刺的是，开采一个比特币的耗能相当于开采1盎司（约28克）黄金所使用的能源。[21] 开采耗能成本巨大，这也解释了为什么最大的比特币矿场集中在大型水坝附近或是廉价燃煤电网附近。[22]

总之，世界上的比特币矿工们所消耗的总电量，相当于整个新泽西州使用的电力耗能。[23] 比特币传输的这种物理属性，原则上与12世纪圣殿骑士团所面临的建构物理运输网的挑战没有什么不同。当时，圣殿骑士团专门为欧洲大陆上运送黄金的马车提供安全保障服务。[24]

但是数字加密货币只是全球金融庞大生态系统中的一部分。来自金融，或者说金融科技的数字流量，将随着基础货币交易本身的增长同时扩大，并可能超过其增长速度（见图 6.2）。而且，由于速度和实时知识在金融交易中具有重要作用，相关的数字流量必须实时运行。

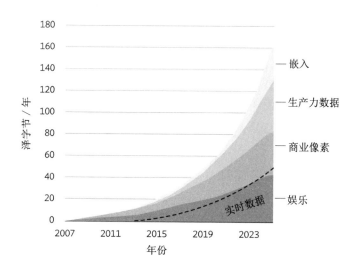

图 6.2　即将到来的商业数据海啸①

网络与物理的交汇

所有和"赛博"（cyber，即网络）相关的词汇，其词源都和"控制论"（cybernetics）有关，该词源于第二次世界大战期间计算机时代早期，由数学家诺伯特·维纳（Norbert Wiener）的控制系统理论发展而来。后来，威廉·吉布森（William Gibson）在 1984 年出版的科幻小说《神经漫游者》（*Neuromancer*）中创造了"赛博空间"（又称网络空间）一词，指的是在虚拟世界中那些看似虚幻缥缈的系统。

---

① 来源：互联网数据中心（IDC）。

说到企业，互联网在"赛博空间"催生出了一种新型商业模式，这早已不是新闻了。现在，"云"技术带来了下一个进化阶段，将"赛博世界"和现实世界直接融合到一起，这一融合与以往相比绝无仅有，需要用一个新名词来命名。彼时还在美国国家科学基金会工作的数学与计算机科学家海伦·吉尔（Helen Gill），于2006年创造了"信息物理"（cyber-physical，又称赛博物理）一词，用来描述一种完全融合了两个世界的功能与运作模式的系统。[25]

当一个信息系统涉及事物的运作或需要对其运作进行操控，而非解决某个问题时，两者之间有着深刻差别。在信息物理系统中，信息系统可能需要从现实系统中获取大量信息流。现实世界中事件很复杂，发生速度快，为适应这一点，必须确保信息流的速度足够快，这是信息物理系统商业化遇到的核心技术障碍。信息物理系统的前沿领域，是各种形式的自动驾驶车辆和机器人技术，至少在其普及方面是这样的。

工厂是尖端信息物理技术首次出现的地方。考虑到材料获取与其他所有相关的基本技术和组件等现实因素，制造业本质上需要一个由机器、活动和商务构成的实时运行的分布式网络。测量与获取信息的作用，可以追溯到现代工厂早期。1911年，弗雷德里克·泰勒（Frederick Taylor）写了《科学管理原理》（*The Principles of Scientific Management*）一书，讨论了有关机器及工厂工作流程的数据获取、分析与使用的问题，便用上了今天人们所能想到的科学术语。泰勒认为，通过对工厂和工厂员工进行"时间与运动"的研究，可以解决如何提高工厂效率的难题。

泰勒对提高生产效率感兴趣，并非只是为了追求利润，也反映了当时流行的马尔萨斯思想。泰勒在介绍他的著作时，不无忧虑地写道："可以看到，森林在消失，水力遭到浪费，土壤被洪水冲刷进海洋；煤炭和铁矿也即将消耗一空。"[26] 忧虑归忧虑，但是泰勒的思想［即后来人们所熟知的"泰勒主义"（Taylorism）]掀起了大规模生产的潮流，尤其为福特汽车公司提供了动力，开启了后来汽车制造工厂长期的自动化发展历程。

随着1968年可编程逻辑控制器（PLC）的发明，泰勒时代的测量工具，包括早期IBM时代的"制表机"和打卡机，逐渐为新生的工业控制系统所取代，进入了新兴数字时代。PLC是一个简单的、用途单一的设备。1986年，第一批PLC成为个人计算机的组件。1992年，PLC运用到了使用互联网通信协议的本地以太网上。2003年，第一批PLC出现在嵌入式网络服务器中，"云"时代的重要时刻来临了。因此，从泰勒到"云"技术的近一个世纪的演变，最终使工厂成为真正的信息物理系统——这一转变的重大意义超过了福特汽车公司开创的大规模生产线，其影响类似于从传送带驱动的机器向电动机的重大转变。

全球600万家制造企业正在加速这一数字化进程。分布在世界各地的工厂以空前的速度将机器联网，并与"云"网络相连，增添了数以亿计的测量传感器和信息生成节点。[27] 当前，工业"原始设备制造商"的支出几乎占据了信息技术总支出的一半。[28]

围绕专门用于分析（物理）供应链中的产品流动数据，一个价值30亿美元的（信息）分析产业形成了，这一产业预计将在6年内扩大两倍。这一现象成为信息物理的风向标，使我们能够看到其未来发展趋势。[29]

另一个指向更大发展趋势的标志，是"云"时代的崛起：即数据量规模已经形成爆炸式增长，2020年有超过一半的数据被存储于"云"端，而非公司、家庭或个人的设备之中，这是一个标志性的趋势（见图6.3）。

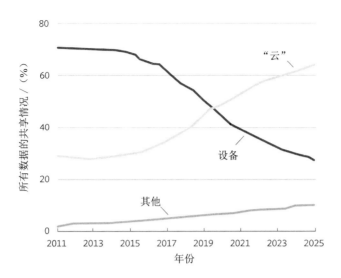

图6.3　数据存储地："云"时代的拐点[①]

自史前时代第一次有人用石板来记录羊群数量以来，观察、测量、计算及记录数量、流量和过程的行为，一直都是商业的关键。

人们对自然环境中的一切进行测量和观察的方式，也发生了同样转变。无论是出于好奇、预测险情，还是保护自己免受来自大自然的系列危害影响，抑或是为了利用和保护自然资源，情况都是如此。

---

① 来源：互联网数据中心。

第七章

信息3：科学数字化

2020年7月30日，美国国家航空航天局（NASA）发射了一个价值30亿美元的科学仪器。大约7个月后，该仪器登陆了火星。这个过程非常低调，没有引起多少关注。这台名为"毅力号"（Perseverance）的行星探测车是信息物理领域进展的缩影。该探测车拥有一整套核动力传感器和分析仪，同时配备有史以来第一个携带数码相机的自主飞行无人机，以及比航天飞机上使用的计算机还要强大1 000倍的"机载计算机"。而这一切都是为了满足人们对于科学的好奇心。事实上，8年前就登陆火星的上一代探测仪就被命名为"好奇号"。至少从19世纪末以来，科学家们就开始着迷于探索火星了。当时，天文学家帕西瓦尔·罗威尔（Percival Lowell）使用一架望远镜来观察这颗行星，并把观察结果公之于世，认为自己看到了火星上的一条条运河[1]，而他所使用的这架望远镜之先进远非伽利略所能想象。

科学仪器的功能和种类已经扩大到人们几乎无法理解的程度。要想把它们全部列出，这个名录恐怕要包括1 000多种截然不同的数据生

---

[1] 实际上是火星上的沟槽。——编者注

成工具。从行星探测器到智能手机应用程序，这些工具的用途、尺寸和成本都大不相同。但现在，新发明的仪器都有个共同特点，即数字化。此外，越来越多的工具开始与"云"连接在一起，这使科学家们能更有效地分析如海啸般袭来的越来越多的数据。

镜头拉回地球，一台价值50亿美元的大型强子对撞机可谓数字仪器的代表。你可以把它想象成一种超级显微镜，用来窥探现实结构的微小特征。这是一个巨兽般庞大的科学仪器，周长近20英里（约32千米）的粒子加速器，被埋在约500英尺（约152米）的地下，消耗的电力相当于一个20万人口城镇的耗电。它拥有1.5亿个传感器，每秒产生的数据达到了惊人的千万亿字节，需要分布在42个国家的1艾（百亿）字节的存储能力。[1] 2012年7月，对撞机团队宣布发现了物理学家假设的所谓"上帝粒子"，引起了轰动。

虽然所有科学仪器的主要目的都是为研究服务，但基础技术最终往往促成了新类别的产品和服务。历史上这种例子很多，比如，为了测量无线电波而发明的科学仪器，衍生出了可以实时跟踪物体的雷达（在第二次世界大战期间尤为重要）。雷达提高了船舶和飞机的导航精度和安全系数，极大地改善了农业天气预报的准确度，并最终出现在汽车和可以感知手部运动的消费设备上。再比如，为NASA的轨道X射线望远镜（时间大约在1970年）而发明的固态数字X射线成像仪，则直接衍生出了低剂量X射线机，为现在医院和牙科诊所普遍使用。计算机架构和软件，最初都是为诸如大型强子对撞机等仪器处理大量科学数据而设计的，后来的事实证明，它们在无数商业应用中都很有价值。

自1973年以来，将基础研究的"副产品"纳入考虑，一直是NASA公关任务的一部分，因为那时NASA因登月后的预算压力，不得不寻求公众支持。此后，NASA制造了大约2 000个副产品。除了间接的副产品，长期以来，人们都在重点推进副产品应用于科学仪器发展，涉及从制药到飞机的各个领域的企业实验室和工厂。很大程度上，使用科学仪器的主要还是工商业公司，而非大学或政府支持的研究实验室。

能够用数字技术结合不同仪器，而不仅限于结合互补仪器，是计算测量能力的一个特点。毫不夸张地说，应用程序可以观察一切存在的事物，从细菌、蛋白质、昆虫，到机翼上的超音速气流、计算机体层成像（CT）扫描以及治疗药物的分子结构等。[2]

在当今这个时代，科学仪器高度数字化，其本身就在昭示着经济领域的广阔发展前景。科学前沿的趋势不仅显示出科学发现的节奏，以及科学"奇迹"诞生的长期意义，还会揭示未来将应用于商业的硬件和软件的属性。

追求知识的显微镜和望远镜

1658年，人类首次观察到了红细胞。一个红细胞由10亿个分子组成，而现在的显微镜能够观察到组成红细胞的每个分子。这种观察能力的进步必然会产生实用知识，这一点在历史上已经得到证明。19世纪中期，意大利科学家菲利波·帕西尼（Filippo Pacini）使用当时的高倍显微镜观察，正确地识别出了霍乱细菌，这种细菌便是1854年佛罗伦萨霍乱大流行的罪魁祸首。在此后不久，罗伯特·科赫（Robert Koch）和路易斯·巴斯德（Louis Pasteur）即提出了病菌学说。[3]

1590年左右，机械透镜研磨技术已经得到充分改进，显微镜大概此时已经出现，然而，历史上谁最先发明显微镜，却已不可考。[4]人们常常把伽利略与望远镜联系在一起，不过，由于望远镜与机械透镜属于"光学近亲"，所以，大约在1609年显微镜的改进设计中，伽利略也功不可没。

2017年，一台特殊的显微镜问世，并获得了当年的诺贝尔化学奖。

尽管诺贝尔颁奖委员会并非如此描述，但它的问世确实标志着显微镜学进入了第三个时代——计算显微镜时代。这项获奖发明的名字听起来很神秘莫测——低温电子显微镜（cryo-EM，简称低温电镜），但体现了软件和科学工具融合的深层结构变化。低温电镜已经带来了一系列微生物学领域的新发现，包括第一张计算机生成的整个生物细胞的高分辨率三维图，以及最近完成的病毒结构解码，这一解码有助于杀死癌细胞。[5] 在宣布 2017 年诺贝尔化学奖时，瑞典皇家科学院（Royal Swedish Academy of Sciences）简洁地描绘了低温电镜的非凡之处，实际上这正是科学测量本身的非凡之处：

> 图像对理解至关重要。成功地将肉眼看不见的物体可视化，往往是科学实现突破的基础。然而，由于现有技术难以生成生命分子运行机制的图像，生物化学研究领域长期充满了空白。而低温电子显微镜改变了这一切。如今，研究人员可以冻结运动中的生物分子，并将以前从未见过的过程可视化，这对了解生命化学的基本知识和药物的发展都极为重要。[6]

尽管历史学家常将每次灵感的实现归功于个人、团队或公司，但低温电镜与其他重大发明（包括汽车和计算机本身）类似，都是多年来各种底层构件进步和发展的最终产物。

自诺贝尔奖诞生以来，显微镜领域的革命获得了无数奖项，每次革命都极大提高了人们观察微小事物的能力。显微镜的第一个重要转折点与电子时代同时来临，从此以后，人们终于告别了长期只使用光学透镜的时代。1933 年，德国科学家恩斯特·鲁斯卡（Ernst Ruska）发明了电子显微镜（由此获得 1986 年诺贝尔物理学奖）。而低温电镜的出现受益于电子显微镜的不断进步，也受益于软件和芯片的重大进步，可谓是数字转折点的缩影。[7] 低温电镜必须与一台小型超级计算机配对，以处理每分钟兆（万亿）字节的视频，其数据速率相当于在线观看2 000 小时的好莱坞电影。

除了稀有的低温电镜，高分辨率数字成像仪（相机）从与机载分析系统的结合，到与半导体照明器（发光二极管，LED）的结合，整个显微镜领域已经发生了数字化革命。因此在许多研究应用中，我们发现，高性能显微镜不再是巨大的台式机器，而是小到可以放在手掌中的设备，由此可将应用扩展到实时发生的现实生活场景中，包括难以进入甚至是危险的环境中，而非仅局限于实验室，并以前所未有的方式扩大信息的收集。[8]

由于观测数据是以数字形式收集的，人们现在不仅能够在高分辨率（数字）监视器上远程查看信息，而且能够轻松地实时共享、存储和分析信息。这使得研究人员可以用机器学习和人工智能作辅助，不是在实验室的静态环境中，而是以自然的方式来发现微妙的变化或现象。这是一个截然不同的特点。

和显微镜一样，望远镜也经历了类似的数字革命。

2019 年 4 月 10 日，尚在新冠疫情暴发之前，当时人们的兴趣还未转移到病毒上。科学界发布了一张壮观照片，受到全球媒体的关注，这张照片由一架名为事件视界望远镜（EHT）的科学仪器拍摄。这是人类有史以来首次直接拍摄到黑洞，这个黑洞距我们 5 000 万光年（太阳系的直径约为 1/1 000 光年），可谓超现实物体，而且拍摄仪器的孔径相当于地球的直径。

孔径大小是每个望远镜的特征，决定了光（信息）的收集能力和分辨率。正是通过原子钟、全球定位系统和超级计算机，人们将全球 7 个射电望远镜阵列数字化地连接到一起，如此行星尺度的孔径才得以实现。这张事件视界望远镜拍摄的照片，由肉眼无法看到的毫米波拍摄，储存在近 1 000 个硬盘驱动器上，数据量高达 4 500 万亿字节（比全世界数十亿部智能手机的数据量还要多）。在另一个信息物理现实中可注意到，这些驱动器总重达半吨。[9] 从光学孔径只有几英寸的伽利略望远镜，到 1948 年投入使用的位于帕洛马山的海尔天文台（the Hale Observatory），经过了 300 余年。海尔天文台用一块长约 200 英寸（约 5 米）的镜子来建造的望远镜，在几十年里一直都是光学望远镜之王。采用数字技术，意味着人们只用了 50 年就成功制造出了行星规模大小的孔径。

在可见波长范围内运行的望远镜，也经历了数字化变革，并由此获得巨大的性能增益。这些望远镜还拥有一项像表演魔法一样的本领，是古代天文学家无法想象的，那就是利用结合了激光和实时变形光学技术的软件。它使得科学家能同时测量并消除空气分子的干扰，这样一来，从地球表面观察宇宙空间，由大气造成的图像失真的核心问题，就可以有效避免，其效果相当于通过数字化形式把望远镜发射到外太空。因此，计划耗资 20 亿美元的"三十米望远镜"（TMT），其性能将远远超过位于大气层外轨道上耗资 120 亿美元的哈勃空间望远镜。

把望远镜放在太空中还有其他原因，特别是为了观察被大气层完全阻挡的波长，或者为了规避地球上的噪声。如今，天文学家梦想着在月球背面安装遥控仪器，预计这也将极大推动以软件为中心的观测技术的发展，就像"毅力号"火星探测车大量使用软件技术那样。

"毅力号"上的许多尖端传感器技术都集中在生物学领域，这并非巧合。自从帕西瓦尔·罗威尔出版《作为生命居所的火星》（*Mars as the Abode of Life*）一书以来，时至今日，科学家们仍然好奇火星上是否有生命的痕迹。这本书给赫伯特·乔治·威尔斯带来了灵感，使他创作出了《星际战争》（*War of the Worlds*）这部小说，引领了火星和外星科幻小说的潮流并经久不衰。就像很多其他领域的知识一样，星际探索也需要更好的工具（通常只是更好的图片），来纠正人们错误的观念或验证激进的新想法。

一些重要的仪器制造商（其历史可以追溯到19世纪）纷纷扩充自己的数字和软件能力，或者收购新生的运用"云"技术的科学数据和软件公司。[10] 科学仪器行业每年的总收入高达650亿美元，在数据泛滥的情况下，软件和耗材的费用能占到行业的总收入的3/4也就不足为奇了。[11]

信息是一种无限的资源

以"云"为中心的测量"手段"的数字化，并不局限于新奇的科学仪器，即使最简单的测量方法也在经历数字化。一个典型代表就是古代用来测量长度的尺子，这项发明可以追溯到4 000年前。如今，智能手机应用程序因其便利性、精确性和普遍性而取代了尺子。正是"基础"摄影技术引领了数码相机的前沿技术革命，数码相机技术覆盖了数十亿部智能手机，在很大程度上推动了该领域的技术革新。

但是，科学领域的数字成像技术，比如当今使用的高分辨率高速相机就要高级多了，它每秒能够生成24 000帧图像和25 000兆字节的数据。这种信息粒度不仅适用于科学研究，还适用于无数的制造工业和日常活动，如为机器人、自动驾驶汽车和无人机导航。[12] 科学领域摄像机的最高速度是多少呢？每秒能捕捉10万亿帧图像。在这样的速度下，相机可以拍摄出化学反应过程中的定格照片。[13]

20世纪四五十年代，哈罗德·埃哲顿（Harold Edgerton）发明的早期高速摄影技术每秒能拍摄120张照片，捕捉到了许多前所未见的景象，如蜂鸟翅膀模糊的定格画面、子弹飞行的画面等，这令世界为之惊叹。1940年，埃哲顿用高速拍摄的自然图像制作的短片《眨眼之间》（*Quicker'n a Wink*）获得了奥斯卡奖，这可谓科学仪器一技两用的一个典范。后来，埃哲顿又因此获得了许多科学奖项，包括1973年的美国国家科学奖章（National Medal of Science）。相较于埃哲顿的早期高速摄影技术而言，现今的数字成像技术实现了一个惊人的飞跃。

一些人质疑探求科学奥秘的目的，特别是在过去一个世纪中，人们对"大科学"尤为怀疑。除了从事基础研究的那一小部分人之外，大家会关心怎样捕捉时空结构中的涟漪画面，或抓拍生物分子振动画面这类事情吗？针对这样的问题，同时考虑到预算、公众和政治支持等现实问题，NASA做出了基础研究衍生产品的报告。

我们可以以"效用论"为名为科学辩护（这个话题会在本书末尾讨论），特别是现在，计算机辅助仪器的进步已经直接或间接地渗透到工程、制造和医疗领域。看似完全不同的应用程序，都存在着明显的相似之处。例如，医学研究与天文学一样，都需要突破同样的限制条件，即两者都需要进行测量，并在不接触的情况下仅凭观察做出推断。医学这么做是为了避免伤害，而天文学这么做是因为人们难以触摸到研究对象。但在寻找新方法来管理和分析海量数据的方面，二者都面临着相似的挑战。要知道，1盎司（约28克）的血液能容纳3万亿病毒粒子，这一数字比一个星系中的恒星数量还多。[14]

科学家和哲学家早就认识到，人的测量手段和关于世界如何运行的理论之间，存在着共生关系。克劳德·香农于信息时代初期提出的见解，在今天仍然适用：

> 面前这片浩瀚的自然之海正等待人们去探索。与此同时，探险所需的科学技术正以指数级的速度迅速发展。你看，这一切形成了自我回馈：有人发现了新原理或提出了新理论，这不仅是新知识，还是探求更多知识的新工具。[15]

香农是否意识到数字化将极大地增加探求"更多知识"的工具数量，并不能确定，但我们相信他应该知道。所有的物理事物和过程都是由信息实体化的。事实上，宇宙中的一切都和信息密不可分。

赛思·劳埃德（Seth Lloyd）是麻省理工学院的计算机科学家。2002年，针对如何思考存在中的信息量极限，劳埃德提出了一个视角，从而也论证了人类还需要获取更大观测能力的理由。在一篇题为《宇宙的计算能力》(*Computational capacity of the universe*)的开创性研究论文中，劳埃德计算出，宇宙可以用10的90次方比特的信息来表示。[16]对于这个庞大到无法想象的数字，人类语言还没有对其命名。但是，这一数字比我们估算的整个宇宙中所含氢原子的数量还要大1万倍。[17]

信息是一种无限的资源。通过"云"计算，人类史无前例地开始以与资源相应的规模，来对信息进行获取、管理和提炼。

因此，下一章将转向实践领域。只有理解并利用构成宇宙的材料，人类才能创造出全新的产品和服务。

第八章

材料1：从去物质化到再物质化

正如麻省理工学院科学家安德鲁·麦卡菲（Andrew McAfee）所说："在几乎整个历史上，人类的繁荣都与从地球上获取资源的能力紧密相关……但现在不是这样了。"[1] 对他的这句话，可以这样说：言之莫急。

人们可以从一台医用磁共振成像（MRI）仪直线追溯到巴西矿山中的巨型卡车，并在那里找到磁共振成像超导磁体所需的铌；还可以从含有钕（"稀土"元素）的工业激光器追溯到内蒙古巨大的白云鄂博矿区；从智能手机追溯到电池中钴的产地刚果。这些地区分别代表上述元素的最大全球供应方。[2]

而看似没有重量的流媒体视频，需要什么资源呢？若不把硅引擎、网络和数字显示器的材料计算在内，每有一个人观看一部电影，就需要开采一磅（约0.45千克）左右的材料来制造产生其所需电量的机器，比如风力或太阳能发电机。

人类与从自然界获取的材料之间的联系，既不是偶然的，也不是多余的，这种联系只是现实而已。公元前300年左右，希波克拉底①

---

① 古希腊伯里克利时代的医师，被西方尊为"医学之父"。——编者注

（Hippocrates）的著作《论风、水和地方》(*Air, Waters, and Places*)，体现了人类对材料本质最早的科学思考。几千年来，冶金师、药剂师和炼金术士一直孜孜不倦地试图利用具有不同属性的材料，或通过具有想象力的配方创造出具有新属性的材料。炼金术士花费了几个世纪的时间，探索将铅变为黄金的方法。1869 年，俄国化学家德米特里·门捷列夫（Dmitri Mendeleev）创造出元素周期表——把这一刻视作材料科学的现代开端是合理的。

了解自然运作的规律后，人类合成新材料的能力（尤其是通过化学工程合成材料的能力）有了前所未有的发展，进而带来了许多前所未有的产品。从经济角度衡量，它导致化学品的产量超过了人类历史上一直使用的常用材料——木材、石头和基本金属的数量。如今，这 3 种天然材料仍在大量使用，只要环顾四周你就会发现这些材料到处都是。全球木业每年产值超过 2 500 亿美元，而且这一数字还在不断增长。这 3 种传统材料的年产值相加仍然达到了 3 万亿美元，其中 80% 来自金属业。但当今世界每年也生产（合成）价值 6 万亿美元的化学材料。除此之外，还有另外 1 万亿美元产值的药物，这类物质非常特殊，是用化学手段操控分子结构而制成。

从第一辆汽车、第一架飞机，到后来的肥料和胶卷，材料是一切事物的根本。过去，材料的创新能带来产品的创新，然而这种想法已逐渐式微，在近几十年来计算机科学的发展背景下逐渐湮没。理由很充分：人们痴迷于"比特取代原子"的世界。这句有名的话出自硅谷投资人彼得·蒂尔（Peter Thiel）之口。现今的"原子"行业已经非常成熟且发展缓慢，而比特世界则在以惊人的速度发展，这一趋势近来尤为明显。过去 50 年，计算机硬件行业的年产值从零达到了近 2 万亿美元。但是，建造所有硬件会消耗大量常见材料和高度专业化材料，包括一些全新种类的材料，这一点始于通信时代本身。

第一条跨大西洋电报电缆于 1858 年建成，这要归功于电的发现以及铜这种古老材料的使用，但如果没有绝缘材料，也是不可能实现的。第一批电缆使用古塔波胶，这是一种来自热带树中的天然乳胶，其特性于19世纪早期在印度被偶然发现——又是那种烦人的偶然发现！截至1900年，全球电报网络安装的电缆长度从零增加到了约30万英里（约48.3万千米）。[3]这种天然聚合物的年需求也随之在短短30年内从零增加到近20亿美元（以今天的美元计算）。很明显，在维多利亚时代，人们对古塔波胶的需求可能导致过度采伐和潜在的"生态灾难"。这一早期的案例说明，信息的虚拟性和相关基础设施的物理属性之间有着必然联系。[4]这与今天苹果手机电池和刚果钴矿之间的关系一样，是同种线性联系。[5]

现在，人类兜了一圈，又回到了这样一个时代：新兴技术和各种新型服务都依赖于各类新型材料，尤其是"计算材料"，从用于医疗的生物相容性电子产品到用于机器人的合成皮肤，再到未来的室温超导体，这些将让电动汽车成为真正引领时代的产品。当下正处在方兴未艾的第三物质时代，这是信息物理时代的另一个特征。它包括使用"云"技术来调整现有的材料生产方式，但又远不止于此。它还涉及使用超级计算技术和人工智能来进行计算设计，即创造、发明、合成新型材料，包括那些天然材料无法实现之特性的材料。这是一个关键时刻，与150年前化学的开端一样具有深远的影响。一个崭新的材料业即将诞生，这一行业最终将再次使现有材料业的商业价值黯然失色。

现有的材料业也将继续存在。倘若认为，人类已经完全将石器时代甩在身后，那么请想一想以下事实——当今世界每年仍在使用的价值超过350亿美元的"天然石材"。花岗岩和大理石仍然是建筑的首选材料，因为无论是合成材料还是其他材料，在强度、耐用性和外观这些性能特征方面，花岗岩和大理石都是其他任何价格的材料所无法比拟的。当然，如今石材建筑的设计以及石材本身的造型，都是通过计算机辅助设计和计算机控制的切割机完成的。这种进步是一种效率增益,而且至关重要。然而,用于建筑的基础岩石仍然和古希腊时代一样。这种情况将来还会继续下去。

不过,与此同时,在新材料时代到来之际,人们如今可以在真正意义上想象出一种材料,它坚如岩石,却比水还轻;或者想象出一种模仿木材底层结构的轻盈的金属;再或者想象出一种能够模仿病毒,向靶细胞内输送药物的纳米工程材料。这些可能性都来自知识的扩展(正如前一章所述)、生产方式的更新(这一主题稍后会讲),来自这个时代的数字大教堂里硅引擎驱动的软件。

从石到硅

在这个时代,半导体级的原料硅,而非自然界中发现的硅砂,变得日趋重要。类似的情况在未来还会再次发生。对于构成数字大教堂和整个"云"的硅引擎来说,硅是根本元件。这种材料在20世纪之前并不存在。

1916年,波兰化学家杨·柴可拉斯基(Jan Czochralski)发现了一个过程,能使一块近乎完美的晶体硅"生长"出树干状的巨大"晶锭"。"生长"一词为化学家从生物学中借用的术语,金刚石就是自然界生长出的完美碳元素结晶材料。值得注意的是,柴可拉斯基的发现纯属偶然。他当时正在一家德国电气设备公司的实验室使用高温设备进行金属实验,这种高温设备基于20世纪早期刚刚兴起的电力和无线电技术制造。他偶然发现,自己的仪器能够生长出一大块纯晶体硅。继柴可拉斯基之后,其他人又花了一段时间完善该过程中的技术和工具。如今,这一过程被永久地以柴可拉斯基的名字命名,称为"柴可拉斯基法"。1949年,贝尔实验室则建造了第一个商用硅生产系统。[6]

从数字黎明时代算起,柴可拉斯基硅的消耗量已经增长1 000倍左右,每年达到约1.5万吨,而且这种增长没有停止的势头。当然,今天使用的花岗岩块与罗马时代使用的花岗岩块在本质上没有变化。然而相比之下，尽管硅晶体管的尺寸缩小了 1 000 倍，但所用原料硅的总吨数依然增长了 1 000 倍。现在，晶体管制造商每年要花费数百亿美元购买原料硅。（注意，用于制造太阳能电池的硅并未统计在内，其数量是用于制造晶体管的硅的 20 倍。）

在短短 50 年内，从"小鹰号"（Kitty Hawk）航母到登月，材料的重大进步一直是技术发展的核心。当今许多雄心勃勃的"宏图计划"，也都离不开材料的进步。

新型材料是下一代数字技术的核心，这些技术将延续摩尔定律的规则，进一步扩展逻辑运算的力量，并有可能构建出消费者友好型界面，扩大"云"加速服务的应用范围。新型材料使得触摸屏、用于面部识别的激光芯片、锂电池、可穿戴电子产品和无人机等成为可能，在此仅举这几例加以说明。

如今，人工智能和"云"技术形成了良性循环，在原始材料的发现、开采和加工方式等方面带来了近一个世纪以来最重大的进步。这一进步至关重要，因为所有产品和服务，都必须从获取原材料以及将其转化为可用形式开始。然而，这还是最基本的要求。超级计算驱动的人工智能和机器学习，开启了新材料计算"发现"的时代，其中有些材料似乎违反（或至少绕过）了支配"天然"材料的规则。这是一个关键历史时刻，但一直未得到足够重视。

如今，在当下这个由理性和计算力主导的时代，柴可拉斯基式的偶然发现也仍然在发挥着重要作用，这一点令人生厌。但是重大材料发明的未来已经发生了天翻地覆的变化，从由试错主导的时代（尽管是基于科学规则的）转变为靠计算工具增强和加速的时代。这些计算工具可以在几个小时内，在硅片上执行一个世纪的试错量，这将从材料属性和数量两方面大大扩展材料的应用。

不过，有一个流行的观点认为，在这个数字时代，社会正在"去物质化"。亚马逊化和优步化加速了各个经济体以服务为主导的进程，人们"对资源密集型制造业的需求并非不可避免"[7]。以这种世界观来看，材料和以材料为中心的各种行业已经成为"昨日黄花"。

从本质上讲，麦卡菲著作的核心话题就是讨论材料应用效率的巨大增长。也就是说，我们已经看到，财富的增长速度超过了基本材料使用的增长速度，这一趋势在未来也将持续。确实，在"云"时代，这一趋势持续加速。然而，随"云"一同出现的财富加速增长，会带动社会对原材料消费的绝对增长，即便后者的速度相对较慢。

化学元素周期表的应用

同前文一样，通过比较21世纪和20世纪的标志性产品，就能找到去物质化的证据。这些标志性产品包括智能手机和汽车，一辆汽车的重量大约是一部手机重量的1万倍。因此，正如一位分析师所说，20世纪80年代的青少年坐着汽车"涌向当地商场""购买数百万个录音带"，而今天的青少年则以数字方式收听流媒体音乐。相较而言，后者更似"非物质化"。[8]

但是，智能手机的到来并没有导致汽车的生产或使用数量减少，也没有摆脱这样一个现状：世界上仍有许多人还要使用20世纪具有代表性的某种重型产品，例如汽车和空调。[9]尽管近几十年来，富裕经济体得到发展，这些经济体的材料总使用量增速却明显放缓。这表明，富裕国家在材料应用方面的经济效率更高，但这并不意味着材料应用与经济发达体之间的脱钩。

每年，世界各国经济体需要大约1 000亿吨的建筑、食品、燃料和金属材料。平均下来，地球上每个人的一生要消耗200万磅（约907吨）材料。[10]自互联网出现以来，世界上使用的材料总量增加了一倍以上。

这些材料包括用于建造桥梁、建筑物和转化为晶体硅的沙子，还包括促进作物更快生长的氮、增加钢铁强度的钒、为磁盘驱动器和电动机提供能量的稀土镝。能源材料几乎都是碳氢化合物，仅占社会上所用各类材料总重量的 15%。

最终，随着不发达国家人均获取的食物、房屋、道路和建筑接近饱和，可以想见材料需求增长速度将会放缓。[11] 但离达到这一饱和，仍然有很大距离。想想看，在发达国家，每 1 000 人大约拥有 800 辆汽车（人们拥有的汽车数量多于有驾照的司机数量），然而，在世界上一些地区生活着数十亿贫困人口，但这一比例接近于每 100 人仅拥有一辆汽车。[12] 这还没有提到尚未商业化的新类别产品。

当然，在今天的发达国家，材料人均使用量远高于全球平均水平。但即使效率增速减慢甚至阻止原始材料的需求增长，人们仍然面临着人均消耗 200 万磅材料的实际情况。制造材料的机器会磨损，所以材料仍在继续使用。物理学和经济现实表明，"循环经济"这一说法尽管听起来很有吸引力，但本质上不可能实现。在这种经济中，几乎所有材料都会被再利用或回收。可如今，世界上只有不到 10% 的材料被再利用或回收。[13]

因此，随着全球使用更多的塑料、纸张、铁、铝、二氧化硅（沙子）和钙（石灰石），即使假设回收技术会取得重大进步，预计未来 20 年的材料总需求仍会上涨 300% 左右。1844 年，加拿大人查尔斯·费内蒂（Charles Fenerty）发明了适合报纸印刷的纸张，但互联网时代人们对纸的需求量还在持续增加。事实上，尽管用于"写作"的纸张变得越来越少，但纸张的使用量预计将继续扩大。互联网虽然减缓了人们对纸质文件需求的增长，却促进了集装箱用纸的快速增长（想想一键购物）。[14] 在需求的发展轨迹中，可看到一个普遍现象，即新材料会淘汰一些旧材料的用途，新材料新用途的出现往往也会给旧材料带来新用途（见图 8.1）。

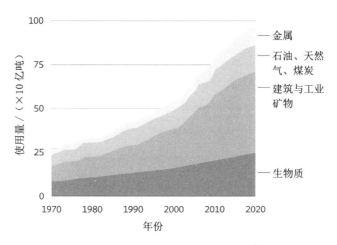

图 8.1 增长的人口与财富推动全球材料使用[①]

但是，正如人们所说，发达经济体正日益以服务业为主导。这种观点所言甚实，因而在第二次世界大战后的时代广为传播。到 20 世纪末，服务业在全球范围内成为主要就业方向。[15] 然而，所有服务都依赖于制成品的生产，而生产在本质上又都需要材料。没有卡车和飞机，就没有联邦快递；没有医院、核磁共振仪和药品，就没有医疗卫生；没有通信、数据中心和送到消费者手中的快递盒，就没有亚马逊。过去 6 年里，"一键"购物和"一日达"配送的便利，让仓库建设和货运量都得以蓬勃发展。

信息：材料的上升价值

当今世界与一个世纪前的世界在材料上的最大差异，并不在于制造东西所使用材料的数量。当然，财富和人口的增长使得建筑物数量更多，体积更大，建造它们所用的混凝土、钢材和玻璃需求量也更大。然而，根本差异在于人们更多地使用以往从未用过或很少使用的元素与材料，对这些元素和材料的认知也得到了极大的增长和扩充。

---

① 来源：经济合作与发展组织（OECD）。

举例来说，即使铜（在有历史记载之前人类就使用的元素）的需求持续增长，那也是因为人们不断发现各种元素的新特性，推动了对材料的全新需求。以钕为例，钕是1885年发现的一种金属，当时主要用作玻璃的染料。1982年，通用汽车公司的一位科学家发现，使用钕可以制造出世界上最强的磁体，[16]钕磁体的磁力，比20世纪初的任何东西都要强10多倍。

一个世纪前，制造汽车用到的材料很少，只需要木材、橡胶、玻璃、铁、铜、钒和锌。而今天，无论汽车使用何种燃料，它的制造都要用到30多种不同的非燃料矿物，且对17种所谓"稀土"混合元素的需求越来越大。同样，1980年左右，制造手机所需原材料只包含元素周期表中的几十种元素，但今天的智能手机则利用了70多种不同类型原子的特性，同时也加入了少量稀土元素。

人们创造产品的方式，就是不断发现和发明结合原子的新方法来生产材料。这些产品组成了世界，"发明"了人类的未来。虽然托马斯·爱迪生（Thomas Edison）在19世纪后期就试验用粗碳纤维作为电灯泡的灯丝，可直到20世纪50年代化学工业成熟后，人类才具备制造高强度碳纤维的能力。

同样，虽然迈克尔·法拉第（Michael Faraday）在1833年就首次注意到了半导体效应，卡尔·布劳恩（Karl Braun）在1874年就发明了第一个半导体二极管，但直到1947年，约翰·巴丁（John Bardeen）、沃尔特·布拉顿（Walter Brattain）和威廉·肖克利（William Shockley）这3位科学家才发明第一个半导体晶体管（又是在著名的贝尔实验室），后来3人共同获得了1956年的诺贝尔物理学奖。值得注意的是，巴丁此后再次获得了诺贝尔奖，成为历史上唯一在物理领域获得过两次诺贝尔奖的人。他获奖的理由是阐释了超导性的原理。超导性是一种神奇的现象，如今仍在等待着合适材料的出现，从而实现广泛应用。与此同时，在过去半个世纪里，半导体机器制造不断演进和发展，其核心一直是材料科学。

寻找结合原子和分子的新方法，是材料科学和化学的本质。这不仅适用于半导体,也适用于药物发现。医药科学家使用"小分子"和"大分子"的命名法。根据这种命名法,一个小分子(比如阿司匹林)由几十个原子组合而成,而每个大分子(比如阿达木单抗)则是由数万个原子组成。[17] 我们通常从重量的角度思考材料。试想,大分子药物的复杂性使其每盎司(约 28 克)的成本比黄金还要高,而小分子药物的生产成本则是大分子药物的 1/1 000。疗法(尤其是低成本疗法)的未来在于,如何用更多办法、更巧妙的方式,将全宇宙这套唯一的原子结合起来。这就是超级计算机发挥超能力的地方。从使用材料的角度,人类历史通常划分为铁器时代、青铜器时代和石油化工时代。显而易见,当代人生活在硅的时代。但硅是不同的东西,因为它可以用来改进甚至改变人类使用所有其他材料的方式,也会让"计算材料"拥有魔力。其中一些计算材料已经实现了自然界不可能实现的特性,而另一些已经找到了通过编程改造无生命物质来模仿生物,甚至改进生物的方法。

所有让文明成为可能、让一切都"光明而美丽"的事物,都始于材料。每一项发明、产品、工具和服务的构建,都以材料为基础。这就是为什么材料是三大核心技术领域之一。在材料领域,"'三'的法则"凸显了出来。"云"技术融合了来自"材料基因组"的信息、新性能,以及能让材料的生产规模符合文明世界的需求。这样的组合,就会引发相变(见图 8.2)。

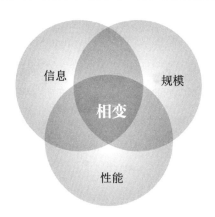

图 8.2　性能、规模与信息交叉处材料的相变

第九章

材料2：从采集到合成

乔治·列洛（Giorgio Riello）在其讲述棉花历史的巨著中提到，1751年，英国下议院的一个委员会宣称棉花产业是边缘产业，在质量和数量上都不可能与羊毛和亚麻产业竞争。但到了1850年，羊毛的产出已经无法满足全英国人的穿着需求。要想让所有人都有毛衣穿，就需要比英国农业用地总面积大两倍以上的土地来养殖绵羊。[1] 棉花本身虽然是一种古老的纺织原材料，其地位上升却得益于工业革命，尤其是工业革命期间发明的纺纱机和轧棉机，大大促进了棉花产业朝低成本、高质量的方向发展。

到了18世纪末，在销往欧洲的商品中，棉纺织品所占的价值占全部商品价值的一半以上。[2] 1812年，臭名昭著的卢德派分子烧毁了纺织厂和工厂，他们对劳动、技术进步和生产力之间的相互作用充满担忧与焦虑，这绝非巧合。在现代社会，所有商品——服装、食品、燃料、制造业等日渐式微，不再占据经济主导地位，但纺织业在今天仍旧是价值数万亿美元的巨型全球产业。棉花产业坚如磐石，仍有近40%的市场占有率，而如今市场的规模与多样性则远超18世纪的英国智者所能想象到的范畴。[3]

同时，历史记载显示，约翰·韦斯利·海厄特（John Wesley Hyatt）于1869年发明了第一种合成聚合物，该发明纯属偶然。当时海厄特并非在服装公司工作，而是在准备报名参加一场竞赛，目的是寻找一种替代品，用以代替制造台球用的象牙。[4] 海厄特从棉花中提取出天然纤维素，并成功合成出一种类似象牙的材料——赛璐珞。之后又过了约40年，1907年里奥·贝克兰（Leo Baekland）才发明出胶木，这是一种真正的合成聚合物，最初作为绝缘材料用于新生的电力行业，最终被证明具有"上千种用途"。[5]

有关材料史的著作可谓卷帙浩繁，它们对材料的历史做出了详尽记录，尤其记录了化学材料的制造对经济发展、经济革命（和战争）的推动作用。化学材料的革命与我们已经看到的模式相同，由各种相互关联、彼此交错的技术变革共同引起。就合成聚合物而言，材料革命的发生需要满足以下几个条件：(1)现代化学学科的"发明"，这能提供一种理解、预测并控制化学反应的框架；(2)新型机器与控制装置，它们使大规模的合成和生产成为可能，其中高强度钢发挥了重要作用（合成通常需要极高的温度和压强）；(3)能够大量生产碳氢化合物的产业问世，既能生产原材料，又能供应能源。能源供应是一个关键的推动因素，因为所有的化学合成都要消耗能源。

到20世纪20年代，合成材料制造取代了天然材料采集，成为与制造业一样规模宏大的产业。随着技术与工艺逐步完善，产业知识逐渐提升，化工产业开始腾飞，在1920—1950年的30年间产量增长了约6倍。[6]

人类在早期金属时代之后又经过了很长一段时间，才掌握了合成聚合物的能力。聚合物是自然界最多产、最有用的材料之一，是蛋白质的主要构成部分，存在于羊毛、丝绸、人的毛发和龟壳，以及棉花、树木等各类植物的纤维素之中。复制自然界聚合物特性的能力，在工业革命中发挥了关键作用。在化学时代到来之前，人们使用的所有聚合物都是从自然界中获取的。

在"咆哮的20年代",一项最重要的技术进步出现了,那就是人类发明了复制自然肥料特性的化学品。弗里茨·哈伯(Fritz Haber)在1908年提出了这种合成肥料的构想,并因此获得了1920年诺贝尔化学奖。而卡尔·博施(Carl Bosch)又进一步提出用高温高压的方法,大规模生产这种肥料,他与同事弗里德里希·贝吉乌斯(Friedrich Bergius)因此项成就一同获得了1931年的诺贝尔化学奖。由此便产生了"哈伯-博施"法,大大地提高了农作物的亩产量。

有了"哈伯-博施"法,再加上按照这种方法生产肥料和施肥的机器,两者一同养活了世界上一半的人口,并有效地终结了饥饿,可谓功不可没,功劳超过了其他任何科技进步。几千年来,人们第一次可以这样说:吃不饱饭的原因,并不是自然气候的多变,而是政治原因、管理不善和人为的敌意。

众所周知,化学加工工业及过度使用化肥都会对环境造成危害。正如在其他与环境有关的领域一样,解决这一问题的关键是知识、精度、控制。这3个关键词贯穿在整个供应链中,从初级材料提取到生产和利用都是如此。例如,最近提出的精准农业就运用了自动化机器的组合:有的能提供极其精确的导航(精确到英寸),有的与天气预报实时关联,有的以平方英尺为单位进行营养和水分的微观感应,有的能(最终)生成纳米颗粒并模仿大自然将正确数量的化肥施放到正确的地方。将这些功能结合起来,人们便可(在降低成本的同时)提高生产力,降低对环境造成的影响。所有这些技术能力都将在未来10年中产生,而产生的前提则是发明更多新材料。

但是,能否获取有用的材料,决定了所有机器的特点和功能,也决定了为完成各行业任务需要经历的过程,从粮食、医药,到住房、交通、运输等行业都是如此。而基础设施则将所有这些因素交织在一起,因为基础设施都必须由结构材料建造。

1849年,约瑟夫·莫尼埃(Joseph Monier)提出了用钢筋加固混凝土的想法，这个巧妙的想法大大提高了拥有 3 000 年历史混凝土的性能，使得今天建造现代桥梁和摩天大楼成为可能。1935 年，欧文·康宁（Owen Corning）首次发明出纤维增强聚合物，即玻璃纤维，这便是对结构材料这一概念的历史呼应。随后，在 20 世纪 70 年代，碳纤维增强复合材料又出现了。玻璃纤维应用于船只，代替了木材的使用，碳纤维增强复合材料则取代了飞机和高性能汽车中的铝材料。现在，人们可以列出一长串结构材料的最新进展，它们在不断挑战材料强度与韧性（或刚度）的冲突界限。例如，人们生产出一种新型金属，不仅模仿了木材的纳米结构特征，同时质量比钛更小，强度却更高。[7]

新型轻质材料在未来将至关重要，不仅会用来制造人类梦寐以求的个人飞行器（鸟儿能飞行，是因为其骨骼结构很独特），还会用于制造实用的机器人，更不用说制造电子耗材和可穿戴、可植入式电子产品了。"引领时代"的技术突破源自具备全新性能的材料，例如，它将同时拥有钢铁的强度和橡胶的韧性。

新型智能材料

材料科学的目标不再只是复制自然界的特性，还包括合成自然界所没有的新特性。在某种意义上，科学家们已重拾了炼金术里蕴含的古老哲学思想。

虽然强度、刚度，再加上耐用性和成本，都是结构材料实际效用的关键指标，但科学家和工程师很早之前，就为材料的各种其他性能制定出了具体指标和目标，其中许多在日用品里很常见，如质地、耐温性、柔软度、孔隙率、密度、混溶性（混合能力）、反照率（对光的反射性）以及一系列与电磁场有关的电性能，尤其是那些光学领域的性能。

尽管硅是定义这个时代的关键材料,但若不是同时代发明出来的可使用其他材料的工艺过程,恐怕硅至今无法推动"云"计算的发展。在这些材料发明中,其中一些材料对延续摩尔定律发挥了至关重要的作用,而另一些材料则使玻璃这种古老的材料转变成信息电缆。

在所有发明过程中,都会涌现出一批创新人才和创新技术,这些创新人才和技术对整个技术进步至关重要。在电子通信领域,适用于制造柔性延长玻璃电缆的新材料是一项关键发明。但是,该项发明是由康宁玻璃公司(Corning Glass)的团队在1970年变为现实的。即便如此,在实现大规模商业化之前,该团队用了十几年的时间来完善其生产流程。若非以材料为中心的固态激光器得以同步发明,这一切都无法实现。这种激光器可将信息编码成完美的光束。光纤电缆的井喷式发展是在20世纪90年代,是当时"非理性繁荣"的重要部分,这是一个以材料创新为基础的科技繁荣时期。

如今,科学发现的进程不但没有减缓,反而在加速。专业科学期刊遍地开花,各种材料的新命名也层出不穷,从这点便可看出近年来各种具有新特性的材料大量涌现的趋势。科学期刊《先进材料》(*Advanced Materials*)如其刊名一样,专注于先进材料研究,其创刊年份也不过是1988年。

而在21世纪的前20年,又有十几种更专业的材料科学期刊问世。新期刊的名称和创刊发行日期本身就是一张路线图,标记出了材料革命的速度与深度。这些期刊包括:《先进工程材料》(*Advanced Engineering Materials*, 1999);《先进功能材料》(*Advanced Functional Materials*, 2001);《小》(*Small*, 2005);《先进能源材料》(*Advanced Energy Materials*, 2011);《先进保健材料》(*Advanced Healthcare Materials*, 2012);《先进光学材料》(*Advanced Optical Materials*, 2013);《先进材料界面》(*Advanced Materials Interfaces*, 2014);《先进电子材料》(*Advanced Electronic Materials*, 2015);《先进材料技术》(*Advanced*

Materials Technologies, 2016》;《小方法》(Small Methods, 2017);《太阳能RRL》(Solar RRL, 2017)。

造成近几十年来材料技术大幅增长的原因是什么？答案是新的信息收集工具和计算能力。这些因素很少被提及，这本身就说明了计算材料时代无孔不入。

近年来出现的一些材料的特点似乎证实了阿瑟·克拉克的"定律"：任何足够先进的技术，刚开始时看起来都像魔术。试想一种气凝胶，比羽毛还轻，但仅需喷上薄薄的一层，便可以隔绝喷灯的热量。再试想一下，将一克（约为一只苍蝇重量）密孔材料展开，其微观表面可以覆盖一整个足球场。[8]这种材料有望比昂贵的重型压缩罐更有效地储存氢气。我们在无数有关新型材料的文献中，发现了一种"超级胶水"，可以在分子水平上形成化学键，将材料联结在一起。

或者，回想一下钙钛矿这种不常见矿物的发现过程。钙钛矿的发现可追溯到19世纪中叶，但直到最近几十年，人们才围绕其独特的分子结构设计出新颖有用的材料。在低成本太阳能光伏中，钙钛矿尚未实现商用，但至少有十几家公司正在试图实现这一点。用于低成本的高敏感度X射线检测器，可能是钙钛矿一个更重要的用途。它可以从根本上缩小医疗成像的仪器尺寸、使用成本，减少X射线辐射时间，使其从医院封闭的环境中转移到一线。[9]

在莫桑石矿中发现的碳化硅（SiC），是另一种罕见的天然材料。碳化硅是一种类似钻石的纯晶体。2000年前后，合成碳化硅技术催生出人造钻石珠宝的利基市场。但是，在21世纪初，半导体级硅的生产流程完善之后，碳化硅电子器件的概念才成为可能。碳化硅有两个显著特点，即耐高温和耐高压，而这种特点近来才使高功率碳化硅电子控制系统走向商业化。相比使用传统硅功率晶体管的传统电力电子设备，碳化硅设备的尺寸和重量是其1/10。[10]这种材料的属性应用广泛，而不仅仅像现在流行的那样用于实现交通电子化。

接下来是1991年发现的碳纳米管，这要归功于日本科学家饭岛澄男（Sumio Iijima）。这种原子级材料因其电学特性已作为增材制造原料投入使用。虽然其力学特点也十分显著，却尚未投入商业化应用，例如，它能用于制造强度超过钢材300倍的电缆。

在以碳为基础的五花八门的新型材料中，石墨烯不可忽视。这种材料最近才被发现，用途还未得到完全开发。石墨烯是由俄罗斯物理学家康斯坦丁·诺沃肖洛夫（Kostya Novoselov）和安德烈·海姆（Andre Geim）于2004年偶然发现的。它由碳原子按照六边形完美排列而成，最终形成只有一个原子厚度的薄片。[11]虽然现在石墨烯还未投入大规模商业生产，也未制造出发挥其用途的设备，但其特性确实可以称得上是非常神奇。

石墨烯可以赋予其他材料以新特性，且其适用范围几乎覆盖了从计算机到传感器、从电池到净水器等所有领域。[12]而且这还不包括未来可能被创造出来的全新材料种类，例如石墨烯泡沫薄片，它可使绝缘材料、传感器或在所有化学合成中都至关重要的过滤过程具备神奇的特性。[13]石墨烯的存在，激发了人们对其他新型单原子厚度材料的探索，例如，2019年，人们宣布发现了第一条具有原子宽度的磷烯（磷基）纳米带。[14]

人类已经具备了制造新特性材料的能力，"原材料"就是最好的例证。1967年，俄罗斯物理学家维克托·韦谢拉戈（Victor Vselago）设想了一种新材料，能表现出自然界无法实现的特性，如负折射率。如果将勺子半插进一杯水中，光的折射会使它看起来是向下弯曲的。而超材料将反转这一物理现象，使它看起来是向上弯曲的。20世纪90年代，英国物理学家约翰·潘德瑞（John Pendry）首次提出制造光学超材料的想法。2000年，美国物理学家大卫·史密斯（David Smith）发现了第一种具有这种负折射率的材料。

原材料为那些既神秘（用于通信的超快速光学开关）但同时又面

向消费者的产品（复制了传统大玻璃镜头性能的小型扁平智能相机镜头）提供了机会。原材料还为建造真正的全息显示器（也就是科幻小说中常见的那种大型三维投影）开辟了道路。人们也可以设计原材料，使之能对像无线电或声波那样变"魔法"，让材料隐身，听不到声音，看不见雷达信号，甚至没有光线——就像几年前有人迫不及待地提出一种类似《星际迷航》(*Star Trek*)中的"隐形斗篷"的概念。尽管这种想法执行起来仍面临巨大挑战，但隐形材料已不再仅存于科幻小说中。

材料科学的许多进展，与生物应用息息相关，尤其是在改善生物相容性，即控制人体对异物的自然排斥反应方面。[15] 谈到生物领域，复制皮肤和肌肉这两种天然材料的性能，不仅在医疗保健领域十分重要，在机器人领域也至关重要。我们注意到，工程师对这两类组织的模仿品，其性能已经迅速接近原材料。最近实验室生产的"可自愈的触觉感应人造皮肤"，就是将当代几种建筑材料领域的技术进步与三维打印技术相结合而实现的（三维打印是下一章的主题）。[16] 人造肌肉是为未来的假肢及能模仿人体功能的机器人提供动力的关键，在这方面，新型基础材料的组合所带来的引人注目的新突破再次得到了展现：科学家们使用碳纳米管作为聚合物纱线的支架，创造了能复制肌肉运动范围和耐力的制动器，但它同时还具有更加卓越的功率重量比。[17]

要想设计出具有真正新颖特性的材料，核心挑战在于如何处理原子和分子大量的潜在组合。各种可能组合的概率不同，组合范围非常广，使这一任务更具挑战性。但是，如今拥有了安装在超级计算机中的人工智能工具，便有办法完成这一任务，处理如此惊人的复杂任务，这在史上还是第一次。[18] 这样的技术变革让人们对未来满怀希望，这与一个世纪前化学基本规律的发现如出一辙，那次发现也同样带来了全新的应用材料。

21世纪20年代伊始，人们便宣布了室温超导体的美好前景。

60年前首次发明的超导线，不仅是实现核磁共振机的材料，也同样能被用于许多其他科学仪器以及目前尚未想到的产品。自超导线被发明以来，有一个目标一直诱惑着人类，那就是找到一种能够在室温下实现超导的材料。目前，这些导线必须使用液态氦冷却到零下440华氏度（零下262摄氏度）才能发挥作用。但在2020年初，布法罗大学一个研究小组宣布发现了一种新材料，使我们距离那个扑朔迷离的目标更近了一步（尽管仍然需要高压才能达到要求）。作为其发明者之一的理论化学家爱娃·祖略克（Eva Zurek）指出，现有的化学结构数据库并不包含他们所使用的算法计算出的各种材料。"在从计算机中找到它们之前，我们仅凭化学想象力无法想到它们"，[19] 算法放大了人类的想象力以及创造新材料的能力。

复制自然：仿生材料

大自然已经生产出了宇宙中最智能的材料——脱氧核糖核酸（DNA）。DNA中的信息编码与其他所有东西一样，都是由92个原子组成的。但DNA信息编码生产出了可移动、可自我复制的生物机器。正如2018年诺贝尔化学奖获得者弗朗西斯·阿诺德（Frances Arnold）所言："大自然是有史以来最好的化学家。"[20]

大自然的优势之一，是在分子组合的实验方面领先了人类几十亿年。但是今天的计算机，比1980年左右时的计算机强大了100万倍，并将在几年后再次增强1 000倍。这样的硅引擎将最终拥有能进行探索、设计甚至用计算机模拟实验所需的功率。借助这种动力，硅引擎可以复制自然，甚至超越自然，为无生命的材料增添信息特征（见图9.1）。

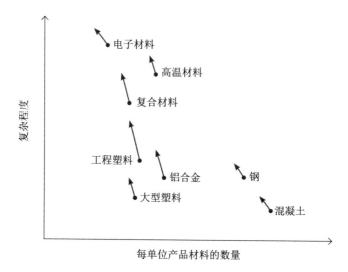

图9.1 增加材料的信息含量[①]

但是,谈到社会所需的各种令人眼花缭乱的无生命材料时,美国国家标准协会材料基因组计划的负责人吉姆·沃伦(Jim Warren)生动地指出:"材料科学与制作蛋奶酥完全一样……我并非在打比方,这两者就是完全相同。当我们制造一种材料时,不仅它的成分很重要,其制造过程和方式也决定了材料的特性。因为蛋奶酥本身就是一种材料。"[21]使用智能机器来设计材料的目的,正是了解厨师的技艺,并将其转变为科学,进而形成规模化的商业产品。

"材料基因组"这一术语,是宾夕法尼亚州立大学材料科学教授刘梓葵(Zi-kui Liu)于2002年借用生物学术语提出的。刘梓葵认识到,基于材料基本特性而设计的计算工具将很快能破解如何制造新事物的指令,就如DNA能破解生物结构一样。但当时很少有人能想到,计算能力的发展进程实际上比预料的还要迅速。

---

① 来源:《生态结构调整:对可持续发展的影响》(*Eco-restructuring: Implications for Sustainable Development*),联合国大学(The United Nations University),1998年。

可以看到,在纯计算材料开发方面,早期就有许多成功案例(尤其是金属材料),而不仅仅只是利用计算机来辅助现实世界的实验。要想发明纯计算材料,人们需要使用软件来模拟基于材料内部分子和原子力模型的物理实验。例如,从美国西北大学分离出来的名为求技(QuesTek)的小公司,是第一家使用电子驱动的物理模型来设计商用合金的公司。该公司开发了一种用于战斗机起落架的钢合金,这种合金复制了现有材料的特性,但未使用镉这种危险金属。求技公司随后通过计算设计出了其他合金,以达到苹果和美国太空探索技术公司(SpaceX)等公司要求的特定性能目标。[22]

在一个类似但并非金属的应用中,科学家们成功利用超级计算对大约160万个可能的分子进行了评估和定性,设计出性能优越的、能应用于智能手机和电视屏幕的有机发光二极管(OLED)。[23]而在2020年初新冠疫情危机期间,美国田纳西大学的科学家在寻找新冠新疗法时,利用附近橡树岭国家实验室的全球最强超级计算机"顶点"(Summit),结合机器学习算法,对数百万个生物化合物的组合模式进行建模,并在几天之内就找出了几种候选治疗方法,而这一任务在以前则需数月的时间才能完成。同时,为促进研究及发展"工业规模的人工智能",著名硅谷软件企业家汤姆·西贝尔(Tom Siebel)引领其最新的公司C3.Ai建立基于"云"的"数据湖",存储了包括广布全球的不同类型的新冠病毒数据。[24]

所有这些材料领域中,都有与物理工具相配的协同反馈回路,这些物理工具被开发用于建造硅引擎。工程师们利用制造出亚微米规模硅晶体管的工具,在被称为微机电系统(MEMS)的领域中制造同等规模的非逻辑材料。1959年,理查德·费曼(Richard Feynman)在其著名演讲《底层的广阔空间》(*There's Plenty of Room at the Bottom*)中提到,人类可以参与并将不可避免地步入原子级的工程领域。虽然第一个MEMS设备是在1968年制造的,但这个缩写命名直到1986年才被创造出来,这一年也正是硅工程时代繁荣期的开端。[25]人们可以想象制造小到看不见的机械装置，如开关和音叉，或者时钟、麦克风及大量机械装置，这得益于第三个技术领域进展的成果，即用以制造微型晶体管的机器。

最近，各种不同的材料定性特征涌现了出来，这一趋势从命名归类中便可看出。除了计算材料、材料基因组和原材料的概念外，还有以下概念：

- **电子纺织品**：融合了基本电子能力的服装纺织品。
- **生物相容性材料**：与自然和人体组织相容的材料，对可植入和可摄入的（微观）诊断性电子器件以及高度精准的药物施治至关重要。
- **瞬态电子设备**：在预设的时间点被分解（实际上就是消失）的智能传感器和通信芯片。
- **适应性材料**：对环境做出反应的材料，例如，增加强度或改变其他属性以应对特定影响或事件。
- **自愈材料**：能够复制自然界中生存必需基本特征的材料。
- **可编程材料**：在制造时根据编入材料的"指令"做出反应或实施操作的材料。
- **自组装材料**：生物仿生学领域的一个明确目标。

材料类别将迎来全新时代，它将超越古代炼金术士的梦想，为人类制造出从未想象过的设备开辟天地。

让未来变为现实

一种观点认为：人类可以设计出具备特殊属性或魔法特性的全新材料。这种想法最初见于古埃及的炼金术中。在"炼金术"（alchemy）一词中,"Khem"(阿拉伯语为al-khemia)指的是大尼罗河的冲积平原。这片土地数千年来都异常肥沃。英语的"化学"(Chemistry)一词即由该词发展而来。[26]

炼金术产生的影响足有1 000多年之久,牛顿和伽利略都曾涉足炼金术。他们所追求的是神话中的"点金石",这是一种能够转变元素形式的关键之物,尤其是将廉价金属变为黄金。事实证明,古人的想法是正确的,只是他们没有必要的知识和机器,因此才无法实现。但现在,我们都有了。

计算机,就是当代人的"点金石"。1980年,美国劳伦斯伯克利国家实验室的团队利用蛮力计算和巨大的粒子束加速器,成功将铋元素变成另一种元素:金。[27] 即便转化出的黄金数量极少,每盎司黄金的转换成本高达1 000万亿美元,但这仍是一个史诗级创举。巧合的是,同年仅创办4年的苹果公司在纳斯达克证券交易所上市。这在当时是自1956年福特汽车上市以来最成功的首次公开募股。[28] 这一刻,标志着计算机将继续发展壮大,强到足以成为点金石。

现代炼金术士得以真正施展魔法,主要是因为计算机的崛起。20世纪90年代"计算材料科学"这一概念及术语兴起,1990年又出现了同名科学期刊,这并非巧合。[29] 正如计算化学教授亨利·瑞帕(Henry Rzepa)在其1994年的论文中预测的那样,互联网不仅增强了小公司的能力,使之可与大型研究机构竞争,而且能使"新手"变得更加聪明。[30]

互联网的影响和其强大计算能力的扩散始于2000年前后,这在人们发明的物质名录中可见一斑。该目录于1907年首次建立,现有近2亿种物质记录在案。2005—2015年,目录中增加的物质数量是20世纪100年间增加数量的4倍。[31] 2016—2020年的短短5年内,目录里又增加了几乎同样多的物质(见图9.2)。这些数据再次提醒人们,数量本身就意味着质量。

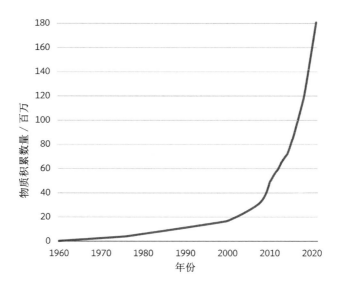

图 9.2 《美国化学文摘数据库》中的物质累积数量[1]

虽然说起来道理很简单,即使有大量的材料可供选择,用于创造新型产品和服务,但硬件的商业化仍然比软件的商业化需要更长时间,这一点要重申。建立安全可行的系统仍需要时间,尤其是规模较大的系统。寻找和增加新型材料类别是未来的一大特征,但正是在这方面,许多预测(例如超音速飞行和商业太空旅行)都失败了。然而,有一点要说明:这次有点不同。如今,人们终于可以期待在未来用硅模拟操作过程和测试安全性能,以此加速工业流程的成熟。

但要想为社会提供成吨的"蛋奶酥",人们不仅需要相关的机器和工艺,还需要大量能源。科幻小说和漫画,长期以来都喜欢在故事中为材料注入虚构的能量特性,如《星际迷航》中的"锂晶体"和《终结者》(*Terminator*)中曲棍球大小的核能电池。在进入第 3 个技术领域——机器领域前,需要简单总结一下能源和材料交汇之际的现实情况和存在的机遇。

---

[1] 来源:《美国化学文摘数据库》(*Chemical Abstracts Services*)。

第十章

材料3：能源关系

2021年初，很多汽车制造商因缺少关键原料——半导体而被迫减产。[1]新冠疫情导致半导体供应链中断突显了一个事实，即汽车产业已在21世纪初悄然跨过了一个门槛：如今要生产一辆汽车，制造商在硅上的支出超过了在钢铁上的支出。[2]

这种转变并非源自汽车"信息娱乐"和通信系统的广泛变革，而是源于过去20年里，用以感知和控制动力的半导体数量和种类一直在稳步增长。变速器、刹车、转向、窗户、雨刷、灯光、加热器、风扇、机泵和安全系统，几乎所有的汽车功能都应用了这些半导体部件。在电动汽车和混合动力汽车上，与动力相关的硅的花费几乎翻了一番。事实上，现在市场上之所以有完全电动化的汽车，硅"功率芯片"至少与锂电池一样功不可没。[3]

用于生产逻辑晶体管的原料，是近乎完美的超纯晶体硅。数十年来，生产超纯晶体硅的技术不断进步，这也间接推动了功率晶体管稳定乃至快速地发展。过去，人们需要用一个商用冷藏柜大小的箱子装满机电元件，来控制100千瓦的电力水平，这相当于移动一吨货物所需的电力。现在的功率芯片使这个箱子缩小到家用微波炉大小，可以放在汽车引擎盖下面。

21世纪初,新型半导体材料碳化硅和氮化镓终于实现了商业化,这两种材料制作的功率芯片使得汽车动力电子产品更小巧、更实用,并且实现了电网规模的电力运行。同样是在21世纪,半导体材料也悄然把爱迪生发明的白炽灯挤出了汽车领域。2007年,在LED发明近40年后,人们才首次将其用于汽车前照灯上。截至2020年,几乎90%的新车都配有LED灯,更不用说LED在车内和车身的各种广泛应用了。[4]

在占领包括电网和一般照明领域的其他大型能源市场方面,功率芯片和LED则进展缓慢。但这是另一个要讨论的问题。

点亮世界:从鲸油和煤气到半导体

在绿色和平组织成立前的100多年里,拯救鲸鱼的不是石油或爱迪生的电灯泡,而是煤炭和一个加拿大人。

早在宾夕法尼亚州西部的泰特斯维尔钻出第一口油井的10多年前,出生于加拿大新斯科舍省的地质学家兼内科医生亚伯拉罕·格斯纳(Abraham Gesner)就已经发明了煤油。35年后,多亏了约瑟夫·索恩(Joseph Sawn),电灯泡才第一次照亮了一整幢商业建筑——伦敦萨沃伊剧院。

每个研究野生动物保护的学生都知道,人类为了追求当时最著名的照明材料——鲸油,几乎将鲸捕杀殆尽。比起过去用来做灯具和蜡烛的其他动植物脂肪,鲸油更贵。但在1846年煤油发明之后,人们对鲸油的需求大幅下降。作为一种从煤中提取的"合成"油,家用煤油灯点起来更清洁,气味更小,火焰也更明亮。

30多年后,即萨沃伊剧院使用电灯泡照明的一年后,爱迪生的珍珠街电站通过烧煤产生了几千度"合成"电力,为纽约市提供商业电力照明。燃煤电力迅速取代了家用煤油灯，也取代了作为路灯的煤气灯。由此，以煤炭作为关键能源材料的漫漫崛起之路开始了。

如果没有另一场能源材料革命，那么当今世界每年将多燃烧数百万吨煤炭。1962年，通用电气公司的工程师尼克·霍洛尼亚克（Nick Holonyak）利用半导体材料的优良特性，发明出了效率惊人的发光二极管。如今，超级高效的LED已经被广泛使用，正逐步取代供应世界40%电力的煤炭（天然气排在第二位，占比超过20%）。

在制造更加便宜、普及的流明①工具的漫长征程中，LED只是第三个技术枢纽。通过燃烧发光或致使材料发光，是历史上已知仅有的两种发光方法。而LED并不靠这两种方式发光，它由半导体"化合物"混制而成，主要成分是镓和铟。人们在原子水平上精心设计量子排布，以使其发射光子。打个不太恰当的比方，这相当于用丁烷打火机替代了需要摩擦才能起火的木棒。

1968年，距霍洛尼亚克"灵光一现"仅6年后，商用LED就出现了。虽然早期的LED效率低下，发出的光也少得可怜，但情况很快发生了变化。事实上，LED制造工艺的类型与半导体逻辑芯片生产过程相同（并依赖于同一类物理原理），所以其效率以摩尔定律的速度快速提高。如今，LED的效率是1968年的1 000倍。当今最好的LED比白炽灯效率高20倍。这种发展速度只能在字节和光子领域实现。因此，现在照亮一个房间的成本是20世纪初约1/1 000，是1845年照明成本的1/10 000。

半导体材料革命成了加速向世界提供珍贵流明的关键。照明消耗了全球1/8的电量，所以古代热量材料煤和现代量子材料镓之间的联系看似奇怪，实际上却很重要。21世纪前20年里，LED在全球照明领域的份额从接近为0%上升到50%，长此以往，预计到2030年将达到90%。[5]

---

① "流明"是指发光强度为1 cd大的均匀点光源在单位立体角（球面度）内发出的光通量，即光通量的国际单位制单位，符号为lm。——编者注

硅网

归根结底，电网依靠材料做两件事：生产能源及确保将能源可靠地输送给社会。随着世界越来越数字化，越来越依赖于永远在线的"云"技术，可靠性将变得越来越重要。

能源的可靠性与能源材料进入市场的速度有很大关系。一方面，石油、天然气和煤炭通过管道、火车、卡车或船舶从源头运输到市场，速度约为每小时10—60英里（约每小时16—96千米），其可靠性主要取决于硬件设施。另一方面，电以接近光的速度传输，几乎达到了不可思议的6.7亿英里/每小时（约10亿千米/每小时），这使得确保电网安全性和可靠性极其困难。

电网的可靠性来自电子传感器、通信和软件，它们能够以相当快的速度进行规划、预测和控制。不过理想情况下，我们应该像处理信息一样，以一种类似互联网的交互式网状结构来分配电力并确保其可靠性，这就是"智能电网"。

但当今的电网就像从前的广播电视业一样。1960年左右，视频需要集中的视频内容生成器，把这些内容通过大规模广播系统传送给广大地区的观众。这是一个自上而下的分配系统。

互联网把电视从"一对一"变成"多对多"的互动式、点播式的灵活系统。在这个系统里，油管上的业余爱好者吸引的"眼球"，可能比一些好莱坞专业人士获得的更多。这种网络之所以成为可能，不仅是因为人们发明了新型网络分布材料（光纤和无线），更重要的是，新型交换器和路由器彻底改变了字节的控制和分布方式。

原则上，智能电网可以为电力做同样的事，但网络和电网之间有一个重要区别。尽管电和信息的传输都是通过移动电子进行，但电的物理性质更类似于石油。在通信系统中，与信息相干的电子流（或电子的量子近亲，即构成无线电波和光波中电磁波的光子）最多达到几瓦的功率（通常不到一瓦）。在电力系统中，电子流要大 1 000 到 100 万倍。电网电力的交换、布线和管理，需要一个全新的硬件和材料体系来支撑。

工程师们早就在使用软件和传感器来监控电网规模的电子了，但直到现在电力电子技术才出现。这种技术能制造出传输大规模电力的交换器，它可以处理超级油轮级别的能量，且传输速度比大型喷气式飞机还要快。随着下一代硅技术的发展，以及随着能用于电网的碳化硅（SiC）和氮化镓（GaN）等半导体技术日渐成熟，固态电力电子即将迎来黄金时代。

相比能产生能源的材料种类的变革，更好地控制电力的半导体材料问世，意义更为重大。

供给侧的能源材料

到目前为止，人类已经发现或发明的能源材料种类极少，事实上只有 3 种。世界上 97% 以上的能源来自两种最古老的材料：燃烧材料（碳氢化合物和生物材料）和会移动的"材料"（水、空气和动物）。

第三类基本能源材料，涉及原子现象：太阳能发电背后的光电效应以及核能背后的核裂变。爱因斯坦因发现光电效应而于 1921 年获得诺贝尔物理学奖，奥托·哈恩（Otto Hahn）因发现核裂变而于 1944 年获得诺贝尔化学奖。光电效应通常需要硅元素，核裂变则需要铀，不过也有一些其他材料可以同时应用于两者。因为有着巨大的理论潜力，而且二者都代表着"与历史的彻底决裂"，这些令人惊叹的技术商业化后，激发了人们极大的热情，这完全合情合理。毕竟，这两种现象可谓"前所未有"。

1954 年，美国原子能委员会（Atomic Energy Commission）首任主

席刘易斯·施特劳斯（Lewis Strauss）在一次讲座中称赞了核能的非凡潜力，他认为：总有一天，原子能电源会"便宜到无法计量"。这句话即由他首次提出，不过，在随后的几十年里却遭到大肆嘲讽。[6]后来，核能在全球电力中所占的比例从1970年的2%左右，上升到了1995年的18%（现在又回落到10%以下）。

2018年，施特劳斯式的夸张表述再次出现，给人一种似曾相识之感。当时，太阳能对全球电力的供应占比仍不足2%，而瑞士联合银行（UBS）的一位能源分析师满怀热情地表示："2030年，（太阳能发电的）成本将接近零，所以其实是免费的。"[7]

找到更优质且低价的材料并将其商业化，对于从根本上扩大太阳能和核能的用途至关重要。如以史为鉴，考虑到人工智能和"云"技术的加速发展，必要的相关发现必然会出现。

但是，即使在21世纪20年代发现了必要的材料解决方案，之后的"转型"步伐也会受到惯性的制约。考虑到目前声势浩大的能源补贴和正在出台的补贴（至少是对太阳能的补贴，我们怀疑人们是否会恢复以往对核能的热情），来自原子的能量份额毫无疑问将会上升。但是，即使来自原子的能量的比重增加5倍，也只能满足15%的能源需求。全球范围内的能源转型还很缓慢：目前，碳氢化合物、石油、天然气和煤炭满足了全球约85%的需求。

为了在未来20年（这是某些人提出的时间线）取代所有碳氢化合物的使用，全球可再生能源产量（包括风能）必须至少增加90倍。[8]50年前，全球油气产量与现在的可再生能源的供应水平（按能量当量计算）大致相当。在此期间，石油和天然气产量增长了10倍。抛开成本不谈，任何想要以材料为中心的能源基础设施都在如今只剩下不到一半的时间里扩大9倍以上，纯粹是痴心妄想（实际上，一切能源都必须依赖材料）。[9]

在未来10—20年内，世界能源现状不会有太大变化。即使所有国家都能兑现目前的承诺，部署更多的可再生能源，20年后，全球也只有不超过 1/5 的能源来自可再生能源（见图 10.1）。

在碳氢化合物时代之前，社会上基本所有的能源都来自可再生材料，如木头、动物粪便、流水以及由人和动物转化为能源的食物。同样是在碳氢化合物时代之前，各国财富的 60%—80% 用于获取生存所需的能源；而目前，能源消费仅占现代经济总量的 10% 左右。

庞大的全球能源规模引发了一个常见反应：若能把一个人送上月球，就必定能"用任何雄心勃勃的能源目标填补空白"。但是，改变世界能源经济并非只送一个人上月球，而更像是把全人类都永远留在月球上。

图 10.1　全球可再生能源的份额变化情况[①]

生产机器的隐含能量

虽然汽车比智能手机重 10 000 倍，但生产一辆汽车只需要生产手机所需能量的 400 倍。[10] 因此，每磅智能手机的"隐含"能量是汽车

---

① 来源：国际能源署（International Energy Agency），《展望 2020》（*2020 Outlook*）；莫里亚蒂（Moriarty），帕特里克（Patrick），宏纳瑞（Honnery），达蒙（Damon），《为可再生能源的未来所做的能源计算》（*Energy Accounting for a Renewable Energy Future*），《能源》（*Energies*），2019 年 1 月。

的25倍。这种差异源于制造智能手机所使用的能源密集型材料。例如，生产0.45千克的半导体硅所消耗的能量，与生产450千克钢铁所消耗的能量相同。[11]

隐含能量，指的是用于挖掘和运送泥土、研磨和使用化学方法从矿石中分离矿物、提纯并制造最终产品所消耗燃料的能量。无论是产品本身消耗的能量更多（例如汽车）还是生产的能量更多（例如太阳能电池板），所有这些能量都是在产品运行前消耗的。事实上，仅分离用于生产产品的化学物质，就消耗了大约15%的能源。[12]

万事万物都有隐含能量。生产汉堡包、计算机硬盘、衣服和植物都需要隐含能量。在美国，生产1磅（约0.45千克）温室种植的大麻①消耗的能量，是生产同等质量铝的200倍；[13]而大麻生产带来的"能源足迹"，相当于数百万辆汽车每年的燃料使用量。[14]制造一双运动鞋所消耗的能量，大约相当于1加仑（约3.79升）汽油。全世界每年生产250亿双鞋，其隐含能量相当于5 000万辆汽车每年消耗的燃料。[15]制造区区5艘赛艇的碳纤维材料所需的能量，便足以让一架商用飞机跨越大西洋。[16]

建造单个数据中心（而如今已有数千个数据中心）所需要特殊材料的隐含能量总和，比建造吉萨大金字塔（胡夫金字塔）的内蕴能量还要大。[17]

法国近年来分析了进口产品的隐含能量，以衡量其国内的真实能源消费：这一数值比传统方法计算出的报告高70%。简单来说，传统方法关注的只是一个国家的燃料使用情况。[18]虽然从理论上讲，传感器和软件可以收集与进口相关的所有特定产品的相关数据（如果不考虑这种做法所面临的政治、经济和隐私问题的话），但工业供应链错综复杂

---

① 大麻对人体有极大危害，在多数国家均为违禁药品，此处保留原文仅供能源数据资料参考使用。2011年3月，美国缉毒署将合成大麻素列为Ⅰ类受控物质；2014年，我国将合成大麻素列入一级管制精神药品。我国《刑法》对非法种植、运输、买卖、储存、使用罂粟、大麻等毒品原植物有明确法律处罚规定。珍爱生命，远离毒品。——编者注

的性质，使得这种可能性问题重重，远比确保在"没有冲突"的国家开采并进口钻石的可能性要低很多。

因此，当下所面临的物质和隐含现实是，人们在用电池、太阳能电池板和风力涡轮机来取代石油、天然气和煤炭。

电网为电动汽车提供的1度电，大约可以取代1磅汽油。1度电相当于燃烧约0.5磅（约226.8克）的天然气，或400磅（约181千克）太阳能电池板5秒钟的输出，或风力涡轮机5吨叶片旋转5秒钟产生的能量。当然，用于制造后两种机器的材料都含有隐含能量。

由于所有机器都会磨损，"可再生能源"本质上讲用词不当。人们必须不断开采能源密集型材料，以建造和替代各种能源机器。就单位能量而言，制造一台风能或太阳能发电机所需的材料，其重量是天然气发电厂的10倍。[19] 其中大部分需要使用传统材料——混凝土、钢铁、玻璃等，这些材料都是使用不可再生能源制造的。例如，用于制造玻璃的能源中，天然气占70%以上，而其中用于太阳能电池板的玻璃约占玻璃总吨位的20%。[20]

大家可以考虑一下，75 000户家庭需要大约100兆瓦的发电场，如此一来，这些不同选择所涉及的材料规模便更清晰地展现了出来。一个天然气涡轮机本身就有一所大房子那么大。如果利用风力发电，100兆瓦电力需要20个涡轮机，每个涡轮机的大小和华盛顿纪念碑差不多，间隔排列起来，占地约10平方英里（约26平方千米）。[21] 建造这20个风力涡轮机需要大约3万吨铁矿石、5万吨混凝土以及900吨不可回收塑料。同样是产生100兆瓦电，太阳能硬件需要的水泥、钢铁和玻璃总量，比风力发电还要多150%。[22]

这一计算还不包括制造风能和太阳能机器关键部件所需的关键元素。虽然这些关键矿物的数量较少，但获取它们的过程却耗能极大。目前，人们正计划扩大风能和太阳能设备的应用，这将使大约12种主要矿物的需求量空前增长（增长幅度从200%到800%），其中包括镍、镝、钕、碲、钴和锂。[23] 世界银行（World Bank）的一项研究指出了一件每个矿业工程师都知道的事："实际上，人们认为会推动清洁能源普及化的那些技术，都属于材料密集型技术……它们对材料的依赖程度，比目前传统的以化石燃料为基础的能源供应系统高得多。"[24] 从根本上说，这是一个材料方面的挑战，[25] 它涉及大量的隐含能量，而这一挑战将主要由通过开发新的采矿和矿物精炼技术来解决。

至于电池，则至少需要 100 桶石油（按能量当量计算）才能制造出能够储存一桶石油所含能量的电池。[26] 中国是世界最大的电池供应商之一，所生产的电池材料，大部分电力来自煤炭。

这些事实并不意味着，世界不会制造更多太阳能电池板、风力涡轮机和电动汽车。人们会继续加以制造，而且随着材料的改进，这些设备会越来越好。而这确实意味着，即使人们大幅增加可再生机器的使用，革命性的能源转变也不会在 21 世纪 20 年代出现。

相反，材料、机器和社会之间的钢铁一般的联系将在未来变得更加重要。

对制造者、水手，甚至诗人来说，能源和材料之间不可避免的联系早就非常清晰。约翰·梅斯菲尔德（John Masefield, 1930—1967 年）是英国桂冠诗人，年轻时曾做过一段时间商船水手，后来在工厂工作，20 世纪 20 年代成为一名成功作家。在其优美的诗歌《船和造船者》（*The Ship and Her Makers*）中，梅斯菲尔德注意到，自然矿石中的矿物与建造可以"借风而行"的宏伟帆船之间，蕴含着某种联系：[27]

> 在人类劳动的智慧，予我生命之前，
> 甚至最普通的日光，我都未曾得。
> 我躺在地核的深处，只有黑暗无限，
> 大陆这无情的重量，把我压成碎片。
> 那时的我尚不知道，

空气、光线、噪声和芸芸众生，就在上面。

我们从山中挖出铁矿，
借烈焰将之锻打成钢。
利用奇形怪状的矿物，我们学着制出
弯曲的船头、笔直的龙骨；
我们砍松成板，我们劈杉为半，
我们拉起无数的亚麻布为她装扮。

百万生灵是我们知识的出处，
百万能工巧匠留下方法无数；
蒸汽是我们的侍女，火焰是我们的男仆，
水是我们的力量，一切都向我们的机器臣服。
利用岩石、树木和生机勃勃的草本植物，
我们建造出的流浪之美，多么光彩夺目！

第十一章

机器1：人类的放大器

从用于建造宏伟大教堂的杠杆和滑轮，到用于焊接智能手机的激光焊接机，机器已成为增长财富、提高生活条件和创造舒适感不可或缺的一部分。历史学家戴维·奈的说法很讨人喜欢：机器"并非与'人性'相背，而是与之密不可分"。[1]

公元前3世纪，阿基米德（Archimedes）提出物理学上的杠杆原理，名垂青史。在人类追求利用自然力量造福自身的无尽过程中，杠杆原理是最先找到的公式化表达之一。[2]自杠杆原理被发现之后，人类发现所有机器内部都有自身的逻辑，这种逻辑决定了这些事物构造本质的某种静态软件代码。

近1 000年以来，人们发明了各种机器，让人眼花缭乱。从碾磨小麦到摆渡度假者，无数种任务的需求催生了这些机器。大多数机器在日常生活中并非随处可见，它们藏身于大量错综复杂的活动中——矿场里、工厂中、农场上、食品加工厂里。人们用这些机器生产和运输产品，也用其运送其他日常常见并使用的机器，用于交通、饮食和娱乐。

第三个领域也显示出相同的组合模式。通过提高对外部力量的动态反应能力，微处理器和"云"技术深刻改变了操控机器的方式，实际上令机器具有了自知能力。人类在开发能生产硅引擎的机器过程中取得了进展,与此同时还进行着一场精度革命,使当前的精度水平达到了分子级别。新材料使机器具有更优越的性能,尤其是更快的速度。这些技术的交叉再次引发了相变(见图 11.1)。

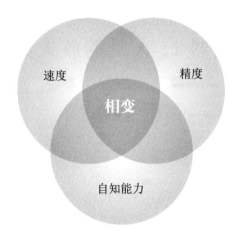

图 11.1　速度、精度与自知能力交叉处机器的相变

历史上的许多机器革命同这个时代的创新一样,都不发生在日常生活中,例如从降低服装成本的轧棉机,到降低运输成本的柴油发动机,再到降低各种制造成本的电动机,无一不是如此。此类发明比人们日常使用的汽车、冰箱等新机器的偶然问世要普遍得多。

人们感兴趣的是,能在这两个领域都引起革命性变化,尤其是能够实现人类不可能实现的愿望的那些机器是什么样的。通过改进现有机器来降低成本、增加功能和可靠性,这样做的价值不言而喻,可以推动机器数量的激增。但是,发明商用汽车是一场革命,与给汽车增添自动变速器和防抱死制动器等科技成分相比,其性质有所不同。

历史的模式会让人们看到不久的将来,也能揭示即将到来的机器革命的意义。

首先来看一个问题:在 20 世纪第一批商业化的众多机器中,如果要挑选出一个对20世纪经济影响最大的机器，人们会选什么？对于这一问题，任何选项列表里可能都会包括电动机、汽车、冰箱或空调（计算机在20世纪问世太晚，并且又经过了一段时间才最终成熟），但第一项必定是柴油发动机。

19世纪末，鲁道夫·狄塞尔（Rudolf Diesel）提出了内燃机的新概念，这一成就并非来自对前人的改进，而是应用了全新的热力学原理。而热力学本身，就是萨迪·卡诺（Sadi Carnot）在蒸汽机的发明过程中的思考结果。因此在物理学中，人们能够从能源机器中提取的最大能量被称为卡诺极限。狄塞尔的目标是找到一种为小型企业和企业家供电的方法。此前，大型高效蒸汽机的规模效益意味着，只有大工厂才能买得起蒸汽机并用其创造经济收益。

狄塞尔当时对形势的看法在今天仍有重要意义。1893年，他在申请第一项专利时曾写道：[3]

> 毫无疑问，我们最好尽可能把更多小工厂分散到城市周边，甚至是农村地区，而不是集中在大城市，因为大城市非常拥挤，缺乏空气、光照和空间。这个目标只能通过一台独立的机器来实现，也就是我提到的这种新引擎，它易于维护。近期，经济、政治、人道主义和卫生方面的发展方向都走错了路。相比之下，新引擎无疑能够为小型产业的发展提供更加完善的基础。

狄塞尔的发明确实产生了巨大的影响，但这种影响和他的想象有所不同。针对他所提出的问题，人们后来找到了解决方案，不过这个解放方案却来自感应电动机的发明，是由同时代的尼古拉·特斯拉发明的。虽然电动机推动了20世纪初小规模制造业的蓬勃发展，但正如人们现在所知，它们并没有消除规模效益，这导致许多工厂规模变得更大。如果要按照狄塞尔和与他同时代人的想象来实现制造业的普及，就需要发明一种完全不同的机器，这种机器稍后会谈到。

与此同时，狄塞尔的专利到期后，又过了将近 20 年才开始出现实用的柴油发动机。这种柴油发动机的问世，需要材料也取得同步的进展，这样才能使发动机符合狄塞尔设计中固有的物理原理，在高温和高压下可靠运行。到 1911 年，第一艘柴油远洋船建成。此后，工程师不断提高其热力学效率（进而提高经济效益）；如今发动机的效率比最初的发动机效率高出 300%。尽管当年的狄塞尔雄心勃勃，但发动机的尺寸和功率依然不断猛增。今天最大的发动机能够产生 10 万马力，可推动一艘摩天大楼大小的船只，或者为一个小镇供电。

柴油机以其卓越性能迅速取代了其他所有形式的海运发动机，以及几乎所有种类的大型陆地车辆发动机。柴油机的惊人动力，让人们建造出越来越大的货船，如今一艘巨轮有 1/4 英里长（约 0.4 千米）。单单柴油机这一项发明就改变了世界。

由于柴油机大大降低了长途贸易的成本，全球贸易在 20 世纪上半叶得以蓬勃发展。规模庞大、技术先进的港口应运而生。在此启发下，美国一家货运公司的高管马尔科姆·麦克莱恩（Malcolm McLean）发明出一种新的货物运输逻辑，他有效地重新设计了控制货物运输分配机制的"操作系统"。1956 年，麦克莱恩发明了集装箱运输，这从根本上改变了装卸货物的传统思维逻辑。

麦克莱恩发明的集装箱运输是一个简单的想法。它将难以装载的劳动密集型散装货物转换为易操作的标准化集装箱。这些集装箱在工厂或原产地就已经提前装好了产品和各色包裹。集装箱本身当然不是机器，集装箱运输却是一种分散的"机器"。装满货物的箱子先通过卡车或火车运输到码头，再由集成龙门架和起重机吊起放到船上，而不是在到达码头后就清空。

在最开始采用集装箱运输的 10 年里，船舶进行了相应改装。第一批专用集装箱船于 20 世纪 70 年代下水。[4] 现在，港口添置了软件操控的龙门架和数字跟踪技术,每小时可以往船上装载大约100个卡车大小的集装箱。[5] 从经济角度来说,集装箱运输的逻辑使航运生产力至少提高了20倍,极大增强了狄塞尔发明的柴油发动机的效用。[6] 从1970年到2020年,在集装箱运输的推动下,贸易在世界经济中的占比增加了10倍。[7]

在经济方面,被称作集装箱化的货物操作系统对20世纪贸易的改变,远远超过了计算机操作系统(OS)。这里指的是比尔·盖茨在1983年为台式计算机设计出的微软操作系统这一著名发明。但和集装箱化一样,微软操作系统本质上也是一种逻辑设计,它同样简化了(计算机)机器的各种组件与人类交互的方法。

近年来,集装箱化的逻辑反过来也影响了软件行业,成为计算领域的专用术语。人们能够在"云"端使用的软件种类及其复杂性呈现出爆炸式增长,这为软件包在应用程序之间、"云"提供商之间的轻松传输带来了挑战。对此,工程师设想的解决方案就是集装箱化,即将不同的专用软件包封装进标准化的虚拟"集装箱"中,然后它们就可以更加轻松地传输到其他计算机上了。[8] 软件集装箱化极大地推动了21世纪"云"计算的发展,其意义如同麦克莱恩发明的集装箱运输对20世纪全球贸易做出的贡献一样巨大。2010年,软件集装箱化的创始人为其公司选择了码头工人(Docker)这个名字,这并非巧合。

回到机械设备的世界——如今,世界贸易中大约80%的货物是由柴油驱动的船舶运输的。[9] 的确,柴油是"全球化"的"引擎",它同时推动了全球经济增长。直到现代以前,运往消费者的大多数材料、商品的总成本主要集中在货运成本方面。在狄塞尔发明柴油机之前,原本在亚洲售价低廉的香料卖到欧洲价格却无比昂贵,这就是由货运成本决定的。简而言之,鲁道夫·狄塞尔发明的柴油机对全球贸易贡献的价值可以说达到了30万亿美元。

关键而巧妙的机器

如果把时钟拨回从前,回想一件在过去的时代最为关键的机器:若是在 19 世纪,那一定是蒸汽机;如果再往前,回到经济、社会和政治发生巨大变革的中世纪,那么一定是漂洗机(不要在意这个术语,漂洗机的用途已经消失在时间的迷雾中了)。

中世纪是一个"理性和数学的时代",这一时代见证了机器的蓬勃发展,经历了史诗般的进步,时代的创新者将逻辑深深地融入了新颖的机械设计。正如历史学家让·吉姆佩尔在其著作《中世纪机器》(*The Medieval Machine*)中所记载的,这是有史以来第一个伟大的机器时代。在那个时代出现的众多新奇机器中,吉姆佩尔认定,漂洗机是机械化和财富生产的"决定性"机器。[10]

在那个时代,织布机织好布之后,下一步就是漂洗过程,正如吉姆佩尔所说,人们"必须在水中不断敲打布匹,从而达到冲刷、清洁和增厚的作用。原本这一过程是由男性在水槽里踩布完成的"。[11] 漂洗机取代了这个劳动密集型的过程,水力驱动的转轮会驱动锤子敲打布料,这一过程只需要一名监督员来监控。有些地方使用风车,但由于水力持续可用,人们更倾向水力驱动转轮。漂洗机极大促进了生产力发展,使得整个欧洲的财富呈爆炸式增长,这一事实在当时的税收普查中有充分记录。这个在中世纪发明的重要机器生产出了一种关键的材料,并非巧合。正如之前提到的,在历史上大部分时间里,纺织品的生产和销售都主导着全球贸易。

中世纪机器创新的蓬勃发展推动了近 3 个世纪财富和人口的增长,提升了人们的幸福感,这是前所未见的。同时,这个时代也处于气候温暖期,当时大气的温度比前后几个世纪的平均温度要高几度。温暖的气候不仅使人们更容易度过冬天,而且还提高了农业产量。 大约在

13世纪和14世纪之交,"小气候适宜期"(中世纪温暖时期)结束,机器创新与温暖气候的愉快汇合时期也随之结束。我们注意到,对于关注当今气候科学的人来说,此后的小冰期一直持续500年,直至最近大气才再次开始慢慢回暖。在小气候适宜期结束后,一场大饥荒发生了。紧随其后的,便是百年战争和黑死病。

如果把时钟再往前拨,比如公元前1500年的米诺斯文明时代,人们可能会选择帆船作为那个时代标志性的重要机械发明。在希腊圣托里尼的一次考古挖掘中,考古学家们在一个米诺斯人房屋遗址的墙壁上发现了画有船舶的壁画,壁画上的船帆看上去非常现代化。3000多年来,帆船一直是商业(和战争)的关键,直到最终詹姆斯·瓦特(James Watt)的发明改变了船舶的动力方式。

多年来,历史学家采用了各种分类法来对机器进行分类,因为机器有各种高度专业化的用途,种类繁多。本书目的是探索即将到来的机器类型,所以偏向于布赖恩·劳顿(Bryan Lawton)在《精巧机器的历史》(*History of Various and Ingenious Machines*)中概述的简单分类法。在这部涵盖了2000多年发明史的两卷本著作中,布赖恩·劳顿将机器归为运输、制造、发电和武器4种基本类别。

注意,劳顿并没有对信息机器进行分类。与其说这是一个疏忽,倒不如说反映了这样一个事实:从古希腊到20世纪初人们发明的数千种机器中,只有一小部分是为信息生产而发明的。

但在过去几十年里,新型信息机器数量激增,尤其是"云"技术。这些发明全都符合机器的严格定义,即"执行任务的设备"。然而"云"的影响范围广泛,渗透到其他许多机器领域,这就意味着"云"是一种罕见的多用途机器。

将逻辑注入现有机器,并将逻辑与机器并列,这具有重要意义。用今天常说的话就是,逻辑会使机器变得"聪明"。正如我们所说,逻辑一直存在于历史和现在所有机器的设计之中。但是现在,人们在这种静态逻辑中添加了一种机器的新特征，即动态逻辑，也就是机器能够实时改变自己行为的能力，这使得机器具备预测能力，甚至表现出自主性。

中世纪机器的蓬勃发展在经历一场长征后，进入了20世纪的"理性时代"。人工理性的时代，现在开启了。

第十二章

机器2：运动中的魔法

早在1918年1月的《科学美国人》(Scientific American)杂志上，便刊登了人们对"未来汽车"的展望。人们想象未来方向盘将会被淘汰，将会用一个小型控制板来操控驾驶汽车。[1] 60多年前，一位美国无线电公司（即RCA，那个时代的技术先驱）的工程师坐在一辆1957年产的雪佛兰的副驾驶座上，车的挡风玻璃被熏黑，在内布拉斯加州的美国77号公路上缓慢地自动行驶。这是历史上首例成功的自动驾驶测试。[2]

在美国无线电公司的这次演示约50年之后，硅谷的企业家们热切地预测，自动驾驶汽车很快就要到来。谷歌联合创始人谢尔盖·布林（Sergey Brin）也有类似想法，他在2012年时预测，人类将于2017年拥有全面自动驾驶的技术。[3] 另一批分析师们则稍显谨慎，声称自动驾驶汽车将"于2025年前出现在全球的高速公路上"。尽管人们认识到，技术创新与产品完全商业化之间依然存在很大差别，但这并未削弱人们对自动驾驶技术的热情，这股热情倒也不无理由。[4] 不过，与纯网络系统相比，建立信息物理系统面临更大挑战，需要更长时间，这一点他们并未理解。

即便如此，从成熟的汽车制造商、科技巨头到初创公司，几十家公司都在研究自动驾驶汽车。[5]但要说到自动驾驶汽车的商业可行性，当前的处境就像20世纪初的状况，当时有数百家公司在生产首批汽车。就像2014年的美国国防部高级研究计划局（DARPA）所举办的自动驾驶汽车大挑战一样[6]，历史会把第一辆自动驾驶汽车的发明载入史册，这项发明将会引发人们的热捧，并带来数十亿美元的投资。

长期以来，美国军方一直在寻找能够实现自动驾驶的技术，以服务于战争。工业公司希望能在封闭环境中（如在矿区或仓库中）用自动驾驶汽车实现特定功能。但当这一技术应用涉及市民日常行走的道路时，即便有公司用公关手段进行炒作，也还没有哪家公司敢说其产品实现了真正的自动化——即在任何环境、任何时间中，都能像人类操控汽车那样自我操控。人工智能驱动的自动驾驶车辆所引发的事故和死亡事件，确实表明这其中还有许多未解决的技术难题。[7]

按照目前的配置，自动驾驶汽车仍需副驾位置上有人，做备用司机。当人工智能系统出问题时，备用司机会被指示迅速接手，替代人工智能驾驶汽车。回想一下2018年一场致命车祸后的新闻标题："特斯拉称司机无视自动驾驶的警告"[8]。虽然特斯拉的自动驾驶技术精湛，已经积累了许多准机器驾驶里程的经验，但该车操作手册依然谨慎地指出，"驾驶辅助"系统不是完全自主的，司机必须准备好在出现提示时及时接手控制车辆。

一个可用的自动驾驶汽车，需要完美地完成三项实时任务：感知、预测和计划。长期以来，工程师和监管机构一直努力在实践和指导准则方面进一步提升，以确保人机安全，特别是信息物理系统的安全。但这方面的努力终究还是失败了。2018—2019年波音公司的波音737 MAX客机发生了两起惨烈的坠机事故，事故原因被定性为自动驾驶系统出错。

如果想确定一个系统有多可靠，人类就需要在一段时间内观察某个部件或系统在该时间段内表现如何。1 000小时可靠性测试（thousand-hour reliability tests），就像药品的临床试验一样，需要时间才能获得结果，没有捷径。事实上，严格来说还是有一些捷径可走的：所谓的"加速生命周期"测试可以使机器处于极端条件或力量下，以模拟在较长时期中产生的累积压力。之后，人们使用硅片来进行这种模拟测试。但为了获得需要在虚拟测试中使用的基准数据，必须对机器进行长时间实际操作。因此，涉及在机器中使用的新材料或新软件时，就产生了对捷径实验的挑战。

虽然这两起波音737 MAX机型飞机坠机事件源于飞行控制系统（即信息物理系统的互动）故障，但这远不是第一次由机器的不可见功能造成的事故。这种类似的事故，在有史以来的第一架商业飞机上就出现过。1952年，哈维兰彗星型客机（De Havilland Comet）是具有革命性意义的机器，也是第一批用铝制造的飞机。这个型号的飞机在其飞行生涯的前18个月里经历了3次致命的空难。最终人们发现，飞机空中解体是源于设计失误，而这种失误本身来自对铝的基本冶金学属性的误解。[9]工程史上充满了类似的壮烈而悲惨的事故，而近几十年来，随着材料科学和测试技术不断发展，这些事故已经大大减少。现在，确保产品安全性的测试挑战，已转移到信息物理软件的"无形"领域中去了。

要想确定一项新技术何时才会足够安全——尤其是机器涉及在人类环境或载人操作时——需要的不仅仅是用以证明安全的统计数据，还需涉及风险心理学。历史经验表明，平均而言，新的硬件都必须比它所取代的东西安全得多才行。虽说T型车在一个世纪以前各方面还很原始，但比起今天的汽车来，其安全性要高出10倍（以每英里的死亡人数计）。

在全美国的道路上，每1亿千米人工驾驶里程就会出一起死亡事故。根据定义，这一统计数字包括在各种天气和道路条件下，因分心、超速、缺乏经验和醉酒等原因引起的交通事故。[10]根据这一标准，自动驾驶的安全性能远不达标。[11]航空旅行的蓬勃兴起并非始于其技术可行之时，而是在确保了航空飞行比驾车行驶安全得多的情况下才开始的。而自动驾驶汽车技术的发展，将以同样的标准来衡量。[12]

要让汽车能够独立行驶，需要有更先进的视觉系统和传感器，各方面能力应与人类相当，甚至更优。同时，还需要有更好的算法，使汽车能在所有情况下都做出优于人类的决策。但这些部件目前都还未开发出来。[13] 如今有许多特定功能的传感器，感知力优于人类，但无一能在所有情况下都保持感知水平良好。[14] 要在汽车上采用一套不同的传感器（即相机、雷达、激光、红外线等装置）依然很昂贵，而且用军事术语来说，仍然只具有低于人类水平的"态势感知"。

自动驾驶汽车的最大障碍仍在于，即便是在超级计算机中运行的软件，也仍旧无法模拟出不断发生的驾驶行为和让道让车的组合场景。这些驾驶行为和道路承让往往很微妙，存在于司机与司机、行人与司机之间，比如短暂的眼神接触、点头，甚或一个微妙的手势等。[15] 有些事情确实很难做到，模仿人类的行为就是这其中最难的一项，尤其是在复杂环境中去模仿。康奈尔大学计算机科学教授巴特·塞尔曼（Bart Selman）曾对思考机器做出以下评价：机器仍然缺乏人类对现实语境的"常识理解"，而这种能力是人类行为"内在"逻辑。正如塞尔曼所指出的那样，自动驾驶汽车"无法理解它驾车到别处究竟是为什么"，要想让人工智能达到这一水平，也许需要"不到10年"，也许是"20或30年后的事"。[16] 人工智能无比强大，意义重大，但它既不神奇，也未完全成熟。

当然，传感器和软件的性能将会变得更先进，其成本也将继续下降。[17] 而且，随着"云"边缘基础设施不断扩大，未来将能够通过5G网络，在每辆汽车上都配备超级计算机。[18] 这将会是一个引领时代的创新时刻。同时，传感器与人工智能的组合正使驾驶变得越来越安全。高级驾驶辅助系统（ADAS）有望像自动变速器一样普及。这个系统的意义在于，它能够使车辆自动停止而非自动驾驶。

从更广意义上讲，高级驾驶辅助系统不仅能在儿童突然走到马路边而未被司机注意时自动刹车，且还能半自动化地帮助司机防止各种交通事故，并提醒司机注意潜在危险。高级驾驶辅助系统也许能将致命的事故率降低到90%。[19] 即便它无法为运输带来本质上的相变，但这种能力显然具有重大意义。然而极具讽刺意味的是，这一功能的出现，使得人们无法再将安全性作为支持自动驾驶汽车的主要论据。正如《科学美国人》杂志于1918年所想象的那样，要使"方向盘过时"，工程师们仍有许多工作要做。

在实现真正的商业化之前，自动驾驶技术可能仍需要整个21世纪20年代来加以完善。而且，为保证自动驾驶的安全性，汽车在行人、车辆密集的城市中心很可能需要低速行驶。自动驾驶在多大程度上革新了个人的出行，将由它为人节省的时间来衡量，因为时间是所有商品中最宝贵的一种。虽然说有1%的人会通过雇用司机来重新利用在交通上浪费的时间，这也就是优步（Uber）和来福车（Lyft）受到许多人欢迎的原因。但自动驾驶汽车能将自由与隐私结合起来，实现更大飞跃。汽车制造商知道，这将使人们能够对车厢进行全新设计，包括生产带有平躺式床铺的汽车，从而保证长途旅行或通勤的睡眠时间。

是的，我们注意到了自动驾驶汽车还会节省能源这个说法。机器人能够比昏昏欲睡的人类更有效地驾驶，人们对机器人的这种期望便产生了以上说法。

因此，计算必然会使用能源，而且，由于可实际使用的自动驾驶汽车引擎盖下的人工智能计算机不会有延长线，因此车载计算将降低车辆的燃油效率。今天最好的传感器和硅所需要的能量，将会使车辆的推进燃料每英里耗能减少约10%，甚至更多。[20] 在美国所有的汽车上增加这种能源负担，将导致净燃料需求增加——相当于目前加州道路上所有汽车的需求量。机器人的运作终将更加高效，高速5G网络也可以允许人们将计算工作接载到附近的电网供电的超级计算机上，但这种转变并不能完全消除能源的使用。

此外，在对能源精打细算的时候，需要考虑的不是人类驾车行为本身，而是为什么自动驾驶汽车的最终应用会越来越广——这是因为自动驾驶汽车在便利性、成本、舒适性和安全性方面表现更佳。这些恰恰是导致能源使用增长的因素。人们乘坐的车辆越来越重，体积越来越大（为了给乘客提供舒适的睡眠空间），出行频率越来越高，速度越来越快。一些人热衷于通过"交通即服务"这一理念找到节能的方法，对人类行为的变化做出假设，然而这些人类行为并不会出现，即不会降低驾驶速度或共享交通工具、乘坐小型车辆出行。相反，自动驾驶汽车将使数百万无法开车的人开始驾车，包括小孩、老人和身体衰弱的人。用经济学家的话来说，自动驾驶汽车的便利性将"诱发"出更多（能源消耗）行为。[21]正如一项分析所示，随着自动驾驶汽车的广泛使用，这种诱发行为会增加美国汽车行驶的总里程数，其数量相当于今天加州整体数据的两倍。[22]

早期对普及自动驾驶汽车的大肆宣扬，也导致了类似要求。人们认为，无人驾驶卡车也应该开上全美国的公路。上路的卡车面临着与小轿车相同的问题，特别是在信息物理系统的安全性方面。即便如此，从5年前开始，一些学者便分析技术发展趋势并断言称，"5年内"数百万长途卡车司机将因机器人而丢掉工作。[23]如今已接近这个预测时间的第5年，但雇用卡车司机的公司并没有将机器人放入驾驶室；相反，他们被迫将司机的工资提高了40%，以吸引更多司机就业。[24]

要在人类环境中，或者在载人的情况下使数吨重的机器高速移动，这是一个大难题，如同一座难以攀登的高峰。自动化的进程最终也会在这座高峰上完成，但不会以其推动者所预测的速度发展。同时，自动驾驶革命已经在矿场和农场中展开了。

矿工机器人和农夫机器人的问世

1940年，伊利诺伊州帕尔米拉的农民弗兰克·安德鲁（Frank Andrew）因发明无人驾驶拖拉机而成为新闻人物。[25]他对在田间播种的重复性劳动感到厌烦，于是设计出一种拴在固定轮上的拖拉机。这个固定轮能够沿着一条环形道路牵引拖拉机，使之不断移动，逐渐缩短道路。在20世纪50年代，福特也曾设想发明一种无人驾驶的拖拉机，但需要埋设电线来运行。经过几十年的发展，小型计算机和高带宽无线连接的到来才带来了崭新变化。若非因为新冠疫情的影响，那么2020年的农业进步贸易展上将出现第一台完全自动化的农用拖拉机。[26]

在农业、工业和采矿业中，自动化的实际应用带来的节能是显而易见的。这种节能之所以能实现，很大程度上是因为，在条件可控的环境中更容易实现自动化，更易于通过规律和训练来进行控制。成本也是一个实际问题，在农场和工业机器中，传感器和自动化硬件的支出，只占所有机器高额成本中的一小部分。此外，由于这些行业内具备熟练技能的劳动力日渐短缺，自动化为经济和节省劳动力所带来的好处便十分显著。

因此，早在10多年前，商业性的自动驾驶技术便已应用到了越野车上。在世界各地的矿区，已有数百辆自动驾驶卡车在行驶。卡特彼勒（Caterpillar）公司很少在科技期刊的自动驾驶汽车公司名单上出现，这家公司自诩，其自动翻斗车早在2020年之前便已经"安全地运输了超过12.6亿吨的货物，行驶了超过4 300万千米"[27]。虽然农业、建筑业和采矿业拥有的机器数量远少于汽车业的，但前者的全球销售总额每年已接近9亿美元。[28]

所有主要的采矿机器制造商，都已在不知不觉中将自动卡车商业化。许多人计划将该技术扩展到相似的其他工业机器。很快，如美国迪尔公司（John Deere）这样的传统企业也会开始生产农用自动驾驶卡车。这些公司通常会提供大型机器，也有一些新兴公司希望将成群的小型机器人投入农田（如用以拔草或施肥）;[29]建筑工地也在筹备用自动化机器人完成从砌砖到铺设电缆的各项任务。

我们很快还将看到，漫游机器在海洋开采中将用于捕鱼、石油生产，未来有一天也许会用于海底开采。所有这些机器都将在规模浩大、从不停歇的工程中得到部署，用来探勘和运输日益增长的千兆吨级的材料，这些材料正是文明发展所需的。一切到来的时机恰到好处。一个世纪以来，提供基础材料所需耗费的劳动力一直都在不断减少，而自动化的发展延续了这一趋势。

电气化交通：非相变的显著变化

2012 年，特斯拉推出了该品牌的第一款汽车，距离史蒂倍克（Studebaker）结束其商用电动汽车系列的生产刚好 100 年。20 世纪初，在实用的内燃机（ICE）最终被制造出来之前，电动汽车（EV）已经主导了汽车销售近 20 年的时间。而真正的电池化学与制造工艺过了整整一个世纪才发明出来，足以在某些特殊种类的市场与内燃机化学相抗衡。现在，人们做到了。

但是，电动汽车仍然与传统汽车一样，具有推动消费者选择的相同特征，尤其是外观、舒适性和便利性，更不用说让消费者越来越感兴趣的技术特征。改变汽车或卡车的燃料来源是有意义的，但这并不会改变汽车的本质，就像改变马匹的饲料不会改变马车的本质一样。

随着 21 世纪 20 年代的到来，在售出的所有消费品车辆中，超过 97% 的车辆都装有内燃机（ICE）。[30] 然而基于全球环保意识日渐增强的现状，即使没有政府的鼓励和补贴，人们对电动车的选择比例也会大幅增加。但这个增速有多快，增量有多大，目前还不好断定。

选择电动车而不选择内燃机汽车，并不代表一场汽车革命，但是不同的燃料选择确实会产生重大影响，后面讲到"能源机器"的革命时会具体探讨。而此刻，我们注意到，人们对电动车产生兴趣，其主要原因是电力能源十分环保。然而，电池就像所有能源系统一样，有一个物理供应链。随着电动车的出现，能源形式发生了改变，从液体转向在大地中提取的固体能源，两者都存在环境（及地缘政治的）影响和风险。电池的物理属性中有一个无法改变的关键因素：在电动车的生命周期内，其从地球上提取的材料总量会远远多于普通汽车的。因此，选择两种类型的汽车，实际上是在不同类型和来源的能源材料之间做选择。

还有人说，电动汽车更容易制造，因此应当更便宜才对。可事实上，电动汽车和内燃机汽车之间的主要不同点在于，它只是在结构上发生了改变而并未降低复杂性。电动汽车的电动机结构很简单，但其动力电池很复杂。半吨重的化学电池组，便包含了数以千计的零件和焊接、布线、电子及冷却装置。[31] 至于生产所耗的劳动力和因此产生的成本，现代电池工厂正通过不懈努力，实现能与传统发动机工厂相匹配的制造效率（这一目标最终会实现）。传统工厂每个工人生产推进系统的效率，是现代电池工厂的两倍以上。[32]

即便如此，对许多买家来说，电动汽车的推进系统依然比内燃机汽车更具吸引力。因此，许多政策制定者将尝试在一些地区禁止使用内燃机汽车。不过，除非电动汽车成本大幅下降，否则这种政策可能会被证明是不可持续的。大部分人能买得起的电动汽车车型，其购买价格比内燃机汽车高 30%—50%。未来电动汽车成本大幅降低的可能性很小，因为制造电动车电池的费用中约有 2/3 集中在所需原材料上。这些材料都是全球商品，当需求大幅上升时，价格就会跟着上涨，如果电动汽车的销量如预测一般增长，那么其价格也将达到前所未有的水平。不过，估计同时代的制造业和采矿业内发生的智能化革命，也许可以阻碍甚至完全抵消商品价格的上涨。但即便如此，电动汽车依然只是富有消费者的昂贵选项。

不过，话说回来，世界上消费能力强大的人比比皆是，因此全世界的电动车销量预计会不断增长，21世纪20年代初的销售量还远低于1 000万辆，但到这10年结束时将超过1亿辆。这将促使电池工厂大幅增加，矿物开采规模扩大。不过，即使到了2030年，电动汽车的总数达到3亿辆，也不过占全世界15亿汽车总量的20%。由于轻型汽车使用的石油约占全部石油的一半，因此从逻辑上讲，这只替代了全世界10%的石油使用量。在很长一段时间内，石油仍将是运输机械的重要能源材料。

过去10年里最显著的变化是，全球消费者倾向于购买大型车，尤其是运动型多功能汽车（SUV）及同型车，这个趋势丝毫没有任何减弱的迹象。现在，SUV占据全球消费者所购车辆的1/3以上，是10年前的两倍。在美国，这一比例接近50%（见图12.1），如果算上皮卡，两者加起来，其比例则接近所有汽车销售量的80%。[33]这一巨大转变发生在一个可以称为能源和气候"意识"不断提高的时期，也是千禧年汽车买家出现的时期。

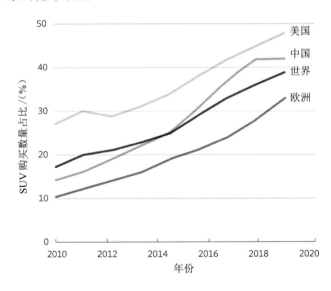

图12.1 消费者偏好：SUV在个人交通工具中的占比①

---

① 来源：国际能源署。

以上趋势表明了消费者行为的转变。在过去的 50 年中，所有车辆的里程占比都大幅度下降，下降趋势十分稳定，尤其是与通勤相关的功能性旅程。[34] 20 世纪 60 年代，美国人上下班的交通及旅行占所有车辆行程的 1/3，而现在这个数字下降到了 1/5。这种实际用途的变化部分解释了为什么人们越来越喜欢更大、更舒适且更方便的车辆。

缓解"一键式"配送拥堵：无人机货运

几乎没有人注意到，无论是一管牙膏还是一辆崭新的卡车，送货到家服务背后的驱动力实际上是便利性。许多货物一夜之间送到，甚至下单当天即可送达。"云"技术的出现，使消费者可从任意"设备"下单，并得到卡车送货到家的服务，这也成为便利性的标志。由于新冠疫情，数百万人被迫接受这种购物模式，不过，这一消费购物模式恰恰呈现出一种上升趋势。

现在，自动货运无人机即将出现。在 21 世纪 20 年代，自主飞行技术将应用于日常消费领域，为现实世界提供服务，无人机便是其中一个领域。尽管听起来可能有违直觉，但从技术上讲，在飞行领域实现自动化要比在地面系统中更容易。在飞行中，障碍物和可变量要少得多，这意味着，尽管许多飞行器的速度更快，却有更多的时间来应对意外事件。

1912 年，第一台飞机自动驾驶仪投入使用，比《科学美国人》杂志所预想的汽车自动驾驶仪早了 6 年（其灵感来源也许正是飞机自动驾驶仪）。1947 年，美国空军第一架使用自动驾驶仪的飞机完成自动起飞和降落测试。遥控式无人驾驶"无线电飞机"在第二次世界大战期间被用于打靶练习。但直到"冷战"期间，即 1984 年，由美国国防部高级部研究计划资助的航空发明家亚伯拉罕·卡雷姆（Abraham Karem）才创造出第一架实用无人机原型。仅仅10年后，它就成为通用原子公司著名的攻击型无人机，极大地改变了所谓的"低强度"战争。

但是，引起商用无人机热潮的并不是能在战争中使用的机器。相反，它直接产生与智能手机革命的技术成果和人们熟悉的三重技术汇合的关键进展。这套技术同时也让人们对自动驾驶汽车寄予厚望，期望未来能够大幅改善半导体视觉和导航系统（如相机和GPS），采用（重量轻且强度高的）现代材料，实现能同时满足消费与轻型商务作业需求的电池蓄电量。

人们热衷于想象小型飞机、客运无人机或所谓的空中出租车等交通工具，不是没有原因。但首先占领市场份额的，却是货运无人机。就像柴油货船和集装箱化一样，货运无人机的出现，预示着供应链的运作方式与灵活性出现了转折点，最终能够运送消费者使用的一切物品。

从"开车到商场"到"送货到家"，零售业转型推动了仓库建设和物流的繁荣——而2020年的新冠疫情则加速了这一进程，并使得人们高度关注包裹配送的"最后一英里"，尤其是拿到包裹前的最后"50英尺（约15米）"。想想最近商业发展史上的两个里程碑事件吧，它们将告诉我们21世纪20年代将给人类带来什么。

2016年3月28日，无人机制造商福勒题（Flirtey）在位于内华达州霍桑市的美国联邦航空管理局（FAA）指定的无人机系统试验场中，进行了FAA批准的首次无人机送货试验。[35]这架无人机最终于2019年同游丝信天翁号无人机（Gossamer Albatross）一道，被送进了史密森尼国家航空航天博物馆。之后，在2019年10月1日，美国联合包裹运送服务公司（UPS）的新业务部门未来飞行（Flight Forward）获得飞行批准，可以通过无人机机队进行包裹配送，这是有史以来FAA批准的范围最广的认证。[36]这种同等级别的FAA特许飞行认证，使UPS有权进行夜间飞行，关键是允许其操作超过55磅（约25千克）重的机器，这个许可使公司得以使用无人机来参与货物装载工作。UPS 表示，它将从为医院系统运送包裹开展业务。在争夺第一的过程中，字母表公司（Alphabet）的羽翼（Wing）无人机业务在 2019 年 4 月重新获得了 FAA 的认证，可以在视线范围外及夜间测试货物配送服务。[37]

在过去的几年里，无人机送货服务在其他各个方面都出现了大量的"第一"。领先者不仅包括老派的包裹运输公司——联邦快递（FedEx）、UPS，科技巨头——亚马逊、优步、谷歌，而且还有几十家用数十亿美元风险投资资本建立的初创公司。2020 年新冠疫情期间，网上零售业销售量激增，这明显加快了送货到家服务的优化和"机器人化"进程。

新一类的轻型无人机首次以现代形式出现，是 2010 年推出的一款配有数码相机的小型玩具。人们认为，来自法国的一款鹦鹉玩具是第一个这样的消费产品，尽管中国的深圳市大疆创新科技有限公司自此一直主导无人机市场。赋能技术很快便产生了无数商业用途，将技术扩展到更大的规模，甚至是少数实现完全自控的技术领域。军方采购占据了无人机总购入量的绝大部分。但就飞行器总体数量而言，在短短几年内，便从寥寥无几发展到 2020 年仅美国便有 100 万架消费级无人机的情况。2019 年后，商业无人机成为快速增长的产品类别，在费用支出方面将很快超过国防部门制造的无人机。商用无人机几乎用于经济的每一个角落：基础设施、建筑、农业、安全、测量、保险、采矿、紧急服务、新闻、电力线、管道和风力涡轮机检查、电影摄影和娱乐，当然还有包裹运送。总的来说，这是一个 200 亿美元的产业，产值预计会在 21 世纪 20 年代的前 5 年内翻一番。[38]

无人机能带来广泛的经济效益，其效益的释放却受到限制，这限制并非源于技术，而是来自监管者。批准运送货物要比批准载人飞行容易得多。很少有人对有关无人机安全和噪声问题的法规提出异议。这两个问题都是可以解决的技术问题，而且就社会挑战或法律先例而言,这些问题在历史上都曾出现过。在汽车发展的早期,对噪声的抗议使得政府部门立法,要求汽车安装消声器或采取类似的补救措施。[39]

安全方面的一个关键转折点,是随着美国联邦航空管理局出台低空授权和通知能力(LAANC)的监管框架出现的。监管措施出台后,每架无人机(除玩具消费品和完全在室内使用的无人机外)都必须实时报告其所在的位置。这比试图用一种传统的地面控制雷达探测、观察大量新型低空飞行物要容易和有效得多。

至于在人口稠密地区飞行,监管机构已经批准了一些方案,包括要求无人机使用冗余动力系统,或确保无人机能在失去一个或两个旋翼的情况下依然有降落的能力(对于四旋翼飞机),或能够几乎立即展开弹道降落伞等。在一段时间内,一些早期部署的无人机都需要由远程飞行员来控制(这仍然是主要的军事操作方式),而不是完全自主飞行。但在2018年的一项评估中,美国国家工程院得出结论称,现在自主无人机坠毁的风险,完全与人口密集地区其他风险监管水平相当。[40]也许,在21世纪20年代结束之前,一个城市上空的低空商业无人机数量将超过今天全美国高空客运的交通量。后文将探讨这些影响。

飞行出租车最终问世?

说到幻想及预测的失败,长期以来,人们都喜欢这样表示质疑或指责:说好的飞行汽车呢?它在哪里?飞行汽车的想法受到了许多人的推崇,尤其是亨利·福特,据说他在1940年曾说:"记住我的话:飞机和汽车的组合即将到来。"他说得没错,只是近一个世纪后,实现这一想法所需的条件才成熟。

创造出实用的个人飞行器,是人类最古老的愿望之一,至少可以追溯到古希腊神话中的伊卡洛斯。从那时起,直到最近不久,工程创新者才在实现这种个人飞行梦想方面取得了令人印象深刻的成就。

请看两个里程碑事件，它们充分说明了创造这种机器所面临的挑战。保罗·麦克格雷迪（Paul MacCready）是宇航环境公司（Aero Vironment）的创始人。1977 年，麦克格雷迪的踏板驱动飞行器"游丝神鹰"（Gossamer Condor）在历史上首次实现了真正的人类驱动飞行。此后第二年，他就被美国医学工程师协会评为"世纪工程师"。1979 年，一名奥运级运动员骑着他的飞行器穿越了英吉利海峡，完成了具有标志性意义的 22 英里（约 35.4 千米）飞行旅程。30 年后，法国航空航天工程师弗兰克·萨帕塔（Franky Zapata）首次成功实现了个人动力飞行，他站在以煤油为燃料的小型喷气机推动的"水上飞板"（Flyboard Air）火箭上，穿越了同一片海峡。前者飞行了 2 小时 49 分钟，而后者只用了 22 分钟。

这两个惊人的空中飞行绝技都是工程学上的奇迹，而且都标志着材料的进步。最近的这一次飞行也标志着机载计算方面取得了巨大进步，使飞板上的 5 个微型喷气式涡轮得以在很困难的情况下保持稳定。然而，这两次飞行并没有开启运送个人运输方式的大门。实际上，这两项成就都相当于将一些人送上月球——以今天的技术完全可以做到，但离日常使用仍有"好几里地"。如果必须得有奥运级自行车运动员的能力，才能够使用这种时速 5 英里（约 8 千米）的机器，或只能驾驶飞板以 100 英里（约 161 千米）的时速飞行 10 分钟，那么这种机器便不可能推广使用。

技术相变所需的组件还没有创造出来，以实现伊卡洛斯、麦克格雷迪和萨帕塔那种无处不在的个人飞行。阻碍这一古老梦想变成现实的关键障碍，在于能源机器领域的进步没跟上，本书很快就会讨论这个问题。所有运输机器都必须解决物理学上的重力问题，都必须在物体进行远距离移动的同时面对自然阻力，同时还需要满足一系列常规要求：可靠性、速度、安全性、舒适性和成本。

到目前为止，个人飞行是只属于富豪的专享服务。这些富豪要么是那些拥有全球3 000多架、价值达数百万美元的私人商务飞机的富商，要么就是那些拥有50万架小型螺旋桨飞机的大亨。显然，这些飞机是用于远距离而非日常旅行。还有更少一部分人，拥有昂贵的个人直升机，用于通勤和其他日常出行。

城市空中交通（UAM）这个新名词，也许是为了保持与飞行汽车这一遥远梦想的距离而创造的。实现空中交通系统的技术历程，与实现货运无人机的技术历程相同。如果暂时不考虑安全问题的话，可以携带500磅（约226.8千克）无生命货物飞行的自主机器同样也可以很轻易地运送乘客。无人机作为一类新运输服务，已经超越了学术研究和猜想阶段，进入了成熟、正规的航空公司，接受专家的技术分析。2018年，美国直升机协会得出结论称，人们可以期待，一个使用"垂直升降飞机机场"（vertiports，类似直升机停机坪的着陆区，这种着陆区所占用的土地远少于传统机场）的重型空运出租车时代很快就会到来。[41]

2020年开始，有几十家公司设计并推出了载人无人机原型，不仅包括波音、空客（Airbus）和贝尔直升机德事隆公司（Bell Textron）等老牌航空公司，还有丰田和现代等汽车公司。例如，丰田公司对新成立的乔比航空（Joby Aviation）公司下了赌注，该公司宣称其制造出一款能承载4名乘客、时速200英里（约322千米）、用电池供电的无人机，航程为150英里（约241千米），比普通飞机起飞时安静100倍。[42] 现代公司与优步飞行（Uber Air）合作，自行设计飞行器。[43] 这两家公司生产的一个与波音公司合作的飞行器已在新西兰通过了1 000次飞行测试。初创公司百合（Lilium）已造出了一个时速175英里（约282千米）的7座空中出租车原型，据称其航程为150英里（约241千米），以分布在4个机翼上的36个小旋翼作为飞行动力。据称，这个飞行出租车已完成了飞行测试[44]。虽然还没有一家公司将其产品投入商业服务，但通往这一现实的道路一片光明。

确保飞行安全的重点是，在飞行的关键时期和极端条件下（例如在炎热的气候条件下，空气变得稀薄，低速飞行难度增大），应极少发生故障。即便万一发生故障，则应保证在有一两个发动机发生故障的情况下，仍能成功紧急降落。以往实现这些技术要求的代价昂贵，几乎不可能实现，然而现在情况不同了。只要还有主动力冗余，现代多旋翼设计（在某些情况下，旋翼会多达几十个）使用大功率的电动机便能提供更多冗余。虽然是否适合飞行，最终取决于物理学原理，但这些技术现在终于实现了。

地方法规关于降落点的规定并非小事，而解决这一问题的关键也在于技术。撇开安全不谈，降落点的选择在很大程度上受制于噪声问题。人们无法忍受在城市中大规模使用嘈杂的垂直升降飞机场。电力驱动的旋翼本质上比发动机驱动的旋翼更安静，而且使用新型吸音材料和新型（计算机辅助）设计的螺旋桨叶片，搭配螺旋桨周围的护罩，可进一步减少噪声。再加上主动降噪技术，可以使用机载人工智能与传感器相结合的方法，动态映射当地声学环境，以预测和消除噪声。虽然所有这些方法都无法完全消除噪声，但这些技术能使无人机噪声减少到和城市现存噪声大小没有明显区别的程度。

数百万货运飞行器和载人飞行器的制造业竞争已经展开。虽然许多传统的航空公司将参与这场竞赛，但新的飞行器市场也将导致新公司出现。与如今每年生产数千架价值数亿的巨型飞机的传统航空行业相比，这个新行业似乎截然不同。

第十三章

机器 3：生产资料

在数字时代，机器制造似乎失去了社会地位——它确实很重要，但很难说具有革命性。不过，想想这个时代的标志性企业家埃隆·马斯克，他去年是这样定位这个领域的："特斯拉的长期竞争优势将是制造。"[1] 马斯克指的不仅是掌握旧技术，还包括开拓新技术。造就现代社会的万事万物，都离不开制造。而每一个制造过程都依赖于巧妙的机器，这些机器利用逻辑和能量将材料转化为某种实体产品。智能手机的出现得益于这样一些机器：它们把沙子转化为硅和玻璃，把铝土矿转化为铝，把锰和其他各种元素转化为计算机和存储芯片，把石油转化为塑料。当然，从毫不起眼的牙刷到自吹自擂的特斯拉新能源汽车，万事万物中都有同样的逻辑，这一点也能发现。

一个多世纪前，制造业中出现了罕见的转变。如今人们准备好再次见证类似的转变，即新的生产逻辑与新型制造机器在同时代的结合。大规模生产是上次工业革命的生产逻辑，而上次工业革命并非仅靠某种机器便得以实现，而是依靠一整套用于"生产资料"的新型机器。

在转向新机器这个话题之前，我们注意到，新的制造操作逻辑已经从"云"技术和物联网的结合中浮现出来。这场缓慢的革命被通称为"智能制造"，但业内人士称之为"第四次工业革命"或"工业

4.0"。"'云'+物联网"的革命性结果是,一种规模完全不同的领域出现了,用软件行业的术语来说,这一领域应该被称为"制造即服务"(Manufacturing as a Service,简称 MaaS)。

将产品转化为服务的想法并不新奇。例如,很久以前,通用电气和其他飞机引擎制造商就从销售引擎转向销售全方位涵盖的"推力服务",即制造商提供机器并提供按月付费的维护服务。这样做的好处是,可靠性的负担和激励就被转移到上游最初设计和制造机器的专家身上。此外,这种服务使购买和操作机器的人从烦琐的操作和维护等事务中解放出来,使其专注于自己的业务。近来,一项针对制造企业的调查发现,它们中的多数都在积极考虑"产品即服务"的商业模式。[2]

但将制造过程本身转变为服务则完全不同。从客户的角度来看,制造即服务类似于亚马逊或优步的运营特性。一些研究人员给这种新的组织模式贴上了一个显而易见的标签——"'云'制造"[3],这类似于将电子商务称为"'云'零售"。

相比于零售业,"'云'端化"制造意味着实践层面的不同挑战,尤其是在安全与质量管控方面,这在信息物理世界有重要影响。但"制造即服务"的变革,推动了"云"链接的实验室质量测试和测量的出现,这不仅对监控部件制造很关键,在对监控从化学品、药品到食品的材料加工的透明度和信心方面,也至关重要。

与之类似,采用"制造即服务"技术进一步推动了制造业长期以来对自动化的追求,如今机器人也是自动化的一个方面,许多机器人已经与"云"技术连接。向"制造即服务"的转变,对供应链来说,意味着从工厂前投入到工厂后交付的"云"集成和机器人化。通过使用现有机器,向制造即服务操作逻辑的转移将因新机器类别的出现而加速。由此观之,中世纪和 20 世纪工业革命在结构形态方面似乎是遥相呼应的。

虽然有许多互补的机器推动着每个时代的发展,但每个时代也总有一些标志性甚至是革命性的机器出现。众所周知,在如今这个新兴时代，三维打印机之于 21 世纪 20 年代的制造业，将如同漂洗机之于中世纪和柴油发动机之于 20 世纪一样。

三维打印时代的鲁道夫·狄塞尔

正如鲁道夫·狄塞尔认为其发明将主要惠及小型制造企业一样，在当下这个时代，许多三维打印机的发明者和推动者也是这么想的。

三维打印机是因微处理器和材料的共生而出现的另一类技术，因此在很大程度上是当今时代的发明。三维打印机的起源可以追溯到 20 世纪末，但就像许多物理界的创新一样，人们花了几十年才成功地把三维打印机商业化。换句话说，人类不久的未来不是在昨天，而是远在 10 年或 20 年前的发明。

三维打印的发明可能要归功于物理学家查克·赫尔（Chuck Hull）。1983 年，赫尔为一项制造塑料零件的新工艺申请了专利，并为此创造了一个术语——"立体平版印刷"（stereolithography）。赫尔与他人共同创立了"三维系统"（3D Systems）公司，该公司至今仍是该行业的领头羊。不久之后，1986 年，得克萨斯大学的研究生卡尔·德卡德（Carl Deckard）和他的导师乔·比曼（Joe Beaman）教授共同申请了金属加工"选择性激光烧结"的专利，从而开启了金属三维打印时代。1988 年，斯科特·克伦普（Scott Crump）和妻子丽莎·克伦普（Lisa Crump）申请了一项不同的三维打印技术——熔融沉积技术的专利，并成立了斯特塔西（Stratasys）公司。

对于不熟悉这类机器原理的人，可以想想如今在家庭和办公室普遍使用的打印机，其工作原理就是将个人计算机上的文字和图片在纸上打印成二维图像。而在三维打印的情况下，人们可以用一个物体的详细分层式数字三维映射图来"累加"建造（即打印），而且每次只打印薄薄一层。（使用塑料粉末、金属粉末或任何材料）连续进行层层堆叠，最终就会出现三维物体。与二维纸质打印机一样，三维打印机用热量（通常是激光）来熔化和融合源材料。传统机器通过减少材料（钻孔、切割等）成形制造零件（"减材法"），而三维打印机则是通过添加材料成形，这是二者的本质区别；因此，三维打印又被称为"增材制造"（AM）。

三维打印机不仅可以快速制作新产品的原型，就像赫尔想象的那样，还可以加速开发过程；此外，一些原本用传统"减材法"难以制造的复杂组件，用三维打印机则可以做到。虽然第一家三维打印机公司成立于30多年前，但普遍实用的三维打印机大约10年前才出现。这也开启了常见的炒作周期：10年前的新闻头条就曾信誓旦旦地说，三维打印机将"改变世界"。[4]

一些研究人员断言，台式三维打印机会像个人计算机和二维打印机一样，几乎一夜之间就来到每个家庭，并制造消费者需要的大多数产品。据称，这将消灭无数的大型制造商，而鲁道夫·狄塞尔或许会欣然接受这样的未来。但到目前为止，现实情况与柴油发动机的发展轨迹更相似：三维打印主要惠及大型企业，在小型企业中的数量确实也在激增，但日益壮大加速发展的"制造即服务"革命，才是三维打印的关键作用。

媒体和投资者的炒作周期，曾短暂推动上市三维公司的股价上涨了约10倍，如今这个周期已经过去。与此同时，技术本身在性能和规模上都在悄然稳步提高。几十年的知识积累终于催生了一些新技术，将高分子聚合物（而非金属）的制造速度提高了近100倍，为广泛的工业应用打下了基础。[5] 2020年，三维打印机生态系统的全球收入达到近120亿美元，比之前6年增长了近6倍，[6] 而三维打印机则从有利可图的新奇事物变成工业工具。

与历史早期的创新型机器一样，三维打印真正的机会不是取代旧技术，而是创造新的可能。将来，人们可以在任何维修车间以数字文件的形式存储零件，并按需打印特定零件，而不是储备昂贵的零件库存（这种可能性激发了军方对三维打印的支持）。人们可以运输载有（通常是粉末状的）原材料的集装箱而不是运输部件，就像运输油墨盒而不是印刷品一样。此外，还有一些新奇的应用实例。许多研究人员已经证明，可以利用生物相容性材料三维打印出促进器官组织生长的微型支架，从而有效地"打印"出用于器官修复的替代组织。另一方面，三维打印的概念也体现在卡车大小的机器上。在计算机控制的模式下，这种机器可以喷射出快速干燥的混凝土来"打印"房屋的外壳，或与之类似，打印出一艘船的整个结构。

到目前为止，大多数三维打印机制造的都是塑料产品，这主要是因为塑料比金属更易熔化。打印一个金属部件可能要数小时，对于特殊应用（例如，用来替换髋关节或者颌骨的定制钛骨）来说，其速度尚可接受，但要批量生产的话，这个速度不太现实，即使是中等规模生产也不行。新的设计方法，即如何操作三维打印机本身的新逻辑，加上新型金属粉末，大大提高了打印速度。但这里的难题是，在保证较高速度的情况下，如何使用纯金属粉末制造冶金产品，且品质（硬度、延展性、耐用性等所有品质）还要与用历史悠久的传统铸造和锻造方法制造出的产品并无二致。

要想完成这一飞跃，人们终将需要更快的金属加热方式。功率不断提高的新型激光器正在应对这个挑战，这些激光器集成了更高的分辨率和对过程状态更快的实时传感功能，并且结合了由计算机控制的动态的形状、功率以及其他激光特性。这是信息与控制相融合的又一个例子。在实现大规模定制方面，高速三维金属打印将发挥关键作用，原因很简单：金属是许多日常产品的核心组成部分。

早期，人们的预测过于乐观，严重低估了三维打印对更多信息和更强控制的需求，以及对适合三维打印的材料发展的需求。但现在可以看到，摩尔定律只满足了前者，而后者则来自材料科学这个无名英雄。在铸造、切割和锻造金属方面，几个世纪的经验已经为人们奠定了深厚的知识体系，实际上，如今的传感器和软件已经扩大了知识体系并使之随时可用。在当今世界，金属质量不过关可导致致命后果（从桥梁坍塌到飞机坠毁或车辆相撞），因而确保冶金质量至关重要。学习、验证和实施质量控制确实需要时间，但近年来，越来越多的三维金属部件已经通过了航空航天认证等严格的认证流程。

在应用方面，三维打印机的最佳用途主要在工厂本身，它可以为制造即服务的未来增添制造套件的工具数量。在其他应用中，三维打印机会更接近客户（其中包括牙医诊所、医院或修理厂）、应用程序以及供应链"边缘"，仿效"云"本身的架构。

但三维打印机并没有避开任何现有的工具和技术；新技术会增加并扩大工业生态系统，这也是一个长期存在的模式。2020年年中，埃隆·马斯克在加州的特斯拉工厂交付了世界上最大的铝铸造机。[7] 这台独特的机器仍然需要新材料科学持续共同发展，为之提供原料，但这只"野兽"可以通过铸造两个（巨大的）部件来替换79个小部件，从而制造出至关重要的完整底盘。结果这不仅降低了组装成本，还通过增强结构强度提高了安全性。

然而，这台机器仍然在使用金属铸造工艺——一项确实已经十分古老的技术，可以追溯到5 000年前。如果三维打印的底盘更好更快，那么可以预计马斯克会转而追求这一选择。他的工厂是原子世界（而非比特世界）独特模式的缩影，在这种模式下，新旧事物共生共存，共同发挥作用。在纯数字领域（比特世界）则很少有同样的情况；把羽毛笔和墨水瓶放在台式机旁边根本没用。围绕三维打印机的商业模式，将涉及3个独立但又相互关联的问题：所需产品的数量、设计的复杂程度以及定制化和标准化之间的对立关系。[8]

在蓬勃发展的21世纪20年代，与"云"技术结合的三维打印机终将开始影响市场，并促进"制造即服务"革命的发展。

一种区分制造机器的方法是，看看它们是否生产用于输入其他机器的初级部件和材料，或者这些机器是否使用"改进的"输入产品制造最终产品。从初级产品层面来说，有许多设计精妙的经典机器，可以获取 3 种古老的天然材料——石头、木头和棉花，并将其转化成有用的形式。人们仍在广泛使用的这三种材料，它们共同造就了每年 7 000 亿美元的全球市值。[9] 从自动导向的收割机到自动化的石头切割机，所有处理这些材料的相关机器都在变得更加智能。

此外，还有生产 3 种主要输入材料的机器，这些材料定义了现代社会的 3 个时代：钢铁时代、塑料时代和半导体时代。全世界每年在这些材料上总共投入约 1.5 万亿美元。所有与之相关的机器也在变得更加智能，但正是由于半导体这一社会上最重要的新输入材料，人类才得以发现了用于"生产资料"的全新机器种类。

每年大量用于"晶圆厂"（半导体制造厂的艺术化术语）的机床支出高达近 700 亿美元，这已经可以和全球用于金属机床的支出相媲美，而金属机床的历史尤为悠久。[10] 半导体的产量正在逐渐超过塑料或钢铁：全球钢铁行业的收入随着人口和财富的增长而增长，平均每 10 年翻一番；财富效应与新型塑料产品的出现，使得塑料产业的产量每 7 年就翻一番；与此同时，半导体总销量已经达到了每 4 年翻一番的水平（见图 13.1）。

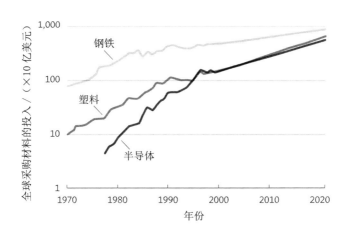

图 13.1　全球每年采购材料的投入 ①

---

①　来源：德勤公司（四大会计师事务所之一）（Deloitte），市场研究未来公司（Market Research Future），大观研究公司（Grand View Research）。

世界各大计算机制造企业每年都会购买超过 4 500 亿美元的半导体。[11] 与钢铁和塑料不同，半导体价格持续快速下跌，因此以货币衡量的销售额掩盖了潜在的实际增长。

对于早期半导体时代的工程师来说，他们显然需要一种独特的机器来制造尺寸不断缩小的设备，最理想的情况是能缩小到细菌大小。同样明显的是，这类分子规模的机床将在其他完全不同的应用中发挥作用，并催生出前所未有的设备。正是这些机器带来了革命性的转变，使人们能够制造之前讨论过的新型传感器（其中许多本质上都是机械设备，而非电子设备）。从芯片大小的陀螺仪和加速度计到麦克风和扬声器，这些都是微电子机械系统传感器，它们很小，可以安装在智能手机中，而不是大到只能放在书架上。晶圆厂设备分子级的能力使人们能够制造出数百万微型机器人，这些机器人能够在血液中游动并进行超精准靶向施药。[12]

我们还发现，大家通常认为是理查德·费曼想象出了微型制造的未来。就像利克莱德在 1962 年想象出了当时还不可能实现的计算能力一样，费曼在其 1959 年的演讲《底层的广阔空间》中提出，有朝一日，机器可以在分子甚至原子尺度上制造产品：

> 我们可以按照自己想要的方式排列原子；每一个原子都能被精准排列……我不知道未来会发生什么，但对此我毫不怀疑，如果能在微观层级上控制事物的排列组合，我们就会得到更多可能的物质属性，就可以做到更多不同的事情。

费曼的儿子也是一位物理学家，他后来回忆说，很长一段时间里，人们都对父亲颇具"先见之明"的演讲"没兴趣"。[13] 事实上，直到这一想法提出 20 年后，媒体才开始广泛讨论纳米机器。埃里克·德雷克斯勒（Eric Drexler）是一位著名预言家，曾预言纳米技术时代即将来临。1981 年，他在《美国国家科学院院刊》(*Proceedings of the National Academy of Sciences*) 上发表了一篇关于纳米机器的文章，随后又在 1986 年撰写了《创造的引擎：即将到来的纳米技术时代》(*Engines of Creation: The Coming Era of Nanotechnology*) 一书。[14] 德雷克斯勒和其他人共同激起了人们对分子机器革命长达 10 年的热切期望。例如，计算机科学家和发明家雷·库兹韦尔（Ray Kurzweil）曾表示："到 2030 年左右，人类应该能让纳米机器人遍布大脑。"[15]

2016 年，3 名科学家因设计和合成分子机器而获得了诺贝尔化学奖，在颁奖时，诺贝尔委员会提道：获奖者开发出了"行为可控的分子，能在供给能量的情况下执行任务"。换句话说，他们开发的就是分子机器。[16] 但委员会接着评论道："如今，分子马达的发展与 19 世纪 30 年代电动机的发展处于同一阶段，当时科学家们展示了各种各样的旋转曲柄和齿轮，却还没有意识到这些东西会催生出洗衣机、风扇和食品加工机。" 50 年后，第一个发电厂（爱迪生于 1882 年在纽约市建立的珍珠街站）开启了机械设备的电气化时代，并使电机在随后的一个世纪中无处不在。

事实证明，建造分子级的机器远比其早期技术倡导者想象的更具挑战性，这也是在物理机器的工业历史中反复出现的模式。随着晶圆厂设备继续势不可当地发展，21 世纪将出现分子马达领域的"珍珠街站"。事实上，正如费曼所设想的那样，工程师们现在终于证明，他们能够使用自动化的芯片级机器，将两种不同的二维材料堆叠起来，从而创造出"量身定制的电子特性"。[17] 这些原型是实现分子机械合成的"先驱"，人们之所以采用这个新术语来命名，或许是希望能够把真实的可能性同几十年的虚构预测分离开来。

21 世纪 20 年代，人类将见证分子机器技术的成熟，由其打造的产品也将开始出现。随着文明更有效、更迅速地生产、组合和丰富全新类别的产品和服务，分子机器将与其他崭新的"生产资料"一道，推动另一次巨大的工业扩张。"云"之于这些机器，近似于一个世纪前电气化之于制造机器。那时，电不仅取代了旧的供能方式，还为制造业本身提供了新类型和新生产地点。类似的，"云"在取代旧生产逻辑的同时，也会扩展制造业本身的类型和生产地点。

第十四章

机器4：为万物注入能量

自古以来，善于创新之人一直在设法"用瓶子捕捉闪电"，一般认为这种说法来自本杰明·富兰克林（Benjamin Franklin）。在美索不达米亚，巴格达博物馆的考古学家发现了公元前250年的电池，而现代电池的历史则要追溯到公元1800年的意大利物理学家亚历山德罗·沃尔塔（Alessandro Volta）①。不久后的1859年，法国物理学家加斯顿·普兰特（Gaston Planté）又发明了铅酸电池。[1]

继普兰特发明铅酸电池后，锂离子电池的广泛使用是储电技术的又一次飞跃。2019年诺贝尔化学奖颁奖典礼上，诺贝尔奖委员会如此评价锂离子电池对于社会的重要性："全世界都在使用锂离子电池，它为便携式电子设备供电，便于人们交流、工作、学习、听音乐、搜索知识。"[2]

锂电池携带方便，它不光使购物和银行业务更加便捷，还解放了社交媒体，颠覆了政治格局，创造了全新的导航服务，并且还有望彻底革新医疗服务，使之更为个性化。锂电池使计算机摆脱了台式机的束缚，让地球上超过30亿人连上移动互联网，给世界带来了翻天覆地的变化。

---

① 沃尔塔于1800年发明了伏打电堆，它是世界上第一个发电器，也就是电池组。——译者注

如果智能手机的电池重达两磅（约0.9千克），尺寸和精装书差不多，那么上述一切都不可能发生。而这正是锂电池出现之前的情况。

锂电池也使汽车实现了颠覆性的飞跃发展，这一点在续航能力这一指标上就可见一斑。续航能力是对所有无系留机器都很重要的核心指标，在移动平台燃料和电力空间有限的情况下，锂电池带来的续航能力十分可观。锂电池不仅能在通信机器上使用，也能在汽车和飞机上使用（见图14.1）。

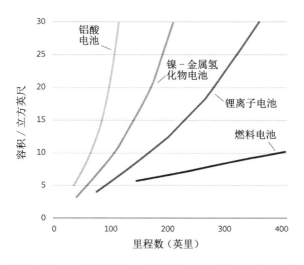

注：一个8立方英尺（约0.23立方米）的铅酸电池组［比如形如每边两英尺（约0.61米）的立方体］只能驱动汽车行驶50英里（约80千米）。镍-金属氢化物电池的出现使电池性能提高了50%，这让便携式电子产品迎来了飞跃，但对于日常使用的机动车而言，这种电池仍然不可能提高续航里程。同样是8立方英尺，锂电池将续航里程延长至超过150英里（约241千米）。不妨用以下视角来看待这个差异：用燃料电池和液氢贮箱填充相同的体积可续航400英里（约644千米）；而用发动机和汽油填充则可续航1 000英里（约1 609千米）。

图14.1 在驾驶中体会锂的魔力[①]

8立方英尺大（边长两英尺[②]的立方体）的铅酸电池可为电动汽车续航超过50英里（约80千米）。在锂电池出现之前，便携式电子产品普

---

① 来源：盖瑞特动力科技公司（Garrett Motion Inc.）。
② 约0.6米。——编者注

遍使用优质镍氢电池，其续航能力是铅酸电池的 1.5 倍。但相同体积的锂电池，其续航能力是铅酸电池的 3 倍，可续航 150 英里（约 241 千米）。仅此一点，锂电池就不只使移动互联网的发明变成可能，也让生产消费级电动汽车变得可行。但也要记住，即便是锂，其电池功率也远小于氢电池的，相同体积的氢用作燃料电池时可以续航 400 英里（约 644 千米），稍后本书会对此做出解释。

诺贝尔奖委员会没有提到的是，锂电池未来还会助力无人机运输，使客货运输不再局限于陆运。这会引发效用的相变，与锂电池在电动汽车中的应用情况不同。

锂和碳氢化合物的结合

如果没有锂电池的性能保障，就无法大规模使用小型无人机。在许多无系留机器的移动应用中，耗能任务都较少且范围局限，加之充电容易，因此往往只用锂电池就足以完成这些任务。为了让无人机可以运载重货和人员飞越人口稠密地区，电源需要同时满足续航里程、加油时间、噪声和安全性方面的要求，使无人机具备基本的起降性能。

如果仅使用锂电池，运载小包裹（或相机、类似传感器）的小型无人机有效载荷可达数磅，续航可达几十分钟，但无法达到几十小时，且飞行时速一般低于 50 英里（约 80 千米）。举例说明，一个电量为 1 度的电池重约 5 磅（约 2.3 千克），可支撑小型无人机运载几磅重的货物飞行约 1 小时（这种电池比一般消费级无人机的电池体积大 10 倍左右）。但是，每次额外的起降都会大幅减少无人机的续航里程，因为爬升的功耗是巡航的 2—3 倍。为了提升续航能力、飞行速度和载货量，设计师将目光转向了消耗碳氢化合物燃料的机器，因为同样都是 5 磅重，碳氢化合物燃料提供的电量不只 1 度，而是约有 10 度，其中甚至还算上了燃料转换为电能时的能量损失。

无人机升级到了汽车大小，电池很快就迎来了机载能源需求量的挑战。假设还是先前提到的 8 立方英尺的容积：如果里面是内燃机和燃油箱，那么这架无人机可以续航 1 000 英里（约 1 609 千米）；如果仅仅使用锂电池，则只能续航 150 英里（约 241 千米）。如果增加有效载荷，锂电池的续航里程将下降至数十英里，用途只能局限于微小的市场利基。[3] 未来的创新，将围绕液态碳氢化合物的固有优势推进。

一磅（约 0.45 千克）锂化学品，理论上的最大可用能量仅为一磅石油最大化学能的 5%。举个例子，在一架飞往亚洲的大型喷气式飞机中，航空燃料所含能量需要 5 倍于飞机本身重量的顶级锂电池才能提供。[4] 尽管在未来电池的质量还会不断提高，但现在没有什么已知途径能缩小能量密度的差距。

到目前为止，商用无人机要么由电池供电，要么由发动机供电。前者运量小，后者噪声大。而两者结合起来，就可以开发出实用重型无人机：大功率锂电池可实现无声起降，发动机驱动的发电机可延长续航里程，并在飞行过程中为电池充电。过去 10 年间，计算机控制大功率半导体、微型高性能传感器的技术日趋成熟，无缝运行复杂的大功率混合电力系统也成为可能。而且至关重要的是，机上有两个电力系统，一个系统发生故障时，备用系统可以帮助实现紧急着陆。

有些创新人士已经制造出了他们想象中的小型高性能内燃机和下一代微型涡轮机的原型，混合动力这一解决方案也为他们开辟了新市场。这种机器通常太过昂贵，无法应用于商用汽车。直到现在，大多数涡轮发动机的开发重点都是满足大型喷气式飞机数百到数千倍的功率需求。加利福尼亚一家成立于 2016 年的航空初创公司正在开发一款重型货运无人机，它配有 1 400 千瓦涡轮发电机，发电机通过人工智能驱动系统和故障安全着陆模式进行导航。[5] 2019 年底，另一家初创公司实现了配备 10 千瓦微型涡轮机的无人机的首航。[6]

这种混合结构还有可能催生下一代燃料电池，这种燃料电池技术已经寻找了一个世纪的市场。实用燃料电池的第一次出现可以追溯到 1959 年。这项技术从电化学角度讲，类似于先前提到的电池，通过将氢气与空气中的氧气结合发电，反应产生的废料是水。因为化学反应是可逆的，所以燃料电池也可以用电制造氧气，比如在潜艇上就如此应用。燃料电池需要的原料价格昂贵，有的还需要稀有材料，因而成本高昂。尽管如此，燃料电池还是很快就成为 NASA 太空计划不可或缺的一部分，因为这种应用中任务需求是第一位，特别是要满足无振动（必须零重力）、高密度功率（即最大限度地降低起飞重量）的需求。耗氢燃料电池是唯一接近内燃机功率密度的非燃原动机，而且燃料电池和之前的电池一样，没什么噪声。

但今天，与其他许多事情一样，大肆宣传燃料电池的用途是为了在电网上提供商品化的电子设备。但是这项技术太昂贵了，在电网上没有竞争力，因为电网上大多是商品驱动的低成本应用。对于大规模生产燃料和食品的技术而言，新技术更便宜，才会取代旧技术，反之如果更贵，就无法取代旧技术。

然而，燃料电池有另一个值得注意的重要应用方式，其应用规模和电网一样——为数据中心供电。每个数据中心的电力需求都相当于一个村庄，其可靠性要求还应达到航空级（即不会使飞行器坠毁）。燃料电池非常适合这个利基市场，其可靠性来源于自身具备的两个因素：燃料电池本身的非活动部件十分耐用，燃料输入（即其天然气分配系统）具备内在的弹性。电网中裸露电线的可用性平均为 99.9%，如果以一年中随时可用的概率百分比来衡量天然气管道的可靠性，那么其可靠性高于 99.999%，比裸露电线高约 100 倍。[7] 需要强调的是，埋设输电线远不如埋设管道可靠，而输电线提供相同单位能量的成本要比管道高出 4 倍。[8] 燃料电池的发展，得益于数十年的经验积累、工程水平的提高，还有材料方面取得的重大进步，性能大增、成本骤降。[9]与微型涡轮机一样，越来越多的老牌供应商和初创企业现在正在部署无人机级燃料电池的开发。因为军方一直想在静音飞行和降低红外热特征方面取得进步，所以许多人正在寻求军方的支持。[10]

人们可以期待21世纪20年代燃料电池机载应用的兴起，却不必苦等。历史悠久的内燃机完全可以胜任混合无人机架构的任务。同样，材料革命、数字模拟工具和控制系统，也推动着发动机推进技术取得创纪录的进步。技术上，还有许多机会来提高发动机的性能以利用液态碳氢化合物极佳的能量密度，这是人们永远不会从当前关于下一代锂电池（锂电池技术进步是必然的）的讨论中了解到的。尽管汽车内燃机已经发展了一个世纪，但相关的创新设计仍在不断涌现，其中一些设计的运动部件几乎与电动机一样少，许多设计都有可能将功率重量比提高5—10倍。[11]

在基本的物理学层面上，我们发现，之所以说上述所有种类能源机器取得了进展，主要是因为效率的提高。而实际上，提高效率是改进所有机器的必要条件。效率的提高来自更好的制造技术（晶圆厂设备能够实现更高的设计精度和灵活性）、更好的优化操作控制（微处理器与执行器结合）以及更好的材料（能承受更高的温度或速度）。三者结合在一起就构成了我们熟悉的和谐状态。

杰文斯悖论和效率矛盾 ①

对于致力于降低社会能源需求的预测者和政策制定者而言，提高能效是解决能源"问题"的长期途径。但总的来说，效率会增加能耗，而非减少能耗。

---

① 此处"效率"是指有用功率对驱动功率的比值。——译者注

英国经济学家威廉姆·斯坦利·杰文斯首次提出了所谓的效率"悖论",并通过 1865 年一篇具有开创性的论文发表,题为《煤炭问题》(*The Coal Question*)。他在论文中提到,当时人们普遍担忧英国的煤炭可能会耗尽,由此抵消蒸汽机带来的显著经济效益。当时(和现在)的一种典型解决方案是提高发动机的效率。

然而,杰文斯指出,发动机效率提高(即在每单位活动中使用更少的煤炭)实际上会增加煤炭总消耗,而非减少。因此,此处的悖论是:"如果将燃料的有效使用等同于消耗的减少,就完全混淆了概念……效率的新模式将增加消耗量。"[12]现代一些经济学家称之为"反弹效应"。[13]

换句话说,不同于政策领域,现实世界中提高效率的目的是从机器或生产流程中获取收益。只要人们和企业想要从机器和生产流程中获益更多,使用成本的下降就会增加需求,进而增加使用。然后,这些需求的增长速度又反过来超过了效率的提高速度,进而带来了消费的净增长,对于历史上出现过的几乎所有事物而言,都是如此。

如果廉价的蒸汽机仍然像最初发明时那样低效,蒸汽机数量就永远不会激增,经济收益和煤炭需求的增长也就不会随之而来。更现代的内燃机也是如此。比如,今天的飞机比第一架商用客机的能效高出 3 倍。但自那以后,这样的效率并没有"节省"燃料,而是使得航空能源的使用量增加了 4 倍。[14]

作为推动 21 世纪经济发展的核心力量,今天的数字引擎也是如此。事实上,微处理器就是所谓悖论中最纯粹的一个例子。过去的 60 年中,逻辑引擎越来越便宜,能源效率也提高了超过 10 亿倍。[15]机械和能源机器占据的是原子世界,而不是位和光子世界,因此其效率的提高绝无可能接近这个数据。

想想 1980 年苹果第二代手机的时代。以 1980 年的能源效率,一部苹果手机所需的电量,和曼哈顿一幢办公楼需要的一样多。同样,按照 1980 年的能源效率,一个数据中心需要与整个美国电网一样多的电力。但是，由于效率提高了，如今世界上有几十亿部智能手机和几千个数据中心。正如之前指出的，这是一种生态系统。

当然，杰文斯悖论在微观经济意义上不成立，对于特定的产品或服务也是如此。如果一个特定项目不管如何提高效率都达到了极限，这个（富裕的）社会的需求和增长就会饱和。例如，一个人可以吃多少食物，一个人每天驾驶多少英里，每家拥有的冰箱或灯泡数量等。在这种情况下，成本下降对需求的影响很小。但于此而言，人类距离使全球 2/3 以上的公民达到饱和状态还有很长的路要走。世界上有数十亿人还买不起一辆汽车。

虽然总有一天，汽车之类的东西在各处都会达到饱和，但对于 21 世纪方兴未艾的产品——信息，则并非如此。随着效率的提升不断降低数据本身（即我们关心的所有事物的信息）的成本，信息供应会无限扩大，同时需求也会无限扩大。而根据杰文斯悖论，这对能源需求又一次造成了有趣的影响。

原子能之梦

在琳琅满目的能源机器中，没有比核反应堆更引人注目的了，也没有一台机器受到过如此力度的宣传，无论是正面宣传还是负面宣传。

原子能是近百年来唯一发现的新能源现象。1939 年，即发现裂变现象 10 年后，芝加哥大学首次实现了可控核链式反应。从那时起，人们对原子能的看法就一直是分化的，对它常常抱着过度恐惧的心理，担心发生核事故和核泄漏。（这种恐惧和一些无稽之谈，常常与对核武器的担心混为一谈。）

下面是关于核裂变的一个重要事实：在核裂变中，每磅燃料核裂变产生的能量，是燃烧能产生的能量的数千倍。人们可以理解，为什么美国原子能委员会和美国空军会花费 15 年时间和 70 亿美元（按通货膨胀调整后的美元计算）去尝试建造一架核动力飞机，不过最终肯尼迪总统于 1961 年终止了该计划。出于类似的原因，联邦基金也投入了对原子动力航天器严肃的工程探索。然而，制造出原子飞机或原子火箭所必需的技术仍然很渺茫。

世界上第一座商业核电站建于英国考尔德豪尔，1956 年由英国女王伊丽莎白二世揭幕，于 2003 年关闭。现在，在第一次裂变发生 80 年后，在政府数千亿美元的支持下，核能只供应了人类使用的不到 10% 的电力。涡轮喷气发动机的概念也是在 20 世纪 30 年代首次提出的，今天大约有 15% 的人（即坐过飞机的人）享受到了这项技术。[16]

更小、更易使用（并最终实现自动化）的新兴飞行器将显著增加每天飞行的人数。类似地，人类还需要一种新型核反应堆，来增加原子能提供的电力份额，实现后者远比前者困难得多。但到了 21 世纪 20 年代，实现这一目标的征程终于开始了。

目前，至少有 20 多家公司正在为更小、更便宜，乃至模块化的核电站寻求创新设计，这些公司的设计进程处于不同的阶段（有些还在取得商业监管许可的路上）。第一代反应堆积累了数百万小时的运行经验，而新的设计方案建立在从这些经验中获得的知识的基础上，有望拓宽其应用范围，实现更好的经济效益以及提高安全性。人们需要一个完全不同类别的反应堆，这并非要打击如今在提供极其安全的能源方面做出贡献的千兆级反应堆，世界上也正在建造更多这样的反应堆。但为了更广泛的使用，核机器需要变得更便宜、更小、更安全。而这些也只是核复兴的开始。

巧合的是，建造一个商业用途的小型核反应堆，其工程上面临的潜在挑战与把核反应堆用于太空旅行和军事面临的挑战类似，正如早期的创新人士所想象的那样。NASA 和军方都重新开始了项目资助，试图建造小型乃至飞机携带式微型反应堆。[17] 他们还想要建造非常安全的2—10兆瓦级微型反应堆，这种微型反应堆对于实现行星际旅行或月球、火星移民至关重要，也将衍生出一种可靠性较高的机器，可以为地球上数千个数据中心乃至具有类似电力需求的城镇和村庄现场发电。除此之外，对那些想要减少人类在地球上留下足迹的人来说，对于为社会生产的一单位能源服务所需的材料，地球上没有任何其他东西可以将其总量缩减至1/1 000。

尽管美国联邦计划投入了数十亿美元，还有6家私人企业仍在紧追不舍，但建造实用聚变反应堆的梦想仍然遥不可及。模拟恒星如何工作（融合最轻的元素以释放其核结合能）的物理过程是裂变（分裂最重的元素）的逆向过程。聚变前景诱人，但由于能量密度仅比裂变高7倍左右，聚变并不会像裂变那样产生比燃烧高出1 000倍的飞跃式能量增量，因而不会产生革命性转变。虽然裂变反应堆的燃料比聚变反应堆理论上的燃料更昂贵，但两种技术的成本都主要取决于机器，而不是燃料的材料。核聚变的技术突破很可能会到来，因为全新种类的材料将能够实现并控制过程中的各种因素，也因为新兴的百亿亿级超级计算机未来会有能力完成模拟设计这样的解放性使命。

最初将轻型反应堆用于飞机和理想中的航天器的梦想，屏蔽辐射的物理机制和材料方面仍然存在一个关键障碍。20世纪50年代中期，美国空军搭载航空反应堆飞行了大约40多次，共需要12吨防护材料来保护飞行机组人员。[18]可以想象（而且确实还停留在想象），有一种尚未发现的新型原材料，它与铅的屏蔽效果相仿，在重量和强度方面则类似于碳纤维。虽然无法预测这样的突破①出现的时间，但还有几种突破可以期待，这些突破同样将来自下一代百亿亿级超级计算机，它们将使未来研究人员的思维更加多产。

---

① 卡洛塔·佩雷斯的"突破"之一。

关于战争机器的几句话

想到人类的现实状况，可以说武器和防御技术是文明的基本特征之一。在所有历史时期，人类都曾编造理由发动战争或被迫参与战争。因此，在布赖恩·劳顿长达2 000页的《精巧机器的历史》中，战争机器占据了主要部分。每年全球军事开支接近2万亿美元，其中美国的约占40%，这可能令人不适（除了那些想要保护自己国家免受掠夺的人）。[19]但是，正如精通数字技术的前美国空军少将罗伯特·H.拉蒂夫（Robert H. Latiff）在《未来战争：科技与全球新型冲突》①（*Future War: Preparing for the New Global Battlefield*）中指出的那样，"技术和战争已然变得更加复杂，想要了解它们需要付出大量的努力"。

"军事革命"（RMA）是军事历史学家使用的艺术化术语，军事革命的发生时常源自人们对工业或民用发明的再利用，而这些再利用的目的是制造战争机器，从弓箭到原子能都是如此。这并非巧合。有这样一种流行的观点：战争带来了新技术乃至新科学，代表案例是原子弹、雷达和计算机的出现。这种观念并没有经过仔细考证的历史依据。战争无可争议地极大刺激了政府支出，从而带来许多种机械设计上的进步。但是，平均而言，历史证明，引领时代的基础技术的发明总是先于其在战争中的应用。[20]

而这些问题与本书目的没有直接关系，本书意在探索将要推动21世纪20年代发展的变革。在此，人们再次看到，即将激起经济革命的技术也正在引发军事革命。首先可以想想这三种技术：互联网、无人机和激光。

韦氏词典直到1994年才首次收录了"网络安全"（cybersecurity）一词。[21]现在，该词是一个数十亿人都耳熟能详的术语。此外，尤其在

---

① 中信出版社2019年7月出版。——编者注

民用领域，网络攻击的增长率超过了网络系统本身的发展速度。网络安全不再仅限于保护个人或他人的金钱和信息，而是越来越重视保护连接到"云"的实物和基础设施的需求。

关于信息物理武器在什么事件中被第一次使用的问题，需要等待历史学家未来的定论。该时间可能是爆发"震网病毒"事件（攻击者的身份至今尚未得到确认）的 2010 年，病毒摧毁了伊朗生产武器级铀计划中昂贵的离心机；[22] 也可能是爆发黑客使乌克兰电网断电事件的 2015 年 12 月 23 日。这次事件给人们敲响了警钟。此次黑客攻击使用一种名为"黑暗能量"（BlackEnergy）的病毒，并结合了其他与军事入侵（可能还有间谍活动）一致的网络策略。2016 年，某位黑客使用一种名为"谷歌肉鸡"（Google dorking）的程序寻找网络漏洞，并侵入了美国纽约州一座小型水坝的控制系统。[23] 黑客事件之所以能占据头条，一部分是因为人们猜测这些事件只是为了达成更重要目标进行的一场实践演练。[24]

至于自主无人机，它们早就在军事发展的路线图上了。遥控（无线电）飞机的首航可以追溯到一项海军计划的初级阶段，以及 1916 年发生在长岛的一次成功飞行。由于技术尚未完备，该计划被搁置。直至 70 年后，亚伯拉罕·卡雷姆才制造出现在众所周知的"捕食者"（Predator）无人机。

不论是军用还是民用，制造远程、重型无人机需要的技术是相同的。但具有讽刺意味的是，可能带来军事革命的是改造的小型消费级无人机和玩具无人机。2018 年，美国国家科学院（National Academy of Sciences）发布了一部分分析小型消费级无人机威胁的非机密报告。[25] 该报告指出，小型无人机可以改造出廉价的"小型无人机系统"，无人机还可以搭载"简易爆炸装置"，若成群使用则更为危险。

为 2018 年冬奥会开幕式打造的大型无人机群（纯粹出于娱乐目的），戏剧化地展现了无人机组织协作"蜂群"的潜力：一场看似神奇的空中灯光秀动用了 1 000 多架英特尔无人机。后来演示的像鸟群一样高度协调的飞行表演，则动用了 2 000 多架相同的小型消费级无人机。正如报告中提到的那样，此类无人机"改装容易，可携带致命武器，可远距离识别目标并进行电子战攻击"。无人机群"还可以利用周围环境，例如将自己隐藏在树丛中，混入鸟群"，这将"对美军提出重大挑战"。

2002 年 2 月，军用级"捕猎者"无人机首次用于作战。无人机群尚未留下首次出战记录，但未来出战必然无法避免。

防御无人机群将成为一项挑战，防御措施包括无线电干扰（扰乱遥控）和 GPS 干扰（扰乱自主导航）。但正如报告指出的那样，无人机可以在没有无线电和 GPS 的情况下运行。至于击落无人机，即使是最先进的常规武器也难以同时应付成百上千架无人机。此刻，旧式科幻小说中幻想出的射线枪就开始派上用场了。

这个想法起源于无线电领域本身的一项发现。1935 年，英国皇家空军举办了一场奖金为 1 000 英镑①的竞赛，目的是开发出一种使用无线电波的"死亡射线"，这种射线可以杀死 100 码（约 91 米）外的一只羊。[26] 但是很明显，计算完成这项壮举所需的能量水平并不容易，当时的技术还无法应对这项挑战。巧合的是，解决这个问题的人是英国国家物理实验室无线电部的工程师兼主管罗伯特·沃森-瓦特（Robert Watson-Watt）。他是蒸汽机的发明者詹姆斯·瓦特的后代，他（与一名助手）推翻了制造死亡射线的可能性，在此过程中却提出了雷达的设想，而雷达是盟军在第二次世界大战中取胜的关键技术。[27]

想要开发出一种类似于科幻小说中虚构的射线枪的武器，则要在激光发明出来之后，然后还要再等几十年，直到可以满足功率水平和效率要求。这种工业级激光器可以改造成武器，而现在已经用作武器了。激光现象（"受激辐射光放大"的首字母缩写）可以在工业过程（例如焊接）

---

① 1935 年汇率与现今汇率不一致，2022 年 1 英镑约为人民币 8.2 元。——编者注

和新的功能中展现出卓越的性能，在金属三维打印机中体现得尤为明显。

激光的发明者获得了1964年的诺贝尔物理学奖，随后的诺贝尔奖也颁给了其他一些听起来很奇怪的应用，例如"激光冷却"和"光镊"。激光冷却使研究让所有运动停止的绝对零度成为可能，光镊赋予人类掌握并操纵分子和分子结构（甚至是活病毒结构）的惊人能力。低功率激光器常用于电子通信，在细如发丝的玻璃线缆内（或通过开放空间）传输天文数字的数据。激光在医学方面也用途颇多，尤其是在眼科矫正手术中。而在制造领域，高功率激光器现在已成为价值数十亿美元的金属切割和接合产业的重要组成部分。工业激光器领域的这些进步带来了军事作战所需的能力和效率。

2002年11月，激光首次击落炮弹，时速为1 000英里（约1 609千米）。[28] 如今，"智能"自导无人机的简易爆炸装置可以取代弹道炮弹。当然，高功率激光器和其他电磁技术也发挥了相应的作用。2019年10月，雷神公司（Raytheon）向美国空军交付了第一批作战激光武器，用于对抗军用级无人机。[29] 2020年，美国海军开始在部分舰艇上安装和部署激光武器。[30] 同样，在2020年底，一家初创美国国防创新公司推出了一种小型拖车大小的高功率武器，该武器可以对微波束进行数字控制，这些微波束每秒可以"发射"数千次破坏性能量，以消灭可能用于攻击的、供消费的小型无人机。[31] 只有这类"定向能武器"结合高性能成像和人工智能驱动瞄准系统时，才能在几秒钟内看到并击中数百个目标。它本身就是一场军事革命。另一场军事革命还处于起步阶段，它将来自"自主武器"，即机器人。

第十五章

机器 5：从自动化到自动机

几个世纪以来，工程师们设计出了一种机器，其内嵌的控制系统可以自动对变化做出反应。举一个简单的例子，对于一个能够记录进水容量并做出相应反应的水箱，一旦水位达到某个点，水箱就会自动掀起与简易阀门相连的一个杠杆，使水停止流动。但是比这更智能的机械自动化，可以追溯到古代，比如古希腊时期亚历山大港的希罗（Hero of Alexandria）创造的自动门之类的发明，它是由压缩空气、水流甚至是蒸汽来驱动运转的。希罗还发明了投币式饮水机、由绑有重物的绳索控制的提线木偶，及其他许多巧妙的自动化机器。[1]

自动机也就是机器人，这个想法古已有之，甚至可以追溯到希罗之前的时代，一直到公元前 250 年史诗般的希腊神话《阿耳戈船英雄记》①[*Argonautica*，后来被改编为好莱坞电影《伊阿宋与阿尔戈英雄》（*Jason and the Argonauts*）]。在这个故事中，阿波罗尼奥斯（Apollonius）幻想有一个类人的青铜机器巨人塔洛斯（Talos）。[2] 在随后的 2 000 多年里，机器人一直是小说（尤其是反乌托邦小说）的主要题材。

---

① 见《希腊神话全书》（典藏版）中第五卷《远征记：伊阿宋与金羊毛》，中译出版社 2021 年 3 月出版。

捷克剧作家卡雷尔·恰佩克于1920年写下了剧本《罗森的万能机器人》，描绘了自动机替人类从事体力劳动的想象。恰佩克根据捷克语"robota"一词发明了"robot"（机器人）这个词，意为强迫劳动或苦工。尽管这个词如今应用相当灵活，指代从自动取放机到洗衣机的各类东西，但"机器人"一词实际上指的是一种真正自主的、可移动的机器，并且还可以在外貌和功能上都做到拟人化。

1939年，第一台计算机（即埃尼阿克计算机）被秘密投入使用。在纽约世界博览会上出现了西屋公司（Westinghouse）制造的一个特技机器人。它就像《绿野仙踪》(*Wizard of Oz*)里的铁皮人，只能僵硬地行走，并通过录制好的语音说出"我的脑子比你的大"。西屋公司可能想借此展示其用于控制电网的自动开关装置。一个更著名的例子是艾萨克·阿西莫夫，他是一名科学家出身的作家。1950年，阿西莫夫发表了标志性著作《我，机器人》(*I, Robot*)，在书中创造了现代机器人的原型，还提出了"用神经形态计算机代替大脑"这一创意。但直到最近几年，工程师才打造出一个真正的拟人机器人，不过其原型还无法在商业上推广销售。而这一重大发展同样得益于最近在传感器、人工智能、材料和电池方面的重大创新。

像所有机器一样，在电气时代之前，自动化完全是机械化的，这导致了各种巧妙的继电器、阀门及类似设备的发明呈爆炸式增长，工厂也迅速实现自动化，尤其是汽车工厂。这些继电器和设备，也是晶体管时代之前第一台计算机的组成部分。

此后，1968年，迪克·莫利（Dick Morley）发明了可编程逻辑控制器，从根本上改变了机器自动化。可编程逻辑控制器为设计人员和操作人员提供了独特的能力，使他们能够为机器特定部件创建特定控件，并在需要时更改这些程序。莫利是可编程逻辑控制器之父，取得了开创性成就，为后来许多人所仰慕。莫利辞掉工作，创办了自己的小型工程设计公司，部分原因是为了便于随心所欲地施展拳脚。莫利知道，对于采用动态逻辑的工厂，任何控制器都必须坚固、可靠，且直观易用。此外，就像今天一样，大多数创新型计算机都需要编程语言的高级知识，及具备编程能力的设备。莫利发明的可编程逻辑控制器易使用，一经发明，很快就被汽车公司采用，随后很快应用到了其他所有行业。可编程逻辑控制器是开启现代工厂自动化生产时代的关键。莫利之后继续创办了110家公司。[3]

今天使用的许多可编程逻辑控制器，与莫利所发明的基本相同，尽管其他许多可编程逻辑控制器已经演变成功能强大的微型计算机。智能机器的特征就是，将逻辑芯片嵌入某些机器，并由可编程逻辑控制器控制其他机器。如此，智能机器时代于半个世纪前开启了，并且仍在不断发展。不过，自动化和自动机是有区别的。

移动式通用机器人的一个核心特征是，可以在人类环境中像人一样导航。近几十年来，在生产商用机器人的竞赛中，无数机器人都在模仿动物乃至人类，从索尼生产的玩具狗（虽然看起来像狗，但不能模仿动物行走），到本田声称能够步行和爬楼梯的阿西莫（Asimo）等，而这不过是数十个案例中的两个。[4] 它们大多只是玩具，或只用作技术示范。大部分机器人只能笨拙地走路或舞蹈，很少有产品能够展现其他功能。

而波士顿动力公司（Boston Dynamics）的类人机器人阿特拉斯（Atlas）却真正符合自动机的定义，是一台拟人机器人。这款机器人尚未开放出售，据传售价将高达约100万美元。[5] 但无论如何，阿特拉斯已展示出了与人类相似的奔跑、跳跃、后空翻和自主导航能力。2015年，美国国防部高级研究计划局无人驾驶挑战赛中最优良的几款机器人，在短短几年内便被阿特拉斯远远甩在身后。这个比赛只需要让一个无系留机器人完成几项简单任务，比如上楼梯、开门和转动阀门。这些都是机器人在典型的人类环境中正常运行必须掌握的技能。然而，在阿特拉斯之前，任何通用机器人都无法完成这些任务。

能够在现实世界中使用的机器人数量正在不断增多,其中,能够跑步、后空翻的阿特拉斯是令人印象最深刻的机器人之一。2020年初,波士顿动力公司宣称要出售公司发明的、能够自主行走的四足机器人"斑点迷你狗"(Spot Mini,售价74 500美元)。[6]出售这样的机器人,其意义并非只是满足人们的好奇心,而是标志着历史上的一个关键节点,它可与最早的汽车问世相媲美,即1896年生产的形似马车的"杜里埃马车"(Durya Wagon)。在当时,这种马车可以推动自身前进,因此在世人看来很神奇。

"斑点迷你狗"能走路、跑步、开门、取物,跌倒后还会站起。该公司声称,一些客户将该机器狗用于建筑工地或农场,做巡视及安全监控,以及在新冠疫情期间协助医院门诊进行远程移动治疗,至少最初是这样用的。[7]企业家们遵循迪克·莫利的成功范例,正在开发基于"云"的企业软件,使不是专家的普通人也能在充满挑战的户外环境中轻松操作成群的机器人。

有用的仿生学

从1920年至今,汽车一直是一般消费品中最复杂、最昂贵的一种,但这种情况很快就会改变。与汽车一样,(真正的)机器人也是通过融合一系列技术实现的,包括锂电池、更强大的微型电机、视觉"芯片"等,尤其还包括注入了人工智能技术的硅软件。

视觉芯片尺寸缩小,功能增强,这并非机器人专家雄心壮志推动的结果,而是取决于数十亿内置于智能手机中的数码相机的消费市场。该技术与芯片大小的雷达相结合(后者也同样不是由人类的机器人梦想所驱动的,而是由人们对类似汽车巡航控制系统的需求所推动的),与类似级别的传感器一道,提供了自主导航所需的视觉敏锐度。几十年前，要想实现自主导航，需要一台房间大小的计算机来实时处理这些传感器生成的所有数据。现在，计算能力的提升使机器人能够支持机载功能，同时，高带宽的无线局域网络也使得机器在有需要时能远程访问边缘数据中心，来获取更强大的计算能力。而为了满足这一切，就需要如今已成熟的锂电池化学学科作支撑。

但是，以上这些科技都不足以生产出具有广泛用途的拟人机器人。多年来，一直困扰着工程师们的问题是机械和材料科学的问题，即怎样模仿动物或人类肌肉的能力。而在仿生学领域，挑战主要集中在以下方面——如何利用电力、气动或聚合物制动器来获得肌肉（这种生物制动器）的各种组合能力，如何实现高能量转换效率、大范围运动能力、强大的功率重量比和高耐用性，以及在理想情况下的自我修复能力。

1983 年，美国物理学家兼博物学家埃德温·杰恩斯（Edwin Jaynes）发表了一篇题为《作为引擎的肌肉》（*The Muscle as an Engine*）的论文，颇具先见之明地描绘了当时不可能实现的机制和发展可能。[8] 杰恩斯观察到，要想将化学能超高效地转化为机械能，最终需要模拟肌肉运作方式，即"接收初始能量的运动部件应只有分子大小"。他推测这个设想"绝非不可能（实现）"，而且随着时间的推移，"有用的逆卡诺分子引擎（anti-Carnot molecular engines，即人造肌肉）的设计可能会变得像药物和抗生素的设计一样系统化，人们对它的认识也会更为深刻"。

如今，材料科学领域正悄然发生深刻的变革，因此人类得以运用其变革成果，实现杰恩斯的愿景。技术文献中处处可见"人造肌肉"的成功设计，其中一些是分子水平的设计，并在某些情况下具有自愈能力。[9] 材料科学不仅使人们能制造出轻质耐用的框架结构，而且还使得具有足够功率重量比的制动器成为可能，这个巧合令人喜悦。

2019 年，研究人员制造出了"鸽子机"，这是一种类鸟无人机，既具备鸟类的机动性，又能拍打双翼，实现流体式飞行。这款鸽子机能制造出来，正是现代材料的发展使然。但在设计过程中，科学家们必须首先解开长期以来一直困扰着人类的一个谜团：鸟类羽毛在微观结构层面上是如何运作的？通过使用数码相机、X射线"相机"、电子显微镜和高灵敏度麦克风的融合观察手段，以计算机为媒介，科学家们才获得答案。[10]

行走是衡量仿生学进步的另一个关键指标。如今，机器人第一次能够以其模仿动物的真实速度移动，尽管这种技术目前只存在于样机中，除了"斑点迷你狗"外均未能用于商业销售。若以每秒的体长（body-lengths-per-second，下简称blps）为单位来测量，波士顿动力公司已展示出一种机器猎豹，其速度高达16 blps，接近真实猎豹的速度。但就像飞机可以做到鸟类做不到的事情一样，机器人将能够做到真实生物不可能做到的事情，例如，为了适应地形从滚动机器实时转换为步行机器的能力。

随着技术进步和成本降低，标准的工程进展将很快把"斑点迷你狗"提升到商用的阿特拉斯（Atlas）级机器人，这是每次爆发式增长后都会出现的发展轨迹。通用机器人的崛起，将会呼应历史上汽车这一通用交通工具的发展模式。在信息物理机器的世界中，在任何门类或现代历史的任何时期，产品从发明到商业化所需的时间都惊人的一致。

1901年，世界上第一批汽车开始出售，这标志着汽车实现了商业化。这批汽车是帕卡德牌（Packard）汽车，配备了当时极具革命性创新的方向盘，而不是类似舵柄那样的控制装置（舵柄是自1885年首次发明汽车以来沿用了15年的设计）。更重要的是，帕卡德向世人展示，他们的汽车能够实现5天内行驶300英里（约483千米）这样令人印象深刻的卖点。这款汽车售价1 500美元，约为当时平均年薪的1.2倍。人们注意到，"斑点迷你狗"的售价也大约为美国现今平均年薪的1.2倍。

抛去小说中的描绘不谈，拟人机器人在现实中的价值在于，当这种机器的实用性增强时，便可以更轻易地在人类日常生活的环境中运作，而非只能在如仓库或工厂车间那样专为自动机设计的环境中运行。如此一来，人便能借助自动机拓展自身的能力。但要做到这一点，需要让机器来适应人类，而非让人类去适应机器。

自动机作为一种机器，和汽车问世时一样，既让人忧心忡忡，又让人看到这门技术前途无量。这种机器完全不在劳顿所总结的四类基本机器范围之内，而是一种全新门类，或者说，它更像是这四个机器门类都不可或缺的部分。尤其值得一提的是，这类机器引起了末日预言者前所未有的焦虑，有的人更是担心因它的出现而丢掉工作，社会将陷入黑暗。

我们不应该为这些恐惧所误导。得力的拟人机器人会对世界产生积极影响。但无论如何，这种机器已从小说走进现实，并完成了初步商业化，这已是不争的事实。

"咆哮的 20 年代"

The Roaring 2020s

第十六章

工作1:"工作终结"的神话

无论历史学家最终如何看待各国政府对新冠疫情的不同反应,疫情无疑都对健康、经济和文化产生了深远的影响。从普通公民到专家学者,所有人都在不断重复着疫情"改变了一切"的"咒语",这并非无稽之谈。抛开夸张的说法不谈,至少有一件事很明确:从远程工作和远程医疗,到使用"云"超级计算的研究人员,到电子商务的爆炸式发展,再到市民居所郊区化的趋势,所有这些对疫情的反应都加速了已经在发展中的趋势。

正是在"大加速"中,人们找到了21世纪20年代未来几年将如何发展的线索,其中最大的"加速"变化是"云"技术和人工智能基础设施的扩展。

经济和工作将如何从疫情中缓慢恢复?社会将如何应对未来的各种疾病和风险?很多人认为,人工智能的加速发展会导致无数工作岗位永久消失,从工厂工人到快餐店员工,概莫能外。这么多所谓预言,尤其是大众媒体上的那些预言,实际上都是关于上限的问题:一个经济体雇佣人数的上限、普通民众收入增长的上限、教育的上限、人类处理混乱和灾难能力的上限,甚至还关乎地球对人类繁衍承受能力的上限。

关于不久的将来，有很多事要考虑。展望21世纪20年代的未来，很明显，这三个技术领域的创新完全改变了我们对增长上限的看法，无论这些看法是含蓄的暗示，还是明确的表达。但是，由于确保全民就业（并且收入体面）具有深远的社会和政治影响，所以下文会以服务型经济时代的就业为引子，探索一下21世纪20年代的未来面貌。

一小群经济学家预测，自动化、机器人，尤其是人工智能，预示着经济中很大一部分工作将会终结。有人说，失业率水平将迫使社会为那些永远无法就业的人提供"普遍基本收入"。虽然现在人们换了个新说法，但毫无疑问，这既不是什么新观点，也不是什么新的解决方案。

事实上，这个观点至少可以追溯到古代。正如历史学家让·吉姆佩尔提到的那样：据记载，公元70年左右，罗马皇帝韦斯巴芗（Vespasian）就曾拒绝用更为机巧廉价的机械工具，把沉重的柱子运送到元老院，理由是这样一来"奴隶"就没事做了。[1] 此前两个世纪，罗马工程师就已经证明机械化会带来生产力效益，比如用齿轮能将磨谷物的水轮产量提高6倍。

20世纪30年代，人们对机器取代人力的恐惧以现代形式充分表现了出来。当时，工业自动化正迅速扩张，把社会从漫长的手工生产时代带入了大规模生产时代。1939年，德国学者和文化评论家弗里德里希·格奥尔格·荣格尔（Friedrich Georg Jünger）[他的哥哥是比他更著名的作家恩斯特·荣格尔（Ernst Jünger）]表示："人类被自动化包围了，所有的技术分支都朝着这个方向发展。"[2] 荣格尔对技术并不关心，却颇具先见之明地抓住了机器进步的核心特征。在描述技术的显著特点时，他承认，尽管蒸汽化和电气化是社会进步中的"里程碑"，但"最显著的特征是日益扩张的自动主义"[3]。荣格尔说对了。

大萧条时期，世界产业工人联盟（IWW）在其发表的一份宣言中"明确指出"，"机器增加了失业率"，并指责资本主义和工程师是"资本家的工具"。[4] 宣言还指出，从1910—1930年，生产一辆汽车所需的工时是原先的 1/4，生产一吨钢材所需的工时是原先的 1/7（后者从 1900 年开始计算）。在对这些生产率趋势的判断上，世界产业工人联盟是正确的。

然而，正是由于"自动主义"的扩张和技术进步，美国的生产力才得以飞速增长，并能够在不到 10 年的时间里，以史无前例的速度和规模为第二次世界大战进行动员。关于 20 世纪二三十年代，有许多不同的历史描述，这些版本都缺少对一个发展关键的描述，即始于几十年前的技术力量的成熟和融合。

经济学家亚历山大·菲尔德（Alexander Field）在《大飞跃：20 世纪 30 年代的萧条和美国经济增长》（*A Great Leap Forward: 1930s Depression and U.S. Economic Growth*）一书中明确指出：到 1929 年，美国的生产率比 1919 年增长了 2/3。[5] 菲尔德还指出，这并不是因为某一个发明，而是因为三个发展趋势的融合：机器使各个行业不断电气化，基础过程（微处理器/信息范式的变化）方面的知识不断进步，以及与现代化学相伴而生的新材料逐渐兴起。[6]

20 世纪 60 年代，尽管汽车制造业的产出仍在激增，工作岗位却迅速减少，这让人们对自动化的担忧重新浮现。当时，美国不仅正在从第二次世界大战中恢复，还在从过去 10 年中连续发生的 3 次经济衰退中恢复。针对人们对经济的担忧，肯尼迪总统成立了美国自动化与人力资源办公室（Office of Automation and Manpower），以解决他所说的问题："（美国）国内 60 年代面临的主要挑战是，在自动化正在取代人类的时代，保持充分就业。"[7] 随后，约翰逊总统成立了一个蓝丝带委员会，研究"技术、自动化和经济进步"的影响。尽管该委员会得出的结论是技术不会威胁就业，但还是建议制定一项针对这种可能性的"保险政策"，并建议政府设立"家庭最低保障收入"。[8]

快进到 1976 年，这一年，王安计算机公司（Wang Laboratories）推出了第一台实用文字处理器。虽然王安发明了现代计算机文字处理技术，该技术在 20 世纪 80 年代初之前一直主导市场，但在蓬勃发展的个人计算机行业的"创造性破坏"中，该公司未能把握方向，并于 1992 年申请破产。而文字处理（最初是作为独立的机器，之后融入个人计算机）很快取代了一些旧公司里的打字组和大多数秘书工作。那时，这些工作主要由女性负责。值得注意的是，在这种节省文书劳动的技术出现的同时，进入劳动力市场的女性却大幅增多。然而，正如数据显示的那样，在这种情况下，总体失业率和女性失业率都没有上升。

电子表格和计算机图形程序的引入也遵循了同样的模式，它们淘汰了许多数字运算和绘图的工作。这些节省劳力的新工具，以及 20 世纪八九十年代许多其他类似的技术进步，与那几十年美国整体的就业增长是同步的。尽管如此，不管是此前还是此后，周期性衰退都不可避免。将失业和经济低迷归咎于节省劳力的自动化，而非治理不善、能力不足、目光短浅或其他人为过失，这个传统由来已久。

但是，自 19 世纪后期以来，技术持续发展变化。对其所产生的影响，我们知道两件事：第一，技术的巨大进步带来了更高的生产率（从定义上讲，这是通过"节省劳动力"做到的），进而极大地推动了整体经济的发展，使美国的人均财富增长了 10 倍（该数据根据通货膨胀做了调整）；第二，尽管"节省劳动力"，但平均而言，在整个 150 年期间，大约 95% 有工作意愿且有能力工作的人都没有失业，这个数字，仅在周期性衰退时才偶尔波动（见图 16.1）。

如果节省劳力的技术是个纯粹的工作"消灭者"，那么在科技进步的整个历史中，失业率就应该一直在上升才对。但事实并非如此。在减少劳动的技术不断进步且进步势不可当的同时，就业率却持续上升。关于这一明显的悖论，麻省理工学院（MIT）的经济学家戴维·奥特尔（David Autor）明确表示，在就业增长的前景方面，"根本威胁不在于技术本身，而在于治理不善"[9]。

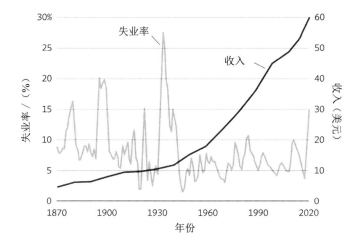

注：由于"收入"指标合理反映了居民的人均财富且可用一系列连续的数据表示表中时期的 GDP，故"收入"趋势代表了人均 GDP。然而，它并不能直接衡量家庭收入。且因为它是平均值所以无法反映出人口中的收入不平等情况，以及政府的"转移性支付"（在美国，对于收入分配份额较低的人群来说，这已经成为实际收入的很大一部分）。

图 16.1　技术进步、财富和失业 [①]

当然，随着时间的推移，大多数人工作地点和工作方式都发生了变化。但是现在人们说，人工智能和机器人技术对服务业和制造业产生的影响，就像工业技术对农业的影响一样。[10] 农业是人们最常引用的例子，以此说明技术（拖拉机等类似机器）如何从根本上将农业就业率从工业时代前的 40% 减少到今天的 2%。

农场和工厂

将工厂和农场类比是逻辑谬误。这种谬误之所以出现，是因为人

---

① 来源：美国经济分析局（U.S. Bureau of Economic Analysis），"数据中的世界"（Our World in Data）网站，华盛顿公平增长中心（Washington Center for Equitable Growth）。

们忽视了一个重要事实：物质消费增长可能远快于食品消费增长。在成熟经济体中，粮食的需求和产量大致随人口的增长而增长。只有在营养不足的新兴市场，粮食需求才有显著增长的潜力；但即使在这些地方，富裕饮食与维生饮食的人均卡路里摄入量只有两倍的差距。[11] 与此同时，对工业成品的需求却可以像财富一样快速增长；也就是说，对工业成品的需求远快于人口增长。随着收入的增加，人们会购买更多提供舒适、方便和娱乐的产品。而且创新人士通过发明新产品，可以不断创造新需求，而这在农业中根本无法实现。

从数据上可以清楚地看出食物和工业成品之间的核心区别：在过去半个世纪里，美国的农业消费与人口增长保持密切步调，两者都增长了大约80%。[12] 然而与此同时，工业品消费增长了约300%。[13]

因此，当农业劳动生产率的提高快于人们的需求时，农业市场的工作岗位就会减少。生产力提高使食品更便宜，但更低的成本只能刺激出有限的需求增长。与之相比，对制造业产出的需求轨迹却不同。即使不考虑尚未商业化或尚未发明的产品，我们也知道全球范围内的消费需求的急剧增长是可能的，尤其是如果降低空调、汽车、计算机、家具和奢侈品等现有产品的成本时更是如此。在很多情况下，潜在需求是现在的10—100倍。有些国家的建筑和住宅中装有空调的比例仅为10%或更低，这些国家涵盖了数十亿的人口（相比之下，美国这一比例接近90%）。[14] 与之类似，在这些国家还存在各种医疗保健品匮乏的情况。

当然，技术确实淘汰了特定活动中的工种，并改变了劳动力的体系结构。这也是为什么政策制定者和越来越多的公司高管开始担心，如果他们帮助那些在劳动力市场的巨变中落后的人，是否会面临道德和政治方面的挑战。因此，现代社会出现了从失业救济到再培训援助等各种各样的"保护网项目"。就此，哈佛商学院的教授迈克尔·托菲尔（Michael Toffel）提出，企业看待自身责任的方式正发生系统性的文化转变。[15] 托菲尔写道，自20世纪90年代以来，企业对其特定财务利益这一狭窄范围之外发生的事越来越关注。

近年,《福布斯》(*Forbes*)杂志调查了 7.2 万名美国人,看看人们心中的"良心"公司有哪些,即那些"生产优质产品,善待客户,最大限度地减少环境影响,支持社区企业经营,致力于道德领导,特别是善待员工"的公司。[16] 上榜的科技公司为数不少,这并不令人惊讶,但令人吃惊的是,其中大约 60% 的上榜"良心"公司都是传统企业。

我们还将看到,如今的企业领导们会如何应对数字大转型带来的就业和社会影响。一些公司通过创新或成功利用数字化变革的影响,积累了财富和权力,激进分子和政客们对于这个现象则表示担心。目前正在进行的如此大规模的经济和社会变革,本身就具有挑战性和政治色彩。但无论如何,在这个人工智能和机器人的时代,工作最终会变得更多而不是更少。

大多数工作来自 STEM 行业以外

由于科技公司在这个转型时代地位突出,许多人认为,STEM 将是能找到真正就业增长的唯一领域。STEM 是科学(science)、技术(technology)、工程(engineering)和数学(mathematics)的首字母缩略词,它本身就是这个数字时代的产物。该词由生物学家朱迪思·拉马利(Judith Ramaley,波特兰州立大学和威诺纳州立大学名誉校长)创造于 2001 年,当时她曾短暂担任过美国国家科学基金会的主管。后来,这个词席卷了全世界,成为普通民众和相关权威人士都耳熟能详的一个概念。

有种说法是,大多数工作都将"流向"拥有 STEM 学位的人,这个说法根本经不起检验。当然,STEM 学位和 STEM 素养很重要。但在经济中,甚至在大多数科技公司中,大多数工作需要的都是非 STEM 技能。美国确实存在技术人员短缺的问题,然而绝大多数的短缺出现在不需要大学学位的行业，从机器操作员到技术员和焊工不一而足，这些行业每年都有高达50万个空缺。

如今，美国确实有了更多工程师和科学家。从1960年只有100万人，到现在的800万人，[17]其增长率比总人口的增长率要快得多。但是，如果一开始基数很小，那后面的增长率就可以很高。总体而言，STEM的工作范围远不止科学和工程方面，但仍只占总劳动力的6%左右。[18]事实上，尽管最近出现了鼓励每个小学生和退休人员学习软件代码编写的热潮，但程序员就业需求仍然小于农民和农业工作者。[19]

美国现在并没有STEM毕业生短缺的问题。的确，在数据分析、机器学习和人工智能领域，拥有特定学位的人才供不应求。但总的来说，美国每年STEM毕业生数目比STEM的空缺职位大约多50%。[20]如今，超过1100万的美国人拥有STEM学位，但其中有些在从事与STEM无关的工作。历史表明，对于那些供不应求的特定领域，拥有STEM学位的学生很快就能找到生财之道；但随着热门行业一一出现，就业人员会挤破门槛，导致供过于求的情况出现。

实际上，大多数企业所需要的许多技能，并不要求STEM学位。例如，最近谷歌开展了一项全面的内部研究，其结果显示，在员工晋升最重要的8项品质或技能中，STEM学位排在最后。[21]其他都是一些与沟通合作有关的所谓软技能，以及成为"批判性思考者"的需要。这些技能与STEM课程没有必然联系，有时甚至毫不相关。

从历史中还能得知，工程师们不仅努力使技术变得更先进、更便宜，还努力使普通人操作起来更容易。可以看到，在这方面，许多人如今可以随心所欲地使用简单易懂的软件，这些软件取得了早期只有少数专家才能够完成的计算技术的壮举。未来的人工智能（甚至编程）都将变得越来越容易被大众使用。这将帮助更多人成为"知识工作者"，并使他们能够随时随地获取编码人员所说的"自然语言"专业知识。[22]如今，人工智能也在为新人工智能软件本身的代码编写带来更大的生产力。一家新公司大力宣传其基于人工智能的自动编程系统，称该系统在制作关键软件方面的速度比一个人独自工作快 10—100 倍。[23] 显而易见，这样的系统减少了制造人工智能所需要的专家工时，同时也使人工智能在外行人中变得更加普及。

然而，所有这些都不能排除这样一个事实：社会正在向环境计算时代迁移，这个时代的每个企业和工作都将越来越以知识为中心，因而也越来越需要有知识的工人。但谈到 STEM 技能时，一些专家似乎混淆了三个相关但不相同的问题：第一，在推动新时代基础设施方面，STEM 工作者将扮演什么角色？第二，经济扩大将催生出其他工作的数量和种类有多少？第三，"云"和人工智能的组合如何提升每个人的工作技能。

新冠疫情后的经济状况，使人们越来越关注这些问题。把与基础工业相关，尤其是医疗行业相关的工作和供应链转移回国内，再次成为世界各地政策制定者的工作重点。但谈到重振制造业本身时，政策制定者告诉我们：因为自动化和信息技术会取代制造岗位，所以重振制造业并不能显著增加就业。他们还认为，与之相反，目前经济中工厂就业人数不断下降的趋势在未来几十年里仍将持续下去。

然而数据并没有反映这种观点。从 2010 年到新冠疫情暴发导致工厂关门之前，美国制造业的就业人数和产出都略有增长。由于产出增长略低于劳动力增长，所以每小时劳动产出略有下降，这与信息技术加速的效果恰恰相反。[24] 但这种结果与下述事实一致：过去 10 年中，美国制造业在信息技术方面的支出基本不变，只是上下波动了几个百分点 [25]（直到过去一两年仍是如此，这表明结构性转变才刚刚开始）。在制造业以外其他经济领域，信息技术同期支出几乎翻了一番。

但从更长时期来看，自 1970 年现代信息时代出现以来，人口普查数据确实显示出就业结构的重大转变：从生产领域转向了服务领域。经济学家戴维·奥托尔和安娜·所罗门斯（Anna Salomons）在其研究中描绘了这种转变，做出了开创性工作。他们指出，高收入的"中级技能"工作（通常不需要大学学位）不断枯竭，"低级技能"和"高级技能"的就业人数则在不断增加，而且这一现象主要出现在服务业中。[26] 正是在这种（工业和服务业关系的）转变中，我们发现了未来走向的线索。

奥托尔最近提了个问题："一系列相互抵消的经济力量，是否会很快逆转中级技能工作数量的下降趋势？"[27] 我们认为，答案是肯定的。人工智能进入商业化，同时期"云"基础设施也走向成熟，便体现出这一系列相互抵消的力量。

第十七章

工作 2：制造业的服务化

> "一个国家的财富，连同其独立及安全，似乎都与制造业的繁荣有着物质上的联系。"
>
> ——亚历山大·汉密尔顿（Alexander Hamilton），
> 《制造业报告》（*Report on Manufactures*），1791 年

即使在数字时代，实物也仍然发挥着重要作用。在美国，每年生产和运输的实物商品超过 25 万亿英镑①，[1]超过 80% 的出口物是工业制品。[2]正如许多经济文献中经常提到的，制造业的工作与服务业相比具有更大的经济"乘数"，即创造附带就业和繁荣的溢出效应。除此之外，制造型企业的研发经费占到了所有私营企业研发经费的 70%。[3]也许这就是为什么埃隆·马斯克会表示"有关美国制造业将会消亡的传闻过于夸张"[4]。

人们之所以会认为制造业越来越不重要，部分是因为人们对所有的数字化事物都会感到兴奋，并产生一种幻觉，仿佛一切都是"虚拟的"

---

① 2022 年 1 英镑约合人民币 8.23 元。——编者注

而非实物。这也是长期将经济和商业活动过度简化,归为农业、制造业和服务业三类的结果。如果按照这种分类法,那么,自美国成立和亚历山大·汉密尔顿撰写上述报告以来,服务业在经济中的占比就一直大于制造业的。[5]这种被称为"服务"的类别过于宽泛,它包含了太多不同活动,都视之为相似业务是不合理的。例如,美国机动车国内管理局(DMV)与建筑工地的不同,就像面包店与机械厂的不同一样,可车管所、建筑工地和面包店都属于"服务业"。

美国经济分析局的数据对企业做出了更精细的解读与分析。数据显示,制造业经济总产值比统称为"服务业"的前12个行业中任何一个都高。例如,制造业的产出是医疗卫生服务的两倍,也远大于"专业和商业服务"这一大类的产出。[6]

比简单分类更令人困惑的,是这样一个基础而关键的事实——没有工业制品就没有服务。下文还会阐明,没有服务也就没有工业制品。把生产与统称为"服务"的任务(即研究、开发、设计、运营和供应链管理等)紧密结合起来,前沿制造商就能获得竞争优势。

20年来,人们一直在谈论"工业4.0"。本质上,它是指与智能设备和机器相关的自动化及分析组合功能,即物联网。但是正如前几章所述,"工业4.0"这个概念并没有完全涵盖现在"云"人工智能基础设施带来的颠覆性影响。事实上,没有一个关于"工业4.0"的预言家预见了当下的转变。

在当今世界,苹果公司作为一家科技公司,可谓是最具价值的制造企业,其估价标准并非根据收益值,而是根据股票市场估价(这是一个本质上具有前瞻性的指标),这一点并非巧合。苹果公司大约有85%的销售额来自硬件。[7]对于其他具有类似市值的科技公司,其收入虽然更多依赖软件,但也都拥有由硬件构建的大规模实体基础设施。举几个例子,如果没有硬件,亚马逊、谷歌、微软和改组后的IBM,就无法像现在一样,能推出"扰乱"传统市场的软件和"云"服务。

再例如，亚马逊拥有 1 400 万平方英尺（约 130 万平方米）的建筑面积，相当于 60 多个曼哈顿城市街区的大小，里面放满了计算机硬件。它还拥有 2 亿平方英尺（约 1.9 亿平方米）的仓库，机器人的使用也越来越多。[8]

全球范围内每年制造价值约 1.5 万亿美元的信息硬件，与全球汽车销售额处于同一水平。如果没有这些信息硬件，就不会有运行于其上的价值 3 万亿美元的软件和通信服务。[9] 如今，信息技术以各种形式出现，而就在几十年前，这一行业还完全不存在。当时，与新兴科技产业相关的行业潜能与就业工种，仍然被视为"可能性"的前沿。如今，也有无数的新兴（尚未商业化）产品，它们代表着未来就业的前沿。"前沿工作"是麻省理工学院的奥特尔和所罗门斯创造的一个术语。虽然这些工种更难归类，但其数量必定会增多。[10] 在这些工种中，许多工作将同时涉及"知识工作"和"技术性工作"。

流行的观点认为，世界正在演变成一个"知识经济体"，在这个经济体中，思想和基于思想的服务会变得越来越重要。这种观点是正确的，但这并不能抹杀实体制造业存在的深层必要性。原子世界和比特世界之间有着千丝万缕的联系，这使得深入了解制造企业的现状变得更加重要。我们不妨修改一下那句古老的格言：没有测量过的东西是无法预测的。

测量制造业

让人们对制造业的未来感到无比困惑的，是"无工厂"制造商这个概念。为了分类，应如何称呼那些为无工厂制造商提供合同制造服务的公司呢？在人口普查名录中，许多合同制造商确实被划归为"工业从业人员"。不过，最近数据显示，约有 2 万家美国公司雇用了大约

150万名员工,而这些员工虽然不属于"制造业"类别,却在提供合同制造服务。[11]未来将有更多公司把制造当作一项服务外包。

已故的安迪·葛洛夫在卸任英特尔公司的首席执行官职务后曾专门刊文阐明,制造业的"经验链"与服务和生产息息相关。他曾告诫道:"对那些把工厂建在美国本土外的年轻(美国)公司进行投资,将继续对美国就业产生不良回报。"[12]对制造商来说,服务和生产的类别界限被模糊并不是什么新闻,它所涉及的不仅仅是谁在真正制造货物。试想:如果设计师、研究人员、维修人员和卡车司机直接受雇于制造商,那么所有这些工作都将被记录为"生产"企业的一部分,并被归类到"工业"名下。而不管是什么原因,只要这些任务被外包给公司,由公司向制造商提供同样的服务,哪怕有时雇用完全相同的员工,这些员工也都将被记录为"服务业"的一部分。这样做根据何在呢?无论怎样,政策制定都是以分类为基础的,而政策制定又会影响到企业。

可以想象,在一些政策引导下,美国本土建起了一家新的电动汽车制造厂,但它最终没有增加任何工业就业,而是导致了服务业和进口规模的扩张。这种情况虽说是设想,但也并非不切实际。继续设想:如果在建成后,工厂内部全部采用机器人和自动化生产设备,那么在官方数据中唯一显示的工业岗位将是临时建筑工作(前提是假设它不是自动化的)。再进一步设想:假如这些工厂的机器人是从当今最大的机器人生产国德国和日本采购的,由外包的"云"端人工智能系统进行操作,由专业服务公司提供维护;其零部件和原材料由运输服务公司输送;制造机器人电池的原材料是进口的(美国对采矿业的不友好政策为海外矿场创造了就业机会);电动汽车的设计来自一家外包的计算机辅助设计公司;最后,成品电动汽车由外包的运输供应商运往市场。

那么,这种情况的结果就是,官方数据会记录下美国制造业就业的净增长为零,而服务工作大幅增长。我们已经知道,在生产一辆汽车的平均成本中,服务成本大约占50%。[13]对于半导体、医药或空调制造业,类似情景也可以很容易构建出来。

错误地将生产活动归为服务类别,会使整个工业经济越来越"服务化",并使制造业就业和经济产出数据的任何明显下降都被放大。这已经不是一个小因素了,在下一个由计算和软件主导的时代,它将变得越来越重要。

事事皆为服务

早在 1980 年,经济学家西奥多·莱维特(Theodore Levitt)就曾告诫过:"世界上不存在所谓的服务业,只存在服务成分较多或服务成分较少的行业。每个人都在从事服务工作。"[14]但在历史上的大部分时间里,那种将农业作为第三产业的简单划分似乎是有用的,因为这样的话,各个领域间明显存在巨大差异(如种植、制造和管理)。这一观点始于 1776 年,当时亚当·斯密(Adam Smith)在《国富论》(*The Wealth of Nations*)中写道:"服务通常会消亡",它与制造或种植的商品不同。

对于经济学家来说,理发这一职业是说明服务业与制造业、农业活动不同的典型案例。我们常听人说,服务是无形的,其本质体现就是,服务难以储存和运输,而且往往是个性化或高度定制的。这些特点与今天的医疗服务特征基本相同,使得服务在本质上阻碍了生产力的提高。然而,世界已经改变了。

"软件即服务"易于存储、运输,同时也易于标准化和定制化。软件还易于更新,从而推动生产力发展。正是因此,软件才首先抓住了那些容易数字化的、以信息为中心的服务,如文书、邮件、存档、会计服务等。这也是为什么这些同类的"后台"服务掏空了制造业。但现在,软件服务终于开始攻克制造业生态系统中更有难度的操作领域了。

如果具体考虑商业服务(区别于消费者服务),在 1950 年,这类经济只占到美国GDP的9%左右,但到2000年,这一数据已上升到20%以上,与今天的水平大致相当。[15]从1980—2000年,商业服务的地位加速上升,其主要原因可以说是同时期出现了由低成本分布式计算提供的软件。这是一个信号,它表明:无论是在一般商业中,还是在具体的制造业里,新事物正在出现。虽然制造业的服务化还没有像人人都关心的政策或预测界的话题一样明显,但大西洋两岸幕后的分析家已经注意到了这一关键的结构性转变。[16]

事实上,美国国会研究服务处(Congressional Research Service)已指出,外包而非企业内部提供的购买服务已经占到了美国制造业出口"增加值"的30%以上,这种转变是可见的。[17]最近,经济合作与发展组织(OECD)的一项研究也发现,在欧盟和美国的企业中,购买服务占制造业出口总值的37%。如果把制造企业没有外包的内部服务包括在内,这一比例还会上升,平均达到50%以上。[18]

最近,另一项研究调查了来自15个不同国家(包括北美国家)的制造商,它们涉及化学品、塑料、电子、机动车等22个不同行业。调查发现,服务占产出价值的30%—90%不等。其中,增加的服务投入与制造业生产率的提高有关系。[19]不能忽略这种趋势,也不能将其简单当作后勤部门、秘书室或会计部门的数字化。在所有确定的服务类型中,只有不到1/3涉及文书和后勤任务,而将近一半处在供应链和制造过程中。但是,这些服务中有40%—90%是外包的,所以相关的经济和就业"信贷"不会出现在制造业的账户、计划或预测中。

制造业的现实就是:在工厂车间第一线装铆钉或焊接零件的,无论是人还是机器人,制造业更多的任务和附加值都既在上游的供应链中,也在下游的客户服务中。而在所有的活动里,会有无数种不同的软件服务,且软件逐渐将一切事物都融入一个整体的机器。无论是在历史上,还是在充满人工智能的"云"端,这种机器都是独一无二的。

因此,制造业正在演变成"制造即服务"(MaaS)。如今,"制造即服务"在技术和商业成熟度方面的状况大致类似于1995年左右的电子商务，那年是亚马逊成立的第二年。

制造即服务（MaaS）

实现制造即服务的革命比电子商务用了更长时间，因为它立足于信息物理领域，而使"'云'零售"成为可能的功能几乎完全以信息为中心。跨学科的物理世界需要解决与质量、保障、安全、培训和教育有关的挑战。但现在，20%—30%的制造企业已经开始落实"云"链接供应链。完全有理由期待，制造业将遵循电子商务的轨迹发展。[20] 新公司的出现将挑战制造业的业务，就像亚马逊及其模仿者挑战零售业一样。对市场造成挑战，并不需要很大的市场份额。回想一下过去，开发商只是稍微多建造了一些购物中心（也许只是10%），与此同时，电子商务开始夺走一小部分大致相等的市场份额，给传统零售业带来了挑战。这种组合造成传统零售店严重供应过剩，而这是在新冠疫情之前的情况。

试看下面这个例子：IBM每经推出一项新业务，一种新的制造即服务的趋势便随之出现。IBM是一家为数不多、起源于20世纪但至今仍在运营的公司，备受尊敬。IBM最初制造算术计算器；半个世纪之后，它转向制造计算机，首先是制造大型计算机，后来转变为制造小型计算机；而在过了半个世纪后的今天，它已经演变成一个以"云"为中心的软件公司。在2020年夏天，IBM发布了一项由"云"和机器人驱动的"化学反应机器"（RoboRXN for Chemistry）服务。它提供了一个系统，该系统不仅可以通过人工智能协助设计新的化合物，还可以通过自主混合各种化学成分来进行物理合成，然后给出测试和评估结果。[21]

长期以来，开发新型产品的第一步，一直在于顺序合成多种不同的化合物（哪怕这一步骤是通过试错实现的）。传统上，这是一个消耗人力和时间的过程。而正是化学反应机器这种技术，不仅让科学家和工程师免去了无效劳动，还为他们省去了熟练技师的后勤队伍。在某些应用中，这一技术可能让该过程完全不再需要后勤人员。而在某些情况下，随着人工智能的完善，这一技术也可以消除该过程对工程师的需求。很容易想象这样一种情景：一名客户，无论是来自公司内部还是外部，只需定义出新化合物所需的性能，人工智能辅助的技术人员（而非工程师）就会对其进行开发。IBM表示，他们的化学反应机器技术将既是一种本地产品，又是一种"云"授权服务。除了这类技术人员外，还有很多人使用这类方法。

如前所述，围绕人工智能的"云"端化和相关自动化的经济活动可能会以"制造业"或"服务业"的形式出现。这取决于所有权和数据记录的分类情况。但无论哪种情况，人工智能和自动化都加速了生产力发展，模糊了服务和工业之间的界限。IBM表示，其目标是成为"化学界的亚马逊"[22]。时间会告诉我们，最后究竟是IBM还是其他公司能赢得这个称号，但不仅仅是在化学品和药品行业，各种制造行业的未来架构都会如此。最近，在美国国家科学院一次有关生物制药未来的研讨会上，人们一致认为这种转变正在发生。[23]这些是面临着挑战和加速的巨大市场。化学和制药业构成了一个全球产业，每年营业收入达到5万亿美元，而制造业的其余部分则是一个10万亿美元的全球市场。[24]

工业应用是"云"服务中最大和增长最快的一部分。如此巨大的工业市场已经吸引了所有大型科技公司的注意，这些公司有微软、IBM、亚马逊、谷歌以及数百家风险投资的初创企业，这毫不意外。但是，就像20世纪70年代大型计算机和20世纪90年代个人计算机的使用一样，这种工业应用未来可能提高生产力，也可能对经济造成影响。

这一切的基础，是自动化"传统"领域的不断进步，包括生产线和供应链的机器人化。同样，机器人是自动化的一个特征，人们一直以来都在大肆宣传它会快速入侵生产线。2014年，苹果公司著名的外包制造商和装配商富士康（Foxconn）提出，在 6 年之内，其工厂将使用 100 万个机器人。然而，2020 年到来之际，富士康拥有的机器人数量是 10 万个。[25] 这是个庞大的数字，但远远还没有达到人们预估的冒进数量。事实证明，对于许多任务，人类的表现还是比机器人好得多。在早期的特斯拉工厂，埃隆·马斯克未能实现自动化。[26] 波音公司在试图实现波音 777 生产的全面自动化过程中也吸取了与马斯克同样的教训。原子世界自动化是一个长期的过程，所有的辅助硬件、结构和流程都需要时间来适应一个新功能。

再来看一个老故事，也是人们非常熟悉的套路。第一批有轨车辆看起来像驿站，轨道路线的位置与需求并不匹配。早期的电动机刚刚取代了安装在工厂的皮带轮传动机，人们没有用它重新设计工厂布局。几十年来，只有程序员可以使用计算机。如今看一看历史的后视镜，这些变化的发生仿佛是因为有人按下了采用新技术的开关。但无一例外的是，新机器在可靠性、用户友好性方面的完善，以及企业围绕新模式进行的整顿，往往都需要几十年时间。无论过去还是现在，采用新技术都与打开开关不同，就像孩童学习走路，是需要时间的。但到了一定时候，人们就开始熟悉这些新东西，不由自主地加以使用，进而习以为常。

历史将把 21 世纪 20 年代视为机器人在工厂学习走路的 10 年。正如上文提到的富士康和特斯拉那样，这并不意味着（熟练技工）劳动的结束，而是意味着人类和机器人之间的合作会大大增加。为此，西北大学机器人专家迈克尔·科尔盖特（Michael Colgate）和爱德华·佩什金（Edward Peshkin）在 20 年前曾创造过一个新词——"协作机器人"（cobot）。

对协作机器人的特征和意义做出最明晰描述的人，是科尔盖特和佩什金。在他们的一篇重要论文中，这一新词首次以书面形式出现：

> 协作机器人是为了与人类工人直接互动，共同处理载荷而设计的。与自主工业机器人明显不同，协作机器人出于安全原因必须

与人分隔开来。协作机器人也有别于远程操作员,因为远程操作员是人类——远程控制机器人和载荷。协作机器人通过产生软件定义的"虚拟界面"与人互动,这种界面能限制和指导共同载荷的运动,但很少或几乎不增加耗电。将协作机器人的力量和计算机界面与人类工人的感知和灵巧相结合,会给人体工程学和生产力带来好处。[27]

现在,处于"边缘"的所有赋能部件、软件和强大的人工智能都已成为现实,使科尔盖特与佩什金的愿景有望实现。机器外表坚硬而人类身体柔软,要让机器与人类一起工作,则需要确保机器的运动部件是柔性的(实际上"软机器人学"已经成为一门学科)。这种协作还需要使用传感器和预测算法,来确保机器避免与人的物理触碰。在今天,这些都是可以做到的,而且人们正在这样做。事实上,国际机器人联合会(IFR)的年度机器人普查已正式包括协作机器人这一类别。

我们早就该迎来另一个机械替代劳动并提高生产力的伟大周期了。这种组合释放了更大的生产力,从而创造了更多财富。过去几年,数百个不同的机器人初创公司获得了数百亿美元的风险投资。在个人计算机诞生之初和汽车时代伊始,也出现过这种投资模式。这两个时期都出现了数百家新公司。

制造业的"云"端化和机器人化,使"制造即服务"成为现实。如果说这还不是一个足够震撼的宏观趋势,那么人们正在补充完善一种物理制造的新方法,那就是之前强调过的三维打印机。

三维打印:从利基到主流的大规模定制

今天的三维打印应用可以分成三类:玩具、利基和未来。这里所说的玩具,指的不仅是字面意义上的玩具,还包括一些类别的打印机。

学生和工程师用它们"玩弄"各种突发奇想,其中有一些创造出了新的产品和服务,甚至是新型打印机本身。

直到最近,大多数三维打印机都主要用于玩具、原型开发和利基应用。这些利基可能是价值数十亿美元的巨大市场,如设计或快速生产模具,再通过标准的大批量铸造来生产产品。它们还有可能只涉及定制或小批量产品,例如珠宝、火箭喷嘴、可动人偶模型、直升机的旋翼毂、牙科用具和医疗植入物(比如用钛合金替换整个下颌骨)。在日本,产科医院会为孕妇提供腹中胎儿的三维复制品。这些复制品是根据高分辨率的超声波图像打印出来的,栩栩如生。但即使是这种看似多余的应用,也有拯救生命的潜力。医生可以通过高分辨率扫描打印出病人心脏的三维复制品,以便研究和优化即将进行的手术过程。而且,三维打印的本质会给新材料的出现带来可能。打印允许身体组织生长的微型支架能够开辟出一条道路,让医生能在手术现场为病人制造重要器官组织。按需、现场和超个性化的药品"打印"同样也在研发中。[28] 一位创新人士曾经打印出了陶瓷和金属的微型晶格,金属微型晶格材料的密度比水小,但硬度比钢还大。[29]

如今,三维打印机的制造过程仍相对缓慢,这是一个所有利基市场都容忍的事实。例如,对于制造飞机零件的公司,以及更有名的太空探索技术公司,人们只要求使用三维打印机生产少量零件,最多几百个或几千个,而非几百万个。缓慢的生产和打印速度是阻碍三维打印机广泛应用的关键。传统工业流程每分钟可以生产出成百上千个零件;一条现代汽车生产线每小时能生产出几十辆完整的汽车,更不用说零件了。直到现在,三维打印机还需要几个小时才能打印出一个金属零件。但是,新兴的高速三维打印机将解锁更多制造领域中的应用。

正如康奈尔大学的霍德·利普森(Hod Lipson)教授所说,三维打印可以让复杂性和多样性"免费"实现。[30] 通过将制造中的复杂性逐步向上推至"云"端软件,三维打印把更多概念性产品设计的直接控制权还给了工匠。一个世纪以来,大规模生产一直主导着世界。以近似大规模生产的净成本进行大规模定制,迎接"手工艺生产"的回归,这种想法是合理的,不过在20年前还是太超前了。

当然,三维打印行业一直遵循着发现、炒作、泡沫破灭的经典轨迹。在一个全新机器发明后的最初几年,这项新技术通常不会受到商业和金融分析师的关注,而是会在技术界得到大力探索。然后,往往经过10年或20年的发展,早期商业应用和公司就会出现,正如企业家当时看似夸张的承诺一样,于是专家和金融分析师就会发现这项技术。在这一时期,人们热情地宣称"某物"将在一夜之间"改变一切",这还经常伴随着所有相关上市公司股票价格的飙升。对于三维打印来说,企业参与前的研究阶段是在20世纪八九十年代。然而,2013—2014年,三维打印机公司的股票市场价值出现了20—40倍的激增。大约一年后,这些股价又回落到泡沫前的价格。这是许多创新都曾经历过的一个经典周期。

衡量优劣的标准当然是市场当时的实际情况。1990年,三维打印只是一个价值几亿美元的全球产业。但在2014年股市泡沫中,全球三维打印行业的机器和相关服务销售额已经上升到了40亿美元。即使在泡沫破灭,投资者失去希望之后,2020年初,三维打印也已经发展成为120亿美元的全球产业,机器销售和服务的比例大约为3:2。[31]现在,有数百家公司从事这一业务,其中近200家公司在制造几十种不同类型的三维打印机,从打印人体器官组织到飞机部件,再到军队前线的备件,不一而足。该行业已经完全度过了炒作阶段,进入扩张阶段。到2020年底,近3/4的制造商表示他们计划以某种方式投资三维打印。[32]

目前,三维打印机的头三大市场是电子、航空航天和汽车行业,它们各占总份额的15%左右。没有任何一项应用具有压倒性的优势,这一事实本身就说明三维打印机用途广泛,就像电动机的应用无处不在且确实催生了新商业模式一样。供应链本身也在用三维打印金属粉末和其他材料的优化种类及配方适应新的"生产资料"。[33] 在 2020 年之前的 3 年里,三维打印机材料供应商的数量增加了两倍。[34]

原则上,人们的目标是让"一键式""云"制造变得像通过电子商务"一键式"订购产品一样容易。但是,正如三维制造从业者指出的那样,必要软件类别方面仍然存在一些"差距"。[35] 弥补这些差距,需要的不仅仅是软件的兼容性(这一点变得日益简单),还需要自动确定、适应与源材料,及随后生产的部件结构完整性有关的一系列物理要求。这些在物理世界中都很重要,特别是就安全性而言。在这方面,测试、测量和质量控制技术(即之前讨论过的信息工具类别),以及"云"端化的进步将会影响行业进程。

整个三维打印生态系统被深深注入了制造业服务化的所有特征。大多数机器本身非常昂贵且复杂,特别是打印金属或微型结构的机器。因此,确保这些机器得到充分利用,并且掌握其操作和维护功能,将会把这些机器推向"三维打印即服务"的模式。

制造业的服务化的效果是,它使人们把注意力集中在工厂车间两侧的供应链之上,既注重生产的投入,又注重成品的分配。在那里,处于中心的建筑是仓库,这一点就像数据中心("仓库规模计算机")是"云"计算中心一样。

第十八章

工作3：服务的机器人化

世界上记录在册的仓库大约有12万个。2020年开始时，有人预测到2025年前还会增加5万个仓库[1]。随后，亚马逊宣布计划（与其他零售商类似）增加数千个更亲消费者的小型仓库[2]。近年来，倒闭的商场转变为仓库也是该趋势的一种体现。在2020年之前的几年里，约1 400万平方英尺（约130万平方米）的零售空间（包括那些被重新调整用途或被夷为平地的购物中心）被改造成了电子商务的仓库和配送中心。

在各类建造业或服务业中，昔日平淡无奇的仓库已成为最快涌入机器人的场所。事实上，未来几年，人们会制造出更多机器人，并将其部署于仓库；用行业术语讲，它们是被部署到了"物流"市场。被投入此用途的机器人数量，比其他所有应用类别的总和还多[3]。21世纪20年代，将是服务型机器人兴起的时代。

2020年年初，一个移动式、无系留的狗形服务机器人在海上石油平台开展检查工作，恰逢其时。这个机器人就是前述波士顿动力公司的"斑点迷你狗"。在早期还有一些其他的使用商，如福特旗下的一个汽车制造厂和默克的制药厂，也都使用"斑点迷你狗"执行工检任务。

这些服务不仅对确认设备是否处于最佳运行状态十分重要，对保证安全也同样重要。这些任务本质上是不断重复的，往往因枯燥繁复而容易出错和疏忽。

此外，另一重要事件也标志着工业机器人（也就是让肯尼迪总统感到担忧的机器）时代的开始。1961年，通用汽车在新泽西州的生产线上安装了首台工业机器人。这实际是一个简单的机械臂，由当时的波士顿动力公司，即联动机器人（Unimation）所发明的。联动机器人公司由机器人之父约瑟夫·恩格尔伯格（Joseph Engelberger）创建，此人称自己是艾萨克·阿西莫夫的狂热粉丝[4]。1969年，通用汽车公司重建俄亥俄州的洛兹敦工厂时，已经配备了一系列用于焊接的联动机械手（Unimate）。很快，该工厂每小时生产率较以前提升了两倍，跃居世界第一[5]（该工厂最终关闭，并于2020年出售给一家计划生产电动皮卡车的新公司）。世界各地的汽车制造商，是最早和最快支持工业机器人的制造商之一。

机器人在整个工业领域的崛起，促成了1987年国际机器人联合会的成立。该联合会每年进行一次机器人普查。过去30年，机器人的工业应用一直是历史主线。联合会最新的普查显示，2020年初，全世界的工厂已安装近4亿台工业机器人，是5年前的两倍。几乎所有这些机器人都是日常生活中看不见的。

随着2020年的开始，全球企业机器人的采购量有超过一半在服务业而非工业应用领域[6]。尽管工业机器人采购量有望继续增长，但服务业机器人的安装量预计在几年内就将增长200%以上[7]。不难预测，由于新冠疫情引发的电子商务激增，机器人在服务行业的应用必将加速[8]。

在所有服务机器人中，用于物流市场的约有一半；用于"检查"的仅占1/5左右；[9]军方作为机器人技术的早期和持续支持者，其购买量只占总量的一小部分；其余部分比例大致相同，用途各种各样，包括专业清洁、水果采摘及医院送药等。

仓库规模的机器人

如果要找出一家公司和一段时间，其使用服务机器人的程度和1969年左右通用汽车公司洛兹敦工厂的工业机器人使用程度相当的话，那么这个历史荣誉大概非2012年成立的亚马逊公司莫属。当时，亚马逊公司斥资7.75亿美元购买了基瓦（Kiva）系统。基瓦发明了一种智能机器人，形似海龟，能自动产生推力，在仓库里快速移动，搬运整个货架上的包裹。

为了在商业上竞争，像亚马逊和沃尔玛这样的公司需要的，不仅仅是用仓库规模的计算机获取在网络空间中交换信息这样的能力。他们需要改进仓库中的旧式实物交换方式，并用"一键式"购物的无缝体验取而代之。我们可以将基瓦级别的服务机器人想象成"云"的手和脚，由"云"直接对其进行实时无线控制。

过去10年，仓库面积的年净增加量提升了400%[10]。这已足以解释为何过去5年内，仓库和"物流"供应链中的服务机器人销售额增长率几乎同为400%[11]。

电子商务不仅增加了对仓库和服务机器人的需求，还改变了这些机器人的功能。以往，货物由货盘运至仓库（麦克莱恩发明的集装箱化为此提供了便利），然后被重新分配给当地零售商（这一过程通常也是在货盘上完成）。工作人员将收到的货物卸下并分类，置于货架上展示。一键式电子商务将这一过程的后半部分推回上游的仓库，其中许多仓库比足球场还要大，通常是多层仓库。在这些仓库里，单个包裹（小到一管牙膏或一本书）被抓取、装箱并直接送到消费者家门口。

随着电子商务将更多更小的仓库推向供应链网络的边缘，使之更接近消费者，服务机器人又解决了另一个问题。由于这些边缘设施必然位于房价更高的地方，运营商会更紧密地包装物品，以追求更高的建筑面积使用效率。在这些高密度的工作场所中，使用机器人和自动化系统要安全得多。在箱子和包裹设计中，有一种密度最高的设计，形似魔方，不会为人为搬运留下任何多余空间。

借用谷歌工程师的一句话：21世纪20年代，无论是在超密集的本地仓库中，还是在超大规模的远程仓库中，我们都将见证仓库规模机器人的出现。人类仍将参与其中，特别是在前端和输出端。但是，就像仓库规模计算机中可以实现数据存储、移动和排序自动化那样，包裹也能自动进行存储、移动和排序。

目前，约有400家公司正在设计并销售仓库的自动化系统与物流系统，其中大多数与"云"端相连。这个利基市场每年销售超过100亿美元的硬件和服务，包括物料搬运、自动化地面车辆、自动识别、拣件、仓库无人机以及"最后一英里（约1.6千米）配送"（last mile delivery）。预计到2025年，这一市场将至少增长两倍[12]。无论是在仓库内，还是在"最后一英里配送"中，用于处理包裹的服务机器人都是仓库自动化趋势的最新产品，也是具有关键优势的产品之一。

波士顿动力公司在这一领域再度进行创新，制造了轮式的机器人"手柄"（Handle），它可以使用手臂从货架或传送带上抓取箱子。拣货机器人公司（Fetch Robotics）的"云"控制移动手臂也能实现类似功能。联邦快递已与迪恩·卡门①（Dean Kamen）的公司合作，将复杂的自动爬楼轮椅改造成了能自动在当地送货的机器人。这种机器人的应用带来了强大的创新竞争力。敏捷机器人公司（Agility Robotics）与福特公司合作，设计了一款无头机器人的拟人原型机，该机器人能在货车后方自行部署，上台阶时可携带重达40磅（约18千克）的货物。机器人进行服务工作的一大本质特征是协作。因此，就技术层面来说，它们是协作机器人。某些情况下，机器人的协作是一对一的，其中一小组

---

① 迪恩·卡门（1951年—），美国企业家与发明家，拥有400多项专利，被誉为"现代爱迪生"。

（甚至一大群）机器人可以共同飞行、滚动或行走，以便相互配合，比如搬运单人或单个机器人无法搬运的重物[13]。快速实时通信和"聚集"（swarming）算法可使这种协作无缝进行。

工厂中常见的重复性任务比较容易自动化。相比之下，要扩大机器人在服务业中的效用，其中一个挑战就是如何应对任务的多样性。在学习和适应新任务方面，人类比机器更灵活。为了模仿这种灵活性，机器人研究者的长期目标是开发一种类似乐高子部件那样可以组装的模块化机器人。该子部件可以对自身进行重新配置，以适应不同任务。一旦任务完成，机器人将自行拆解。制造这种机器的一个关键问题，在于子部件如何相互连接以形成结构坚固的单元。

机械插销很坚固，但太占空间，消耗了子部件体积的一半。可逆的强力胶是理想的选择。它可以模仿自然界赋予蜗牛、壁虎和某些昆虫的奇妙身体特性。但到目前为止，强力胶仍是不可逆的，而可逆胶的黏性又太弱。材料科学家最近展示了模拟自然界可逆性的水凝胶[14]。当这种水凝胶足够成熟，可用于商业时，再加上微机械插销（类似于"维可牢"尼龙搭扣），子部件的重新配置便将成为可能。

随着性能增强、适应性提高、成本下降，机器人将覆盖服务业各领域——从安全、环境监测到评估，再到教育、农业、通用清洁和医疗保健。继物流市场之后，服务机器人部署量增长最快的领域是医疗和农业。农民们渴望使用自动化、能思考的机器，就像他们很久以前就为提高生产力而使用动力机器一样，这一点毫不奇怪。1891年，约翰·弗罗里奇（John Froelich）发明了第一台农用拖拉机，几年后成立了滑铁卢汽油牵引能源公司（Waterloo Gasoline Traction Energy Company）。该公司的命名是为了区别于当时已经投入使用、但性能低下的其他蒸汽动力机器。1918年，弗罗里奇最终将该公司出售给了当时生产犁具的美国迪尔公司[15]。

约80年后，约翰·迪尔的精准农业小组开始设计GPS引导的拖拉机，这是第一代农业自动化。2002 年，迪尔发布了一款 GPS 引导的自动导航农用车——可谓农业信息物理系统的曙光。该项目于 8 年前由国防承包商罗克韦尔国际公司（Rockwell International）启动。虽然距离自动驾驶汽车达到无处不在的程度，还有一段路要走，但至少北美 2/3 的作物已在使用自动引导的信息物理机器（在欧洲是 1/3，在澳大利亚是 90%）[16]。尽管如此，总体而言，农业在机器人市场中仅占区区 10 亿美元的份额，不过这种情况即将改变。

汽油发动机是对蒸汽机的改进。与此类似，应用"云"技术的人工智能逻辑引擎，也是对第一代自动化技术的改进。不久后，我们看到的将不再是昂贵的大型拖拉机，而是"集群农场机器人"。相较于大型拖拉机，这种机器人尺寸极小，成本极低，可精确施肥和除草，使小型精品农场能够具备与工业规模的农场竞争[17]。人工智能视觉系统（用于查看水果是否成熟）将与抓取器的软材料相结合，成为水果采摘机器人[18]。这种技术进步的发生，与人口发展趋势密不可分——随着世界人口的增长，人类对粮食的需求不断增加，生产率亟待提高，造成了农业劳动力缺口不断扩大的现象。

机器人普查

20 年前，经美国食品药品监督管理局（FDA）批准，直觉外科手术公司（Intuitive Surgical）的"达·芬奇"机器人得以在内窥镜手术中使用，标志着机器人在"一夜之间"就进入了医院。到 2017 年，马佐尔机器人公司（Mazor Robotics）的脊柱手术机器人［由美国美敦力公司（Medtronic）收购］被 FDA 批准使用。2018 年，（自美国强生收购以来）奥锐斯医疗公司（Auris Health）用于内窥镜和肺部手术的机器人获FDA 许可。医疗机器人虽然还处于起步阶段，但已经是一个价值 50 亿美元的产业了。

平心而论，在这些创新成果中，有许多成果都需要灵活地使用"机器人"这个词。像"达·芬奇"机器人这样的机器，也许称其为"远程操作"或"机器人辅助"机器更为准确。远程操作机器的是人类，机器只是帮助提高精度。也就是说，机器并不能独立自主地行动。

"外骨骼"（很像漫画书中的角色钢铁侠）也是如此。外骨骼是最近兴起的一种特定类型的机器人，能够帮人抬起、移动重物，最大限度地减少压力、增强力量[19]。其原型机早在20世纪60年代便已出现，笨重又不实用。但与拟人机器人一样，随着轻质材料、卓越的动力系统、传感器和人工智能软件控制的成熟，人们最近制造出了实用外骨骼。外骨骼创新者现正瞄准从医疗、制造到建筑市场的每一个方面。例如，外骨骼先驱萨柯斯机器人公司（Sarcos Robotics）近期将其最新系统投入现场实验，并与达美航空公司（Delta Airlines）合作进行行李计量处理。萨柯斯公司对此声称，单个外骨骼的每小时综合成本仅为25美元，可令员工的重物搬运效率提高4—8倍。这个说法是合理的[20]。

回到医疗保健领域。2020年6月，另一先驱爱科索仿生公司（Ekso Bionics）获得FDA的许可，推出了一种帮助脑损伤患者恢复行走能力的外骨骼[21]。类似地，2018年，本田公司的行走机器人"阿西莫"退役后，该公司团队改变了做法，使用该技术为老年人生产可穿戴式外骨骼以辅助行走[22]。随着外骨骼（特别是软外骨骼）变得更廉价、更耐用、更舒适，轮椅预计将成为过去。外骨骼不再是幻想中的东西；在21世纪20年代，随着数十万台外骨骼机器在工业市场投入使用，外骨骼将成为价值数十亿美元的产业[23]。

随着外骨骼性能逐渐提高（例如能够半自动地协助人类操作员避免碰撞），机器人和合作机器人之间的分界线越发模糊。引入服务机器人和合作机器人的做法带来了一个最不为人所知的好处，那便是大大提高了高风险行业员工的安全性。最危险的行业有9/10来自建筑业、园林绿化、农牧业和渔业。十大最危险行业的平均死亡率,是所有其他行业死亡率的6—25倍[24]。

现在,令人感兴趣的问题不在于现有机器还能改进多少,而在于哪些全新的机器即将商业化。所以,下文将继续拿汽车类比,但兴趣点并不是1886年发明的汽车,而是1919年推出的T型车。

年度机器人普查不包括消费类机器人。消费类机器人在2020年共售出近2 000万台,而专业服务机器人售出约60万台。但是由于消费类机器人(目前)应用价值较低(如吸尘、割草、作为玩具),成本也较低,其在全球350亿美元机器人销售额中仅占15%。回过头来,再谈谈"机器人"这个词的灵活用法。在数以百万计的消费型机器人中,几乎所有都是真空吸尘器和割草机。实际上,相比于阿西莫夫和阿波罗尼奥斯想象中的拟人机器人,它们更像自动洗衣机。

但以目前的增长速度,对于快速增长的特定人群来说,专业的服务机器人将成为日常工作生活中越来越普通的一部分。在这场即将到来的变革中,数以百万计的服务机器人与人类男女并肩工作,最终将提升服务业本身的生产率。工厂和农场中,各种机器驱动下的生产率增长总能广泛地积累财富、提高工资、增加就业岗位。然而,服务业却不受这种生产率增长的影响。

1899年,第一辆帕卡德牌汽车出现了,而它的实用性并不比一辆马车强。不过,汽车一经问世,人类便不可避免地走上了追求更高性能的道路。但这条前进之路直到1919年才变得明晰起来。同时,在"咆哮的20年代",汽车业的增长变化也明显加快。如今,一些机器人与帕卡德汽车更为相似,但许多机器人实际上更类似T型车。

到20世纪20年代末,大约10%的人拥有汽车这种有史以来最复杂的消费产品之一。数百家美国汽车制造商如雨后春笋般相继涌现,创造了巨额财富,并直接或间接地创造了崭新的就业领域。大约在1980年,随着数百家计算机公司出现,个人计算机上也出现了同样的模式。

到 20 世纪 80 年代末，15% 的人拥有计算机。在那之后，计算机、汽车的发展，就很清楚了。底特律相当于那时的硅谷，但不同于硅谷的是，个人交通的广泛普及带来了整个国家的繁荣。

21 世纪 20 年代已然到来，而专业服务机器人正为之奠定基础。居民会先购买成本较低的机器人，比如斑点机器人（Spot），用以搬运杂货。到那时，一种全新类型的机器将进入千家万户。不妨预测一下，这种机器可能由谁制造呢？或许是丰田研究所（Toyota Research Institute，简称 TRI）。TRI 专注于家庭机器人，特别是那些适合帮助老年人的机器人。在展望这即将到来的未来时，丰田研究所小组组长施特菲·帕普基（Steffi Paepcke）敏锐地指出："如果汽车的发明者问骑马的人想要什么，他们可能会说只想要一匹更快的马。所以，想象一个与现状大不相同的未来，是十分困难的。"[25]

并不是每个人都为机器人的崛起所吸引。当前，对机器人的担忧和抱怨，其性质与人们早年对汽车的批判没什么两样。许多人抱怨汽车有噪声，说道路基础设施改变了景观，说汽车扰乱了社会规范、抢走了牧场主和驯马人的工作等[26]。现在又有一群类似的专家，争先恐后地大声警告人们机器人化的反乌托邦后果。大约公元 50 年，希罗在其巨著《气体力学》（Pneumatica）中写道，人们将对他所说的制动器既着迷又害怕。希罗写道，他所说的机器，有些"满足了人类生活中最迫切的需求"，有些却"制造惊愕和恐慌"[27]。从根本上说，服务业机器人化将提高劳动生产率，这与一个世纪前工业机械化引发的情况如出一辙：商业与服务业繁荣增长，新的工种会取代旧的工种，人们将拥有更多的财富和幸福。

如果科幻作家阿瑟·克拉克还活着，并要对人类的未来高谈阔论一番，那么他可能会在波士顿动力等机器人公司的总部进行一场采访。这里可以用克拉克在 1974 年的采访做个类比。当时英特尔刚刚上市 3 年，采访在一个嘈杂的房间里进行。占据房间大部分空间的，是一套特殊用途的大型计算机（今天数据中心的前身）。在那次采访中，克拉克预言，个人计算机革命最终会发生，计算机将无处不在。

在计算机技术的黎明时代，克拉克可能是唯一想到计算机在日常生活中会变得如此普遍的人。而如果克拉克活到了今天，则可能会预言说，阿波罗尼奥斯和阿西莫夫想象出来的那种机器人，将在未来的日常生活中得到普及。

第十九章

工作 4：货运无人机、硅汽车与空中出租车

在 2020 年的市场状况分析中，美国联邦航空管理局（FAA）报告称：此前，消费者注册无人机的数量增长迅猛，如今其增速已经放缓，就像市场炒作一样。但美国联邦航空局还发现，注册商用无人机的速度正在加快。如今，已注册的商用无人机达到近 40 万架，而且新增注册每月超过了 1 万架。[1] FAA 在其报告中指出，无人机行业"处在动态发展中，似乎正处于一个转折点"。这个说法可谓直截了当，又不无道理。

自动无人机的应用模式，会和汽车以及机器人的发展历程差不多。在远离人群的地方获得首次操作这类机器的许可更容易，因为公众不太关心这些地方的安全和噪声问题。可以看到，无人机在农业、基础设施和工业检查领域得到了针对性应用。无人机还可以更安全、更快速地检查风力涡轮机叶片、建筑屋顶和手机信号塔上的设备（除交通事故外，从高处坠落是人们工作时面临的最大危险因素之一[2]）。

对于日常消费者来说，无人机的用处之一是运输货物，尤其是可以把货物从仓库直接送到自己的门前。这有什么好处呢？这意味着运输更快了，但更重要的是，交通拥堵这个由来已久且愈演愈烈的问题将得到缓解。

早在2 000年前，道路拥堵问题就困扰着罗马；而在20世纪初期的曼哈顿，这个问题同样严重。1912年的曼哈顿，马仍比汽车和电车还多。当时的一份杂志这样写道："纽约交通问题之严重，举世无双。"[3]在那之后很长一段时间里，汽车使用量的增加缓解了城市拥堵。但近几十年来城市人口的增长，已经超过了汽车在提高通勤效率方面取得的任何历史性成就。每年，世界各地的城市通勤者都要在交通中累计浪费几天到一周的时间。例如，在亚特兰大和洛杉矶，每位通勤者每年累计要浪费80—100小时，在芝加哥和巴黎则是145—165小时。[4]

还有一点值得注意：网约车和电子商务等"云"服务的出现，加剧了城市拥堵。优步和来福车的面市，远不止从传统出租车服务行业夺取市场份额那么简单。2012—2020年，出租车载客量下降了50%。但与此同时，网约车服务使打车的总人数增加了200%。[5]过去20年，卡车运输量增长了300%，远超轿车运输量的增长速度，其中很大一部分源于电子商务需求促进了美国卡车货运服务，使卡车运输量在过去短短10年内就增长了150%。[6]

当然，这一切都发生在新冠疫情之前。许多城市的封锁和随之而来的远程工作使得道路拥堵"烟消云散"。正如下一节要讨论的那样，无论新冠疫情后遗症将持续多久，"新标准状态"都不意味着办公室和通勤的减少。新冠疫情结束后，世界各地的交通量都将反弹，而世界上许多城市已经出现了这种现象，尽管局部的交通状况还会有重要变化。

其中一个变化是"大加速"的一部分，即电商的快速发展。尽管在2020年上半年，新冠疫情导致汽车交通量下降了近40%，卡车"吨英里"（货运单位）下降了几乎10%，但此后二者很快就恢复了。[7]如今，电商主要涉及全球包裹递送——每年大约递送1 000亿个包裹，这还是加速之前的数据。到2025年前，这个数字可能会翻一番。[8]全球物流市场价值2.5万亿美元，其中仅美国就占了所有包裹的近50%。难怪亚马逊创建了以物流为中心的独立业务，仅运费就占了亚马逊总利润的近一半。[9]

此外，新冠疫情导致众多实体店歇业，这加速了人们转向网上购买预加工食品和生活必需品的趋势。美国排名前十食品杂货连锁店之一克罗格（Kroger）报告称，2020年年中，其网上销售量增长了100%。[10]在美国和其他发达国家，消费者对"'云'厨房"（有时被称为"幽灵厨房"）的需求也很旺盛，这种厨房可以把食物送到家门口。路上行驶的送货卡车数量的增速甚至将超过近期的预测，并将进一步加剧交通拥堵。[11]

长期以来，许多城市一直在寻求各种补救措施，以应对配送车造成的拥堵问题。这些措施包括：分时收费、强制晚上交货、限制配送车数量、要求提供消费者包裹寄存柜以及强制卡车共享。[12]2017年，优步推出了针对卡车的"优步式打包服务"。所有这些措施都比多修路更受欢迎，这不仅因为修路影响景观且不利于监管，还因为在人口密集的城市和郊区，修路往往是不可能的。

在货运总成本中，至少有一半与所谓的门前"最后一英里"有关。[13]更准确地说，最后50英尺（约15.24米）往往配送效率极低，因此成本极高。送货司机80%以上的时间都在车外度过。因此，用于最后50英尺的步行式或轮式机器人，以及可以免快递员派送的无人机，都为提高效率和降低成本提供了机会。[14]

货运无人机的技术性能现在使它足以（或者很快将）达到许多路线的任务要求。无人机的用武之地首先取决于其工作能力，具体表现为载货重量和飞行距离。而这两个问题的解决取决于能对抗重力的工程学和物理学研究，特别是在垂直起飞时，安全操作对人口密集的城市环境至关重要。[15]因此，货运无人机可以分为两大类：一类可以携带小包裹[重量在20磅（约9.1千克）以下]，在相对较低[时速在50英里（约80.5千米）以下]的速度下进行短距离[1—20英里（约1.6—32.2千米）]飞行；另一类则能够高速、长距离运送较重（最多达一吨）的货物。

送货上门的小包裹数量激增，对此我们注意到，在美国人口最多的40个城市中，半径为10—15英里（约16.1—24.1千米）的范围便覆盖了大部分城区。而对于其他人口超过10万的城市来说，货运无人机平均城市飞行半径只有5英里（约8千米）。[16]这样的地理实际情况，说明了为什么亚马逊同时建立了亚马逊物流和新兴的货运无人机服务。虽然亚马逊和其他几家公司正寻求在公司内部设计和操作控制无人机［FAA批准的亚马逊专利无人机，可以飞行15英里（约24.1千米），载重5磅（约2.3千克）[17]］，其他公司却在与独立的无人机制造商合作。

亚马逊将来是否会主导小型包裹递送业务，还有待观察。但这家公司已经规划了一条通往专营能力的道路，以满足内部需求，这很像它在"云"基础设施方面所做的努力。与此相反，UPS与"有翼直升机"（Wingcopter）公司合作，使用其时速150英里（约241千米）的斜旋翼无人机，该无人机航程75英里（约120.8千米），可在风速每小时44英里（约70.1千米）的情况下运行。自2018年以来，FAA认证的"翼式直升机"一直都在南太平洋诸岛和坦桑尼亚使用。[18]

最近，无人机运输技术成熟的例子比比皆是。2020年，世界银行资助了在卢旺达举办的无人机竞赛：参赛无人机要自动送货到距离达25英里（约40千米，超过视力范围）的偏远社区。[19]这场竞赛是在"物网"（Matternet）公司推出其无人机产品之后举行的，该公司率先向非洲的医院和诊所提供自动送货服务，速度远快于地面送货可能达到的最高速度。2020年年初，美国空军发起了一项无人机竞赛，要求参赛者设计一种无人机，能以100英里（约161千米）的时速，携带500磅（约227千克）有效载荷飞行200英里（约322千米）。[20]军方需要运送补给、设备、备件、食物、燃料和弹药，而这些恰恰与民用的需求不谋而合。获胜设计将获得美国空军测试范围的访问权限和工程支持，以加速其通过美国联邦航空管理局的民用认证过程，而该过程十分困难。无人机的商业化应用不可能一夜成真，但正在稳步进行。

各个领域都正在涌现出成百上千的无人机业务公司，它们通常只提供无人机服务而非产品。像霍尼韦尔（Houey Well，最大的航空电子设备和航空硬件供应商之一）这样的老牌工业公司，已经成立了专门负责保障无人驾驶空中系统的业务单位。霍尼韦尔国际公司认为，到 2030 年年底，无人机（包括货运和载人）的硬件和软件市场价值将超过 1 000 亿美元。[21]

消费者对食物即日送达甚至是即时送达的需求，特别是成千上万的微型仓库和"'云'厨房"建址越来越靠近消费者这一趋势的发展，将加快货运无人机的部署。颇具讽刺意味的是，地方实体杂货店正被改造为"'云'厨房"，而零售商店正被改造为（或同时作为）小型本地仓库。联合包裹公司已经测试了由小型无人机组成的小型车载机队，这种无人机可以从货车上自动配送包裹，在距离运输车大约一个街区的范围内投递较轻的包裹，以此协助司机投递小包裹。

从铁路到无人机通道

回到解决交通拥堵的问题上来：一项模拟研究发现，如果无人机能递送 20% 的包裹，那么一个城市可以取消 13 条市内卡车路线。[22] 另一项城市规模的送货研究发现，考虑到城市现有噪声水平，即使空中有大量无人机，人们也不会察觉。[23]

但是，任何新型运输机器的广泛应用，总是需要有运行这些机器的相关基础设施，无论是铁路、公路、机场，还是空中交通系统，莫不如此。因为新型交通工具很少，所以类似的基础设施改造在历史上也只是偶尔发生。自运河问世以来，旧的交通基础设施一直未被取代；而新模式出现后，旧模式也仍在使用，只是规模不同。无人机的情况应该也是如此。当一种模式实现一定增长率、达到极限时，新系统就会增强旧系统。

在网络基础设施的建设中,相关技术的发展至关重要:用于铁轨的高强度钢,用于汽车的精炼石油和用于飞机的铝,都各自促进了相关领域的发展。电报和便携式计时器(怀表)使精确的铁路时刻表成为现实(直到那时,还没有精确计时的方法来确保共享铁道的安全性)。如果没有无线电和雷达,航空旅行就达不到现在的规模。如今,要让大量无人机投入使用(成千上万而不是上百架),必须创建具有航空通道功效和安全性的无人机通道。因此,实现无人机通道的核心技术是信息技术。[24]

跟踪、监控并调度规模空前的本地空中交通,将是极大的信息挑战。然而,人们不会用雷达来监测无人机,而是让无人机自己向网络报告(对传统商业航空,目前也是这样计划的)。人工智能控制的超级计算位于高速无线网络的边缘,利用无线网络和超级计算共同提供的精确自我导航数据,人们很容易就可以安全地协调并管理数千架无人机。(为保证实时控制精确到毫秒,距离很重要,如果使用远程数据中心,即使光速也不能保证精确到毫秒。)在"云"计算时代,与此类系统相关的监管障碍既不算特别困难,成本也不会高得令人望而却步。即便如此,要达到让监管机构满意的标准,还需要几年时间。但无人机的技术现状,已经促使国内外监管机构开始制定规则。

近年来,可以看到几乎所有零售商都在效仿亚马逊的一键送货方式。因此,也就是说,大家都在追求更好的物流。对于一些人来说,这意味着搭载亚马逊自家的系统;而其他客户则转向使用亚马逊公司之外的"云"服务,这一领域业务不断增长,有着广阔的天地,能为其提供"配送即服务"的产品。而疫情又极大地加速了这一已经在进行的趋势。从占零售总额的1%增长到12%,电子商务花了20多年的时间,但疫情几乎在一夜之间就使这一份额飙升至近20%。[25]

21世纪20年代已经成了无人机航线货运基础设施发展的转折点(见图19.1)。

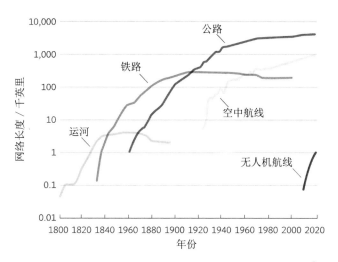

图 19.1 为"运输物品和人员的机器"而修建的基础设施[1]

通勤和城市的终结?

可以说,技术造就了世界上所有的大城市。正如刘易斯·芒福德(Lewis Mumford)在其 1961 年的著作《城市发展史》[2](*The City in History*,又译为《历史名城》)中所记载的那样,大都会的扩张始于中世纪,并随着工业革命的出现而加速,而科技在其中发挥了核心作用。芒福德指出,技术的"多样化手段"带来的净效应是,"它使远方的食物和原材料源源不断地流入大都市,同时涌入的还有来自偏远地区的工人和知识分子、商人和旅行者"。

但数字技术,特别是远程办公,最终会把城市"掏空"吗?在因疫情而停工的最初几个月里,专家们热切地宣扬这样一种观点:城市作

---

[1] 来源:布莱恩·劳顿(Bryan Lawton),《多样而巧妙的机器》(*Various and Ingenious Machines*),运输统计局(Bureau of Transportation Statistics),2004 年。
[2] 上海三联出版社于 2018 年 12 月出版。——编者注

为聚集和工作场所的用途,被病毒和Zoom(会议软件)"彻底改变了"。几乎没有人怀疑,如果没有无处不在的互联网,没有Zoom、迅佳普(Skype)、微软团队(Microsoft Teams,用于群聊与协作)等工具,经济将远不能适应普遍推行的居家令。科技公司报告称,在停工最初几个月,数字网络流量出现了奇迹般的增长。2020年年中,微软首席执行官萨蒂亚·纳德拉(Satya Nadella)表示:我们已经在短短两个月内见证了相当于过去两年的数字化转型。[26]

毫无疑问,停工让人们对远程办公更熟悉,也更感兴趣了。但是,"随处办公"(WFA)会成为大量工作人员的"新标准状态"吗?《哈佛商业评论》(*Harvard Business Review*)某篇文章的标题则概括了这个想法:"是时候让员工随处办公了吗?"[27] 用居家工作取代大多数办公室工作,对城市、对办公楼的价值、对通勤基础设施的需求以及这些基础设施所使用的燃料,都有显著的影响。

先从居家办公开始讲起。人口普查数据显示,在新冠肺炎疫情前,只有5%的员工是全职远程工作者。值得注意的是,这一比例甚至不及(报告中经常被提到的)"偶尔在家工作"的比例:25%。[28] 问题是,未来会有多少人转向全职在家工作呢?许多研究都声称要估算出有多少员工可以在家工作。例如,芝加哥大学在2020年发表的一项报告称:美国所有工作中,理论上有37%适合远程办公。[29] 这项研究被广泛引用。其作者指出,这个统计是在不考虑效率、生产力和可行性的基础上做出的估计。事实上,这37%的比例是通过简单地确定相反情况得出的:不可能远程完成的工作占所有工作的63%,这些工作需要"日常去户外"或者"操作车辆、机械化装置或设备"。而剩下的37%的工作类型、性质各不相同,包括三种类型的工作:能在同等效率下远程完成的工作、不能在同等效率下远程完成的工作和不应该远程完成的工作。

在实施远程工作的效率方面，第三类工作存在严重问题。举个例子，在医疗、教育、其他任何涉及创新的领域，以及服务业大部分领域，是否远程工作的争论都掀起了轩然大波。因此，更有意义的问题是：在远程环境下，人们能以同样的效率和生产率完成哪些事情？

正如人们所看到的，如今的技术已经适用于某些类型的医疗咨询，这在疫情期间也得到了监管机构的许可。当然，医生仍然不可能远程触诊病人。但最终，哪怕是触诊和其他需要触觉的工作，也将因触觉技术的发展而成为可能，这种技术可以实现远距离触觉感知，即所谓的"远程呈现"。但就目前而言，这种能力仍然遥不可及。

说到人为因素带来的挑战，简单的电话会议是个重要例子。即使一项任务可以远程完成，包括编写代码、编辑文档、发表演讲等显而易见能远程完成的任务，但它是否同样有效或者具备产出性？正如《纽约时报》最终报道的那样：对很多人来说，远程教育在很多方面效果并不好。[30] 传统上，人们通过测试学生知识的保留情况来衡量教育生产力（即功效），但每一位教师和家长都知道，还有更多（很多都是很微妙）的东西只能亲身去学校学习或体验。

至于企业，工厂停工引发了许多关于 WFA 如何提高员工生产率的愉快讨论。斯坦福大学一篇被广泛引用的论文称，WFA 让员工的绩效提高了 13%。[31] 且不说这个增长是不是特别显著，要知道这个例子是来自对呼叫中心和旅行社员工的调查。另一项研究发现，远程工作的专利审查员的"劳动产出"增加了 4.4%。[32] 这类研究所调查的工作，都是非常适合 WFA 的任务，所以并不能完全代表许多工作（更不用说大多数了）。事实上，早在 2017 年，IBM 就因为取消了宽松的 WFA 政策，要求员工至少在大多数时间露面而上了头条。[33] 旨在调查工作效率和远程工作的研究有很多，而笔者只想说，如果事实确实如此，那么远在新冠疫情暴发之前，大多数逐利企业应该早就要求大家远程工作了。随着2021年经济复苏全面展开,世界各地的企业,包括硅谷的WFA拥护者,都宣布了"回到办公室"的政策,尽管许多企业的政策变得更为灵活。

关于近距工作的好处,以及工作单位的物理空间如何设计才能提高生产力、促进创新并提升教育效率,针对这些课题的研究数量比WFA研究更多。随意、松散、自发的思想交流是创新的关键要素,而这在网上仍然不可能实现。尽管公共政策和员工恐惧新冠病毒,有时肯定会让近距离接触变得困难(甚至因为相关政策而变得非法),但创新的性质仍然不会变。

为了让远程会议更近似地模拟近距离面对面的感觉,需要一个超现实的虚拟会议室——一种被工程师称为三维沉浸式远程呈现的系统。[34]如今,这项技术不再仅存在于假设中。它只需要一组智能摄像头,以及一个普通房间里墙壁大小的超高分辨率屏幕来渲染真实的三维图像,这样视频墙就像真的消失了一样,所有用户都会感觉自己处在同一个房间。多亏科幻小说中早就给出了命名,微软研究团队正在讨论这种被称为"全息位移"(holoportation)的高科技——一种源于该公司全息透镜(HoloLens)虚拟现实系统的技术。[35]

在21世纪20年代,这种新型沉浸式远程会议将最终出现商用可行的产品。2021年年初,美国军方跟微软签订了一份全息透镜头盔合同,价值220亿美元,此举也许能让实用的增强现实/虚拟现实(AR/VR)技术腾飞。虽然军方有资助研究的悠久历史,但其购买产品的根本原因,还是基于成本、可靠性和可用性的考虑。当实用的AR/VR技术发展成熟到下一个阶段时,它将在哪些领域出现,又将如何出现?(见图19.2)

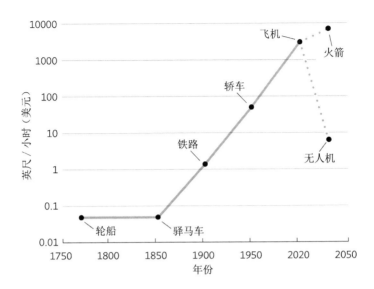

注：在交通和计算机领域，速度成本（以考虑通货膨胀后的美元价值计算）是一个关键性的衡量指标。自从人类"计算机"为电动计算器、电子计算机和云计算机所取代之后，世界上每1美元可以获得的计算服务速度（每秒的计算次数）就增长了1万亿倍（见图3.2）。在人员（和货物）的运输机器领域也出现了类似的趋势，尽管其增速比前者稍逊。自从人力和风力被以燃料为核心的旅行方式所取代后，每1美元（乘客的票价）所能买到的交通服务的速度（英尺每小时）增加了将近1万倍。正当世界企盼突破性时代的来临，使火箭级速度成为平价服务之时，无人机费用（空中出租车）必将展开一场延长历史性角逐，助力人类对平价速度的追求。

图 19.2　速度成本的下降：人员运载工具[①]

目前的远程会议技术，还不能调动现场会议参会人员的主动性，并让会话像个人交流一样轻松。因为它是二维平面的，不能传达人类交流中固有的微妙肢体语言和社交暗示，在群体交流中尤其如此。这并不是什么新发现。[36] 人们已经对此进行了长期研究，并证明创新人士直觉上理解是正确的——"知识邻近"会激发创新。[37]

---

① 来源：《威廉斯堡殖民地杂志》（*Colonial Williamsburg Journal*），《真实西部杂志》（*True West Magazine*），百合（Lilium），维珍银河（Virgin Galactic），数据由作者计算。

不过，对部分特定工作（或对某些工作过程中的一小部分时间）来说，WFA 于雇主和雇员都有明显的好处，而且新技术确实会使之变得更理想、更容易。人们进行了一项针对全球 3 000 多名员工的调查，调查的问题是：他们认为"随处工作"的哪项优点最大。[38] 结果是 60% 的人认为，最大的优点在于时间和地点很灵活；20% 的人认为"不用通勤"是主要好处。11% 的人认为有更多时间陪伴家人（排在第四位）。没有人自发地提到生产力。

对雇主来说，当任务很容易远程操作时，鼓励 WFA 的好处就很明显：不仅可以缩小办公空间从而节省开支，还提供了一条降低工资的途径。可以看到，大多数雇主都坦率地承认后者的好处。在因新冠疫情停工期间，很多员工表示原意选择 WFA 工作模式。面对这种情况，脸书首席执行官马克·扎克伯格（Mark Zuckerberg）表示："如果住在生活成本极低的地方，那么工资确实会稍微低一些。"[39] 事实上，一些雇主十分希望把间接成本（比如保险）高昂的领薪员工转变为在家工作的合同工，从而扩大所谓的"零工经济"（gig economy），并接受随之而来的各种挑战。[40] 对很多员工来说，他们不会用高薪和福利待遇去换"灵活的工作时间"，因为他们认为这得不偿失。

但值得注意的是，不管大型科技公司如何反应，即使所有科技公司的员工再也不回办公楼，他们在全国就业人数中的占比也只是略高于农民和牧场主。[41] 科技行业主要是服务业，但它在全国范围内的规模不是特别大，而且在过去 10 年里，其就业基础也没有明显增加。对于世界各地的城市来说，真正的问题是：在之前提到的适合 WFA 的 37% 的工作中，有多少可以利用现有远程技术有效完成？

如果这 37% 中的半数能永久地转为 WFA，影响必将重大。然而，如果只在远程办公中增加 10%—20% 的劳动力，效果就并不明显。但它将减轻剩下继续通勤的上班族的拥堵状况。

类似地，鉴于空置率对写字楼租金影响很大：租户少，竞争就小，雇主的办公成本也会降低。这样一来，为效率更低的居家办公辩解就更难了。正如我们所看到的，新冠疫情前，办公室里每平方英尺所能容纳的职工人数是越来越多的，而疫情发生后，企业迅速逆转了这一局面。在当今世界，大家都不喜欢病菌，所以假设每幢楼的员工减少20%，可以预计，因为每个员工所占面积上升了，加上用来清洁空气的机器和传感器增加了，用来交换室内外空气的能源利用也增加了，租出的净面积将不增不减。毕竟，安全比能源效率更为重要。

居家办公可以减少汽车燃料的使用，对于那些关注社会消耗了多少能源的分析人士来说，问题是此处减少的比例能否抵消能源使用的增长？这个问题更容易回答：即使不现实地假设37%的劳动人群放弃通勤，那么WFA也可以每天少消耗美国100万桶石油，即不到美国石油总需求的5%，可以说几乎没有太大影响。数据会说明，为什么这个数字如此之小：运输约占石油使用量的80%，其中轻型车辆占60%。[42] 半个世纪前，个人交通工具主要用于通勤；而如今，通勤里程只占所有轻型车辆里程的28%。[43] 这一连串的运算结果就是上面提到的：每天只能减少5%的石油消耗。

与此同时，大多数狂热支持WFA的人忽略了"反弹效应"，即通勤节省了人们的时间，却可能因到外地旅游而导致油耗增加。新冠疫情前的数据显示，40%的出行与公事、休闲和拜访朋友或家人有关。有些研究则合理考虑了"反弹效应"，发现各种"非通勤活动"实际上有可能增加，这将大大降低净节能量①，在某些情况下甚至会增加能源的使用。[44]

当涉及能源问题时，合理的计算还应该包括远程办公硬件的能源需求。人们很容易忘记，组成"云"基础设施的、价值数万亿美元的物理硬件必然会耗能。数字硬件隐藏在网络中，如果将其所消耗的能

---

① 净节能量是指一项节能措施在整个实施期间所节约的能量。——编者注

量按个人份额计算，观看一小时视频的能耗相当于驾车行驶 1 英里（约 1.6 千米）。[45] 让数以千万计的员工和学生每天在"信息高速公路"上"冲浪"数小时，由此计算出的额外能源需求相当于每年驾车行驶数十亿英里。就像所有涉及技术和能源（以及材料）的事情一样，现实并不总是显而易见。停工导致出现了诸如"在家工作将减少数十亿英里驾驶里程"的头条新闻，但这种新闻都是知其然而不知其所以然。[46]

无人驾驶汽车和空中出租车要很久以后才会普及，但类似的情况也将在它们身上重演。可以预计，从 21 世纪 20 年代开始，新一代人工智能和相关的边缘"云"技术可能会成熟，自动驾驶（和自动飞行）汽车将会出现。比如，日本航空公司（Japan Airlines）已经宣布，计划在 21 世纪 20 年代中期之前推出空中出租车服务［在该业务方面，日本航空与沃洛直升机（Volocopter）公司成立了一家合资企业］。[47]

2021 年年初，数十亿美元的投资流入了尚处于初创阶段的空中出租车公司，其中一些公司甚至还没有展示过首次飞行。有分析师曾对这一前景嗤之以鼻，现在则认为：2025 年，空中出租车的业务规模将达到 10 亿美元，10 年内将增长到 1 500 亿美元。[48] 就像高速公路为城市郊区扩张铺平了道路一样，私人无人机航空公司将把实际通勤距离从几十英里扩大到数百英里。若民意调查可信，大约 1/3 的美国人愿意住在小城镇，1/4 的美国千禧一代愿意收拾行李去农村。[49] 即使轮式机器人出租车没有货运无人机普及得快，但至少后者的出现为前者奠定了基础。

所有这些都将使通勤更加容易，从而也使人们更能容忍更长的通勤距离。这一趋势将减缓人口的城市化进程，甚至使许多地区逆转这一趋势。

第二十章

健康 1：生命密码中的疗法

尽管人类在战争中互相残杀，死亡人数多得可怕，但细菌杀死的人要比战争吞噬的多得多。地球上每年约有 1 600 万人死于细菌感染，这不仅仅是偶发大规模疫情造成的。[1] 癌症每年也会造成近 1 000 万人死亡。

至于大规模疫情，1918 年爆发的流感比 2019 年新冠疫情的致死率高出 20 倍；如果按人口比例计算，其致死率则要高 80 倍。[2] 第二次世界大战是历史上最残酷的战争，而 1918 年的流感病毒将约 5 000 万的人民提前送进了坟墓，这与第二次世界大战期间丧生的人数相当，据某些统计数据，甚至可能超过了第二次世界大战死亡人数。但随着技术（和科学）的不断发展，人类在自然界逐渐摆脱了猎物的地位，社会对疼痛或痛苦的容忍度似乎下降了。因此，医疗行业在现代经济和就业中的占比不断上升。①

为什么现在这么多人活得比以前更长寿、更健康？如果细数其原因

---

① 在此，我要向朋友彼得·休伯（Peter Huber）同时表示感谢和歉意（致歉是因为我可能歪曲或曲解了他的观点）。他是我的同事，与我合著了《无底井》（*The Bottomless Well*）这本书。他在 2013 年出版的《生命密码中的疗法》（*The Cure in the Code*）一书极具先见之明，为我提供了灵感与见解。

就会发现，所谓的"医疗保健"是最不可能的一个原因。在过去150年里，全球死亡率的急剧下降主要是由于技术给人类带来了更多的食物、洁净水、下水道、低成本住所、天气预报、应急响应和紧急疏散通道、空调以及加热食物和空气的清洁方法。所有这些领域仍需有所进步，因为地球上仍有20亿人通过燃烧干粪来取暖。尽管使用干粪危害显著，但它的能量含量与木材相当。相比木材，干粪要便宜得多而且更易获得。[3]现在，人类对抗自然的努力，已经转移到减缓衰老和消除病原体的影响上了。

人类已知的病原体大约有1 400种，包括各种类型的病毒、细菌和原生动物。细菌的数量远远超过了人类的数量；1/4杯土壤所含的细菌数量便超过了全世界人口总量。[4]在这一领域，人工智能和自动化显然能帮上大忙。20世纪20年代，美国制造业和生产力的快速发展，使其能够顺利为第二次世界大战进行战时动员。同样，今天的新兴技术也让人们有能力对抗病原体。下一次动员的中心则是整个信息和数字时代的工具，从新的机器和材料（许多尚未从"材料基因组"中实现），到微处理器在"云"端应用的新知识，尤其是遗传密码。随着新冠疫情的结束，21世纪20年代的面貌将更清晰地展现在眼前。

2020年12月初，一架美国联合航空公司的巨型喷气式飞机装载着首批获准分发的新冠疫苗起飞，这一情景让全球为之欢呼雀跃。[5]此后不久，美国纽约曼哈顿某医院的一位护士兼临床护理主任桑德拉·林赛（Sandra Lindsay）公开接种了全美第一针新冠疫苗。[6]更多相关头条新闻也随即出现。

此次新冠疫苗研制与分发，速度之快前所未见。这一现象直接源于三个技术领域的成熟和交叉影响：针对DNA测序仪及加速药物开发的计算机（特别是共享的"云""数据湖"）而设计的微处理器，疫苗制造所需材料，全球高速疫苗制造和分发的基础设施机器。值得注意的是，这些机器不仅包括高科技制药厂和喷气式飞机，还包括足球场大小的疫苗储存"冷冻场"，以及数千吨用于"冷链"运输的干冰。

高速基因测序机在 20 年前还不存在。2020 年 1 月，这一工具探测出了该新冠病毒的 DNA 序列，并在全球共享。研究人员立即通过强大的算法加快疫苗开发过程，迎击研发挑战。碰巧的是，距此不到一年前，美国国家卫生研究院（National Institutes of Health）正好模拟了一场"战争游戏"，测试通过新型数字工具和 mRNA（mRNA 是在 60 年前首次发现的"信使核糖核酸"）科学手段能够很快研发出疫苗，从而"编码"人体细胞以对抗病毒。[7] 对于这一科学奇迹，上一章中有更多相关论述。

反摩尔定律的终结

一种疫苗能够在 9 个月内出现，这意味着 2020 年标志着反摩尔定律的终结。

药物开发一直面临效率低下这一问题的困扰。1950—2010 年，在第二次世界大战后的半个多世纪里，制药业的"研发效率"一直非常低下。每 9 年时间，每花费 10 亿美元，才有一半药物能获得 FDA 批准。[8]

反摩尔定律的确令人沮丧。不过，其实在新冠疫苗取得高调成功之前，数据就已经显示出该定律正走向终结。在 2020 年之前的 10 年，每 10 亿美元的药物研发投入所产出的新药数量首次出现显著和稳定的增长。[9] 是什么发生了改变？

研究人员（包括一些创造了反摩尔定律这个词的人）指出，造成这种情况的因素有三个。第一，人们已经掌握了"更多人类遗传学信息"。第二，人们在面对复杂变量时的决策能力有了很大提高。第三，"监管理念"发生了转变。这三个因素都是以信息为中心的。[10] 简而言之，多亏了摩尔定律，药物开发中的反摩尔定律终于寿终正寝了。计算技术在直接推进基础知识进步的同时，也提供了用于获取和部署这些知识的工具。

医疗行业的整体生产力一直停滞不前，而且从某些方面看，甚至近几十年来还有所下降。[11] 从每个员工的增值这一经济角度看，医疗行业在过去至少 20 年里没有取得任何进展。同时，由于软件能力不断提升，实体产业和以数字性质为主的产业的生产力都得到了提高（见图 20.1）。

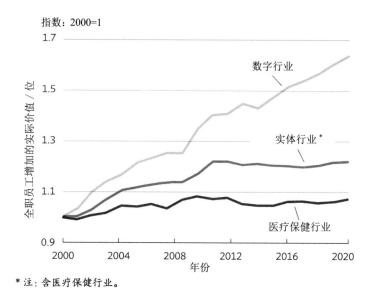

图 20.1　美国生产力增长：医疗行业陷入严重停滞①

从就业的宏观指标和国内生产总值上，就能看到生产力增长停滞的结果。在此重申：真正的发展是以经济规模扩大带来的就业增长来衡量的，而非通过生产力的对立面来衡量（也就是所谓的"给铁锹而不给挖土机"）。并且，经济的扩大源于每单位产出所需的劳动力减少。但在 2020 年之前的 20 年里，随着美国人口增长了约 18%，医疗行业的就业率跃升了 30%。然而，提供医疗保健服务的就业增速大大超过了需要护理的总人数的增速，甚至超过了 65 岁以上人口的增速。

---

① 来源：布莱特·斯旺森（Bret Swanson），《熵经济学》（*Entropy Economics*）。

现在，美国有15%的劳动力从事医疗保健工作，该行业雇用的美国人首次超过了制造业，甚至零售业的。[12]美国劳工部预测，未来10年需求增长最大的工作中，有2/5会出现在医疗保健领域。"家庭健康助理"是该预测中新就业的首要来源，其数量增长预计会比其后三个类别的增长总和还要多。[13]再过20年，医疗保健行业中符合工作年龄的劳动力比例将达25%。[14]按照这个速度，可用劳动力很快就会耗尽。

是什么导致了效率降低和医疗成本上升呢？有这样一条线索：在过去几十年里，美国医疗保健行业就业增长人数中的90%都是"非医生工作者"。[15]现在在美国，每存在1个医生就意味着"医疗行业"至少雇用了16个其他岗位人员，其中10个是行政管理岗位，6个是临床相关岗位。与军队这个经常作战的机构相比，我们发现军队有一个独特优势，即良好的"齿尾比"①，每1名战斗人员对应约10位保障人员。[16]

多年来，医疗保健行业的"齿尾比"已经失衡，主要有两个原因。其一，立法机构在努力减少医护教育和培训投资。随着1997年《平衡预算法》（Balanced Budget Act）和2010年《平价医疗法》（Affordable Care Act）的推出，美国国会已经通过向医院拨款或激励医院的方式来减少医生数量。[17]其二，医生同时也面临着与其他技术行业一样的"银发族海啸"——1/3的执业医生已经超过60岁。政策制定者还推行立法，强制控制成本，并使用"健康信息技术"。然而政令已下，"健康信息技术"往往还是被束缚在了昔日技术的枷锁下，停滞不前。

这种反生产力趋势的另一个影响，已经受到大众媒体的广泛关注。现在，美国经济总量中有近1/5被用于医疗保健支出。而在计算时代刚刚到来的1960年，这一比例只有5%。[18]难怪政策制定者和学者们会

---

① 指前线士兵与后备力量之比。——译者注

担心医疗费用会失控。2020年，医疗支出增加了1 300亿美元，其中政府补贴是最大来源之一。[19]历史上从来没有过通过补贴支出提高生产力的成功案例。

政治阶层急于提供资助，进行征税，实施监管，而咨询阶层则渴望为医疗行业推广"崭新而理想的"商业模式。至少对后者而言，企业软件肯定能像它为酒店和制造企业带来益处一样，提升医疗企业后勤部门的组织效率。但是，能使医疗行业内在生产力重大提升的因素，不会来自以上所述任何方面，而只能来自更先进的技术和新的发现。

通过"云"端及其提供的实用程序级计算能力和人工智能技术，结合新科学和分析工具，如基因测序仪和可拍摄到活体蛋白质的神奇显微镜，新的基础性认识定将更加迅速地到来。也正是在"云"端，通过结合新类别的信息收集传感器（特别是那些使用新类别生物兼容性材料的传感器），有关个人特定生物状态的高度细化的实时信息将出现，从而实现超个人化的医疗。重要的是，信息收集的地点转移到了消费者自己手中，就像计算机从隐匿的房间转移到了口袋和钱包中。像往常一样，前面提到的所有因素交叉作用，从而引发了相变。

随着这一相变的发生，反摩尔定律和实际的医疗配给结构都将走向终结。大量私人风险资本正在确保这种情况会发生。在过去几年中，每年大约有600亿美元的风险资本流向医疗初创企业，其中绝大部分流向了以技术为中心和以"云"计算为基础的公司（见图20.2）。[20]

现在投入"健康技术"中的资金力量，已经催生了数百家初创企业、十几家新生的"独角兽"公司（即估值超过10亿美元的私人公司），通过收购进行创新的大型公司也源源不断地涌现。这个在其他科技领域为人熟悉的模式，最终也出现在了医疗行业。在这些新公司中，75%以上在美国，4%在中国。[21]

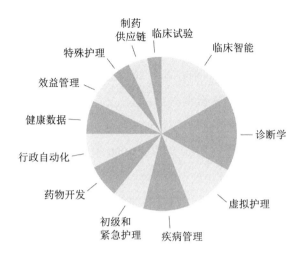

图 20.2 风险资金在数字医疗行业中的去向，2020 年左右[①]

是成本还是消费市场？

在这个物质充裕、比以往更安全的时代，消费者渴望享受的医疗保健只会多不会少，这是人们所面临的挑战的核心。监管者和政策制定者认为，这种渴望是必须加以控制的"成本"。但是，正如极具洞察力的福布斯媒体主席史蒂夫·福布斯（Steve Forbes）所言，官僚机制让情况恶化了。[22]医疗行业与其他市场没有区别，在这个市场中，消费者渴望购买更多能够改善健康、延长生命的产品和服务，这是消费者认为有价值的东西。（的确，鉴于医疗行业与生死攸关，将医疗产品与服务视为一种产品还存在道德层面的因素，不过社会上的许多其他产品也是如此。）

让我们重复一下经济学家西奥多·莱维特的观点：所有商业都是服务。与所有其他服务一样，消费者期望提高质量，减少花费。到目前

---

① 来源：CB 洞察（CB insights）。

为止，除了医疗生态系统中的少数几个利基市场外，大多数人都认为医疗质量要么下降了，要么没变化——在癌症方面尤为明显。虽然癌症死亡率整体已有所下降，但在过去 20 年里，美国每年癌症死亡率只降了 1.6%，这一速度令人沮丧。[23]（这一平均数实际上隐藏了某些癌症治疗方面所取得的重要进展。）这种改善与数字革命的速度还相差甚远。这意味着今天的癌症总死亡率只比 1990 年低了 20%，[24] 而且这个数据还未考虑在贫血治疗上取得的进展对其他疾病带来的影响。

2009 年，美国国会通过了《经济和临床健康的健康信息技术法案》（HITECH）（美国国会在使用首字母缩略词这方面可谓一把好手）。从那时起，政府要求实施和普及医疗信息技术（HIT），让患者和医疗从业者感受到了巨大压力。而且，有证据表明，这个方案既没有降低成本，也没能给医疗"产出"带来系统性改善。"产出"是临床医生使用的一个类似于商业术语的词汇，却是患者最关心的部分。但是，正如一些研究人员所指出的那样，我们看到 HIT 的使用虽然大幅增长，成本却没能大幅降低，这是自相矛盾的。[25]

在 1987 年索洛提出其著名观点后不久，经济中信息部分的生产力确实提升巨大。然而，医疗保健经济有所不同，它有一个巨大的监管机构。无论是否有意，这样的机构在现实中都会妨碍现有技术的改善，遏制新技术的发展。如果一直在过去的医疗技术上停滞不前，那么现在正处于最糟糕的时候。毋庸置疑，在医学知识与医学发现方面，还有很多东西有待人们发掘和实施。

几乎所有发现都将来自更多和更好的信息，美国国会在这一方面做得很好，但仅仅是因为使用"信息"一词。只有发明新疗法才会带来有意义的进步，或者一开始就找到更好的疾病诊断方法，再或者减少行政管理的费用，特别是最后一种情况。行政管理费用减少将带来更好的软件，特别是更直观的软件，这类软件能够管理已成为负担甚至导致"临床医生倦怠"的电子健康记录。[26]

从病例记录到一般的行政和组织功能，医疗服务的非医疗方面并不那么容易改善，这一点从 21 世纪 20 年代初 3 家信息巨头的戏剧性惨败经历中就能看出。2018 年，亚马逊、伯克希尔·哈撒韦公司（Berkshire Hathaway）和摩根大通（JPMorgan）宣布成立一家新合资企业，以"颠覆"医疗行业的行政机制，这让投资界和传统的医疗保险公司大吃一惊。

但是，该企业在启动后不到 3 年就倒闭了，总共花掉了 1 亿美元，雇用了 150 万名员工。但屈辱的是，它最终未能实现减少医疗管理混乱和削减医疗管理成本的目标。据报道，一位内部人士在事后总结中指出，"数据是核心的挑战"，就像创建一个大家喜欢且容易使用的用户界面一样，需要强大的数据支持。[27]

存储、访问和分析信息记录是数字系统的基础。但是，如何处理健康信息记录，一直是座难以逾越的高峰。这不仅是因为健康信息记录的各种要求和目的令人困惑，而且还因为美国联邦和州有各种各样的规定。现在，有了与强大的"边缘"设备相结合的"云"中心，人们终于能利用其计算能力，并以低廉的价格解决记录病人信息的难题。

让人感到乐观的是，针对医疗记录出台的大量隐私法规终于表现出一定的理智，也更具用户友好性。如今，苹果公司在苹果手机上提供了一个健康记录应用程序，可以安全地下载一个人所有的医疗记录，使病人掌握并能够直观地查看自己的健康数据，从而促进更快、更准确的诊断。[28] 其他公司也势必会效仿苹果公司，提供类似服务。

随着监管机构允许并鼓励人们更多使用远程医疗，在 2020 年新冠疫情的混乱局面中出现了另一个理智的迹象。对病人和医疗机构来说，远程医疗显然可以成为一种有效的分流形式，减少病人在候诊室不必要的等候，同时也能正确判断病人就医的理由。随着监管的放松和消费者需求的连带上升，仅在 2020 年一年，远程医疗初创企业的风险投资就激增了 70% 以上。[29] 生物技术领域的投资也大幅增加，私人市场对这一有前景的利基市场的投资超过了美国国家卫生研究院，尽管这两个具有财政影响的领域是互补的，甚至是协调的。毫无疑问，21世纪20年代，数字健康领域内也拉开了大公司收购小公司的序幕，这个模式人们耳熟能详。在2020年之前的20年里，谷歌、苹果、脸书和亚马逊等公司都各自收购了100多家公司。

社交媒体在促进病人护理方面也十分有效。例如，梅奥诊所社会媒体中心（Mayo Clinic Center for Social Media）通过研究和促进社交媒体在培训、药物治疗和慢性病管理等方面的使用，提供了一个范例；"病友"（Patients Like Me）等网络服务为患有罕见疾病的公民，或在罕见情况下患有普通疾病的公民建立起联系。[30] 这些功能都提升了健康信息的透明度，更多的信息获取途经将使改善医疗"产出"的成本降低。

现在有了基于人工智能的医疗诊断辅导，这对于医生本身来说是真正有用的。多年来，采用图像分析来协助疾病诊断的软件不断被人们炒作，到2020年，许多同类产品变得更可靠了，与人类专家的表现不相上下。例如，有一项分析对许多人工智能驱动的诊断工具（数量达60多种）进行了评估。这些工具专门针对不同类别的疾病，特别是致命的肺癌、乳腺癌、皮肤癌、甲状腺癌和前列腺癌。还有几十个这样的人工智能诊断工具已经研发出来，正在等待临床研究和监管部门批准。[31]

这种初创企业的种类、数量和速度，是"医疗保健大数据"的一个典型特征。到目前为止，这种能力主要是作为"决策支持工具"应用于放射诊断中。实现自动诊断的飞跃，还需要更多的时间和更强的计算力。还有一些更复杂的领域，涉及医生在一般医学异常检测领域所掌握的技能广度。而未来将人工智能咨询软件迁移到这一领域，也同样需要更多时间和更强的计算力。这种咨询软件将不断变得更好、更便宜。

在2020年新冠疫情到来之前，无论普通人还是政策制定者，都对各种可能会危害人类健康或生命的东西深感担忧,而不仅限于病毒。这种担忧不是没有原因。病毒对人类的攻击来自一些难以根绝、不断演化的病原体,更不用说衰老、事故、污染和战争等人为灾害了。现在,人类即将拥有一系列技术,能够与这些威胁一较高下了。

我们不可能在医疗保健行业雇更多的人来战胜这些威胁,而应该开发更多更好的技术,用更低的成本取得更好的成果。

第二十一章

医疗 2：
未来不是星际迷航，
但比这还要好 ①

2012 年，保罗·雅各布斯（Paul Jacobs）担任高通公司的首席执行官，这让我们得以一窥医疗保健的前景。高通公司是一家无线芯片公司。这一年，雅各布斯在盛大的年度消费电子产品展览会上宣布，高通公司将赞助举办"三录仪未来大奖赛"（Tricorder XPrize），目的是为发明三录仪（Tricorder）创造灵感。三录仪是一种面向消费者的医疗装置，十分神奇，能实时监测 5 种生命体征，诊断 13 种健康状况；它不单便于操作，而且可以拿在手中。雅各布斯的这一宣布，并非在医疗会议上，而是在一场消费展上，这别有一番意味。而且这场比赛的赞助方只是一家数字公司，并非西维斯（CVS）、蓝十字（BlueCross）或辉瑞（Pfizer）这样的医药公司。

半个世纪前，吉恩·罗登贝里（Gene Rodenberry）想出了三录仪的点子，并创造了"三录仪"一词。罗登贝里创作了当今著名的科幻系

---

① 笔者在此向史科特·亚当斯（Scott Adams）致歉，对他的看法不能苟同。他曾预言："未来的生活不会像《星际迷航》那样。"摘自亚当斯的《呆伯特大未来：在 21 世纪靠愚蠢而兴盛》(*The Dilbert Future: Thriving on Stupidity in the 21st Century*)，哈珀商业出版公司（Harper Business），1997 年。（此书在 2002 年由中国工商出版社引进。）

列作品《星际迷航》，该系列的故事时间和地点是 300 年后的联邦星舰进取号（USS Enterprise）上。这座科幻星舰中有一位博士使用三录仪，这种仪器相当于一座全能诊断实验室，具有类似核磁共振成像的功能。凡是进过医学实验室的人、曾多日等待诊断结果的人，或者研究过核磁共振成像的人，都会觉得这种想法显得太过牵强，因为三录仪把所有医疗硬件压缩成了一件可手持、可实时操作的装置。然而，实现这些功能不必等到 3 个世纪以后，现在这些技术就已经或几近商业化了。

三录仪未来大奖赛举行 5 年后，获胜者出现了。从数十个竞争者中选出的获胜队伍，恰好由一位外科医生和一位网络工程师带领（二人是一对兄弟）。他们的机器使用"某种人工智能引擎，该引擎能够学习如何整合临床急救医学的经验（这些经验由实际病人的数据分析得来），以诊断身体状况"。此外，他们还"设计了一组非侵入式的传感器，用来收集有关生命体征、人体化学结构和生物学功能的数据[1]"。这在过去大概是异想天开，现在却成为可能。但是在数字前沿，事物变化日新月异，市场永远跑得比人们的想法快。自 2012 年以来，智能手机、智能手表和可穿戴设备的发展已经超越了三录仪。

关于三录仪的想法至今仍很重要，正如其最初在《星际迷航》中设想出来时一样重要。不过，现在的三录仪更像医生、护士和急诊医疗技术员（EMTs）的一种病人分流工具，而非个人装置。虽然三录仪没能在未来大奖赛上出现，但人类已经有望在不久的将来制造出手持 X 光透视器，或通过以下几种技术实现其他类似功能：新一代超声波检查技术（已经造出公文包大小的检查仪，且在非洲得以应用），极其灵敏的探查器（使用超小剂量的 X 光以保证安全），太赫兹频率成像（太赫兹频率是光谱的一部分，位于可见光以下，具有类似 X 射线的功能），甚至是麻省理工学院某小组最近所展示的技术，如《星际迷航》中使用的光声成像（用低功率激光制造声音、读取声音，在不接触皮肤的情况下生成人体次表层图像，而普通超声探头则需要接触皮肤）[2]。

治疗创伤和急救医疗技术的价值无可争议，但更重要的是在生物学功能失常或创伤发生之前，就掌握有用的医疗信息并将其作为治疗的基础，这种逻辑与工业界的逻辑相同。工业界已经开始转向机器实时监控的新常态，从而实现更快速的故障取证和预测。

这种医学诊断的神圣目标不仅是为了了解人的病史（病史自然包含定期快照），还知道其生物机制每天是如何运作的。因此，医生就会没完没了地问问题，但这些问题又至关重要。每个患者在拜访任何一个医生、诊所或医院时，都会被问到自己过去的状态如何：做了什么、吃了什么，甚至去过哪里。曾经，这是获取病史信息的唯一途径。多数人都相信，丰富的实时生物学信息将带来更好的诊断效果。尤其当这些信息与其他类似病患的（匿名）信息相结合，并使用智能引擎搜索医学文献、寻找模板时，诊断结果将更准确。"云"和社交媒体平台可对其进行存储和分析。现在，人们已经能够借助智能手机、智能手表和健身追踪器中"埋藏"的传感器，来获取特定的一手个人数据。

世界上有几十亿人几乎可以随时使用智能手机。智能手机有一套适应性很强的传感器，包括麦克风、加速计、摄像机、全球定位系统、气压高度表和触摸屏本身。每一个传感器都可改变其用途：摄像机可用于识别病变；麦克风可用于识别人声中的压力或监测呼吸；全球定位系统可用于将位置与相应的服务、危险关联起来；气压高度表可用于记录爬楼梯所消耗的热量；加速计可用于监测肌肉或运动异常。

诊断大众化

2018 年，苹果公司智能手表的心电图功能获得了 FDA 的批准，这是医学史上的一个转折点[3]。FDA 谨慎地指出，该传感器及其相关应用程序"无意取代传统的诊断或治疗方法"[4]。但革命就是这样开始的。

2020年末，该应用程序的软件进行了升级。FDA再次批准了该程序的一项功能，即在用户许可下，实时向用户及医生发出潜在房颤警告（房颤，即心房颤动，指心跳不规律，是中风或心力衰竭的警告信号）。诊断的改进转换为应用程序的快速升级，本身就是一场无声的革命。另外，苹果在2020年增加了血氧测量功能，（除其他功能外）还能够检测到血氧降低并发出通知。但为避免"成为单纯的注册医疗器械"这一严峻挑战，苹果手表和其他大多数类似产品都专注于促进健康与健身。因此，在2020年底，苹果推出了自家的订阅式健身服务。

当然，在健康传感、健康追踪和诊断领域内兴起的革命，不仅仅与苹果有关。另一家数字巨头谷歌（Google），就在2021年收购了乐活（Fitbit，远远落后于谷歌、排行第二的腕式健身追踪器品牌），扩大了其业务范围。这项技术已经彻底褪去了新奇感，超过1/5的美国人表示，自己经常佩戴智能手表或健身追踪器（其他国家的佩戴普及度与此类似）[5]。已有数百家初创公司投身到实时健康监测领域的各个方面。有些职业运动员喜欢一款名为沃普（Whoop）的健身追踪器，它使用基于"云"技术的人工智能来测量全身紧张与恢复情况。2020年的疫情促使Whoop调整了算法，以监测新冠肺炎疫情感染的早期征兆。据称，Whoop已能（根据呼吸速率的模式）精确探知用户新冠病毒的感染征兆，哪怕这些用户最近的检测结果曾为阴性[6]。

另有一件对传感器数据的用途做出调整的案例。一家人工智能公司（后被医疗器械巨头美敦力公司收购）使用智能手表、健身追踪器自带的加速计。其关注重点是，软件如何使用加速计以"查看"产品佩戴者的姿势，并对他们的活动做出判断——比如是否在用餐或饮水、什么时候用餐或饮水。这些信息有助于自动推荐胰岛素注射的正确时间，甚至还能利用皮下泵实现自动注射胰岛素。或者再想想看，这些信息还可令大量智能手机用微型激光器进行面部识别和测距（测距能更精确地创造增强现实环境）。这些仪器可以用作光谱仪，测量呼出气体中有医用价值的二氧化碳水平,或检测空气中的变应原,甚至很快就能用于检测病原体[7]。此外,该相机还可以用作分析工具,不仅可以检测压力,还可以检测各种疾病的早期征兆。

同时,车载传感器套件将不断发展壮大,比如,借助嵌入式微型雷达芯片实现实时、连续的血压传感,[8]这项功能即将实现。最后,对智能手机的核心部件(即CPU)加以改造,令"手机"更加近似于三录仪。人类正处于专用传感器套件发展的早期阶段,这些传感器能够利用智能手机中的微处理器为人工智能助力,使其能够监测心脏病、癌症、中风和其他无数疾病的生物指标[9]。

例如,2020年年中,美国辛辛那提大学的研究人员开发了一个信用卡大小的"实验室",可以用来在家里检测唾液中的病毒。它使用一种微型一次性塑料芯片,可将该芯片插入一个类似智能手机的机器中读取数据。微流体学领域也正在生产令人瞩目的科学工具和临床工具[10]。微机电系统的工具还可以创造微针,实现无痛皮下感应(像小型创可贴一样附在身上)[11]。至于新材料,特别是石墨烯开发中发现的新材料,将创造出效能远超过去的传感器。某研究小组最近展示了一件传感器,薄如纸张,能够在几分钟内探测到新冠病毒[12]。

整个行业内的创新者正默默专注于为可穿戴设备制造新型传感器,这正是因为该市场具有无与伦比的规模经济效益。生物电子学将很快成为一个价值200亿美元的全球产业。该产业主要着眼于三个方面,即临床医疗设备、科学研究和农场生产。随着消费者的增加和家庭诊断的扩展,临床技术和实验室技术将响应从大型机到智能手机的市场转型模式。

传感器的种类将继续增加:有的传感器是智能手机、手表、戒指自带的,有的传感器可与独立佩戴的传感器进行无线连接(其中某些可直接编织成服装的一部分),还有的传感器可以像创可贴一样贴在身上,甚至用导电墨水"打印"在皮肤上[13]。这种打印的方法现在是可行的。该方法使用最近发明的生物相容性墨水和聚合物,而不使用三维打印机直接（暂时）在皮肤表面放置智能电子设备。总有一天，这些设备会成为家用产品。

在当今生物科技文献中，这样的例子数不胜数。还有一项创新成果，那就是2020年的"智能"隐形眼镜原型。该隐形眼镜具备嵌入式无线连接功能，以非侵入的方式监测青光眼和糖尿病[14]。2018年，欧莱雅推出了一款紫外线传感器，可夹在指甲上监测阳光照射情况，并通过应用程序提供相关建议[15]。此类健康监测装置将在适当的时候，成为以身体为中心的网络配件，并由智能手机微处理器操控。

智能手机和智能手表正在转化为诊断工具。监管机构最近对保密规则做出阐释，并加以修改，从而使面向消费者的应用程序及智能手机诊断更加便于使用。再加上以"云"技术为基础的人工智能的力量，所有这些都预示着：具有实验室级别质量的、面向个人的诊断将走向大众化，其方式超出了吉恩·罗登贝里和保罗·雅各布斯这两位博学之人的想象。虽然一些医生对自我诊断技术中的错误信息和误用提出了警告，但消费者一旦得知可以使用工具与应用程序，就会大声呼吁，以求尽快投入使用。

然而，上述所有生物传感的奇迹，主要是基于外部信号以获取有关健康的数据——这些外部信号都是我们周围的信息，它们是外界对人体的影响，而观察人体内部则可以收集到更多（而且更有用）的数据。但是，观察人体内部，却成为现今科学家和工程师在信息获取方面所面临的最严峻挑战之一。

研究可摄入计算机和数字孪生技术

长期以来，医生和科学家一直在想办法观察活体内部的情况。1896年2月3日，新罕布什尔州的男孩埃迪·麦卡锡（Eddie McCarthy）手腕骨折，成为接受 X 光诊断的第一人[16]。该 X 光片是由德国汉诺威的内科医生吉尔曼·弗罗斯特（Gilman Frost）与其兄弟——美国达特茅斯学院的物理学家埃德温·弗罗斯特（Edwin Frost）一起拍摄的。促成这次 X 光诊断的是另一位达特茅斯的物理学家弗兰克·奥斯汀（Frank Austin），他当时也才开始 X 光摄影的实验。1895 年底，威廉·伦琴发现了电磁波谱中的神秘部分（因此获得 1901 年诺贝尔物理学奖），就是在这之后的几个月里，奥斯汀开始了这种实验。

在物理学上，从最早的 X 光照片到第一台 X 光机有一条笔直的时间线。第一台 X 光机能够拍摄高分辨率的三维全身图像，现在大多数人称之为 CAT（computer aided testing，指计算机辅助测试）扫描仪。"计算机辅助"很关键，而洞察到实现计算机辅助测试技术的可能性同样关键。另一位物理学家（同时也是牙医）罗伯特·莱德利（Robert Ledley）提出了这个想法，并于 1973 年获得基础专利。我们不能不放下正题，先来讲一讲创新人士的世界是怎么样的。据莱德利所言，他读物理学研究生时获得了牙科的学士学位，因为——正如莱德利所述——他的父亲说："你知道的，仅仅做一名物理学家无法维持生计，真的。你唯一的归宿就是当个穷教授。你应该当牙医[17]。"我们怀疑，或许莱德利从牙科训练中获得的视角造就了后来他丰富的三维思维。不管怎样，莱德利的经历大体上是科技（尤其是在医学成像科技）进步中的典型案例。

在获取人体内部状态的非侵入性照片方面，信息获取工具几乎没有出现什么根本变革。所有这些现象都是在物理学中发现的。基本套件小得惊人，大多数套件的起源可以追溯到数十年前，甚至一个多世纪前。利用声学传感技术拍摄"照片"的能力始于 1851 年左右的听诊器，后来，1900 年左右，X 射线诞生（如前文所述），1954 年左右出现第一台光纤内窥镜（在光纤发明之前），1973 年首次实现计算机辅助测试扫描（CAT-sean），1977 年左右首次应用核磁共振成像（此项技术还获得诺贝尔物理学奖），1986 年拍摄首张超声三维胎儿图像，2001 年出现了首个可吞咽的胶囊内镜（pill-cam）。

自发明以来，每一台成像仪都有了根本进步，并将继续改进。在理解生物分子磁性（核磁共振成像的核心现象）方面的最新进展表明，实现真正彻底的创新是可能的。正如一位研究人员所说，因为有了新的认识，当前医院里所使用的核磁共振成像技术就"可以与过去40年来计算能力和性能的改进相媲美……我们正在尝试实现可扩展的、低成本的核磁共振成像技术，以便用在平板计算机或智能手机上[18]"。这一愿景可能在21世纪20年代还无法实现，但是，就像早在1990年左右智能手机就已问世这种可能性一样，前路一片光明。

接下来，有一系列技术能让人类从人体内获取有用的信息。可摄入计算机就是其中之一，这些装置是装配精准的智能生物电子传感器，可被吞咽、注射或植入。要生产这种类型的生物电子产品并获得FDA许可，就需要生物相容性材料（目前情况就是这样）。而用于创造和使用这种材料的技术已不再是幻想，而正转化成商业流通渠道中的产品。技术文献记载了许多传感器的进步。改进后的传感器可以测量、监测体内的化学标记物和生物标记物，甚至可以拍摄血管内部图像。

现在人们有理由期待，未来的传感器是可消化的，且成为常规早餐的一部分。传感器将被暗中嵌入维生素片，每天吃一片。维生素片会向智能手机通知这些信息：是否服用药物、是否在适当时间服用、何地购买、何时何人制造。早期的一些智能药片产品遭遇失败，部分原因在于该技术仍过于昂贵[19]。但与所有以信息为中心的产品一样，这种局限性是暂时的。美国电气与电子工程师研究所（Institute of Electrical and Electronics Engineers）旗下有一份期刊，名为《生物医学信息学与健康信息学期刊》(*Journal of Biomedical and Health Informatics*)，其刊名说得很清楚，这一专业领域现在的使命是开发工程技术而非科学发现本身，这个学科所处的阶段大致相当于1980年机械传感器和信息学的阶段。

因此，在不久的将来，当需要进行正式医疗干预时，智能电子生物产品将实现皮下植入或特定器官植入，以监测严重疾病，或向内科医生发出关键指标方面的自动警报，以跟踪术后恢复。这将提供越来越丰富的信息流，既包括监测信息，也包括应对方法。

从特定器官的数据到全身图像的所有信息，都被收集在不同的报告或文件中，而这些报告文件构成了诊断专家所需的数据，他们以此来合成、组合图像，以此判断人的身体出了什么问题及当前健康情况。随着（仍是分散的）数据集不断扩大，现在的诊断专家们发现人工智能引擎另有一大用处，即同时查看所有独立信息集。

IBM及其超级计算机沃森提高了人工智能引擎的可见度，有助于管理和理解不断扩充的身体数据，并向临床医生提供实时医疗分析和建议，这一项目即便未获成功，也值得称赞。正是沃森计算机，在2011年的电视竞猜节目《危险边缘》(*Jeopardy*)中以选手身份击败了两位史上最杰出的人类冠军。当然，这是一个公关噱头，但目的是展示新型人工智能型软件的实用性。这些软件被用于处理各种复杂问题，从交通控制、供应链到天气预报、医疗保健。《危险边缘》这一里程碑事件发生后的10年中，数百名大小"选手"发明或提供了人工智能引擎，来提供医疗建议（2021年初就传出了"国际商业机器公司将出售沃森健康"的谣言）。

密集、成套的生物成像数据和超级"云"计算相结合的典范，就是生物数字孪生。

数字孪生是机器或系统的数字模型，由超级计算机生成。传感器被嵌入数字孪生在现实世界中的对应实体，并收集高精度实时数据。当数字孪生与这些数据结合时，既可优化针对其现实世界实体的操作，以及对（不可避免的）故障进行更精确和更快的取证，还可以进行预测性故障分析，或进行仿真实验，实验内容为替机器（或系统）设计的更改或升级。美国联合技术公司（United Technologies）在克雷（Cray）超级计算机内的数字孪生直升机上进行了虚拟试飞。这不仅加速了设计创新，而且显然更加安全。数字孪生还有其他功能，比如能管理硬件与系统。理论上，这些系统可模拟任何事物，包括交通状况、化学反应过程和发电厂运作。在工业和供应链领域，数字孪生在几十年前只是一个梦想。现在，它已从一个单纯的概念转变成2020年近40亿美元的全球业务。可以预见，到21世纪20年代中期之前，数字孪生的全球业务将增长近10倍[20]。

原则上，有了足够精细的信息和足够强大的计算能力，生物数字孪生可以预测特定药物对细胞水平的影响，或某种外科手术的最佳结果。正如20年前的工业应用一样，生物数字孪生已具备了清晰的"路线图"。该想法也被称为"虚拟生理人"（VPH）。首先，一般的VPH虽然仍待改进，但最终必将成为私人化的生物数字孪生[21]。现实的VPH，就像一架逼真的虚拟直升机，可以用于测试药物、医疗植入物和"生物模拟"的步骤。这类生物数字孪生的首次应用，将用于高风险、高成本的情况，其中的典型情况包括重症监护、高后果疾病管理，以及最容易收集大量数据和图像的临床环境。

以前人们想象着总有一天，发达世界的每个人都能在"云"端拥有一个个人生物数字孪生体，如今这已不再是幻想。但在1980年，如果期待数十亿人的数字手机所具备的计算能力，有一天会超过当时地球上1万多台IBM大型机的计算能力，那确实是幻想。日本电报电话公司（NTT）研究所是生物数字孪生发展前沿的佼佼者。NTT研究所的首席执行官五味和弘（Kazuhiro Gomi）简要地指出："新兴科技会有一种未来感，但这种未来感早晚会消失。过了某个临界点，生活便难以离开这些科技了。"[22]

虽然个人生物数字孪生的"转折点"已经指日可待，但其商业化可能需要整个21世纪20年代才能完成。然而，追求个人生物数字孪生商业化的道路上，已经产生了非常有用的通用生物数字孪生技术，可用于医疗设备设计、外科规划以及医学教育。不妨把一对普通的生物数字孪生想象成谷歌地球，它能够自我导航，还能够看到人体内部的三维图像。10多年前，工程师弗兰克·斯库利（Frank Sculli）与他人共同创立了一家公司，公司名恰巧为"生物数字"（BioDigital）。斯库利指出："说真的，三维只有用来再现身体，才具有最大意义[23]。"该公司的同名产品及其少数竞争对手的产品已经投入使用[24]。在"云"技术出现前，数据密集的生物数字系统是很难部署的。

如果没有"云"来融合计算图像和从数字传感器群获取的信息，生物数字孪生仍然只是个概念，毫无实现的可能。

从数据湖（Data Lakes）到药物打印（Printing Meds）

2020年新冠疫情的首批应对措施之一，就是对数十台世界上最强大的超级计算机进行大量的重新设计，以帮助世界各地的研究团队关注可怕的新冠病毒的各方面。这些计算机经过改造，能解读病毒传播特征、分析疫情缓解对策、管理后勤，尤其能加快治疗方法的设计速度。从未有这么多的计算机如此专注于解决同一个问题。近200个不同研究团队共同努力，进行了600万亿次超级计算[25]。

有一种方法能够让这类信息的巨大功率可视化。不妨这样思考：尽管现代计算效率惊人，但世界前10台超级计算机的总体能量消耗，相当于200万辆特斯拉汽车一年行驶1万英里（约1.6万千米）[26]。2020年，大批医学研究人员已部分投入使用这种超级计算力，更不用说普通的"云"计算力了[27]。前文的一个例子中提到了美国橡树岭国家实验室的"顶点"，这款超级计算机将在"云"科学家中得到普遍使用。田纳西大学的科学家使用"顶点"，只花了几天而非几个月时间就找到了能阻止新冠病毒的化合物。

科学家和超级计算机的联手，以及制药公司和计算机巨头（这些计算机巨头在"云"提供应用级计算）的联手，是当前的一个趋势，而且可以看到这一趋势在不断加速。摩登纳（Moderna，2020年底上市新冠疫苗的一家公司）就使用亚马逊的"弹性""云"计算服务。之所以说是"弹性"的，是因为用户可以根据需要，即时而几乎不受限制地延长其微处理器的占用时间。谷歌自家基于"云"的弹性计算引擎"深度思考"（DeepMind），在2018年因预测蛋白质如何折叠而广受关注。这是一项神秘且重要的任务，要求在分子水平上设计药物，所以迄今为止这项任务几乎不可能达成。几年前，微软曾与美国国家科学基金会一起投资了一家名为"'云'制药"（Cloud Pharmaceuticals）的创业公司。"'云'制药"是一个描述性的名称，用来说明未来治疗方案的设计结构。

研制新药的过程不可避免地涉及在大量人员身上进行临床试验，并收集信息。"云"技术使这一过程更为容易和快速。在对新药进行现场实验之前，还有另一个以信息为中心的工具用于测试安全性和最终疗效，其形式并非生物学和计算机的虚拟融合，而是二者的真正融合，即器官芯片。

第一个器官芯片直到20年前才诞生。不过，这又是一个机器溢出效益的例子。器官芯片为实现硅逻辑而开发，与材料的进步及三维打印机的进步相结合。将少量人工培育的、单一类型的活细胞（如肝细胞或皮肤细胞）放置在硅质表面或玻璃状表面之上，同时放上特殊水凝胶、微通道以携带液体。这样，一件微型生物机器、一个模拟细胞，用技术术语来说，一个微物理系统，或者仅仅是一个类器官，就创建了出来。

从那时起，研究人员不断改进制造技术，制造出有实际功能的类器官，如肺、肠和心脏组织[28]。这种类器官能对新药的毒性，甚至对特定类型组织的效能进行初步评估。总有一天，类器官会适应个人生物特性，人的身体将由芯片组成。在芯片组成的身体内，组织能生长以适配各类主要器官，并实现功能整合。由于工具和知识的存在，很可能会有人想象并创造出这样一个奇迹。

用以制造类器官的三维打印技术也在发生变化，转向自主生产药物。在工业中，三维打印机能实现定制、高度专门化应用；而在生物学中，三维打印机同样可以生产特殊性质的药物或高度专门化的配方，这在药物用量较少时尤其有用。对付各种各样的罕见疾病时，人类面临的挑战往往是这些疾病不符合大规模药物生产运作机制，或与经济效益相逆。现实情况是，某些配方可能只对一小部分人有疗效，而对其他多数人则是中性的，甚至是有毒的，因此需要高度专门化的药物。2015年，FDA首次批准了三维打印药物（用于治疗癫痫发作）[29]，其他药物也正在研发中。

随着健康数据的数量、种类和专门化程度的不断扩大，以及人工智能定制的现代分子医学的出现，总有一天，人类能针对个人疾病确定和设计治疗方法。可以想见，在不久的将来，当前的用药范式将与19世纪的放血疗法一样过时。

正如笔者的朋友彼得·休伯在其《生命密码中的疗法》（*Cure in the Code,* 2013）中总结的那样，阻碍医疗进步的是仍停留在电子管时代的严格监管制度。面对2020年的新冠疫情，人们对政府的唯一希望就是其能够尽快放松监管政策，以激发人们提出数字解决方案。现在的技术让人能够看到体内乃至细胞内、分子结构内正发生着什么。正如彼得所说，未来的医生将不再"失明"。

第二十二章

医疗 3：（保健）服务的机器人化

近来，两位英国经济学家出版了《人口大逆转》(*The Great Demographic Reversal*) 一书，在书中阐释了不可逆转的人口巨变即将带来的社会巨变——该书是这方面为数不多的研究之一。[1] 有些人认为，地球将来会"人满为患"，其实这种说法颠倒了：世界人口将在 21 世纪结束前（很可能在 2064 年）达到峰值，然后在没有任何重大文化观念转变的情况下开始减少。

人口减少将带来诸多挑战，这些挑战在近几年越发明显。例如，到 2035 年，美国 65 岁以上人口将多于 18 岁以下人口。[2] 由于寿命延长和生育率降低，其他发达国家的传统人口年龄分布情况也会加速出现与美国类似的逆转（有史以来，年轻人的数量首次少于老年人的数量）。

医疗保健和生活条件的改善，是"人口金字塔"大倒转的主要原因，这会使老年人对更好医疗保健的需求继续增加。年轻劳动力的减少，也预示着商品生产会面临巨大挑战。《人口大逆转》一书的作者们担心，需求更大的同时供给能力却在收缩，这一现状将导致恶性通胀。但人们有理由心怀希望：经济生产力很可能会出现百年一遇的巨大飞跃，而且这种飞跃在本质上是足以对抗通货膨胀的。历史表明，经济学家通常比较难以预见这种技术革命。

人口变化方面可能还有另一个不确定因素。在过去 100 年左右的时间里，人口寿命变长，生活更加富裕，生育水平下降，然而这种行为趋势只不过是人类历史上一个小小的褶皱。所有预测者都认为，人们永远不会再回到延续数千年之久的大家庭模式上。但历史证明——而且每一家面向消费者的企业都知道——在预测受生活方式和行为惯例驱动的人类行为时，要想预测范围更大的人群的未来，其中一个重要参考指标应该是一小撮最高收入群体的时髦行为。随着低收入人群生活富裕起来，他们往往会在行为方式（包括购物习惯）上模仿排名前 10% 的富人，包括衣食住行各个方面，现在可能还包括生孩子。

就在 21 世纪 20 年代新冠疫情引发的行为过渡期到来之前，皮尤研究中心（PEW Research）发布的一项研究显示：从数据上看，与 20 年前相比，"高学历女性"的家庭规模有所扩大，尤其是有 3 个或 3 个以上孩子的女性所占比例有所增加。[3] 这种"时髦趋势"是否会持续下去，是否会对更广泛的人群产生溢出效应，均不得而知，但关于未来，我们确实知道以下三件事。

一是如果政府没有严重渎职的行为或极度愚蠢的想法，地球也没有事关人类生死存亡的厄运（比如小行星与地球相撞），那么未来的人就会因技术进步而变得更富裕。二是未来几十年，世界人口会持续增加，社会总体人口老龄化更加显著。三是不管在人口更多、更富的未来社会是否会出现更高生育率，无论是孩子的父母、年迈父母的成年子女，还是那些年迈父母自身，每个人都想获得更好的医疗保健以延长寿命。

击败西西弗斯和突破"百万小时障碍"

人类生来就有长生不老的愿望。可以这么说，每个人生来都有一个"银行账户"，也就是只有 100 万小时（114 年）的最大潜在寿命。

有人觉得，人类会在将来普遍突破长寿障碍，这并非完全没道理。我们知道，一些生物系统复杂的物种寿命确实可以突破100万小时，尽管这些物种只是少数，而且显然需要适当的环境和遗传条件。这里所说的"复杂"，不是指美国大盆地4 000多岁的狐尾松或者类似的长寿植物，而是指能活到200岁的、巨大的北极露脊鲸，或者能活到400岁的格陵兰睡鲨。在这些物种身上，研究人员热切地寻找着能让细胞修复的分子机制的秘密。

《吉尼斯世界纪录大全》(Guinness Book of World Records) 的工作人员指出，目前记录在册的寿命达到或稍微超过114岁（也就是100万小时）的人只有100位。[4] 当然，关于长寿的神话故事也有很多，从《创世纪》中的玛士撒拉到《亚瑟王传奇》中的加拉哈德爵士。但正如本杰明·富兰克林所说："除了死亡和税收，没有什么是确定的。"

富兰克林享年84岁，但在那个时代，美国人的平均寿命只有40岁。和大多数其他发达国家一样，如今的美国人在出生时的平均预期寿命大约是80岁。当然，这也已经是个巨大变化了，即使这种变化意味着一半人口还无法实现他们"最长"假设寿命（114岁）的30%。现代性进程势不可当，其目的就是改变那条生命曲线（见图22.1），让每个人的寿命都得到延长，达到"最长"寿命年龄。

想要更多人享有昂贵的技术延长寿命，有一条最基本的途径，即增加总体财富以降低购买任何商品的相对成本。简而言之：财富是治疗早亡的良方。当然，在儿童死亡率方面亦是如此。纵观全球数据，儿童死亡率的降低与人均收入的增加有直接联系。[5]

然而，如图22.1所示，突破社会总体平均寿命的极限已经变得越来越难。1851年工业化以后的第一个百年里，人们的寿命获得了最大幅度的增长。自1951年以来，这一增长的速度越来越慢。随着技术的成熟，收益递减的规律开始起作用，等待下一次变化，这一点大家很熟悉。人体生物机制很复杂，根本性变化，也就是相变，是极其罕见的，开展相关应用也最具挑战性。但有证据表明，相变即将到来。

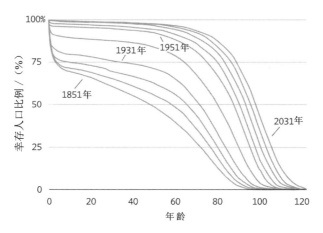

注：虽然这些数据代表了所有工业化国家的趋势，但这个具体的例子是针对英国的，其记录在很长一段时间内都始终如一。

图 22.1 通过在大自然的袭击中生存下来，以此改变寿命曲线[①]

可以预计，在老年医学和衰老过程的分子力学方面，未来 10 年或 20 年会有许多更深入的发现。衰老科学即将迎来巨变，例如最近出现的抗衰老药物可以修复细胞衰老造成的一些损伤。[6]但是，在新的科学奇迹出现之前，我们将看到的是，医疗保健公司会像其他市场的公司一样，将革命性新材料投入使用并"雇用"更多机器人。

机器人"入侵"医院

1961 年，一个简单的单臂机器人"联动机械手"获批用于汽车装配线。但该批准来自一位工程师，而非监管机构。直到 1994 年，FDA

---

① 来源：马克斯·罗塞（Max Roser），"数据中的世界"网站，美国国家统计局（National Statistics）。

才批准了第一台外科手术机器人。[7]它也是一台初级的单臂机器,名字被巧妙地压缩成一个缩略词:伊索(AESOP),全称为最佳定位自动内窥镜系统(the Automated Endoscopic System for Optimal Positioning)。

6年后的2000年,FDA批准了直觉外科手术公司生产的"达·芬奇"机器人,这可能是最广为人知的外科手术机器人。20世纪80年代,直觉外科手术公司开始其研究并于1990年制造了第一台"达·芬奇"原型机。如今,该公司已在世界各地的手术室里安装了5 000多台"达·芬奇"机器人。最近一篇科学评论指出,"达·芬奇"机器人已经完成了数百万场外科手术,并因其易用性和更短的术后恢复时间受到外科医生以及患者的青睐。[8]

2007年,直觉外科手术公司联合创始人之一成立了奥锐斯医疗公司。2018年,FDA批准了该公司一款基于人工智能的手术机器人——手臂灵活,可操作性强,能够半自主辅助多种手术。2019年,美国强生公司以30亿美元的价格将奥瑞斯医疗公司收购。[9] 2013年,医疗机器人公司马可外科(Mako Surgical)被医疗科技公司史赛克(Stryker)以17亿美元的价格收购。马可公司有一款自动机器人,可以进行膝关节和髋关节置换,用CT来建立高分辨率模型和"类三维地图",并以此指导手术。如今,数百家医院都在使用这种机器人,并依靠它进行了数万次协作手术。

截至21世纪20年代初,近20%的普通外科手术使用机器人,这一比例在过去10年里增长了10倍。[10]对医学界而言,这种增长速度可以说是光速了。截至2020年,机器人辅助手术的产值已经达到每年50亿美元,预计2025年前,这一数字将增长5倍。[11]

机器人也正出现在手术室之外的医疗保健领域。2014年,瑞沃克(ReWalk,意为"再次行走")成为第一个获得FDA批准的、有动力装置的个人医用外骨骼产品。[12]这种用于康复的外骨骼(实际上是一种协作机器人),操作上类似于在军事和工业市场上使用的机器，而且因为技术的不断提高，"穿戴"这些机器越来越舒适，软件控制也越来越先进，因而其实际应用的范围将不断扩大。更先进的软件控制可以解决一些特殊且关键的问题，如确保操作者在穿戴外骨骼时不易摔倒。智能假肢通过神经信号控制，外观自然，可以无缝衔接，其应用前景也越来越明朗。与高效人工智能相结合的先进传感器，能够解码生物电磁信号（神经系统的数字化排放），已经可以用来指挥假肢的基本动作。

在更"乏味"的工作前线，医疗机器人和运输无人机减轻了大量体力劳动，在如为护士拿取用品、在医院之间运送材料等事情上，已经不再需要技术监管人员，故可降低医疗成本。城市地区人口稠密，要在这样的环境下空运危重病人和创伤患者，传统直升机要么无法运转，要么贵到人们用不起，而开发无人机运输却可以解决这个问题。

人们对更便捷、更便宜的清洁服务的需求（新冠疫情的暴发扩大了这一需求），驱使一位创新人士使用英特尔的莫维丢斯（Movidius）人工智能视觉芯片和开源机器人平台，开发出了一种自动给房间消毒的滚动式紫外光机，把整体清洁时间（包括必要的人工协助）从每个房间1小时减少至15分钟。所以，在2020年，紫外线清洁机器人的销量激增（有些甚至翻了几番），这也就不足为奇了。[13]

传感器技术和外科手术模拟器的发展轨迹，也与工业和军事技术的发展轨迹类似。如今，外科医生通过将CT和MRI扫描的三维影像投影在患者身体上，就可以获得实时X射线视像（而这以前只能在漫画书中想象）。2018年，在伦敦帝国理工学院，人们使用微软公司的全息透镜进行了首次虚拟现实覆盖辅助手术。[14]在真正驾驶新飞机之前，飞行员可以使用飞行模拟器进行训练。与之类似，在为特定病人动手术之前，医生可以使用手术模拟器帮助自己做好准备。这种虚拟现实模拟器及其使能技术，与波音和贝尔直升机等公司所采用的技术相同。

如今，这项技术终于可以为外科医生所用了。莫蒂·阿威萨

（Moty Avisar）是前以色列战斗机飞行员，他创立了手术剧场（Surgical Theater）公司来整合各种高分辨率三维图像，并将其用于规划和手术训练，这体现了操作层面相似的不同领域间的融合。该公司为客户提供类似"谷歌地球"的体内导航图，医生借助这种导航图可向病人和学生解释病情或外科手术。这是实际存在的产品，而不是什么假想中的机器，它被用于各大"教学医院"（医学院的附属医院），从斯坦福大学到梅奥医学中心都有它的身影。在 21 世纪 20 年代结束之前，更先进的模拟器将出现，这些模拟器使外科医生可以戴上带有数字影像的触觉反馈手套，在触感能以假乱真的虚拟器官上进行手术操练。

打印器官，增强人体

科技进步如火如荼，而需要讨论的问题不是它能不能，而是什么时候能实现直接在人体器官上打印"生物墨水"以修复损伤或加速愈合的技术，[15] 或者甚至实现"打印"整个器官的三维打印技术。

迪恩·卡门发明了医疗泵、支架、假臂、步行轮椅、赛格威电动代步车等一系列产品。2016 年，卡门发起了一项名为"先进可再生制造研究所"（Advanced Regenerative Manufacturing Institute，简称 ARMI，谐音 army，意为陆军）的倡议（别的不说，仅此一项就可能让卡门赢得"最聪明缩写词奖"。毕竟这个项目的部分资金是由美国国防部提供的）。ARMI 是个非营利组织，由 170 家公司和研究机构组成，旨在发明一种能用于"批量生产"人体器官的专业机器。虽然卡门的一些合作者认为，还得等几十年才能实现这一愿景，但据卡门说："在 10 年内，人们就可以像许多标准医疗程序常见的那样，为器官有缺陷的病人打印部分，甚至整个器官。"[16]

前文提到了"器官芯片"技术和在芯片上集成微小细胞的技术，

而器官打印则是实现这个技术目标的最后阶段。三维打印器官技术再次显示了人们熟悉的三个技术领域的融合：新材料、新机器和在创新型微处理器中运行的先进算法。三维打印机的精确性（与高分辨率影像结合）极高，足以制造出心脏形状的生物兼容支架。然后，把营养水凝胶介质（这本身就是一种神奇的材料）中的活细胞注入支架，使其在模框周围形成心脏。山中伸弥①（Shinya Yamanaka）发现：特定的细胞知道自己的生长方向，并会迅速长成心脏。他还发现了成熟细胞的基因图谱，该图谱可以让成熟细胞回到准备生长的未成熟状态（且无须使用胚胎干细胞）。因此，山中伸弥（和约翰·B.格登爵士一同）获得了2012年诺贝尔生理学或医学奖。

2020年夏天，密歇根大学的研究人员成功地用三维打印技术制造了一个跳动着的人类心脏，这个心脏很小，只有1英寸（约2.5厘米）长。[17]这是一个粗糙的器官，但比起早期仅能完成部分心脏的印刷结构还是好了不少。这条路可能比迪恩·卡门想象的要长，但从现在起，直到外科医生植入打印的超级个人定制版替代器官，这段路会是一条直线。

科学家们现在终于知道，原来还有一条通向高度个性化治疗的道路，即利用病人特定的DNA图谱，通过基因工程修复一个人特定代码中的具体受损部分。这种疗法作为合成生物学的一部分，正在浮出水面，并将在未来一二十年中成熟。[18]然而，虽然科学很可靠，但要想在基因工程的规模上实行这种疗法，其前景类似于大规模使用量子计算机或核聚变，还不明朗。科学的道路是可以想象的，但真要实现还需要几十年的时间。

即使不考虑长远的未来，并不是所有人都对已经出现的增强或提升人体机能的技术感到高兴。那些不看好乌托邦未来的人，对"超人

---

① 山中伸弥是诱导多功能干细胞的创始人之一。——编者注

类主义"感到担心。可以肯定，在医学伦理学的道德性和实践性方面，确实有很多值得谨慎考虑的地方。[19] 但这里的争议，跟威尔斯所想的并不相同。在威尔斯 1896 年出版的小说《莫罗博士岛》(*The Island of Dr. Moreau*)中，一个疯狂的科学家把动物的器官剪切、拼贴在一起，创造了一群怪物。这样的虚构小说，无论是古代的还是现代的，都与三维打印人体替代器官、植入生物电子设备以及佩戴集成神经义肢的含义相去甚远。曾经有位哲学家挑衅地问了一个问题："谁想成为人机体？"[20] 可能大多数人对此都不会拒绝——如果能正确定义这些术语的话。

事实是，纵观历史，人类一直在努力改善自身，而不仅仅是修复损伤。人们一直渴望通过服用咖啡因（也许是最古老的药物）、"神"药或其他增强体魄的药物，来提高头脑的敏锐度，或使用整形（改造）手术来提高美感，而整形甚至可以追溯到两个世纪前。[21]

无论是增强体魄、治疗疾病，还是保护和延长人类生命，对与此相关的所有直接和间接手段的需求都十分庞大，甚至可以说是无止境的。21 世纪 20 年代技术的蓬勃发展，有望使平均寿命曲线进一步趋近理想，并由此让更多普通人可以享受百岁人生。

第二十三章

教育与娱乐：
掉进（同一个）兔子洞了吗？

"动画注定要彻底改变人类的教育体系……在几年内，它将在大范围代替教科书，甚至在有一天会完全取代它。"

——托马斯·爱迪生，1922年

不到10年前，《纽约时报》曾大肆宣扬"慕课之年"（MOOC，大型开放在线课程）的到来。[1]它告诉人们，大学里古老的线下教育模式正处在被慕课"大规模颠覆"的边缘。当时，慕课的用户数量在短短十几个月内从零飙升到数百万。讲座是教授的产品，正如音乐和电影是专业艺人的产品一样，而讲座在互联网上的免费传播，就像音乐和电影的传播一样势不可当。

人们的担心或热情都是有理由的，这取决于站在哪一方。在《纽约时报》这条新闻出现的10年前，互联网已经对音乐产业造成了严重打击，音乐产业收入由此下降了70%。互联网在很大程度上取代了通过现场表演和实体唱片传播音乐的模式，该模式已经延续了百年。[2]所以人们断言，同样的数字技术会转变面对面教学与实物课本的实体模式。少安毋躁，这一刻还没有到来。大学学费不断上涨，确实已经成为实体教学的一种制约因素。

但此后不久，人们对 MOOC 的狂热就熄灭了，而大学仍然屹立不倒，教育成本不断攀升。从幼儿园到研究生，虽然现在的学生对数字工具的使用需求都十分强烈，但教育界却有了更多教师和实体建筑，也有了更多的官僚。颠覆娱乐行业的"云"技术，基本上没有撼动教育。

新冠病毒的突然出现，把局面搅乱了。新冠疫情使得数以亿计的学生在家进行"远程学习"，这在"云"时代之前是不可能的事情。尽管早期人们断言 Zoom 将为教育"改变一切"，然而事实很快证明，它的实际发展轨迹与 MOOC 一样。不过，这种大规模的远程学习实验加速了其他已有的趋势，最终可以使得人们使用技术来控制教育成本。

新冠疫情暴发后，另一个完全关闭的市场是线下娱乐业——剧院、博物馆、餐馆和几乎各类旅游业。不出所料，娱乐业中完全数字化的部分并没有遭遇同样的命运，它们的发展反而加速了。但是，停业也凸显了娱乐和教育行业的实体属性，这一属性也使得它们难以甚至无法数字化。确实，它们在许多方面对人类的繁荣至关重要。

在采用新媒体方面，教育行业和娱乐行业之间一直有相似之处，从录音和电影的出现到广播、电视、计算机，再到现在的"云"技术。但历史表明，即使已经出现过许多技术革命，并且还有很多革命正在进行中，正规教育和娱乐基础设施的基本效用在大体上仍未改变。

教室和音乐厅所提供的那种面对面的实际互动，与教育及娱乐这两个概念本身一样古老。如今，它们仍然是提供多种知识和娱乐的最佳方式。同样，道路可以追溯到古代，即使技术改变了道路上车辆的性质，但道路依然是使车辆移动的最佳方式。

教学和娱乐都是古老的行业。不过，在历史上的大部分时间里，接受正规教育和经常参加娱乐活动都是一种奢侈。现在，如此多的人有时间、精力和金钱来更多地参与教学和娱乐，这是技术进步扩大财富、解放时间的直接结果。全球教育和娱乐行业的总值均为7万亿美元左右，这可能并非巧合。[3]

1938年，赫伯特·乔治·威尔斯发表了《世界大脑》一书。1965年，约瑟夫·利克莱德发表了著作《未来图书馆》（*Libraries of the Future*）。两位作家在各自的书中不约而同地阐述了这样一个观点：建设一个实用的大规模全球图书馆，以此推动更广泛的公众教育。尤其是威尔斯，在经历了可怕的世界大战和大萧条之后，就致力于解决困扰世界多年的社会问题。他写道："现有知识与当前的社会和政治事件之间，存在着可怕的差距。"他设想了一个解决这些问题的办法，那就是建立一个未来的世界图书馆：一个所有人都可以进入的"超级大学"，它将取代"大学业务、课程辅导及正常的讲学工作"[4]。他并不关心使能技术本身，而是用以纸张为核心的术语来描述他的图书馆。

尽管威尔斯比同时代其他任何人都更有名，但他也只是一名早期的"想象工程师"。历史上有一个巧合，即就在威尔斯在英国发表《世界大脑》的演讲同一年（1937年），大洋彼岸的美国艾奥瓦州立学院的两位物理学家约翰·阿塔纳索夫（John Atanasoff）和克利福德·贝里（Clifford Berry）建造了世界上第一台电子计算机，但他们没有引起外界和媒体的注意。直到20世纪60年代，在一场与此无关的专利纠纷中，这两位美国人的成果才被重新发现。当时埃尼阿克计算机的建造者声称在1944年造出了第一台计算机，而历史证明他们所言不实，这才引起了外界关注。

1960年，也就是利克莱德的巨著问世的5年前，利克莱德发表了一篇文章，第一次描述了世界"图书馆"的基础设施，它采用了以计算机为中心的结构。利克莱德对其进行了详细的技术框架描述，使其设计终于变得可行而非是空想。[5]（那位更有名的想象家——阿瑟·克拉克，往往被认为是"第一个"提出这一想法的人，他在1962年预言：

"到2000年"人们就有可能通过家用计算机来获取知识。克拉克有可能读过利克莱德的科技著作。)但是，正如每个教育工作者和家长所知道的那样，不管"知识宝库"是存储在莎草纸上还是硅芯片中，教学需要的远不只是获取知识。

识字率是衡量基本教育水平的一个重要标准。但事实上，即使到现在，技术对识字率的主要贡献也并不在于它改变了教学方式，而是在于它使世界变得更加富裕。两个世纪前开始的工业革命，让财富广泛扩张，这场革命直接让识字率得到了惊人的增长。1820年，世界上90%的人无法阅读或书写，而今天却有近90%的人识字。[6]只有在世界上最穷的国家，成人识字率才低于50%，这个比例让人无法接受。[7]即使在富裕国家，个人收入及其识字水平之间仍然存在着关联。

在人际教学方面，有两个重要而有趣的技术问题。第一，应如何利用技术来降低教育成本，从而增加整体财富？第二，技术能够怎样提高教育本身的效能和质量？这两个问题相关，但性质不同。一方面可以思考的是，技术如何将新基础设施用于教育，也就是（校车的）引擎和（集中式学校的）电力如何为运输和教育更多学生服务。另一方面，可以思考人们是怎样使用磁带录音机改善语言训练效果的。前者为基础设施提供了经济基础，而后者则提高了教师的生产力水平。

在后疫情时代的经济中，很多人认为技术现在正在教育领域引起一场重要革命。人们认为教育将转向Zoom等线上平台，投资者对"教育技术"也颇有兴趣。[8]以某种标准来看，在美国价值1.6万亿美元的教育行业中，有5%涉及教育技术。[9]因此，在2020年末，不仅有数量空前的学生尝试远程学习，而且还有数十亿美元的风险资本涌入教育技术领域（见图23.1）。截至2021年，教育科技"独角兽"公司一共有20多家，大约一半在美国，一半在中国。[10]

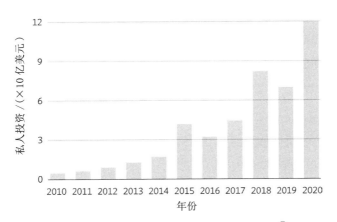

图 23.1　云学习的崛起：教育技术中的全球私人投资[①]

硅谷和新事物

工业革命将一系列技术带进了课堂。"魔灯"（即幻灯机）发明于1870年，最初用于投影印在玻璃板上的图像。几十年来，幻灯机在公立学校得到了广泛应用。"眼见为实"这句话没错，今天的人很难体会到，能捕捉、保存和投射图像，在当时绝对是令人惊叹的奇迹。

继"魔灯"之后，托马斯·爱迪生发明的胶片投影机也出现了。之后是收音机、油印机、耳机、算尺、电视、录像带、计算器等，当然还有台式计算机和"每人桌子上的苹果（计算机）"[11]。在当时，每一项发明都促使人们预测其未来影响会有多么重要和深远。例如，在20世纪30年代，人们认为收音机有可能会和打印技术及课本的发明一样，产生"同样深远的"影响。[12] 学校用无线电广播授课，有些学校甚至架设了无线电广播站。但教育者很快就发现，在课堂上行之有效的教学技能并不能很好地"广播"出来。许多学校直到1940年还没有

---

① 来源：GSV 风险投资公司（GSV Ventures）。

配备无线电接收器，这也引起了人们对教育公平的担忧。2017 年，美国教育部更新了国家教育技术计划，发布了《重新想象技术在教育中的作用》(Reimagining the Role of Technology in Education) 这一报告。在这个报告中，可以看到许多类似的让人喜忧参半的问题。[13]

北艾奥瓦大学教授贝蒂娜·法波斯（Bettina Fabos）最近出版的一本书值得关注，她对服务于教育进步的"媒体技术"发展史做出了审慎分析，以简明扼要的语言阐释了教育行业中"那些令人眼花缭乱的预言"：

> 人们认为，使用手摇留声机、胶片投影机、收音机、电视、录音机、录像、计算机、只读光盘和互联网，就可以使教育恢复活力并且（或者）改革教育。我们不会感到奇怪，在这个'信息时代'，人们对每种媒介都能提出各种美好的说法，它们彼此大同小异，对一种教育技术的预测会很容易地为另一种技术预测所取代。[14]

在法波斯的列表中，可以再加上一些来自科幻小说领域的幻想。这些幻想时不时地会成为人们严肃讨论的话题，而有些幻想则是最近受实验室里的成功实验而启发的，包括幻想将电线直接插入大脑。[15]阿道斯·赫胥黎（Aldous Huxley）在 1932 年创作的《美丽新世界》(Brave New World) 一书中，描写了他想象的一种"睡眠教学法"，通过催眠储存知识。1957 年，艾萨克·阿西莫夫在一则短篇幻想小说中描写了一种神奇的"知识药丸"，这个想法几年后成为《美国医学学会杂志》(Journal of the American Medical Association) 上一篇文章的主题。[16] 在 2004 年的一场 TED 演讲中，美国麻省理工学院媒体实验室前主任尼古拉斯·尼葛洛庞帝（Nicholas Negroponte）将之前对于药丸的幻想作为一个严肃的预测而重新提出来。[17] 人们希望掌握某种神奇的技术，以使学习变得容易，这种想法近在眼前而又遥不可及，只能说时机未到。

在神经科学中，关于大脑如何存储和处理信息，还有很多未知数有待探索，更不用说人类如何获得智慧、判断力或常识等问题了。新型传感器和超级计算机的结合无疑会给人们带来更多的洞见。终有一日，它们能够为人类贡献巨大价值，就像人理解自身肌肉如何运作所带来的价值一样。但同时，无论是专家教师还是普通教师都有这样的直觉，即技术对学习的促进作用是有限的。

在一项有趣的研究中，测试人员给随机挑选的一群人分发了一种看似真实的知识药丸，这种药丸与阿西莫夫在小说中想象的如出一辙。大多数受试者都能轻易想到不愿意使用药丸的情况，他们能依靠直觉认识到学习过程的价值，而不仅仅满足于获取知识本身。[18] 迈克尔·博兰尼（Michael Polanyi）是一位博学的哲学家，于1966年出版的《隐性维度》（*The Tacit Dimension*）一书颇具影响力。他在书中写道，人类学习的方式大多来自过程和环境中的潜意识特征。通过长期观察，博兰尼总结了这一概念："我们能知道的比能说的更多。"这一说法具有深远的影响力。[19]

现在，对比Zoom和教室，学习过程的现实性就能凸显出来。这一差异已由大约5 000万名来自美国和许多其他地方的基础教育阶段儿童充分检验了。一份报纸标题这样总结道："远程学习的结果出来了：它不起作用。"[20]

抛开交际的重要性以及在线教育对日常家庭生活的干扰不谈，不管是否有足够多的孩子能够"访问"互联网，乃至能出现在网络课堂上，客观测试表明，当年的同一批学生与前一年同期相比，在阅读和数学两门科目上学会的总体技能大幅减少了。此前也有人声称，学生对（娱乐）设备十分熟悉，这种技能将转化成远程学习的动力，然而现实情况使这种说法颇具讽刺意味。事实上，2020年的一项元研究分析了300

项探索远程学习效果的研究，并得到了和本书一致的结论——"通常而言"，学生在在线课程中的学习"效率较低"。[21] 或者，正如洛杉矶联合学区的一位主管在 2020 年 6 月所说的那样："我们都知道，在学校环境中的学习是不可替代的。"[22] 重新发现古老而又显而易见的真理，这又是一个例子。

在 1951 年的一则短篇小说《他们的乐趣》(*The Fun They Had*) 中，艾萨克·阿西莫夫想象：在未来，所有的教学都是远程进行的，且充满个性；教学内容由家中的个人机器人老师提供，各门课程都"配合每个男孩和女孩的思维水平，因材施教"。在这个故事中，年轻的主人公想到了"她祖父的祖父还是个小男孩时的老学校。邻居的所有孩子都来上学，在操场上大笑大闹，一起坐在教室里，上完一天课后一起回家。孩子们所学内容相同，所以可以在家庭作业上互相帮助，互相讨论"。阿西莫夫在故事的最后一句话中写道："玛吉想，孩子们一定很喜欢那样的日子。她竭力想象着那些孩子们曾经拥有的快乐。"[23]

第二十四章

教育 1：远程辅导

若抛开其现代意义不谈，"远程工作"一词的发明应归功于物理学家杰克·尼尔斯（Jack Nilles）。尼尔斯原在美国宇航局从事复杂通信系统的相关工作，那时阿波罗计划已进入末期。后来在 1973 年，尼尔斯发明了"远程工作"一词。据尼尔斯讲述，他觉得用一个"吸引人的名称来谈论电信通信、通勤或计算机"应当很有用[1]。当时的环境与现在不同，这在那时候是一个很有先见之明的想法，但也引起了不少争议。有人提出，远程工作可以用来缓解通勤拥堵、消除能源短缺带来的忧虑。

今天的"云"基础设施强大无比，假使它不能产出比尼尔斯在拨号调制解调器时代想象的更有用的产品，或不能产出比随后的"你有新邮件"的互联网时代更有意义的产品，那简直是不可思议的。"云"确实带来了重大转变，但对教育基础设施来说，它带来的两个主要变化看上去平淡无奇：一是减轻了管理负担，二是使学生能够接触更多教师。所谓"接触更多教师"，具体来说，就是通过在线课程和整个虚拟学校（这是慕课"革命"的产物），访问传统教育系统之外的教学"资源"，大量拓宽接受教师辅导的途径，提高辅导效率。

相比直接将信息下载到大脑，或利用载有人工智能芯片的电子动画玩具来引导孩子，管理行政事务、与老师接触听上去并不那么令人兴奋。但教学和指导转到"云"端，不仅让更多人能进行教学活动，还能提高教师的工作效率、扩大教学的地域范围。事实上，爱彼迎和优步开创的运营模式正进入教育领域。在线家教和在线辅导将大幅扩展现有私人家教行业，该行业已包含1 000亿美元的全球业务（仅在美国就有200亿美元）[2]。

新冠疫情时期，在线培训教师和辅导员的人数也有激增，他们以此学习线上教学的技能和技巧[3]。家教、辅导，与所谓"零工经济"的其他许多活动一样，不一定需要认证。但家教公司意识到，即使不能完全融入教育标准，至少也需与教育标准保持一致[4]。而且，"云"让用户能在知情的情况下，对导师和家教进行选择，就像对不同服务启用的消费者评级系统一样。该系统早已为人熟知。教育技术（EdTech）公司就是这次转型的代表，旨在帮助家长实施居家教育。虽然以前只有少数人选择居家学习，但新冠疫情加快了居家学习的趋势[5]。"云"服务不仅有助于用户接触教师，还提供了无缝的方式让家长确保居家学习的学生达到修课学分和毕业要求。

这一技术很少涉及学习过程本身。一些人工智能工具旨在提高理解力或记忆力，颇具开发潜力，但其一般目的只是检测学生是否集中注意力、是否看起来很困惑、有无考试作弊等。检测作弊的功能就是所谓的"数字监考"，可使用摄像头和键盘传感器主动监控学生及其所处环境。

数字监考存在明显的隐私问题，导致一些学校将其彻底禁止。与此同时，新冠疫情期间的某些调查称，线上作弊现象并不比传统上学时更多[6]。但事实证明情况并非如此——社交媒体确实为在线作弊提供了"应变之法"。

与经济的其他许多方面一样，教育中已初露端倪的许多趋势因新冠疫情而加快。一项元研究发现,"辅导员或导师"的出现极大改善了线上学习效果[7]。现场工作和远程工作的混合是新出现的趋势,就像医疗保健行业的趋势一样。

不过,在21世纪20年代乃至以后很长时间,现有教育体制毫无疑问会一直存在。在庞大的管理基础设施中,人们找到了数字变革的另一个机会。在教育系统中(就像在所有大型组织系统中一样),管理功能必不可少,但很容易使机构臃肿。因此,利用现今的先进软件来(最终)提高效率就是明确目标。

教育基础设施的服务功能

教学有一种与生产力发展相逆的特征,这对教育基础设施的建设提出了挑战。长期以来,家长和大多数教育工作者一直在讨论课堂的师生比问题。用经济学家的话来说,教育质量通常与每名劳动者(教师)的"产出"(即学生人数)下降有关。因此,1955年美国平均每名教师有26名学生。到2000年,每名教师只有16名学生。随着财富的增加,社会也有能力承受这种明显的"生产力下降"的转变。但自2000年来,该比例一直保持不变[8]。

同时,调查结果和日常经验都表明,教师将越来越多的时间(现已超过其工作日的一半时间)花在"经营"——即管理上,而非用于与学生的直接交流[9]。在美国过去的50年中,虽然教师总数只增加了60%,而非教师人数却增加了约140%[10]。软件不太可能在短期内减少社会对教师的需求,但可以减少教师对官僚体系的依赖和需求。

任何组织都不能回避行政职能。这个事实,自几千年前人类第一次建立组织起就有了。可以看到,亚马逊和优步通过提升营运基础设施的效率,在类似的劳动密集型零售市场、运输市场上产生了巨大影响力。在"一键式"商务或一键式打车的便利背后,隐藏着巨大的基础设施和复杂的决策过程。

正如软件工程师弗雷德·勒迪(Fred Luddy)所说:"科技让聪明人变蠢,这让人感到唏嘘。"[11]勒迪在2003年创办即时服务公司(ServiceNow),正是为了让员工直观而轻松地执行必不可少的管理任务。勒迪指出,"云"的兴起加快了该设想的实现。"云"是一种无处不在的应用结构,特别适合对不断变化的、可塑性强的环境进行持续、简单的改造。该应用类型让用户可以更快提升产品性能。

"云"是首个多功能基础设施,可以轻松地从一个国家转换到另一个国家,从一个文化跨越到另一个文化。自公路、公共汽车和中心学校①出现后,"云"就与教育有了直接关联。当教学任务涉及的学生数量较多时,"云"基础设施可以提高管理效率。有教育需求的人口正发生爆炸性增长,到2030年,全球接受中小学教育和学前教育的儿童预计将增加7亿名。因此,"云"的到来恰逢其时。

那么,按照阿西莫夫的想象,在未来学生记忆中,当今校园应该是什么样子呢?它体现的教育特征可以追溯到古代。随着疫情暴发,在某些学校,学生家长开始创建更加个性化的教学微区,将操场重新分配,建立起分散的"微型"校园。可即便如此,人类的社交需求也不会因"云"的出现而消亡。实际上,是"云"帮助人们创造了这种(受到认可的)"微区"。住所相近、文化共通的家长,可以筹集资金聘请专业教师和导师,或者分摊志愿监考任务,甚至可以自己辅导孩子。

---

① 主要指设立在乡镇一级,对所辖小学或初中具有一定管理、指导职能的学校。——编者注

高等教育的高额成本

科技能为学习做什么和不能做什么，对于这个问题，不论是高等教育还是基础教育，其本质道理都是相似的。这两种教育都给经济体带来了巨大的财政支出。学前教育和中小学教育占全球教育支出的一半以上，高等教育支出的占比位居其次，约 1/3（剩下 20% 的教育支出用于学前教育、继续教育、企业培训或学习，三者支出大致相当），但中等后教育①，有两个区别于基础教育的特征：一是中学后教育的成本大幅上升，二是所教科目更为丰富多样。

学科内容的多元性以及不同大学运营的差异性，是教育的一大特色而非漏洞（姑且用一下这个计算机领域的普通术语）。但是，大学学费不断攀升。无论从现实还是社会角度来看，这都已成为一大挑战，甚至被当成"政治足球"踢来踢去。在过去的几十年里，每个学生在基础教育上的平均支出仅增长 15%，大学学费却增长了近 200%[12]。大众社会服务类中仅有医疗保健这一项成本上涨（两者成本都大大超过潜在通胀）。与之相比，同期大多数制成品的成本都在下降。与计算技术相关的设备降幅最大（见图 24.1），这与"云"基础设施成本的下降有关。

基础教育系统和中等后教育系统之间，还有一种差异能说明问题。公立学校 90% 以上的资金来自美国各州税收与地方税收（90% 的学生在公立学校接受基础教育），二者比例大致相等。但在大学，70% 的学生毕业时都负有个人债务，用于支付部分或全部费用。虽然毕业生负债比例比 20 年前的 60% 仅稍有增加，每名毕业生的平均负债却翻了一番。现在，上大学的总人数和人口比例也有所增加。如今，美国拥有

---

① 泛指在接受了中等教育之后由高等院校或其他机构所实施的各种形式的教育和培训。——编者注

大学学位的人数约占全国人口的 1/3，高于 20 年前的 25% 和 1960 年左右的 15%[13]。

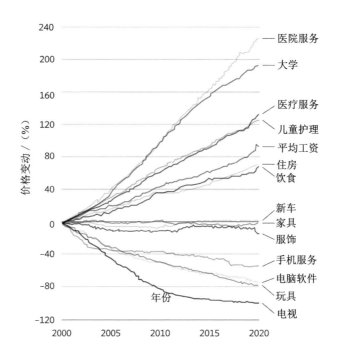

图 24.1　两个领域的价格变动：服务 vs. 硬件 ①

成本大幅增加的原因并不神秘。高等教育支出中增长最快的部分，是体制支持（即管理）和学生服务。过去 10 年，体制支持的费用以两倍速度增长；学生服务费用的增长速度则是教学支出的 4 倍[14]。平均而言，目前教学支出仅占每名学生总支出的 40% 左右。

如今，各大学纷纷为学生提供各种高档便利设施，包括健身房、咖啡馆乃至宫殿般的宿舍，以此相互竞争。"云"与人工智能并不会减缓这种竞争。不过，新冠疫情带来的萧条有可能会让这一热度稍有

---

① 美国劳工统计局（Bureau of Labor Statistics），马克·佩里（Mark Perry），美国企业研究所（AEI）。

冷却，因为学生和家长要考虑后疫情时代的费用并重新做出选择，学校管理者也在寻找省钱之道。这可能会使新冠疫情的后果带来相反的效果，特别是居家办公的趋势已经让一些行为偏好初露端倪。调查显示了员工在省去通勤时间后如何利用时间的。"额外"时间除了用于额外劳动（这是主要用途），第二大用途则是休闲活动[15]。随着学生重返校园，这种偏好可能转化为对更多便利设施的渴望，而高等教育的校园恰恰提供了这些设施。

管理员很可能会被迫寻找其他方法来降低管理成本。"云"将使高等教育基础设施的效率得到比基础教育更系统、更显著的提高。新冠疫情的一个结果，就是学校教职员普遍赞成更大规模的线上授课[16]。但"云"中介服务可以做得更多，它不仅可以将在线教学与面对面教学相结合，还可以像一些大学正在探索的那样，将线上教学与订阅模式结合，利用高度专门化的课程，建立一套各大学参与的全球网络，以及一套与之类似的包含家教、顾问、导师甚至企业的全球网络。

调查发现，在前疫情时代的经济中，人们之所以选择远程学习，首先是因为实际出勤不可行[17]，其次是因为"这是追求感兴趣领域的唯一途径"，以及"受雇主鼓励或为建立合作伙伴关系[18]"而远程学习。其他一些调查则直观、明显地揭示了人们选择在线上开展大学、专科上教育课程的原因和方式。前三大原因中的两个，是经济承受力和"最快的学习途径"[19]。

此外，在新冠疫情暴发前，全日制在线招生只占所有中等后教育学生的15%。因此，当几乎所有学生都不自觉地开展在线学习时，2020年有数据显示，有63%的人认为线上教学比当面授课的效果更差[20]。即便有些调查中，线上教学评分略高，也只有当面授课评分的一半而已[21]。这很难算是在线教育取得广泛效益的有力证明。相反，人们把支持票投给了实体校园。

要么合作，要么灭亡

诚然，新冠疫情使采取在线学习方式的学生比例加速增长。慕课已基本上放弃了对"大规模"甚至"公开"（许多服务需要付费，尽管成本很低）课程的关注，转而将其产品与市场和学生需求结合起来，包括许多目前已被充分认可的学位授予项目。2020 年之后不久，基于慕课的有效文凭便已有 24 份 [22]。

以线上机构形式诞生的教育企业，相对实体学校取得了领先优势。在线学习人数最多的传统学位授予机构有 5 家，其注册人数为 7 万—12 万；但通过慕课授予学位的公司中，在线学习人数最多的 5 家公司拥有 1 000 万—4 500 万注册人数 [23]。这种不对称解释了为什么全世界有 700 多所大学与教育技术（EdTech）公司及各类企业进行某种形式的公私合作。

发展最快的合作项目是"训练营"。"训练营"是个时髦的词，即"扩展教育项目"，亦称"校外教育课程"。训练营提供了更为便宜可靠的创业技能培训。对未来 10 年人口和文化的发展趋势（由于新冠疫情引起的失业加剧了这一趋势）的预测发现：参加员工培训的人数增长率将是四年制大学学位增长率的 4 倍，这一点毫不奇怪。员工培训将令教育支出增长两倍 [24]。大学和企业在继续教育领域结成合作伙伴关系，这是对共同利益的合理追求。

至于大学，到 2030 年，美国大学生的潜在人数将下降 10%，因为美国的高中入学率将在 2026 年达到峰值 [25]。许多情况下，公司无论是否与大学合作，都会创建自己的培训项目，甚至创立奖学金来认证"职业能力"。所谓职业能力，就是对公司当前所需技能的掌握程度。例如谷歌就宣布，这些认证等同于大学学位 [26]。其他这么做的公司会向高等教育施压，要求其与企业培训合作而非互相竞争。

过去 20 年里，已经有 100 多家高等教育机构合并，现在可能还会更多[27]。这种联合将提高规模效率。但对管理者来说，仍有一个关键问题：在校教学究竟有何价值？

大学的概念本身已有近千年历史。大多数历史学家把意大利 1088 年建立的博洛尼亚大学视作世界上的第一所"大学"，并相信"大学"一词即由此而来（来自拉丁文 universitas，意为"整体，宇宙，世界"）。继博洛尼亚大学建立之后，1150 年，巴黎大学建立；1167 年，牛津大学建立[28]。虽然对现代文明来说，基本读写能力不可或缺，但自研究型大学出现以来，我们也清楚地看到，"高等教育"的中心与基础创新紧密相连，因此也与经济实力和政治权力息息相关。

未来的大型校园将拥有更多集中的物理基础设施。有两个方面的发展预示了这一趋势：一是与开展研究相关的硬件设施不断扩充。二是高性能虚拟现实（VR）系统所需硬件的规模扩大。两者都与"大学—企业"伙伴关系有关，而后者与所谓的"软"学科特别相关。

通过昂贵的虚拟现实"洞穴"，可以实现极度逼真的虚拟现实体验。在"洞穴"里，用户不用 VR 眼镜也能看到房间内的远程实景，产生虚拟的体验感。创建这样一个虚拟现实"洞穴"所需的基础设施，必须采用强大计算力和极高密度的高分辨率显示系统。到目前为止，这种虚拟现实洞穴还很少见，但将来会成为校园里的一种标准设施。美国伦斯勒理工学院（Rensselaer Polytechnic Institute）称，使用这种"沉浸式实验室"学习普通话，虚拟现实可以让学生沉浸于极其逼真的中国场景，使学生学习汉语的速度加快了两倍[29]。这是一个 VR 洞穴技术初期应用的案例，它显示出 VR 洞穴技术对学习的功效，值得关注。微软通过其全息透镜虚拟现实系统，借用科幻小说中的远程传输幻想来描述高性能的 VR 全息位移。在教育和娱乐领域，真正的沉浸式虚拟环境还有无数其他用途，它对学生的吸引力堪比咖啡馆和攀岩墙。

人们还发现，研究型大学的中心校区能为开发全套高效研发工具持续提供规模效应环境。之前详细探讨过，虽然"云"技术能让信息的获取更加便捷，但在许多情况下，相关硬件和技术工具变得更加复杂且昂贵。此外，运营和维护"大数据"技术生态系统还需高水平的专业技能。而讽刺的是，获得原始算力的成本大幅下降，导致开发强力科学工具与技术套件的总成本增加。从低温电子显微镜的 1 000 万美元到微机电系统制造厂、生物电子设备制造厂的 5 000 万美元，成本增加显著。

大型研究型大学的全球竞争将会加速。世界上的竞争不会变少，反倒会变多。150 年前，企业和大学开始因共同的研究兴趣而组成联盟，21 世纪的 20 年代则将成为让该联盟重新焕发活力的时代。

第二十五章

教育 2：
"脏活""软"技能的虚拟化

和大学不同，技能学校位于教育分类另一端，其传授的都是与建设、维护和运行社会重要基础设施（如公路、医院）有关的技能。在新冠疫情期间，需要这些技能的工作都被认为是"必不可少"的工作。迈克·罗（Mike Rowe）在电视剧里扮演的角色就是一名吃苦耐劳的楷模，用他的话说，这些工作都是些"脏活"，需要干活的人现场工作、亲自参与。

众所周知，按照一般历史进程，工作的性质总是在不断变化。许多在过去必不可少的特定技能，现在已遭淘汰。随着工业和服务结构的变化，不同类型的工种相继出现。1960 年距今时间不久，当时大约 60% 的工种如今不再以工作岗位的形式存在。社会环境不断变化，这要求工人必须提高技能或掌握新技能，获取新知识，并从"继续教育"学校获得正式的证书——这些变化其实并不新鲜。新鲜的是，"云"既是职场纷纭变幻的根源，又同时为培训所有必要的新技能提供了更好的手段，这一点可谓史无前例。

技能的领域及其习得过程可分为两种：一种技能本质上是信息，而另一种则是实际操作。前者需要理解相关概念，如具体规定、许可、安全标准。举个例子，人们不用踏上挖掘机，就能学到在建筑工地驾驶挖掘机的知识。但要想学习如何操作挖掘机本身，就需要实际操作培训了。

就计算机能发挥的作用而言，这两种习得过程已经有了很大不同。大约30年前，一些计算机科学家巨擘观察到一种现象。这种现象以汉斯·莫拉维克（Hans Moravec）的名字命名，被称为"莫拉维克悖论"：教计算机下象棋比教计算机叠衣服更容易。听起来是不是很讽刺？很明显，这是个悖论：因为前者被认为"高级"任务，而后者被认为"低级"任务。但是，这种等级上的划分并没有注意到，体力活动以极其微妙的方式整合了人类精妙复杂的高级能力——感知能力、神经运动技能和逻辑推理能力。开玩笑地说，这就是教孩子拼写"挖掘机"（excavator）这个词和教他们操作挖掘机之间的区别。

先来谈谈"非身体技能"。线上或远程习得非身体技能，这并不是什么革命，因为这在以前就有了，无论是借助电视机、录像机、录音带，还是借助收音机。当然，如今远程培训可以与"云"基础设施一起，迅速扩大远程教学的规模，这非同小可。但未来发展的独特之处在于，"云"会使人工智能大众化，将对信息技能的教学产生不同影响。

在回顾1970年以来的信息进步史时，我们曾经注意到戴维·奥托尔（David Autor）和安娜·所罗门斯（Anna Salomons）的工作。作为麻省理工学院的经济学家，二人详细记录了就业结构的变化，特别是不需要大学学位的高收入"中级技能"工作被"空心化"。[1] 在这类中级技能工作中，有两类工作减少得最明显，即体力操作和行政管理。体力操作减少主要是因为机器自动化和工业外包。而行政管理人员减少则是因为20世纪后期出现的各种软件，包括文字处理、归档、邮寄、绘图、打印和电子表格等软件，将文职的工作从中级技能的雇员转移到了专业人员身上。对于当今专业领域中的许多"高级"技能，人工智能会在未来将其逆转成低级技能。

到目前为止，分析型软件工具通常关注的是数据收集、存储和展示，并且需要操作者事先接受相当复杂的培训和教育。人工智能提供的建议和模式识别（包括使用实时模拟和"虚拟孪生"模型），如今已应用于辅助职业管理的常规工作。但随着人工智能工具变得更加直观易懂，这些建议也可以直接提供给未受过大学教育的中级技能员工。

管理者和工程师们被大量数据淹没，这些数据关乎运营效率（和安全）的各种因素，包括来源、数量、输入源的位置或成分变化、供应商以及市场动态。大多数日常操作决策都需要识别所有信息中的模式，但正是在这些复杂的领域，人工智能可以提供建议，甚至实现自动化，寻找"噪声中的信号"。信息自动化通过虚拟助理的形式，培训提高非管理层员工的能力，把诸如此类的决策能力转移到工厂车间或酒店前台等工作前线。

因此，人工智能的关键特性并不在于让智能机器做出必然的自主决策（这种决策能力让预测者们忧心忡忡），而是能够通过"自然语言界面"提出有用的建议，且这种接口既不需要编程技能，也不需要特殊的专业知识。以前，无论是机械装置，还是供应链决策，都需要管理层考虑隐藏其中的各种复杂情况，而如今，能提供人工智能操作指导的智能数字助理就可以在一线实时操作。未来，通过增强现实和虚拟现实界面（而不仅仅是传统的自然语言），人们会获得越来越多基于人工智能的指导和建议。

在人工智能出现前，软件领域出现了计算机辅助设计（CAD）等工具，其主要功能是协助工程师工作，使工程师直接利用 CAD 软件进行设计，而不再需要绘图员。在人工智能时代，工程设计，甚至是生产制造的一些专业领域，都将由一线员工而非管理人员来完成。同样的变化也正出现在信息技术领域本身。与制造业一样，"计算机辅助软件工程"工具已经存在几十年了。但现在，人工智能才逐渐强大到可以真正实现"无须代码的编程"。在其他所有领域中，工程师多年来孜孜不倦地追求生产效率，同样，程序员对生产效率的追求使得许多同行失业。[2]

甲骨文、软件营销部队、谷歌和微软这样的科技巨头，以及许多初创公司，都在竞相开发更简单的"无代码软件"工具，以让客户无须了解更多就可以使用自然语言、直观的图形和界面编写代码。这并不意味着"程序员"这个职业的终结，正如自动化没有终结农业或建筑工地一样。不过，这确实意味着，在总体就业人口中，本科及以上学历的程序员将继续只占一小部分。如今，软件工程师的数量与农场或建筑工地的雇佣人数大致相当。未来10年，此类工作很可能仍属于利基职业。更重要的是，软件开发的大众化，将促使非专业人士使用各行业的人工智能工具。

碰巧的是，农场主引领了这一潮流（就像其引领工业化进程一样）。现在，不仅农场设备通常都是自动导航的，而且农场主在决定什么时候种植、灌溉和施肥时，都可以因地制宜地参考人工智能软件提供的实时数据和分析建议，这类软件以"云"为中心。标志这一趋势的另一个事件是，2020年底，UPS提前买断了许多管理员工，同时又为节假日业务雇用了10万名员工。[3] 非专业人士技能的实时提升带来的净效应就是，许多原本只留给专业人士的工作岗位将被"掏空"。效率提高了，产量增加了，但问题也更多了。

"硬"技能的虚拟化：操作挖掘机和外骨骼

使用模拟器帮助人们学习操作复杂或危险机器的技能，这个设想要归功于一名高中辍学的学生。1929年，埃德温·林克（Edwin Link）卖出了他的第一款航空飞行模拟器。这是第一个有用的虚拟现实案例。而林克之所以产生这个想法，一是因为他热爱飞行（他曾购买了塞斯纳飞机公司的第一款飞机），二是他了解学习驾驶飞机本身的各种风险。[4] 众所周知，在商业航空发展的早期，飞机失事和人员伤亡概率很高。

第二次世界大战期间,以林克本人命名的飞行模拟器训练了成千上万的飞行员,发挥了重要作用。完整的飞机驾驶舱(即去掉机翼或机身等)配有各种仪器和控制系统,通过在一个液压系统中移动来响应飞行员的操作,制造出飞行的错觉,从而使得飞行员形成必要的条件反射。(早期这类机器,效果远不如今天的模拟器那么逼真,但足以大幅降低新手飞行员发生事故的概率。)直到今天,林克的公司仍然存在:经过一次次的收购,该公司现在是国防承包商 L-3 技术公司的一部分。当下的技术虽然更加先进,但在概念上与之前几乎没有什么不同,这些技术在训练飞行员和设计新飞机方面都发挥着核心作用。

1966 年,继林克之后,在虚拟现实模拟器更广泛应用的道路上,出现了另一个关键人物——汤姆·弗内斯(Tom Furness)。弗内斯是电子工程师兼美国空军军官,他设想出一种安装在头盔上的平视显示仪,以此解决驾驶舱仪表日益复杂的问题。这个设想,为他赢得了"虚拟现实教父"的称号。和林克一样,弗内斯后来成立了公司(实际上是几十家公司)。最近,弗内斯成立了虚拟世界协会(Virtual World Society)这个非营利组织,旨在借此推动虚拟现实技术在家庭学习方面的应用。[5]如今,平视显示仪已经成为标准飞行设备,美国军方也在使用"L-3 林克模拟与训练"部门制造的机器,来训练其无人机操作员,而这些机器都直接源自埃德温·林克的创新成果。

直到最近,虽然涉及技能学习的工作任务数不胜数,但只有一小部分适宜模拟,无论是使用木工车床、焊接技术、管道设备,还是驾驶挖掘机,都是如此。事实上,直到 2000 年后,第一个挖掘机模拟器才问世。[6]此后,其他重型设备的模拟器迅速跟进。如今,这方面的模拟训练也已经像飞行模拟器一样,牢牢站稳了脚跟。[7]比起昂贵的重型设备和高成本飞机的市场,技能模拟和培训市场前景要广阔得多,这是不言而喻的。

在未来,对技能的需求将大幅上升,这不仅是因为仓库机器人、送货无人机以及医院的协作机器人等新型机器的出现,还因为所谓的"银发海啸"（指人口老龄化现象）。几乎所有发达国家经济，都不可避免地面临着技术劳动力人口老龄化的问题。在从事技术工作的员工群体中，接近退休年龄的人口占比极大。这意味着，一旦这群人退休，现有的"技能缺口"将会扩大，对用模拟器更有效地、更快速和廉价地培训员工的需求也会随之增加。

到目前为止，虚拟现实技术的不断进步也付出了一定的代价。20世纪30年代，林克以6.5万美元（按如今通货膨胀调整后的美元计算）的价格把他的训练机卖给了美国陆军航空队。如今，飞行模拟器的成本从100万美元（没有运动控制）到1 000万美元（全动态运动控制）不等。对于造价在1 000万到1亿美元的飞机操作人员培训，这个价格应该可以接受。但是，具有身体和触觉反馈功能的模拟器还需要进一步降低成本才能进入其他领域——从昂贵的外骨骼到远程操作的无人机，再到各种各样的半自主协作机器人以及所有其他类型的机器，莫不如此。更低的成本和更高的性能，正是人工智能、微处理器和材料革命共同给模拟器市场树立的新指标。

增强现实/虚拟现实：过分乐观和重视不足

在虚拟现实发展的早期，人们对这一技术能够实现的目标过分乐观，这对于新技术来说是普遍现象。2014年，脸书公司斥资20亿美元收购了虚拟现实公司奥克卢斯（Oculus，意为眼睛），希望能借此迅速普及虚拟现实，结果并未成功。而现在，造就虚拟现实的三种使能技术，终于达到了必要的共同临界点。

虚拟现实中的现实仍然始于视觉。研究人员一直在追求更高的屏幕分辨率；而现在，无论是大如房间的显示器，还是小如眼镜的显示器，都已经达到了接近真实的像素密度，且成本更低。随着像素密度的增加，实时图像生成在计算上变得更加困难。据记录，虚拟现实系统中的任何图像延时，不仅会让使用者对场景产生怀疑，还会使其疲劳，迷失方向，甚至感到恶心。现在，凭借高性能图形处理器（GPU）的超高速图像渲染技术，这一问题正在得到解决。第一代手机的发明者曾提到，其发明灵感源自《迪克·特雷西》漫画。这也让人们回忆起，泰勒·斯科特在2021年初发布的一款智能手机显示器（原型机），不用特殊眼镜就能产生三维全息图像。该显示器正是受到1977年《星球大战》中莉亚公主这一标志性全息成像画面的启发而发明的。[8]

新一代低成本、高性能的人工智能引擎，也在虚拟现实系统向下一代升级的过程中发挥了关键作用。脸书公司并没有因为之前的错误决策而退缩，而是开发出了人工智能驱动的系统，这一系统可以动态跟踪用户的目光，并将其视觉和听觉结合在一起。这使得该系统能够复制人脑的选择性关注力——大脑有选择地专注于"聆听"视觉景象，同时屏蔽嘈杂环境中的声音。[9]这个虚拟现实技术难题曾一度被称为"鸡尾酒会挑战"①（cocktail party challenge）。解决这个难题，将会给助听器技术本身带来革命。人工智能引擎还可以将运动检测与摄像机相结合，分析人的情绪状态、困惑点或注意力水平。这些情感感知技术（EST）正在被添加到模拟器，但也作为驾驶员辅助技术出现在汽车（以及其他关注注意力的机器）中。

正如之前所探讨的，为让虚拟现实和增强现实更具有真实感，在接收人的"输入"命令时，人机界面也必须变得更加自然。在理想的界面中，机器（或图像、算法）应该对意向指令做出反应，并凭直觉感知意图。为了实现第二个目标，工程师们开发出了能够通过"观察"人的举动来预测人意图的界面。这些系统被称为无触摸系统或者直觉式姿势控制系统。如今，谷歌和微软等大公司以及初创公司已经推出

---

① 这个说法与"鸡尾酒会效应"有关，也称作"选择性关注"。——译者注

了几十款这样的设备。(一如既往,很多初创公司被这些大公司收购——这也是许多企业家和投资者的预期结果。)

上述概念并不新鲜。例如,早在30多年前,加拿大的体态科技(GestureTek)公司就开始在博物馆、商店和酒吧中提供"基于视频的免提输入控制"。但直到最近五六年,随着先进、微小、廉价的传感器和逻辑芯片的出现,简易的姿势控制技术才逐渐成熟。从游戏和电器到汽车和军事机器,在这一系列应用范围内,姿势感知界面设备的市场已经达到了数百亿美元。[10]

有些姿势感知控制设备的设计,完全建立在已内置于智能手机和汽车上的摄像头或声学传感器(麦克风)的基础之上,通过与人工智能和机器学习相结合,观察、分析并直接感知人的意图。一些设备还利用硅基微电子机械系统麦克风的高灵敏度,同时检测呼吸和心跳,除了对健康监测方面有影响,这些数据还可以帮助人们分析焦虑或注意力水平。其他设备,如谷歌旗下的运动感应软件,则使用微小的主动式雷达芯片来跟踪人的姿势。此外,一些输入设备甚至融合了上述所有传感形式。

虽然我们还远不能直接读取大脑神经元发出的晦涩而"嘈杂"的信号(不过已经有人对实现这一技术的可能性做出了有趣的研究),至少已经有一家公司开发出了一种智能腕带,它专注于测量和解码手腕上的神经活动,即大脑发送给手部的指令信息。这款腕带由名为控制实验室(CTRL-Labs,于2019年被脸书收购)的公司开发,它使计算机能够观察、解释并逼真地模拟一些极为复杂的动作,比如弹钢琴。

但几乎所有的虚拟现实系统都还缺少一个关键元素,那就是物理反馈,尤其是触觉反馈。(林克的飞行模拟器使用电液压系统模拟牵连运动,就像迪士尼乐园里的游乐设施一样。)发明一种能让人感觉到图像的可感用户界面(或可感网络),这个设想可以追溯到1997年麻省理工学院的媒体实验室。[11] 这是让虚拟现实技术更接近真实,从而进入新时代所需的最后一项功能。20年前,施乐(Xerox)公司的帕洛阿尔托研究中心（Xerox PARC）（PARC=Palo Alto Research Center）的研究人员将这一时代称为"响应式媒体时代"。[12]

为了在虚拟状态下感知触碰，需要制动器（最好是仿生的）来复制神经和肌肉细胞的功能。材料科学界的革命悄无声息，可以用新材料制造设备的精密晶圆厂在设备方面也发生了相应的革命，这两个革命使人们终于可以实现古老的梦想了。随着电活性聚合物和柔性陶瓷的出现，"振动触觉"时代正在到来。这次科技的飞跃将超越人们熟悉的振铃技术，该技术在智能手机上的应用已有十余年之久。由活性聚合物制成的手套，既可以充当传感器（告诉模拟器你的手在做什么），也可以同时充当制动器（提供触摸虚拟物体的感觉）。对于需要更大力度的动作，比如转动阀门，人们可以在手套上安装电动微型外骨骼。

至于如何实现更微妙（如感知细腻纹理）的触感，工程师们已经找到了一些方法：通过编程使显示器的表面欺骗手指，使之"感知"虚拟特征。通过对屏幕表面电动力的微妙控制，人们可以让手指上的神经"感觉"到凸起或其他特征。将这种触觉与图像同步，会让人产生感觉到图像纹理的错觉。以上这些，都是通过在显示器上构建微观导电层实现的，其中使用的工具和材料都已被用于现有显示器。

这种让驾驶员通过感觉使用的触觉技术，最初是为了让汽车显示器更安全。同样的技术不仅带来了更可靠的控制面板或仪表盘（因为它不再是机械的，而是虚拟的），而且还使面板更易定制、可以轻松升级。[13]随着硬屏显示技术向柔性适形显示技术转变，触觉材料表面逐渐可以包裹在物体的外表和轮廓上，现在终于可以套在手上了。[14]就像20世纪90年代末左右的手机触摸屏一样，这种"人造皮肤"目前也处于原型开发阶段。不过，在2007年，震撼市场的苹果手机（iPhone）便发布了。同样，预计21世纪20年代，与皮肤触感类似的感应"手套"也将最终出现。

在21世纪20年代，人们可以利用现有技术套件制造出超逼真的虚拟模拟器。这些模拟器除了可以应用在大型机器制造方面，还可以用于许多应用程序的技能培训，甚至可以远程实现这些功能。这不仅使虚拟技工培训在多种高技能需求行业成为可能，也使得重工业和服务业的实时人机界面得到极大改善。

那些精通触感技术的人会注意到，本书没有区分不同类型的虚拟、增强和混合现实系统。虚拟现实和增强现实之间还有很多层次，除了技能培训和教育之外，还有很多应用模式，几乎包括了商业的各个方面。虚拟现实试图构造出完全人工模拟的环境，甚至是完全沉浸式的环境。例如，在完全沉浸式环境中，技术人员或学生可以试驾或试修机器的数字模拟影像。增强现实并非意在复制现实，而是通过在现实上叠加信息和（或）图像来"增强"现实。维修技师（或医生）利用增强现实眼镜，可以在"打开机器罩"之前看到机器内部；游客可以在参观古罗马竞技场时，看到它在罗马时代可能的原貌，并且在视图下面读到像字幕一样缓慢出现的历史信息。

对于增强现实来说，要想实现大众化的商业应用并进入日常穿戴领域，变得像笔记本计算机一样无处不在，就需要在性能、成本和时尚方面满足消费者的需求。事实上，这是一个堪比从台式计算机到笔记本计算机的技术飞跃。但是，各种初创公司以及奈安蒂克（Niantic）、脸书、谷歌和苹果等更大科技公司推出的试商用产品表明，这种前景已显而易见。

如今，预测者们认为，增强现实及虚拟现实设备的销量将从2020年的100万台上升到2025年的2000万台。其中，企业购买将占85%，这与早期人们使用台式计算机时的比例相似。[15] 接下来，人们会在隐形眼镜中嵌入增强现实功能。随着概念原型开始使用新兴的生物兼容柔性电子器件来制造，这种想法不再是痴人说梦，而是切实可行。[16]

虽然教育、医疗和广告行业都对虚拟现实及增强现实技术产生了巨大吸引力（这些行业也都是巨额风险投资的焦点），但娱乐才是这一技术应用最多的领域。[17] 而就像历史上已经发生的那样，娱乐市场的发展将极大地造福所有人。

第二十六章

娱乐 1：从欧里庇得斯到电子竞技

> "我希望人们能在娱乐中学习，而不是在学习中娱乐。"
>
> ——华特·迪士尼（Walt Disney）[1]

当《宝可梦 Go》（*Pokémon GO*）在 2016 年 7 月发布时，这款以增强现实技术为核心的游戏创下了应用程序下载量纪录，并导致"云"端流量暴增。为了确保有足够的实体和数字基础设施，该游戏在日本延迟发布。[2]

不熟悉《宝可梦 Go》的人或许不知道，宝可梦是一系列虚构的卡通动物，用户可以通过手机摄像头看到虚拟的宝可梦出现在智能手机屏幕上。用户找到一只宝可梦，游戏就会给予用户奖励。然而，宝可梦只有在智能手机用户到达各种未知的特定地理位置时才会出现。这是由手机的 GPS 确认的，比如说一个标志性的纪念碑，或者公园，甚至任何普通地点。这个游戏增加了人们的实际出行，因为玩游戏需要找到并到达这些"秘密"地点。[3]《宝可梦 Go》可能是历史上数字技术和旅游娱乐的首次成功融合，而这并不是偶然。《宝可梦 Go》的创造公司奈安蒂克（Niantic）的首席执行官约翰·汉克（John Hanke）认为，使用增强现实技术娱乐是让人们"以极其社会性的方式，与其他人一起体验外部世界"的一个途径。[4] 汉克的愿景显现出了娱乐业不远的未来图景。

但说到各种形式的娱乐，当代没有人比华特·迪士尼更了解技术和人才的交汇，以及思想和实体基础设施交汇的重要性了。1937 年，迪士尼制作了第一部动画电影《白雪公主与七个小矮人》(*Snow White and the Seven Dwarfs*)，其画面即便以今天的标准来看，也依然无比精良。1955 年，他在加州阿纳海姆开设了第一个主题公园，并融入了沉浸式虚拟现实技术（即"过山车"）。2012 年，迪士尼公司收购了卢卡斯影业（Lucasfilm）及其数字化的《星球大战》(*Star Wars*) 系列的经营授权，迪士尼公司由此逐渐发展成世界上最大的娱乐企业。

迪士尼公司和其他所有娱乐企业提供的故事体验，即非艺术用语中所说的"内容"，都有着同样古老的根源。在 2 500 年前，由埃斯库罗斯（Aeschylus）、欧里庇得斯（Euripide）和索福克勒斯（Sophocles）等古希腊悲剧大师们创作的神话英雄中，都能找到这些故事经久不衰的元素——情感、浪漫和娱乐。这些主题可以追溯到遥远的过去，因为通过娱乐追求快乐是人类固有的天性。而我们这一代人，从所有这些"艺术"形式上所获得的，无论是从审美还是技术形式看，抑或从旅行的快乐看，都应该心满意足，这些方面都是提升社会幸福的重要组成部分。

在过去一个世纪里，整体财富的增长使更多人能够将更多时间投入各种形式的艺术和娱乐。美国国家艺术基金会（National Endowment for the Arts，下简称 NEA）指出，"艺术和文化"活动带来的经济价值是建筑业和仓储业的 5 倍，这是对上述趋势的一种颠覆性认可。[5] 能够做到这一点的直接原因是，技术发展使经济和劳动力中用于建造和生产生存必需品的份额越来越少。该基金会给了"艺术和文化"一个恰当的广义定义，它包括广播、无线电、电视、出版、电影、录音、博物馆、节日、艺术教育、艺术馆、写作家、景观建筑、图书馆和公共公园等。

在历史上，技术革命偶尔会改变娱乐的方式和地点。古登堡在15世纪的发明不仅解除了书籍的束缚，改进了传播信息的"手段"，而且将大部分娱乐活动从口述传统转移到了印刷品上。在16世纪，随着现代剧院的出现，环球剧院问世。威廉·莎士比亚是环球剧院的合伙人，这使他既能够自由地进行艺术创作，也能够自由地传播艺术作品。[6] 1905年，匹兹堡市拥有了第一座专门用于放映电影的建筑，名为"五分钱戏院"（Nickelodeon，"odeon"是希腊语，指古代的剧院；"nickel"是指观看的费用）。

人们不仅可以通过提供娱乐内容创造财富，还可以通过发明技术来实现更新更好的娱乐方式。拥有收音机家庭的比例，在1920年时还是0.2%，到了20世纪20年代末已升至接近100%。RCA相当于那个年代的谷歌和苹果公司。在这10年中，它的股票价格激增了100倍。收音机改变了传播方式、内容架构方式以及广告盈利方式。到1930年，美国家庭在广播和电话两项通信服务上的花费大约与购买家具的费用相当。[7, 8]

内容为王

转眼到了1996年，这一年比尔·盖茨发表了一篇题为《内容为王》（Content is King）的文章。虽然没什么人注意，但它是一篇很有先见之明的文章。盖茨在文中指出，"我预计，内容是互联网上赚取大部分真金白银的东西，就像它在广播中一样"。当时（一个互联网"世纪"前），他还预测道："许多内容公司正在努力通过广告或订阅来赚钱，但我预计短期内会有很多人失望，这样做目前还不会起作用，而且可能在一段时间内仍不会起作用。"[9] 在1996年，只有15%的人拥有手机，智能手机还未出现,互联网规模也只是现在的一小部分,这是当时的时代背景。

今天的娱乐业规模要大得多,它像一块巨大的磁铁,吸引着技术、资本和创意人才。用于娱乐的图片和电影比用于教育或科学的要多得多。而且,在硬件方面,互联网流量的最大份额是用于视频。同样,航空业的大多数乘客都是游客。

过去20年中,美国家庭在娱乐方面的支出增加了60%,其中绝大部分都花在了购买各种形式的电子或数字硬件及服务上。[10] 内容的价值终于回到了音乐业务,音乐是最早受到数字发行影响的艺术领域。录制音乐的收入在21世纪前10年下降了一半,到2014年下降速度放缓,跌至谷底。到2020年,录制音乐的总体收入差不多恢复到了2000年时的水平。如今人们预测,这个数字到2030年时至少会翻一番。[11]

主题公园、体育赛事等这样基于场地的传统娱乐形式也没有消失。事实上,它们也都发展了,但没有增长那么多。技术已经改变了人们的爱好。今天,美国普通家庭每年花在通信服务上的钱仍多于家居装饰的开支,而这些通信服务主要用于娱乐。[12, 13]

新冠疫情加速了故事和娱乐的数字传播,这并不令人惊讶。就在不久前的2017年,迪士尼从去看"制片厂"电影的人那里获得的收入,比从"直接面向消费者"的流媒体内容(通过"云"计算实现)那里获得的收入多4倍。[14] 但到2019年,这两个类别收入几乎相同。即使在新冠疫情导致电影院关闭之前,迪士尼就已经在2020年底转轨,从流媒体中获得的收入超过了其影院的收入。

人才和资金又开始了对新技术的追逐。现在已经出现了重新调整,因为,视觉和故事创作领域的各类艺术家(最广义的艺术从业者)都离开了以好莱坞为中心的企业,到以数字为中心的新市场工作。这种模式正好与一个世纪前发生的迁移相呼应。当时,人才离开东海岸的舞台,到时兴的好莱坞电影公司去工作。[15]

随着实用增强现实技术和虚拟现实技术的出现,二者开始触及内容播送基础设施的各个方面,娱乐内容的播送速度必然加快。娱乐业的数字化变革将比教育、医疗、制造和运输业来得更快,因为它们能做到这一点。非娱乐领域在基础性变革中不可避免的物理特征,再加上其结构上的惯性,都会使非娱乐领域的数字化变革遇到一定阻力。

许多社会学家和家长忧心忡忡,担心技术在娱乐中的负面作用,这些人或许能从约翰·汉克的一番话里得到一些安慰。约翰·汉克可能会成为21世纪的数字迪士尼。他这样做出预测(实际上是陈述目标):"我认为,增强现实的未来将让人们摆脱手机的束缚,并帮助人们以更自然的方式使用技术……沉浸式游戏的下一个前沿领域是降低沉浸感、营造更多的真实世界。我们正试图让人们离开计算机,到外面的世界去玩游戏,相互交谈并欣赏外面的景色。"[16]艾萨克·阿西莫夫一定会同意这一观点。

屏幕、运动和书本的大规模消亡与"夸大其实"

屏幕、体育和书籍会出现大规模的消亡吗?一言以蔽之:不会。这一切只会越来越多。技术进步、人口变化和财富增长,三方面的结合必然会带给未来多姿多彩的娱乐活动,甚至包括最古老的娱乐形式。人们喜欢壮观的场面和宏伟的建筑,这也是为什么人们会去屏幕面积达4公亩(约2666.67平方米)的大剧院,会去体育场馆和音乐会,与其他10万人打成一片。技术已经能让各种类型的演出景象更加宏大和壮观。一个多世纪前,娱乐业的传播者考虑的是如何制造"幻觉"(一种恐怖剧形式,它利用不同感官刺激来营造整体的恐惧环境)。人们的这些爱好并没有任何根本性的改变。

美国国家艺术基金会曾经夸张地表示,娱乐和艺术是一笔大生意,这样想其实没错。但是,新冠疫情带来的破坏性后果,没人可以忽视——它使这个发达世界在许多方面一时间回到了中世纪由"必要服务"所主导的经济水平。世界各地的政府直接或间接地致使数百万从事"非必要"工作的人失业。在历史的大部分时间里,各个国家的经济活动都有大约80%(甚至以上)用于提供生存所需的食物和燃料。但这不是任何人真正想要的经济状态。

值得注意的是,从事"休闲和招待"行业的美国人与从事医疗保健的美国人一样多。整个体育产业都是"非必需"或"可选可不选"的,这和围绕所有艺术和其他形式娱乐活动的行业一样。绝大多数航空旅行都是可选可不选的:70%的乘客出行是为了旅行而非商务。在餐馆就餐也是非必需的选择,在健康社会中,餐饮业提供同样的营养,但产生的就业机会是农业和食品杂货服务的3倍。[17]这里有个可供参考的数据:信息行业的就业岗位只是稍微比农业的多一点。事实上,今天大多数人所做的大多数事情都是"非必要的"。技术进步的整个曲线中,用于"必要"任务在经济中和在个人时间中的占比一直在减少。

因此,2020年新冠疫情期间,规模最大的一场现场活动不仅在网上进行,而且也在电子游戏的虚拟现实中进行,可谓适逢其时。说唱歌手特拉维斯·斯科特(Travis Scott)的演唱会通过流媒体直播演出现场,但只有那些直播电子游戏《堡垒之夜》(*Fortnite*)的人才能看到。这场演唱会吸引了1 200万现场观众。[18]从1977年的经典电子游戏"雅达利太空入侵者"(Atari Space Invaders)到现在,人类已经走过了很长一段路。

娱乐数字化的最初阶段,始于计算能力的飞速提高和高速联网规模的巨大扩张。之前探讨过,这两方面成本都越来越低,历史上已经出现过的发展势头必将重现。

2000—2019年，全球电子游戏产业价值飙升了5倍，超过1 000亿美元的电影产业和600亿美元的音乐产业，成为产值高达1 500亿美元的产业。[19, 20]同时，与莎士比亚时代风格相差无几的"表演艺术"，其上座率上升了15%。[21]到了2020年，戏剧成为产值达200亿美元的全球业务，而数字化对其造成的影响主要体现在宣传和门票销售方面。[22]

职业体育竞技是不包括在NEA核算中的一种娱乐形式，它形成另一个1200亿美元规模的全球产业，总共吸引了20亿观众。[23]但是，电子竞技产业（即观众付费观看选手参与电子游戏竞赛的形式）正在不断发展。虽然电子竞技的收入仍然只有10亿美元，但从2020年开始，其全球观众人数达到5亿人。[24]而在2017年一个现实和数字融合的例子中，有17.3万名观众来到波兰卡托维兹的一个体育场，现场观看《反恐精英》（*Counter-Strike*）、《英雄联盟》（*League of Legends*）和《星际争霸Ⅱ》（*Star Craft Ⅱ*）三大由英特尔赞助的顶级电子游戏比赛，另有4 600万观众在场外在线观看。跟另一个例子对比一下：2019年超级杯比赛有75 000名观众在体育场内观看，9 800万名观众在线观看。[25]或者对比第一名的奖金，《堡垒之夜》世界杯冠军会获得300万美元奖金，这比温布尔登网球锦标赛授予第一名的290万美元奖金还要高。[26]

关于娱乐业向"云"端迁移的一个更明显的风向标，请看世界上最大的社交媒体公司脸书（Facebook）的例子。2020年底，脸书宣布将通过流媒体向用户提供免费游戏。[27]脸书的目标，不是索尼、任天堂和微软等公司销售的高分辨率家用游戏机，也不是谷歌和微软上类似的高性能"云"端游戏。但脸书及其竞争对手知道，5G和廉价的"云"超级计算结合，势必会让现场和"云"端之间的区别变得模糊。这一点无疑也是促成此前一项逆向交易的原因。2018年，终端游戏和计算机游戏领域巨头之一——艺电公司（Electronic Arts）收购了以色列一家领先的"云"流送技术公司。[28]新冠疫情促使"云"

基础设施公司追求实用的模式游戏，并加速了它们对游戏公司的收购进程。[29] 这与人们在电影传输领域看到的由网飞（Netflix）率先发起的革命相似。

随着电子游戏业务的扩大，电子竞技的观众和市场规模也将扩大。2014年，亚马逊花费近10亿美元收购了最大的游戏直播平台推趣（Twitch），这是一个预兆。推趣是一个在线流媒体电子游戏平台（相当于视频游戏领域中的油管），其用户群在2020年新冠疫情期间激增了近80%，比大多数有线电视频道的观众还多。未来还将看到实体和电子竞技之间的继续融合。例如，美国国家篮球协会（NBA）在2018年推出了自己的完全视频游戏风格的数字联赛，该联赛在2020年疫情期间获得了大约1 000万的流媒体"直播小时"。[30] 所有这些都体现了重大的商业调整。这并不意味着"超级碗"或"温布尔登"大赛的终结，但确实预示着人们选择娱乐的地点和方式将继续发生变化。

这个模式为人熟知。电视兴起并没有导致电影观众消失。70年前，人类刚步入电视时代，电影院上座率暴跌了至1/3，但很快就稳定下来。事实上，在过去的几十年里，电影院上座率一直在缓慢上升。[31]

正如《纽约时报》的一位影评人所说："电影的发展史在某种程度上就是一部急躁的死亡预告集。声音、色彩、电视、录像机、互联网，这些无一不想终结电影的生命，但都没有成功。文化形式以及支撑它们的社会和私人仪式都各有办法延长生命，避免早早入土。"[32] 这对某些人来说可能是异想天开，尤其是在后疫情时代。但是，娱乐业成功的部分原因就在于，人们对伟大故事拥有共同的感受。一位好莱坞制片人说得好："黑暗中聚集在大屏幕前，与一屋子的陌生人一起欢笑、哭泣、尖叫和共鸣，这是人类拥有的最丰富的艺术传统之一。"[33]

长篇故事：从 2020 年的灰烬中重生

宣布舞台剧这一艺术传统已经消亡为时尚早。对于这一类型艺术的未来，托尼奖提名的演员克里斯托弗·杰克逊（Christopher Jackson）在 2020 年结束时指出，"百老汇基本上是在 1918 年西班牙大流感之后"的"咆哮的 20 年代"诞生的，那是一段"创造力无拘无束"的时期。[34] 与电影业一样，在过去 20 年里，面对数字娱乐的爆炸性增长，戏剧的上座率也大幅提高了，其中包括占主导地位的音乐剧和话剧。百老汇和伦敦西区在新冠疫情之前都创下了纪录。[35] 也许这可以称为财富效应，因为很少有人会说技术大大改变了舞台。

但人们预计，新兴的数字技术必将被应用，甚至会为最古老的表演艺术服务。例如，在新冠疫情期间，虽然是出于工会反对的原因，但大量剧院公司开始用数字流媒体来"网播"现场演出。[36] 这一趋势将在 21 世纪 20 年代加速，不仅是因为其早期采用的技术形式广受好评，而且主要是因为剧院增加观众和收入的愿望不可抗拒。有了"云"技术，一切将变得更加容易，而且增强现实和虚拟现实变得更加逼真，对许多远程观众也更有吸引力。《华尔街日报》（*The Wall Street Journal*）的特里·蒂奇特（Terry Teachout）总结得好："同我交谈过的每一位地区艺术总监，都希望在疫情结束后继续进行网络播出，除了这些原因之外，还有一个原因：这样不便外出的老年观众就能欣赏到他们的演出了。"[37]

再谈谈电视方面。2020 年，在传统广播收视率下降的情况下，流媒体收视率猛增 70%，这并不奇怪。[38] 相对于迪士尼和哥伦比亚广播公司等传统企业而言，苹果、脸书和谷歌算是娱乐业新秀，但即使是这些公司，也在加入网飞和亚马逊的行列，花费数十亿美元购买长篇视频内容。[39] 如《权力的游戏》（*Game of Thrones*）和《怪奇物语》

（*Stranger Things*）这两部大受欢迎的连续剧，分别吸引了 6 000 万和 1 亿观众。[40] 随着个人注册多种产品，2025 年前，仅在美国"连续剧视频点播"（SVOD）的订阅人数估计就将突破 3 亿。[41] 长篇故事万岁！

　　印刷品是人们最容易获取的媒介，也是传播优秀故事最古老的手段。从发现新的化学工艺而使纸张的成本下降至原成本的 1/4，工业革命中的技术进步让书籍和其他印刷品得以更广泛地传播。[42] 即使在今天这个数字时代，宣布纸张走向终结也依旧为时过早，这甚至比宣布电影要走向终结还为时过早。以实体印刷为核心生产手段的传统图书行业的全球销售额已超 1 200 亿美元，其中美国占 450 亿美元，小说创收约占总销售额的一半。[43] 人们曾经吹捧电子书是对纸张的致命打击，可在电子书问世 10 年后，实体书仍占销售额的 90%。[44] 值得注意的是，购买纸质书籍的大多数人是年轻一代，而不是老一代读者，这也许会令人惊讶。[45]

　　与电子书相比，有声书已经成为讲述故事的热门增长领域，这在很大程度上要归功于智能手机。大多数人预测，有声读物的销售额将在几年内超过电子书，而且它们产生的收入会超过另一种新兴信息传播形式——播客。[46] 众所周知，书籍的销售已经转移到了网络上，亚马逊是电子商务中的巨头。目前还不清楚有多少实体书店会在新冠疫情后回归。所有这些趋势都再次指向人类活动与现代数字和移动技术的融合，这一融合自古有之。尽管对于人们的文化状况还有很多担忧，但 70% 的美国人仍然会每年都读几本书，我们应该从这个事实中找到一些安慰。[47] 同时，人们对连载式长篇故事的需求不断增加，这不仅限于印刷品和音频形式，现在，流媒体视频的形式尤其受欢迎。

第二十七章

娱乐 2：消遣"工具"

无须佩戴特殊护目镜，无须身处"洞穴"，便可享受三维效果，这是刚刚出现的事。据一家供应商介绍，进入 21 世纪 20 年代不久，索尼便推出一款（价格较高的）无须佩戴眼镜使用的高分辨率三维显示器[1]。该技术将很快从台式发展到手持式，并向另一方向扩展，达到影院大小。索尼利用三维技术融合了多种科技，例如实现光学微加工、不断缩小人工智能驱动的逻辑芯片尺寸等。视觉传感器追踪观者眼睛的位置，并利用板载人工智能对布满微光学元件的屏幕进行动态调整，令每只眼睛产生的视角略微不同，从而产生三维错觉。年龄较大的人可将其视为 20 世纪 50 年代视觉博士（View-Master）玩具的动态版。视觉博士让两张图片在双目取景器中进行光学叠加，从而生成（静态）三维图像。把两个略微错位的图像进行光学结合，使大脑产生三维错觉，这项发明可追溯至 19 世纪中叶。

长期以来，由于三维图像、三维电影的出现，人们一直预测旅游将会终结。2020 年的新冠疫情期间，这一想法终于受到了检验——国际旅行这一世界上最大的全球娱乐形式陷入困境。[2] 新冠疫情暴发之前，每年约有 15 亿人进行国际旅行（更不用说国内旅行了），国际旅行的停滞使全球范围内的各国国内生产总值减少约 7%，该数字是全球正常年增长率的 2 倍[3]。

这种"破坏"让某些圈子的人觉得旅游业将终结，旅游相关的"非必要"燃料使用也将停止。这些人希望，居家隔离会使人们更愿意借助"云"进行虚拟"旅行"[4]。多个世纪以来的趋势表明，这并不会发生。相反，虚拟旅行和实体旅行都将增长。在 2020 年之前的 20 年中，随着"云"计算、流媒体视频和谷歌"街景"等功能的崛起，全球旅游人数增长率超过了 2000 年之前整整 50 年的增长率（见图 27.1）。

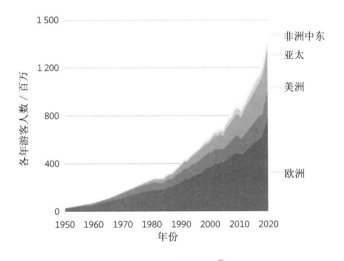

图 27.1　旅游人数①

计算机科学家温顿·瑟夫（Vinton Cerf）现在是谷歌的首席互联网传道官（Chief Internet Evangelist）。早在 2000 年，他就预见通信和旅游的互补融合。瑟夫说："互联网有一个有趣的作用，那就是促进旅游。旅游者靠网络寻找合意的旅游地点和自己想见的人。这样一来，旅游业最终会受益[5]。"

---

① 来源："数据中的世界"网站。

其实早在罗马时代，人们就喜欢将旅游作为娱乐方式。旅游作家托尼·佩罗特（Tony Perrottet）在其著作《公元66年：追随古罗马游客的脚步》（*Route 66 A.D: on the Trail of Ancient Roman Tourists*）中，差不多记录了旅游业各方面的特征。这些特征经久不衰，在20多个世纪里几乎没有变化。调查清晰地显示，当今天的人们被问到为什么要旅行时，大多数人会说旅行是为了"娱乐、刺激"，或者是为了"放松""做点新鲜事儿"，或者是为了"更多地看看世界"，甚至是为了"了解一些陌生的地域、文化或历史"[6]。至少就美国人而言，平均每个家庭每年旅行支出约5 000美元，大大超过所有其他娱乐形式的支出总和[7]。

人类与生俱来的欲望、不断增长的全球财富、日益便利的交通工具，必将使这一趋势持续下去。因此，如果要对瑟夫所说的规律做补充，我们会说：增强现实（AR）、虚拟现实（VR）和三维显示器也能产生让旅游增长的"有趣效果"。

对于这一点，数字娱乐的提供商和技术开辟者都心知肚明。除此之外，人们对体育娱乐也有巨大的胃口。2021年初，日本的超级任天堂世界（Super Nintendo World）主题公园开幕，就证明了上述观点。任天堂作为儿童电子游戏的先驱，倚靠其品牌和几百万数字用户投资获利，而这些用户（大部分时间）仍生活在现实世界中[8]。

再谈谈奈安蒂克实验室（Niantic Labs）的首席执行官约翰·汉克。他的目标是让人们"走出去玩游戏"。千禧一代和X一代越来越追求"体验"，而汉克无疑对这个事实很熟悉。虚拟技术将带来更多体验，但其中大部分并不能取代实地旅行。根据新冠疫情暴发前的调查，数千万的美国旅行者延长旅行时间，为的是"参加文化、艺术、遗产相关的活动或历史上的重要事件[9]"。

某些形式的增强现实或虚拟现实不会激发更多实地旅行，而是会创造一些原本不可能的体验，如沉浸式参观沉没的泰坦尼克号，或者在火星表面"飞行"。但总的来说，增强现实和虚拟现实技术将与"互联网1.0"一样,帮助人们更容易地了解自己可能想去的地方,并在旅游的后勤方面发挥作用。世界上最大的酒店提供商爱彼迎和世界上最大的出租车公司优步正快速扩张。对此,数百万游客已习以为常。这两家企业(及其竞争对手)都才成立10年。大规模停业带来的萎缩效应不会减少此类服务的创造性扩张,反倒将激发更多此类扩张。同时,旅行服务提供商尚未充分开发具备情境感知功能的增强现实技术。

增强现实可以提供关于人的兴趣和喜好的信息,将这些信息与人的位置、行为或手势相融合。有情境感知能力的增强现实,甚至能根据健康状况提供相关建议,比如降低活动强度。通过智能手机或智能眼镜的增强现实功能,所有这些都能实时完成。有人认为,在不久的将来,人们便会经常佩戴AR眼镜①以增强日常生活(工作、游戏或职业体育等)。现在看来,这一想法是不太可能了。但与这种想法同样古怪的是,在20世纪90年代,大家也相信几乎每个成人和儿童都会随身携带一台掌上计算机。

我们不妨看看以往那些以科技为中心的类似时尚变化。在现代钟表发明后的5个世纪里,大多数人不一定想佩戴手表。直到20世纪初手表终于普及时,情况才发生改变。从1905—1930年,腕表生产量猛增300%(远远超过以前的怀表)。由于精密批量生产微小、复杂机械零件的技术得到完善,腕表普及并成为时尚[10]。现今也出现了类似的成本暴跌,而这次暴跌则将使人类造出精密的硅部件,以生产手掌大小的计算机和显示器。

AR或VR的眼镜、目镜成为日用品还需一段时间,更不用说成为时尚了。2013年,增强现实产品"谷歌眼镜"遭遇失败,备受嘲讽,至今仍刺痛着科技界,而普通消费者也同样无法接受游戏玩家使用笨重的VR目镜。不过,各公司很快认识到,这种工具在工业、医疗和一

---

① AR眼镜即增强现实眼镜,VR眼镜即虚拟现实眼镜,因现今上述两种科技产品在销售过程中约定俗成的说法而中英文混用,下同。——编者注

般企业领域有市场。正因如此，该技术得到了稳步而显著的改进。

另一项新的虚拟技术将促进更多、更好的实体旅行，那就是支持人工智能的实时语言翻译技术。这不是未来的假设，而是一项已由数十家供应商提供的服务。有些供应商通过智能手机大小的设备提供服务，另一些供应商通过手机内的应用程序提供服务，还有些供应商通过可穿戴式耳塞提供服务。一些系统通过接入本地高速无线网络，可以实时翻译几十种语言，甚至可以处理行话和俚语。即使是离线的嵌入式人工智能系统，也能对数种语言进行实时翻译。由于越来越多的人能够只说自己的语言便与全球听众交流，这项技术会带来未曾预料到的结果，那就是它可能使许多稀有语言得以保存，而人类学家和文化社会学家多年来一直担心这些语言会消失。

如果历史的教训、约翰·汉克的愿景和温顿·瑟夫的直觉都被证明是正确的，则旅游业的前景必将一片光明，而非黯淡。

关于媒介与信息

与此同时，某些个人、团体表达了对电子游戏、电子体育"成瘾"问题的关切以及对游客过多的担忧。他们认为在非生产性技术游戏上花费过多时间，会产生负面影响。长期以来，有一批（严肃的）学者致力于研究一切新技术的缺陷[11]。但也有人认为电子游戏是积极有益的[12]，例如，有些研究人员试图证明电子游戏可以教给人们一种关于数字系统如何运行的"知识"[13]。

还有人指出，与他人实时参与沉浸式游戏具有社会效益。正如负责《我的世界》(*Minecraft*)的执行官江海伦（Helen Chiang）所说："很快，游戏的关注点将不再是在哪个平台上玩游戏，而更多的是玩什么以及与谁玩[14]。"这是事实。但与任何娱乐方式、任何新技术一样，电子游戏存在某些不可否认的负面影响，有时甚至会产生重大的、意外的经济和社会后果。

本书的目的不是辩论这些问题，但应注意到，这种现象并不新鲜。1885 年，一本名为《可怕的照相机》（*That Horrid Camera*）的书出版。该书建议读者："当你怀疑业余摄影师用照相机偷拍你时，就用砖头砸他的照相机。"[15] 同样，1890 年《哈佛法律评论》（*Harvard Law Review*）的一篇文章《隐私权》（*The Right to Privacy*）指出："即时照片……侵入了私人生活和家庭生活的神圣领域……促使人们需对'独处'的权利给予更多的法律保护。"正如法语中的那句话："万变不离其宗（Plus ça change, plus c'est la même chose）。"今天，摄影无处不在，无论是静态照片还是动态视频，都已完全融入了日常生活，而摄影也常常成为更好保护全球公民权利的工具。

我们没有忽视由于科技引进而发生的社会变化，特别是那些花费了大量金钱和时间研发的技术，这是一个（单独的）重要课题。在富裕国家，娱乐科技占家庭支出比重最大，也是非工作时间使用最多的科技。人们家庭娱乐的结构发生了变化，首先是通过广播，然后是电视，随之引发了各种附带的革命。加拿大哲学家马歇尔·麦克卢汉（Marshall McLuhan）受电视快速"入侵"的启发写了《理解媒介：论人的延伸》（*The Extensions of Man*）。在书中，麦克卢汉用一句经久不衰的话概括了一个理念："媒介就是信息。"

麦克卢汉也是"地球村"一词的发明者，是最早研究大众传播社会影响的人。他认为技术媒介相当于"主要产品或自然资源，具体而言就是煤炭、棉花和石油之类"。为什么这样看待媒介？"毋庸置疑，如果一个社会的经济依赖于一两种主要产品，如棉花、谷物、木材、鱼或牛，某种鲜明的社会组织方式就会形成。"[16]

麦克卢汉这本书写于 1964 年，而在不到 20 年的时间里，拥有电视的家庭比例就几乎从 0 跃升到 90%[17]。此外，平均每个家庭每天看电视的时长从 0 上升到 5 个多小时[18]。近半个世纪后，随着智能手机的出现（2007 年），我们看到了同样的轨迹。不到 20 年时间，智能手机的市场渗透率也飙升至 90%。美国智能手机用户平均每天使用手机近 4 小时（难怪电视收视率自 2007 年达到峰值以后一直下降）。

在这个时代，麦克卢汉关于媒介在文化中有关作用的观点值得重新审视。他不是什么反现代的人；相反，他以强大的洞察力，探究了科技在人类文明中所扮演角色的深刻本质。在其早期的一本书中，麦克卢汉探讨了印刷机如何改变文化，甚至改变人类意识。实际上，麦克卢汉试图证明印刷机是民族主义的鼻祖，他并不喜欢商业化和大型媒体业务。麦克卢汉所写的大部分内容（只有公司名称变了）将在今天的辩论中久久回荡："在我们这个时代，成千上万的知识分子都有着受过顶级训练的个体思想，而他们的全职工作则是影响公众思想。这种情况还是头一次。"[19]

麦克卢汉对电视和广播时代的科技巨头大卫·萨诺夫（David Sarnoff）发表了一些尖锐评论。1955 年，在美国圣母大学（University of Notre Dame）开设自家电视台之际，萨诺夫获得了该大学的荣誉学位。萨诺夫当时说："面对科技使用者犯下的罪恶，人们总让科技本身当替罪羊。现代科学产品本身并无好坏之分，是其使用方式决定了其价值。"麦克卢汉对此回应时写道："这简直是说梦话，就好比讲'苹果派本身既不好也不坏，是它的使用方式决定了它的价值'或者'天花病毒本身既不好也不坏，决定其价值的是它的使用方式'。"[20]

对人类的生存处境来说，关于技术的社会和文化问题很重要。但就目前而言，我们注意到，在 20 世纪方兴未艾的媒介和 21 世纪 20 年代正到来的媒介之间，有一个显著区别，即从被动转向了主动。听收音机、看电视或看流媒体视频本身都是被动的。增强现实、虚拟现实媒介的到来，使人们能够主动乃至互动地参与各种活动，尤其是旅行、旅游，甚至体育。

第二十八章

科学1：对奇迹的追求

在历史上出现过的科学家如今有90%仍在人世。20世纪60年代，物理学家德瑞克·约翰·德索拉·普莱斯（Derek J. de Solla Price）首次提出这一观点，而这一观点至今仍然适用——因为科学家的数量出现了史无前例的增长。[1]如今，比起德索拉·普莱斯当时的情况，世界上每年毕业的科学研究者数量都较上一年增加了大约5倍。

1961年，美国总统肯尼迪发表了著名的登月演讲，此后科学家大幅增多，美国联邦政府在科学上的支出也随之增加了5倍。[2]与此同时，科学期刊出现了类似的大繁荣，专利也沿着同样的轨迹发展：21世纪头10年颁发的专利，比1961年之后的10年增加了近3倍。[3]

事实上，自第二次世界大战以来，科学家的数量大约平均每18年增加一倍。但是科学活动数量的增长，并没有在科学突破中产生相应的质量提升。这里所说的高质量科学活动，是指那些奇迹般的基础科学知识新发现，那些能催生出抗生素和无线电等新事物并带来技术和经济繁荣的科学进步。相反，正如技术经济学家埃德温·曼斯菲尔德（Edwin Mansfield）所观察到的，第二次世界大战后的经济大增长并非由"高科技创新"造成的，它主要是由那些"降低了衣服价格的低技术含量发展"导致的①。[4]

大意是这样：看看吧，21世纪已经过去20年了，衣服和计算机都变得更便宜了，而治疗疾病的突破性方法却少之又少；人类至今仍然没有再次登上月球，更别提登陆火星，甚至阻止不了灾难性疫情的发生。科学并没有像人们想象的那样，沿着"指数爆炸"的轨迹发展，以更快速度取得更大成就，而好像是在沿着相反的轨迹"渐行渐远"，更接近"反摩尔定律"②，而不是摩尔定律（见图28.1）。

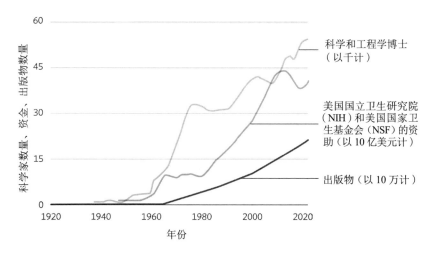

图28.1 美国的研究：更多的科学家、更多的资金和更多的出版物③

这些趋势不禁让人们猜测，是不是现在很少有或者几乎没有什么伟大的发现等待人们探索了。一旦发现了电磁学、DNA或原子的可分性，人们就不能再发现一次了。基础技术也如此：蒸汽机、飞机、计算机的发明都是仅此一次。《科学的终结》（*The End of Science*）是一本畅

---

① 引自《纽约时报》上别人为曼斯菲尔德写的讣告。
② 反摩尔定律由谷歌公司的前首席执行官埃里克·施密特提出，该理论认为如果某IT公司今日卖出与18个月前同样多的同类产品，它的营业额就要降一半。因与摩尔定律逻辑相悖而得名。——编者注
③ 来源：科利森（Collison）和尼尔森（Nielsen），"科学赚的钱越来越少"（*Science Is Getting Less Bang for Its Buck*），《大西洋月刊》（*The Atlantic*），2018年11月16日。

销书书名，而到了20世纪末，谈论"科学的终结"成为一种时尚。[5]或者，正如一群研究人员所写，在理解科学进步方面，"科学的终结"是一个"正在消失的秘密"。[6]

这并不是说，让科学家投身于应用研究（而不是基础科学）毫无价值，因为应用研究的重点是利用过去的科技突破，创造有用的产品。应用研究消耗了国家绝大部分研发支出，这就是为什么21世纪20年代会有这么多创新的原因。正如乔尔·莫吉尔所说："如果没有西方人持续发现有用的知识，工业革命就会失败，造就另一个只开花不结果的时代。"[7] 20世纪的历史证实了莫吉尔的推断。本书汇集的证据表明，有用的知识正在发生新一轮扩张，并由此引发新一轮技术革命。

基础科学发现是未来长远发展的种子，我们确信，在基础科学发现方面，还有更多秘密有待发现。（科学是否是为了实用，这是另一个独立但也很重要的问题。）

为了说明为什么会出现这种情况，就需要区分发现和创新的本质，同时理解科学和技术之间是如何互动的。我们还需要分析那些革命性发现之间的差异，因为这些革命"偏重技术"，没有"明显的根源"，且出自新的基础知识（如X射线、无线电波、遗传学）；而有些发现"偏重应用"，根源则是现有技术的新组合（如汽车、智能手机、制药）。[8]

要弄清楚为什么那些赞同"科学的终结"的人恰恰想反了，为什么实际上大发现的时代正加速到来，我们可以从诺贝尔级发现的本质开始说起。

诺贝尔和他的奇迹

2019年12月10日，新冠病毒到来前最后一个月，由于促进了"人类对大爆炸后宇宙如何演化的理解"，詹姆斯·皮布尔斯（James

Peebles）在瑞典首都斯德哥尔摩获得了诺贝尔物理学奖，并发表获奖感言。他感谢道："诺贝尔基金会认可我们这个纯粹由好奇心驱动的研究，我们可以确信，这些研究永远无法换成金钱，但是无论如何，它丰富了人类经验。"[9]和许多科学家一样，皮布尔斯主张：对知识价值的追求应该出于好奇，并且完全是为了知识本身。2019年，米歇尔·马约尔（Michel Mayor）和迪迪埃·奎洛兹（Didier Queloz）共同获得了诺贝尔物理学奖，因为二人在首次（1995年）观测到太阳系外行星后分别"开启了一场天文学革命"。此前，人们相信系外行星一定存在，却无相关证据。可以说，这些诺贝尔奖得主所取得的成就毫无"实际意义"。

另一方面，2019年诺贝尔化学奖得主发表了获奖感言。这一届的化学奖授予了一项"完全实用"的发明——锂离子电池。斯坦利·惠廷汉姆（Stanley Whittingham）是三位诺贝尔奖的共同得主之一，他后来发现，在做研究的时候自己"心中有一定的目标"。也就是说他的研究不仅仅是为了研究本身。[10]事实上，诺贝尔委员会也同意这一点，并在一份声明中指出，锂电池改变了人们"沟通、工作、学习和听音乐"的方式，它们可以存储"太阳能和风能"，由此让我们更接近一个"可充电的世界……一个没有化石燃料的世界"。

在揭示科学探索的各种动机方面，诺贝尔委员会是个有用的代理机构，但假如这个代理机构只对基本的科学发现感兴趣，那它就不会把诺贝尔化学奖颁发给发明锂电池的人，而是会授予发现了锂元素及其非凡属性的人。但是，在第一个诺贝尔化学奖（1901年）诞生的84年之前（1817年），这个发现就已经出现了。当然，诺贝尔奖也曾颁发给那些发现化学元素的人：居里夫人因发现镭而获得了1911年诺贝尔化学奖；格伦·西博格因发现钚而获得了1951年诺贝尔化学奖。纵观诺贝尔奖历史，既不乏"偏重应用的"实用型创新（晶体管或冷冻电镜），也不乏由好奇心"灵光一现"而催生出的"偏重技术的"产品（合成胰岛素）。阿尔弗雷德·诺贝尔似乎意识到了这样一个事实，即所有这一切的发生并没有一个固定框架，而是一个科学和技术的"连续统一体"。1895年11月27日，诺贝尔在巴黎写下遗嘱，规定：每年的物理、化学、生理或医学奖，都应授予在相关领域做出最重要发现或发明的人。[11]同时设立的还有同样著名的文学奖与和平奖。1968年，诺贝尔基金会又增设了经济科学奖。但是，新科学变成新技术的时间间隔通常不可预测且很长，这个问题仍未解决。1905年，爱因斯坦偶然顿悟并发表了光电效应理论，此后过了几十年，实用太阳能电池才被发明出来，又过了40年，太阳能电池才被商业化。

我们看到，从首次发现到首次出现商业化应用的发明，大约需要50年时间：从关于DNA和信使核糖核酸（mRNA）知识的发现，到用这些知识设计第一批疫苗；从产生制造火箭的设想到登陆月球；从固态发光现象的发现到第一款LED灯的出现；从开发核能的想法到建造第一座商用反应堆；从电力计算引擎的设想到制造第一台电子计算机；从便携式计算机的设想到生产第一代智能手机。毋庸置疑，类似例子还有更多，此外还有一些用时不止50年或不到50年的例子。比如，从锂电池的想法到第一辆特斯拉轿车，只用了30年时间。

除了技术成熟的速度很难确定之外，无论是个人、企业还是国家，新科学的创始者一般都不能及时获得商业利益。各种发现，尤其基础科学领域的发现，都被一个简单的现实困扰着——原则上，一旦某种知识问世，每个人都可以使用这种知识。因此，专利需要受到商业保护（事实上，这一点被庄严地载入了美国宪法），这种保护是针对衍生品和制造过程的，而不针对科学本身。科学顿悟常常会在许多方面激发具有互补性的知识进步（以及其他相关领域的发明），而这些进步可能永远不会给最初的发现者带来利润。

对发现实用性的关注，并不排除这样一个事实——我们应该像支持文学、哲学、艺术一样，支持由好奇心驱动的科学。正如理论物理学家和宇宙学家保罗·戴维斯（Paul Davies）所说："我们从事基础科学工作,是为了理解宇宙的运作方式和人类在宇宙中的位置。这是一项崇高的追求。"[12]

崇高本身就值得追求。当然,科学家们敏锐地意识到,由好奇心驱动的项目(如探索火星或建造机器以窥探时空结构),必须与由目的驱动的项目(如疾病治疗或替代能源)竞争资金支持。无时无刻不在的诱惑和政治压力,都想要阻断这种好奇驱动的努力。

因此,我们发现,人们经常试图利用统计数据(尤其是通过科学计量学)将研发与经济成果联系起来。[13]有人调查了1976—2015年间近500万项美国新增的专利,以及1945—2012年间3 200万篇美国人在科学期刊上发表的论文,在此基础上进行了一项具有里程碑意义的研究,并由此证实研发与经济具有相关性。[14]还有一些研究试图证明:在(后期的)商业收入中,有一部分可以直接追溯到(早期的)学术研究。一项对近80家公司的研究得出了如下结论:1975—1994年间,在这些公司的销售额中,有2%—3%,甚至"多达30%"的部分,可以直接追溯到第二次世界大战时的早期学术研究。[15]其他经济学家则试图寻找总体研发支出与GDP增长之间的关联:在研发支出上每投入一美元,就可以在宏观经济上获得5—10倍的回报。[16]其他一些研究甚至认为,从更广阔的视角看,研发为相关从业人员创造了高薪工作,从而增加了国家的整体"劳动收入"。[17]

这些分析都有一定价值。但当我们把话题转移到"奇迹级"的创新上时,上述人士的分析就无法解释"基础发现为什么能够出现"这个问题(比如人们为什么能发现电磁学)。没有电磁学,就没有无线通信,那些电磁学衍生技术、电磁学相关产业所带来的经济收入、就业岗位也都会化为乌有。而且,对于那些偏执地专注于短期目标导向研究的人来说,此类经济分析没有一个能让他们满意——他们研究的目标往往模糊不清或华而不实,所以缺乏实际意义,例如人们反复呼吁发明治愈癌症的方法等。[18]

斯托克斯象限或米尔斯连续体

2020年，信使核糖核酸新冠疫苗迅速出现，这种技术的起源可直接追溯到60年前。当时某些科学家参加了一个小型会议，他们并不想发明药物，而是对生命的分子结构感到好奇。[19] 1960年4月，这群科学家与生物学家悉尼·布伦纳（Sydney Brenner）在英国剑桥相聚。布伦纳一直与弗朗西斯·克里克（Francis Crick）一起研究DNA科学，而克里克和詹姆斯·沃森（James Watson）于1953年发现了DNA的双螺旋结构（他们因此声名大振并获得了诺贝尔生理学或医学奖）。在剑桥这个头脑风暴的聚会上，科学家们几乎同时意识到了一种物质的性质及其重要性，这种物质后来被命名为信使核糖核酸（mRNA）。

从这一时刻算起，技术创新的道路又延伸了30年，直至人们实现下一个关键性突破，即20世纪90年代末，研究人员终于在如何使用信使核糖核酸方面取得了关键突破。卡塔林·考里科（Katalin Karikó）是这一事件的关键人物，她是匈牙利移民，也是美国宾夕法尼亚大学研究员。她花了数年时间研究基于信使核糖核酸的治疗方法，但未能成功。这项长期研究曾一度导致她被降职，但通过与其合作者德鲁·韦斯曼（Drew Weissman）的共同努力，考里科最终找到了将信使核糖核酸作为工具的关键。因此，考里科和韦斯曼都有可能被提名未来的诺贝尔奖。考里科后来成为生物科技（BioNTech）公司的高管，该公司与辉瑞公司合作开发了首款新冠疫苗。范内瓦·布什于1974年去世，假如他还活着，一定不会对上面这个故事感到惊讶。科技创新源于好奇而非实用，而且其时间漫长。在理解技术和管理人员、组织方面，布什是史上罕见的天才，在第二次世界大战期间受罗斯福总统任命，统管科技，为战争服务。众所周知，他的努力最终催生出了雷达、原子弹和计算机等标志性成果。[20]

1945年，布什撰写了一份开创性报告——《科学：无尽的前沿》

(*Science: The Endless Frontier*)，明确提到了这些关键技术成为可能的科学判断。他还提到这样一个事实：许多科学判断都可以追溯到几十年前的偶然发现（而不是"定向"研究或"开发"），而这些发现正是由那些对自然如何运作感到好奇的科学家做出的。19世纪80年代，海因里希·赫兹（Heinrich Hertz）证明了无线电波的存在；欧内斯特·卢瑟福（Ernest Rutherford）于1911年发现了原子核。而在计算机方面，二进制逻辑的概念则是由理论数学家乔治·布尔（George Bole）于第二次世界大战前一个世纪就提出的。正如布什在该报告序言中提出的：

> 在更广阔前沿发生的科学进步，源于自由知识分子的自由发挥，他们带着探索未知世界的好奇心，研究自己选择的课题。[21]

但是，布什的这份报告是在罗斯福的要求下撰写的，目的是确保政府在和平时期的资助能够进一步扩大，而不仅仅瞄准战争时期获得成功的实际应用。现代基础研究能够得到政府资助，其中就体现了该报告的影响无所不在。除了布什非常关注的好奇心驱使的研究，其他方面则都在扩大研发支出的竞赛中被抛诸脑后。

在某种程度上，好奇心的丧失是由追求生产力而导致的：企业开始主导研发支出，政策制定者们越来越关注科学的效用。虽然布什力主好奇心才是科学的基本特征，但他也曾在《科学：无尽的前沿》中提出过实用主义论点：

> 科学进步如果投入实践，将意味着更多的工作机会、更高的工资、更短的工作时间、更充足的食物，意味着人们有更多时间可以用来娱乐、研究，用来学习怎样摆脱杂役自在生活，而以往的世纪里，普通人一直承受着各种杂役的折磨。科学进步还将带来更高的生活水平，带来预防或治疗疾病的方法，促进我们对国家有限资源的保护并提供防御侵略的手段。[22]

对于科学实际作用的阐述，没有表述比这更清楚的了。然而布什也深知，这些好处都与早期自由知识分子的自由发挥所产生的科学发现直接相关。但是，无论是在当时还是现在，并非人人都同意这一点。

1997年，政治学者唐纳德·斯托克斯（Donald Stokes）确立了一个研究范式，这个范式在第二次世界大战后的几十年里逐渐成形，并一直延续到今天。斯托克斯和许多人都认为，这个范式能反映现实中研究获得资助与深入展开的方式。在其颇具影响力的著作《巴斯德象限》（*Pasteur's Quadrant*）一书中，斯托克斯谈到了（出于好奇而开展的）基础研究如何（最终）催生实用技术，并对过于简单化的"线性"表述提出了批评，称其"对技术创新实际来源的描述太过狭隘"。多年来，许多通俗科学史叙述都指责范内瓦·布什的表述过于简单化，尽管布什自己在他的报告中已经承认了这个缺点。

斯托克斯用一个非常简单的图说明了他的研发分类法（见图28.2）。

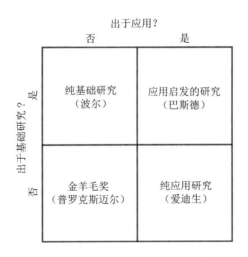

图28.2　斯托克斯模型：巴斯德象限①

---

① 来源：唐纳德·E.斯托克斯（Donald E. Stokes），《巴斯德象限》（*Pasteur's Quadrant*），1997年。

该图基于两个问题，每个问题都有一个二元的"是或否"的简单回答：此研发是对基础原理的探索吗？有考虑效用吗？这就产生了四个象限，人们可以在其中进行分类，从而选择资助各种形式的研究。

物理学家尼尔斯·玻尔（Niels Bohr）对"原子结构模型的探索，是一次纯粹的发现之旅"，完全没有考虑效用问题；企业家托马斯·爱迪生是"应用研究者的典范，他对这一发现背后潜藏的深层科学含义完全不感兴趣"；化学家和微生物学家路易斯·巴斯德（Louis Pasteur）能够站在重大发现的交叉路口，则是出于实际目的，比如治疗疾病，他的发现属于追寻圣杯这样的象限。

在斯托克斯最初的构想中，第四象限（左下）没有被命名——毕竟，谁会从事一项既不能带来知识进步，又没有任何实际用途的研究呢？本书自作主张，将这一象限标记在已故的威廉·普罗克斯迈尔（William Proxmire，他曾经是美国威斯康星州民主党参议员）下。1975年，在一次高调的新闻发布会上，普罗克斯迈尔参议员宣布设立金羊毛奖，以嘲讽那些他认为浪费政府开支的研究案例。第一个金羊毛奖授予了这样一群研究人员，他们探索的是人为什么会坠入爱河。[23] 该研究受到了美国国家科学基金会的资助。这一政治举动激起了公愤，人们纷纷为相关科学家与国家科学基金会进行强力辩护。这一举动还激起了人们对基于好奇心的研究的实效性的争论。1988年，普罗克斯迈尔参议员退休，金羊毛奖也随之撤销，但争论仍在继续。

普罗克斯迈尔的政治噱头、斯托克斯的二元分类法、布什的线性公式，都不能反映"奇迹般的"科学发现的现实性、非线性、混乱性和偶然性。斯托克斯是对的，科学家经常能够不同程度地意识到自己所做研究的潜在应用，而且这些人早就认识到，赞助者们希望他们为知识进步所提供的资金支持最终能换来实用产品。据传，阿基米德的任务是发明武器以帮助锡拉库扎抵御罗马人的围攻。迈克尔·法拉第是19世纪一位伟大的物理学家，他发现了磁场可以在电线中产生电流

的现象。关于法拉第有一个故事:

时任英国财政大臣的威廉·格拉德斯通(William Gladstone)毫无顾忌地问法拉第,他的发现可能有什么用途。"为什么这么问呢,先生?"据说法拉第讥诮地回答,"极有可能,您很快就可以对它征税了!"[24]

这则故事很可能是虚构的。最近的历史中也有相关例子:在第二次世界大战期间,艾伦·图灵和其他20世纪的伟大科学家,包括富有想象力的弗里曼·戴森(Freeman Dyson)就被派去破译纳粹密码,以此协助战争。

但历史上也充满了纯粹出于好奇、却最终催生出各种应用产品的研究案例。当沃森和克里克在1953年确定DNA结构时,他们纯粹是为了追求知识而不是实现特定的医学应用。同样,在20世纪40年代,正是好奇心驱使菲利克斯·布洛赫(Felix Bloch)和爱德华·珀塞尔(Edward Purcell)探索核磁共振的奇怪现象,并由此为发明核磁共振扫描仪这个非常实用的医疗器具奠定了基础。

再举一个最近的例子:2013年,兰迪·谢克曼(Randy Schkman)和另外两位科学家共享了诺贝尔生理学或医学奖。谢克曼对酵母蛋白分子如何运作的研究,并没有被用于制作面包、啤酒或乙醇燃料。在获奖感言中,谢克曼说道:自己及其团队"没有任何实际应用的想法",完全是出于好奇。[25] 但是,这项研究为生物科技产业利用酵母生产占世界产量1/3的重组人胰岛素指明了路线。或者,想想普林斯顿大学化学家爱德华·泰勒(Edward Taylor),他对蝴蝶翅膀进行的研究也是出于好奇,最终却促进了癌症治疗的发展。[26] 研究人员与礼来制药公司(Eli Lilly & Co.)合作把这项研究商业化,并将产生的收益为美国普林斯顿大学捐建了一座新的化学大楼。

这并不是说,充满好奇心的基础研究总能带来有用的产出,更不用说能称得上"奇迹"和能获得诺贝尔奖的研究了。大多数研究一无所用。科学研究和技术创新的关系也不是单向的,追求新技术的实用性让人们可以更好地理解自然。此外，也不是所有诺贝尔奖级的发现都源于好奇心。

让线性思维的决策者和唯成果是图的权威人士感到困惑的，正是这种好奇驱动研究是不可预见性的，是混乱的。这就是斯托克斯象限僵化的分类法让我们误入歧途的地方。这种分类法牢牢嵌入许多决策者、企业和分析人士的脑中，影响了他们对科学和创新的思考，甚至能避开人们的注意。

因此，我们提出了一种不同的分类法以反映世界的真实运作情况：不用"是"或"否"来对"理解"或"效用"的追求进行分类，而是用一个刻度尺来衡量"效用的显著性"，再用另一个刻度尺来衡量"得出答案、解决方法的可能性"。在这两个指标的图形表示中，用一个"效用的显著性"轴来描绘从"好奇"到"需要"的不同动机，以及一个"答案的明显性"的轴来标出我们对是否能找到答案的信心，程度从"不知道"到"知道"不等（见图28.3）。

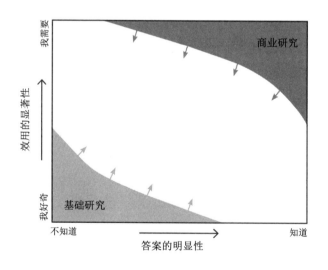

图 28.3　**作者模型：创新连续体**

在这个分类中，"蛋白质在酵母中是如何作用的"这个问题和"怎样才能制造人胰岛素"有很大不同。使用新一代百万兆级望远镜寻找外星生命，属于极端的"好奇"，而且完全"不知道"得到答案的难易程度。

在图 28.3 的分类法中，两个对角之间知识和经验的动态流动，是"奇迹"经常发生的地方。换句话说，奇迹既来自功利驱动的复杂问题研究，也来源于好奇心驱动的日常现象研究。

在科学和材料的交叉领域中，构成生命本身的大分子领域，以及改变基因结构以保护、维持和延长生命的生物疗法领域，都极具挑战性。在这些领域，我们所面临的困难是：人类免疫系统拥有抗击病菌入侵和治愈各种疾病的能力，对于这种能力，我们不知道应该如何模仿并超越。对一些人来说，这也是为了解决一个问题——执行 DNA 指令的分子繁复杂乱，自然界没能为其理清头绪。

人类自诞生以来就开始了基因工程——选择育种和家畜繁育。但要说到狭义的基因工程，即在分子水平上对生命密码进行修补，那么基因工程则起源于 1951 年的一部科幻小说。杰克·威廉森（Jack Williamson）的小说《龙岛》（*Dragon's Island*）出版时，沃森和克里克还没发现 DNA 双螺旋结构。[27] 毫无疑问，合成生物学终将成为（生物）材料科学的一个新商业领域。

但是以 DNA 为中心的生物分子复杂难懂，这是因为其概率计算就很复杂，更不用说设计生物分子的复杂性了。与 DNA 分子相关的指令系统的组合，有数万亿种可能。[28] 要想从事分子工程这类计算工作，还需要新一代的计算能力。在这个领域中，还有奇迹有待发现，但不太可能来自"定向"研究。相反，这些奇迹可能会出现在序列发现固有的混乱过程中。

数学的魔力

有一些超凡的例外情况,即想法的产生先于物理世界中的发现。一些"纯粹的"臆想,包括数学方面的混合理论,在产生后会被用于解释自然现象,且具有神奇的灵验性。从古希腊的原子理论到爱因斯坦的引力理论,许多理论都是凭空想象出来的,不需使用工具。事实上,在当时,创造这两种想法所必需的工具是不可能制造出来的。

当然,这一切的根本都是"科学方法"本身的基础思想,或者更确切地说,是"科学方法"本身的过程。人们普遍认为,正是在《新工具论》(*Novum Organum*,1620年)一书中,弗朗西斯·培根(Francis Bacon)首次把这个过程概念化了。在好奇心推动下,科学方法支撑了人们对知识的理性追求,并由此创造了如今的科学时代。

科学方法也许是人类有史以来发明的最强大的方法,但是,如果没有"发现方式"的革命性变化,单凭科学方法还不足以产生惊人的知识扩张。同样重要的是,知识在过去500年里的巨大扩张,也要归功于新数学工具的发明,而这一点则鲜为人知。

近代史上,德国著名天文学家卡尔·史瓦西(Karl Schwarzschild)提出了宇宙中存在黑洞这一违背物理定律的奇怪观点,然而促使他提出这一观点的正是数学而非观测。借助爱因斯坦的理论,史瓦西通过计算得出,这种后来被称为黑洞的奇怪之物必然存在[①]。爱因斯坦曾说过,他不相信这样的东西会存在——黑洞只是数学的产物,而大自然会有某种办法变通。但我们的仪器证明了事实并非如此。在数学和仪器之间的良

[①] "史瓦西半径"就是所谓的"视界",在此点上,任何东西都无法逃脱黑洞的引力。——译者注

性循环中，如果没有统计工具来分析、合成出自仪器的千万亿字节级的数据，由事件视界望远镜拍摄的第一张黑洞照片就不可能产生。

之所以分析原始数据需要极强的计算能力，是因为原始数据本身的绝对数量极大。事实上，我们仍然缺乏相应的电子手段来传输如此多的数据。要想在当今的高速互联网上发送事件视界望远镜的所有数据，还需要数年时间。虽然这一领域还有更多变革即将到来，但至少目前，包含事件视界望远镜数据文件的硬盘驱动器（价值1 000英镑），都是靠飞机和汽车（即所谓的"球鞋网络"）进行物理运输。

随着信息数量的增加，其性质和复杂性也不断扩大，在所有这些数据的干扰中找到信号变得非常困难。科学历史学家指出，在帮助科学家理解他们所记录的大量数据方面，19世纪出现的统计学和概率论的革命并未得到充分重视。

M.安东尼·米尔斯（M. Anthony Mills）是新一代科学哲学家的一员，也是美国企业研究所的常驻研究员。他曾经总结道："大数据并不代表科学革命，而是代表科学可以使用的工具的革命……也许有一天，我们会回顾21世纪早期，并认为正是在这个时代，更广阔的新科学框架出现了，这个科学框架改进且超越了以前的统计方法和设想；而两个世纪以来，统计一直主导着人们对自然和社会现象的思考方式。"[29] 关于统计学和概率论，相信米尔斯的总结已经很清楚了。

如果说计算机只擅长一件事，那就是增强统计能力并提升计算速度。在生成数据方面，人类手握具有空前威力的科学工具，以及能够处理"大数据"信息的计算工具。而二者的结合则表明：基础发现放缓的过渡期可能很快就会结束。现在，人类正处于另一次科学复兴的边缘。

第二十九章

科学2:"神经技术"时代

人类首先是工具的发明者及使用者。若要给人类写一个墓志铭的话,墓碑上可能会这样刻"工具人长眠于此",而不是"智人长眠于此"。诺贝尔奖得主、法国哲学家亨利·柏格森(Henri Bergson)将工具人的智慧定义为"创造人造物体的能力,尤其是创造制造工具并能不断改变其制造方式的能力"。[1]这可谓一语中的。本书的主旨,就是探讨人类发明技术的能力,这种能力的提升在不断加快,而且是可以预测的。这些技术本身就是工具,能使人发明更多的工具。

通过发明工具,人类增强了身体的能力,将想法转化为物质现实,使生活更加舒适安逸、丰富美好。的确,人也会使用工具作恶。在人类寻求根本自由的道路上,无论善恶,这种二元性一直都是要面临的挑战。

不管以什么标准衡量,现在的人都比过去任何时候都富足得多,这都要归功于技术。毫无疑问,技术以外的领域也取得了重大进步,尤其是在政府治理和法律制度方面。但是,尽管我们在政治生活中经常听到一种呼声——要恢复美国建国元老所制定的政策,强烈主张回到羽笔墨砚时代的狂热积极分子却很少见。

特别值得一提的是，在过去 200 年里，技术创新不断累积，推动了文明的极大进步，人类寿命大幅延长，总体幸福感大大提升，生活更自由，这些进步乃是几千年人类历史发展之最。为了有更多的进步，人类必须还要发明更多的工具。

宇宙只由三样东西组成：原子、能量和关于这两者的信息。原子的排列基本是无限的，照此说来，如今的人也想象不到将来还会有多少新设备。而将知识与想象力结合起来就可以解放各种可能性，现在我们就有一种增强想象力的新方式。

人工智能：通用工具

2020 年初，在掌握了可怕的新冠病毒的基因序列后，疫苗研发人员所做的第一件事，就是将这些信息输入辅助研发疫苗的计算机。世界各地的科学家为寻找治疗方法、研发预防性疫苗，不仅在实验室里挑灯夜战，还在超级计算机的微处理器上花费了大量时间。如今，各种实验越来越多地在计算机上进行。要做到这一点，需要让计算机高效地学习化学、物理学和生物学定律，好让硅片能够发挥作用，模拟现实。

当然，人工智能并不是指某种特定工具本身，而是定义模糊的一大类工具。我们已经了解到，"机器学习"和人工智能算法的商业化进程始于日常工具，包括可以理解并讲出某些语言的工具、分析消费者购买偏好或用途类似的工具。人工智能可以用一般概念识别自然界中其他更复杂的模式。然而，大自然庞大而复杂，我们还需要更强大的机器来认识它。

与所有仪器一样，有特定用途的人工智能工具之间存在着显著差异，车辆导航的工具、识别图像和 X 光的工具以及在计算机上进行分子测试的工具间，就存在着不小差异。针对这类机器所使用的"人工智能"一词，掩盖了其中各种不同的具体工具之间的巨大差异。这种差异就像潜艇、火箭船、电动自行车之间的差异一样显著，而这些机器都被称为"运输工具"。正如不同运输机器需要不同基础设施一样，不同人工智能工具也有着不同基础设施。

英国经济学家尼古拉斯·克拉夫茨（Nicholas Crafts）是最早明确把人工智能视为"通用技术"和"新发明方法"的人之一。或者，用经济学家的话来说，人工智能将提供"更优秀的创意生产函数"，这与提高发现效率是一个意思。[2] 那些想知道为什么人工智能的影响尚未随处可见的人，可以看看历史上全新的基础设施投入使用时会出现的实际情况。在使生产力增长之前，这些基础设施总是"需要补充投资、需要被接收和适应"。正如克拉夫茨告诫的那样，"必须要有点耐心"。但也许这次不必像以往那样等待那么长的时间。

继续刚才与运输工具的类比。虽然基础的硅之于人工智能基础设施，就如同基础的混凝土之于交通运输，但人工智能的不同之处在于其基础设施的部署和适应速度。我们仍处于建设的早期阶段：对人工智能的投资 10 年前才开始，每年只投入了几十亿美元。但仅在几年前，支出就猛增 10 倍，而且还在不断增加。[3] 举个例子，2020 年发表的人工智能与生物学主题的论文数量几乎与前 20 年这类论文数量的总和持平。[4]

毫无疑问，计算机速度将继续飞速提升，成本也将随着硅技术的不断进步而继续下降。而对于那些预测机器将接手研究或者其他事务的人而言，他们正在重复害怕大数据的人所犯的错误。

当问及抗击新冠病毒时软件辅助对科学发现起到什么作用时，麻省理工学院的一位人工智能研究员雷吉娜·巴尔齐莱（Regina Barzilay）如是说："发明分子的并非机器。机器只是帮助人类扫描大范围的可能性空间，并针对经过测试的不同假设缩小目标范围。"[5] 此后，机器加速了发现的过程。人类也决定参与制造并测试药物过程，使用更多其他人设计的（智能）机器。经济学家亚历山大·索尔特（Alexander Salter）简明地指出："数据不会自我解释。"[6] 机器是放大器，不会取代想象力。

通过人工智能取得新发现，这种方式上的相变会起到双重效果，既能辅助数据解释，又能增强数据获取能力。

与此同时，媒体专家中呈现出两极分化的态度，对于人工智能的这些发展，他们在吹捧和失望之间摇摆不定。但在研究方面，人工智能既是强大的新型通用工具，也是理想的合作对象。

在科学领域，人工智能也将派上常规用场。就像在教育、医疗和企业中起到的广泛作用一样，人工智能能够减轻困扰所有企业的行政负担。研究人员通常会花费近一半的时间处理手续流程上的琐事，而无法进行实际研究。如此，解决研发部门的烦琐的手续流程问题可以提高经济效率，但这些人工智能技术不会在求知方面带来革命。

在研究人员研究如何"训练"人工智能执行更多（和更复杂）的任务时，革命却即将到来，这样的研究包括：寻找模式、分析异常和通过计算机模拟实验。

人工智能：新的"发现方式"

基于机器学习的任务算法掀起了一股开发热潮。在过去的 6 年里，用于"训练"深度学习模型的计算机，其处理能力的总数据量每隔几个月就会翻一番。[7] 这说明人工智能训练出的计算能力短时间内增加了 30 万倍。研究人员正在以惊人的速度将人工智能工具投入使用。

具有讽刺意味的是，我们可以以能量为指标来衡量人工智能和机器学习在当前和未来状态下会产生的影响。在超级计算机上超现实模拟运行十几个分子的相互作用，所要消耗的能量相当于从奥斯汀[①]飞往

---

① 美国得克萨斯州首府。——编者注

亚洲的大型喷气式飞机所需的能量。[8]但研究人员很乐意使用这些人工智能的模拟功能来压缩研究时间。

我们知道,新兴的和下一代的人工智能芯片以及卓越的算法(即聪明的数学方法),将解决人工智能贪婪的能量需求。硅的这些新用途将不可避免地走上与人工智能之前那个时代旧式硅机器相同的发展道路。人类对效率的不懈追求向来如此,这将产生与先前相同的净效应。

要想探索任何新型社会基础设施的商业可行性,就需要大幅提升效率。1958年,泛美航空公司开始提供喷气式客机服务时,没有人讨论(更不用说预测)飞机会把燃油消耗总量提高3倍。如今,全球航空客运总里程已超过数万亿英里,人类每年在飞机上大约消耗40亿桶石油,而1958年这个数字实际为零。

在未来,如果人工智能机器执行的不是几十次,而是数万次,甚至数百万次模拟,就会需要计算数万亿小时,由此产生的耗能总量可能会与全球航空的耗能量相匹敌。再说一次,这是件好事,因为它意味着科学和工程领域取得了进步;不用说,整个社会必然也取得了进步。

所有社会服务都要使用能源,这是个不可回避的事实。直到最近几十年,美国国家的能源需求也只有一小部分与通信和计算硬件的使用有关。在此前的历史中,与信息相关的唯一(且相对微不足道的)能源成本来自建造图书馆和造纸,后来则源于制造并使用电报机和电话。今天,数字基础设施(人工智能还处于起步阶段)对能源的消耗量,已经与全球航空的消耗量相当。

这又把问题带到了硅谷引以为豪的科技公司,它们对创造能源奇迹十分痴迷。这些公司并不孤独,世界各国的政府都在寻求开发魔法般的能源技术。个中动机是显而易见的。政府和企业发布的气候变化政策,几乎完全是为了改变世界获取和使用能源的方式,而不仅仅是要改变信息基础设施。

追寻奇迹的过程中必然充满困惑、挑战和机遇,而能源领域则是一个鲜明的例子。能源领域也非唯一需要新基础性发现的领域。地球物理学（地震、火山等）方面还有很多东西需要了解，关于神经元和病毒的运作也有很多未知领域，更广义的生物学（无论是人类、其他生物，还是化学合成生命）还需要探索，量子物理学目前也仅涉及少数几个研究领域。

最近一次皮尤调查①的主题是人们对2050年有何看法。调查发现，87%的美国人认为"科学和技术将对解决未来的问题产生积极影响"。[9]这些人有理由比大多数人更有这种信心。

需要是发明之母，好奇是奇迹之母

对于身体如何运行、疾病如何传播、天气如何变化、植物如何繁茂、鸟类如何飞行、金属如何变成合金，乃至自己的大脑是如何运作的，人类一直渴望有所了解。

与以前用于研究这些不同领域的科学工具完全不同，今天的人工智能工具正以摩尔定律的速度发展，已经（并将继续）变得更强大、更便宜。在满足好奇心方面，"生产函数"成本的下降，将与在整个发现过程中增加资金产生相同的效果。

这一切会在哪里实现呢？如果现状不变，那么这种变化就仍然主要发生在大学和政府实验室里。与此同时，那些开发人工智能工具和相关基础设施的先驱、自吹自擂的科技公司和硅谷巨头，在需要支持好奇心、追求真正的奇迹时却"擅离职守"，全然不像其前辈那般凭一己之力掀起了20世纪的发现热潮，推动了基础性创新。

我们还没有看到任何现代科技巨头（无论是谷歌、苹果、亚马逊还

---

① 皮尤研究中心是美国的一家独立性民调机构，总部设于华盛顿特区。该中心对那些影响美国乃至世界的问题、态度与潮流提供信息资料。——译者注

是微软）雇用的研究人员获得诺贝尔奖。这些公司距离为诺贝尔奖获得者提供资金的研发商业模式还有很长的路要走。不过，情况也并非一直如此。

贝尔实验室的一名科学家因证明路易斯·德布罗意（Louis de Broglie）的物质波理论，获得了1937年诺贝尔物理学奖，该奖项与乔治·汤姆森（George Thomson）共享。到此时贝尔实验室才成立十几年，贝尔实验室研究人员后来又获得了8项诺贝尔奖。IBM实验室成立于1945年，目的是追求所谓的"纯科学"，在此后几十年里，实验室共有5位研究人员获得了诺贝尔奖。[10]在撰写本书时，谷歌已经成立了23年，亚马逊成立了25年，苹果35年，微软46年。贝尔和IBM并不是20世纪纯粹科学的唯一支持者。许多其他著名的企业实验室也是如此，其中包括施乐（Xerox）、柯达（Kodak）、杜邦（DuPont）和埃克森美孚（Exxon）的实验室。

想想克劳德·香农对他在贝尔实验室工作时的评价吧。科学作家兼教育家约翰·霍根（John Horgan）的描述可谓精辟，他认为香农写下了数字时代的"大宪章"。[11]当有人问香农是否曾感受到来自雇主的压力，要求他"做一些更实际的事情"时，他回答道：

> 不。我一直在追求自己的兴趣，而不太考虑其金钱价值和对世界的价值。我更感兴趣的，是一件事是否让人兴奋，而不是它能做到什么。我在完全无用的事情上花了很多时间。[12]

今天没有证据表明，任何科技巨头（更不用说其他公司）有兴趣回到过去的贝尔实验室模式。人们交口称赞的创新公司并不支持科学研究，而是选择资助有望短期内提高竞争力或利润的研发和工程项目，这么做毫不奇怪。仅举一例：据报道，谷歌给出了两年期限以探索"盲击"计划（loonshots）的商业可行性，并使用这个修辞巧妙的合成词指代该项计划。然而，现实中的登月计划并没有实际目标，而只是为了满足纯粹的好奇心而实施的（当然，这也是"冷战"时期为了虚张声势的一种合理补充手段）。

在将来，由好奇心驱动的研究是否会得到任何新近成立的私营或公共联盟的支持，还有待观察。这些联盟自称意在寻求"突破"，然而目前为止，它们似乎只是在模仿企业（和政府）以目标为导向的长期研发模式，尽管有时研发时限会稍微宽松一些。同样，大多数捐给大学和研究所的大规模慈善研究资助，都是"定向"或是任务驱动的。

问题不在于当今科技行业缺乏资金来支持有克劳德·香农那种抱负的研究人员。几年前，苹果斥资 50 亿美元建造了一个新总部，绰号"宇宙飞船"。五角大楼于 1943 年竣工，按通货膨胀调整后的美元计算仅耗资约 10 亿美元。排名前 100 的科技公司总市值以数十万亿美元计，而世界上只有 15 个国家的国内生产总值超过 1 万亿美元。

全世界都在研发上投入了大量资金，大约每年投入两万亿美元。美国仍然是世界上最大的研发支出国，约为 5 000 亿美元（中国正在迅速接近这一水平）。包括科技公司在内的私营机构，研发支出占所有支出的 2/3。但即使在最广义上讲，其中也只有约 7% 集中用于基础科学的研究。[13] 这样的研究在政府研发中支出占比更高，但也只有约 20% 的占比，其余的支出都用于实际的、特定的、近期的目标。

科学知识具有内在价值，希望这个观点是无可争议的。但是，仅靠实用性来证明追求的正当性，与如下事实相悖：我们通常无法确切知道最终什么内容有用。信贷经济学家、时任美联储主席本·伯南克（Ben Bernanke）在 2011 年说："关于哪些（研发）政策最有效，我们了解的比希望的要少。"[14] 然而，我们确实很清楚哪些事情是行不通的。

科学功利主义越发普遍化，人们对于科学资助的想法也不免受到了影响。第二次世界大战刚结束，博学多才的迈克尔·博兰尼（Michael Polanyi，拥有化学和医学学位，对经济学和哲学也有贡献）发表了一次演讲，该演讲后来收录在他的著作《自由的逻辑》(The Logic of Liberty)中。他在演讲中提出的警告，在未来的岁月中久久回荡。那是战后经济复苏时期，人们对新技术的出现满怀热情。那时人们辩论的主题是该如何释放技术的全部潜力。博兰尼警告说："彻底以功利主义的标准判定科学的价值，这种做法有一个一成不变的哲学背景，它主要借鉴的是马克思主义视角。"

博兰尼指的是马克思主义的唯物主义主张，即没有"纯粹科学"这样的东西，只有应用科学。[15] 正如博兰尼所指出的，意识形态的功利主义直接导致了这样一个信念，即科学家应当"受到权威部门的引导，因为他们了解社会需要并大体上负责维护公共利益"。博兰尼注意到：

> 那些试图捍卫科学自由、反对规划的人表示抗议，却遭到排斥，甚至被扣上对社会不负责任的帽子，认为他们的叙述早已过时。[16]

如果说科学史能给予人什么显而易见的训导，当然，如果将诺贝尔奖用作历史的罗夏墨迹测验①（Rorschach）对象的话，那就是，我们很难知道什么人或什么想法有朝一日会被视为"赢家"。要想让研究创造奇迹，让好奇心在合理范围内自由驰骋，这一事实是必然要面对的挑战（更不用说政治挑战）。

这并不是说政府应该置身于研究之外，而是恰恰相反。对于长期项目和不确定的结果，政府支持至关重要。近来，获2018年诺贝尔经济学奖的保罗·罗默（Paul Romer）呼吁政府加大对科学的长期支持力度，建议政府"在建设科学基础设施方面发挥更积极的作用"。[17]

---

① 罗夏墨迹测验因利用墨渍图版而又被称为墨渍图测验，是非常著名的人格测验，也是少有的投射型人格测试，在临床心理学中应用非常广泛。通过向被测验者呈现标准化的由墨渍偶然形成的模样刺激图版，让被测验者自由地观看并说出由此所联想到的内容，然后将这些反应用符号进行分类记录和分析，进而诊断被试人格的各种特征。——译者注

新的发现方式必定以新基础设施的形式出现。但是，全新的基础设施很少出现，而且其一体化和大众的接受度总是需要时间的。哈维·布鲁克斯（Harvey Brooks）是一位从事公共科学政策研究的物理学家，曾服务于美国艾森豪威尔总统、肯尼迪总统和约翰逊总统执政时期。他在 30 年前注意到，"在习惯和文化方面，对（科学的）支持体系的形成是一个需要时间的过程"。[18] 这不仅是因为物理建设存在惯性，还因为根本性的转变会影响企业和个人行为中固有的惯例、习性和技巧。经济学家尼古拉斯·克拉夫茨简明扼要地指出：由于人工智能"需要补充投资、技术应用和适应过程"，它尚未带来生产力的大幅提高，尤其是在科学发现方面。[19]

我们还需要来自私人和公共市场的投资，这个方面在 21 世纪 20 年代取得了进展。亚马逊、谷歌、英特尔和埃森哲（Accenture）共向美国国家科学基金会捐赠了 1.6 亿美元，用于资助 8 所高校的人工智能研究所。[20] 正如美国国家科学基金会在其新闻稿中所写："这不仅是资金问题，行业也要提供研究动力，培养部分研究人员，提出学生团队可能研究的课题……提供对数据库和计算资源的访问资格，以及其他工具和测试平台。"这只是个开始。但是，自从人类进入现代以来，每位科学家都知晓这样的事实——资金至关重要。对于 21 世纪用于科学发现的人工智能基础设施，不太科学地说，1.6 亿美元只算得上一点零钱。推动信息革命并从中受益的科技公司可以并且应该做得更好。这就迫使我们提出某种解决方案。

随着 21 世纪 20 年代的到来，美国前十大科技公司的年收入总计达到了 1.5 万亿美元。这些公司每年在研发上总共花费大约 1 000 亿美元，用以提高它们近期的竞争力（这对消费者和经济发展来说都是一件好事）。[21] 但就这 10 家公司而言，只要将 0.1% 的收入以各种形式用于科学发现的人工智能基础设施，每年资助总额就将是一次性捐赠的 1.6 亿美元的 11 倍。这会是一个崇高的行为。它能够改变格局，也能鼓舞人心，说到底也是实用的。

人们常说，需要是发明之母，而好奇是奇迹之母，两者我们都需要。但如果对需要过度关注，就无法继续培养好奇心。

下一次长期繁荣

如果将经常被提到的"加快变化的步伐"和大量未开发的信息资源相结合，未来应该就会像许多有先见之明的作家在20世纪初所写的那样，出现与他们作品中同样令人激动的事。想想成就非凡的地质学家威廉·麦基（William McGee）是多么乐观吧，他于1898年为《大西洋月刊》撰写了一篇题为《美国科学50年》（Fifty Years of American Science）的专题文章，其中写道："科学进步……与工业和社会进步如此紧密地交织在一起，如果这几个领域没有一直相互借鉴，那么哪个领域都不会取得进步……实际上，美国已经成为科学的国度。"[22]

麦基写下这些话时，汽车还像今天的空中出租车一样稀罕。那时电灯尚未成为产品，在家里使用电灯还只是一种愿景；只有1/10的家庭拥有电话。麦基并没有对某种设备或某个行业感兴趣，他所展望的是科学知识扩展带来的革命。麦基于1912年去世，距首届诺贝尔奖还不到10年。但正如他想象的那样，"咆哮的20年代"确实出现了科学技术的爆炸式增长和经济的大繁荣。

世界上还有很多东西需要人学习，思想的可能性和实现这些可能性的方法没有极限。这是我们这个时代的人应该明白的道理（可以说比以往任何时候都应当如此）。

从史前时代以来，人类一直在从事工具制造，这既是一种生存手段，也是满足好奇心的探求。让人类学家、哲学家和神学家去思考这两个目标之间的关系吧。我们知道的是，过去和不久的将来最重要的区别在于，人类有将"智能"功能融合进工具和技术的新能力。现在人类可以建造工具、机器和基础设施，这些工具、机器和基础设施不仅是力量，也是人思想的延伸。

近一个世纪前，刘易斯·芒福德（Lewis Mumford）在其巨著《技术与文明》(*Technics and Civilization*)中提到，几次革命（主要是技术革命）相辅相成，它们的交汇推动了技术和社会大幅进步。像历史学家常做的那样，芒福德给现代的每个时期都贴上了标签。[23] 第一个时期"集合了从大约 1000 年到 18 世纪引入的发明和思想"，芒福德称之为"始生代技术（eotechnic）时期"（Eos 是古希腊神话中的黎明女神）。第二个时期是工业革命时期，其特殊之处在于"材料和能源方面"的进步，叫作"古生代技术（paleotechnic）时期"（paleo，在希腊语中意为"古代"或"原始"）。而芒福德所处的时期是 20 世纪 30 年代，"新类型合金、电力和改进的通信工具"得以蓬勃发展，他将这个时期称为"新生代技术（neotechnic）时期"（neo 意为"新的"）。

为了延续这种分类法，可以把这个即将到来的漫长成长期称为"神经技术（neurotechnic）时期"（希腊语词根 neûron 意为神经）。我们现在进入了人类史上首个基础设施网络化、普遍化、智能化的时代。

我们确实生活在"新标准状态"的时代，但未来的发展不会常年缓慢，技术也不会停滞不前，情况只会与此相反。实际上，人类及其子孙生活在漫长的神经技术文明时期的开端，这是史上最令人兴奋、最充满希望的时期。

后　记

未来的事业

"模式探寻"是一种以信息为中心的实践。在过去几个世纪中，它和许多其他技能一样，被人类不断地扩展和完善。人类学家认为，模式探寻是人脑中固有的一种本领，利用这种生存特性，人们可以解释一些短期和长期现象，比如识别一种声音是来自潜在的食物还是潜在的捕食者，乌云和温度变化是否意味着暴风雨即将来临等。

科学历史学家兼作家迈克尔·舍默（Michael Shermer）观察到："人类是会探寻模式、会讲故事的动物。人在世界和生活中寻找并发现模式，然后围绕这些模式编织故事，把它们带入生活并为之赋予意义。"[1]这些故事可以揭示社会、经济或科学的模式，也许还具有预测价值。如何知道一个模式是否有意义，这是个挑战，同时也是个非常古老的问题。

"预测艺术"的起源

人人都是预测者。长期以来，不管关注点是个人生活、商业还是国家，大家都会预测和担忧未来，这既是一种消遣，也是一种职业。

还有人尝试预测诸如飓风或地震等自然现象,这种行为同样由来已久。如今,预测的最新形式出现了——预测技术的未来。

技术已经取得了持续进步,并将继续保持前进步伐,这个观点本身就相对较新。在历史上的大部分时间里,大家都知道,生活、自然和社会的很多方面都有着周期性和可预测的模式。但这些都是闭合循环——不是进步,而是重复。在漫长的历史中,很少能仅靠一项发明或想法带来进步,而且这种进步又很难持久或者速度快到人们能够预见。发生在中世纪①的第一次产业革命②却是个例外,类似的产业革命在几个世纪内都不会再发生。但是,过去两个世纪的中心特征是,在以前的工具、材料和知识的基础上,新工具接连被发明出来,其发展稳步,开发速度常常很快。

预测技术进步的中心目的之一,是为了凸显这一信念——通过正确的行动,人类或许能更快地踏入美好的未来(或通过"引领"别人无法看到的"潮流"而使我们获益)。对企业而言,如此思考可以增强动力,获得竞争优势。对政府来说,则可以确保技术不仅能保护公民免受自然(或敌对国家)的伤害,还能延续我们在过去两个世纪中看到的生产力和财富的持续增长势头。因此,现在出现了许多为企业和政府进行技术预测的公司。技术和科学进步本身对社会进步十分重要,而预测技术发展这门"学科"的起源与制度化,是与前者的起源交织在一起的。

技术预测专业化的历史也不长,最早出现于工业革命。工业革命为19世纪和20世纪带来了技术的爆炸性发展,随之而来的还有大量的研发支出。直到19世纪晚期,技术进步还常常来自个人的"小修小补",而且这些富有想象力的人更像艺术家而不是工程师。所以,达·芬奇既是伟大的艺术家又是发明家,这并非巧合。事实上,工程学和其他

---

① 公元5—15世纪,是欧洲历史三大传统划分的一个中间时期。——译者注
② 这里指的应当不是英国的第一次工业革命,英国工业革命不可能发生在中世纪。——译者注

应用科学都被称为"机械"或"实用"艺术。在《工程的存在乐趣》(*The Existential Pleasures of Engineering*)一书中,塞缪尔·弗洛曼(Samuel Florman)明确地揭示了工程的文化特征:"人类一直在寻求改变环境,建造房屋、纪念碑、寺庙和道路。在这个过程中,人类重构了世界机理,将其改造成新功能对象,而这些对象同时也是值得欣赏的艺术品。"[2]

艺术和工程之间存在密切关系,这一点并没有逃过艺术家和艺术史学家的眼睛。1934 年,美国纽约现代艺术博物馆就曾展出过以机械艺术为特色(现在仍然是特色)的工业产品,即工程师们发挥想象并利用环境中的材料制作的东西。[3] 最近的例子是美国西北大学工程学院院长胡里奥·奥蒂诺(Julio Ottino),艺术家出身的他提倡"工程教育",从"全脑开发"的角度激发创造力和想象力。但是,尽管奥蒂诺尽了最大努力,"机械艺术"一词中的艺术成分却还是随着"技术"的出现而大幅减少。

正如历史学家戴维·奈在其杰作《技术至关重要》(*Technology Matters*)的序言中指出的:1860—1870 年,"技术"一词在已出版的期刊上只出现了 149 次,而同期"发明"一词则出现了 24 957 次。要知道,因为蒸汽机的出现,那个时期已经经历了一个世纪风起云涌的技术变革。在 19 世纪 60 年代,"技术"一词尚未使用,但这时铁路已经经历了大规模扩张,内燃机和打字机也已被发明(这里只列举了几项进步)。实际上,直到 20 世纪初,随着科学融入技术,"技术"这个词才开始普及。

但发明的艺术保留了下来,人们想象和制造合成材料的能力改变了世界。20 世纪上半叶,聚合物、药品以及发明和生产这些产品的企业,都出现了爆炸式增长。1935 年,杜邦采用了"美好生活源于化学"的口号,并一直使用近 50 年。这个说法很真实。但同样真实的是,化学也有不利的一面,因此,发明能对环境进行监测和治理的一套手段便极其重要。人们在早期的几十年时间里,对化学的"魔力"有着高度热情，这种热情激发人们预测：化学工程设计的普通药丸将很快取代传统食物。但正是化学科学与电磁学的发现，才让人类能够创造出以前无法想象的技术。我们完全可以理解，如此多的"魔法"会激发新的预测——未来可能会发生什么或应该发生什么。

如今，无论是积累了一个世纪的经验，还是深入的研究和公众舆论，都支持这一核心观点：发展科学和技术对社会至关重要。[4]1987年，罗伯特·索洛因提出了科技如何促进经济增长的相关理论而获得诺贝尔经济学奖。在颁奖典礼上的演讲中，索洛指出经济"增长理论"历史悠久，可以追溯到亚当·斯密在1776年出版的《国富论》（*Wealth of Nations*）。但索洛还说，是在现代，尤其是在第二次世界大战后的几十年里，他才发现了启发自己灵感并最终使他获得诺贝尔奖的经济模式。正如索洛所说："技术仍然是经济增长的主要引擎，人力资本投资只能排在第二位。"[5]

或者正如经济历史学家乔尔·莫基尔在1990年所描述的那样："技术进步是历史上最强大的力量之一，因为它为社会提供了经济学家所说的'免费午餐'，即人们只需要一定的努力和成本，就可以实现更多的产出增加。"[6]

因此，预测的艺术变成一件严肃的事情，即使这么做仅仅是为了满足希望能有"免费午餐"的社会。

三种预测者

应该感谢约翰·佩里·巴洛（John Perry Barlow）的这句名言："创造未来的最好方法就是预测未来——前提是能让足够多的人相信你的预测。"2018年去世的巴洛是一位诗人兼散文家，而其最广为人知的两个身份，是感恩而死乐队（Grateful Dead）的歌词作者以及电子前沿基金会（Electronic Frontier Foundation）的创始人。

在评估预测时，尤其是评估政府部门就怎样花"别人的钱"而决策时，最好要知道有三种类型的预测者。虽然三者可能有重叠之处，但当人们"掀起引擎盖"，看到驱动着许多预测者的"发动机"时，大家会发现预测者几乎总是这三种人中的一种。

第一种预测者本质上是表演者，他们想要的不过是吸引眼球，想要别人引用他们的话，想有人花钱请他们在大众面前夸夸其谈，比如在演讲和电视节目上频频露面。

第二种是那些有意图的预测者，他们从自身渴望或具体目标的角度来看待事实和趋势，因此会有意或无意地成为"短视"或"认知失调"的牺牲品。为了达到预期结果，这类人甚至不惜扭曲自己的预测。虽然某些有意图的预测者，其出发点很好，但这并不能让预测正确，甚至不能让预测如有些人所愿那样"自圆其说"。

最后我们发现，第三种预测者是那种预测准确则能得到回报的人，这类人通常在学术环境或商业机构内部工作。其中在商界工作的预测者通过投资新产品或服务来寻求竞争优势，或者通过"押注"趋势来寻找利润来源。预测者为内部业务目的而下的"赌注"很少公开，而且往往只有在后来才以结果的形式显现出来。

预测者的困境

不管预测者的潜在动机是什么，关于预测有一个自明之理，可将其提炼为一句格言：越无知的人越自信。事实证明，这不仅仅是个自明之理，还是一种在心理学领域被称为邓宁-克鲁格效应的人类现象。

康奈尔大学的大卫·邓宁（David Dunning）和美国伊利诺伊大学

的贾斯汀·克鲁格（Justin Kruger）在许多学科领域进行了详细的研究，探索人们对某个事实或结论的自信程度，并试图将其与个人知识或经验联系起来。1999年，他们发表了一篇论文，题目颇具挑衅性：《为什么越无知的人越自信：从认知偏差到自我洞察》①（*Unskilled and Unaware of It: How Difficulties in Recognizing One's Own Incompetence Lead to Inflated Self-Assessments*）。[7] 研究结果显示，在许多学科中，人知道得越少，对一个结论就越有信心。研究还表明，一个人的信心会先随着学习量的增加而下降，直到这个人学到足够多的知识，信心才会再升上去。有些人不无讽刺地将这一曲线的前半部分标记为——"笨到不知道自己错了"（见图A.1）。

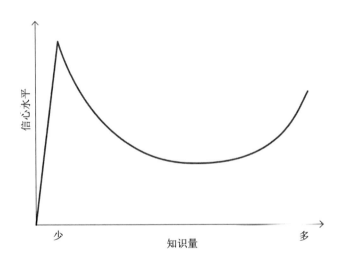

图A.1 邓宁－克鲁格效应：知道得越少越自信

然而，就技术预测而言，必要的"邓宁-克鲁格知识"可能很难衡量。预测本身的可信度不仅可能会受到损害，其基本假设也可能受到质疑。人们在预测的时候，可以基于一些不存在的东西（比如1900年

---

① 后被改编成书，中译出版社2022年7月出版。——编者注

前后的太空旅行），也可以基于一些违反已知自然法则（比如永生）或人类本性（比如对更高成本的容忍）的东西。这些异想天开的想法，除了娱乐就没有什么用处。

如果有人告诉那些严肃的预测者们，他们不过是异想天开，这些人往往会指出：技术已经生产出了许多曾经被认为是"魔法"的东西。科幻小说作家阿瑟·克拉克是现代最睿智的技术预言家之一，1962年，他在一篇题为《预言的危险：想象力的失败》（*Hazards of Prophecy: The Failure of Imagination*）的文章中，就曾阐述了这个影响深远的观点。克拉克用他的"三定律"简洁地概括了预测者的困境：

1. 如果一位杰出而年长的科学家说某件事可能发生，他几乎肯定是对的；如果他说某事不可能，他很可能是错的；
2. 发现可能性极限的唯一方法，就是冒险越过极限，进入不可能的领域；
3. 任何足够先进的技术都与"魔法"无异。

克拉克很清楚这些"定律"的细微差别甚至是其调侃的性质。[8] 他的"三定律"被频繁引用，早已失去新鲜感，对此他也许会惊讶或者颇具讽刺意味地感到高兴。克拉克的定律还是少了个与预测有关的关键特征：时机就是一切。

看看克拉克自己的两个杰出预测吧。1945年，克拉克预言了地球同步卫星及其可能引发的通信革命。这在他有生之年就成为现实。（克拉克于2008年去世，享年90岁）。[9] 事后看来，这个想法显而易见，但就在1961年，联邦通信委员会的一位委员还断言："就美国国内来说，想要利用通信卫星来提供更好的电话、电报、电视或无线电服务，在实际上根本不可行。"[10] 但大约在10年后，商业卫星电视服务就开始了。

后来，1997年，克拉克对另一个革命性的想法做出了类似的大胆预测，这个想法就是"太空电梯"——它将使卫星进入运行轨道变得像搭乘电梯一样容易（虽然时间可能较长）。从科学上来说，这个想法很合理，但必须等到将来出现所需的超强超轻材料，才能建造长达 2.5 万英里（约 4 万千米）的电缆。[11] 不过，既然连单原子层石墨烯这么不可思议的材料都存在的话（单原子层石墨烯直到 2004 年才被发现，发现者因此获得了 2010 年诺贝尔物理学奖），那么（从理论上来说），能制造太空电梯电缆的材料可能已经近在眼前了。[12] 在 1997 年，很多人可能有这样的想象，但当时（甚至今天）并不存在这样的材料。而与之相比，发射卫星的技术在 1945 年就已经存在了，虽然它还属于新生技术。

这两种预测的不同之处在于，后者（卫星）是由一种已经存在的新兴技术（火箭）推断而出。然而在当时，前者（太空电梯）所需要的技术仍然毫无踪迹可寻，甚至连说明如何制造它的科学概念都没有。

在提出一个想法和把它变成现实之间，可能会有巨大的知识鸿沟和漫长的时间跨度。人类渴望飞行和利用电能这两个古老的梦想，就是最好的例证。

电鱼造成的痛苦甚至死亡，让古人认识到了电的存在甚至其应用价值。[13] 考古学家曾发现过一块古老的电池，时间可以追溯到公元前 250 年。但直到 1859 年，法国物理学家加斯顿·普兰特才发明了铅酸电池；又过了 150 年，另一位物理学家约翰·古迪纳夫（John Goodenough）才发明出一项更先进的技术——锂化学（因此，他和另外两人共同获得了 2019 年诺贝尔化学奖）。人们对未来进行想象和修正，这些想象与科技相互交织，像这样的时间线在技术发展的轨迹中，很常见。

> 人们可以制造出没有桨手的航海机器，这样就可以由一个人驾驶最大的船在河流或海洋上迅速前进，速度比满船的水手划船还要快许多。此外，人们还能制造出汽车，不需要牲畜就能以不可思议的速度移动……人们还可以建造飞行机器，一个人坐在机器中间操

纵它转动引擎，就可以使人造翅膀像飞翔的鸟儿一样拍打空气。[14]

但是，直到6个多世纪后，人们发明了机翼和内燃机并能大规模生产铝时，培根对"拍翼飞行器"的设想才得以实现。如今，有了材料科学的最新进展（碳纤维），再加上人类对鸟类翅膀机械化的理解（通过高速计算机控制的成像实现），人们终于制造出了培根设想的"拍翼飞行器"，虽然目前还只是小型无人机。

历史上这样的例子比比皆是：在一个技术被预测之后，可能要经过几十年、几个世纪，甚至几千年，人们才能真正拥有制造想象中设备的能力。在《乌托邦》（Utopia）中，托马斯·莫尔（Thomas More）颇有先见之明地设想了这样的未来：人们可以大规模生产充足的低成本食物。毫无疑问，莫尔知道在他那个时代，英国用批量生产系统（到那时已经用了一个多世纪了）来制造弓箭以供弓箭手使用。据推算，到1415年著名的阿金库尔战役之时，英国每年已经能生产数百万支箭。但是，要想大规模生产充足的农作物还要等几个世纪，也就是等推动工业革命的工具和科学出现之后才能实现。

记录都在，有好有坏

如今，各种预测铺天盖地，这些想法可能很合理，但必要的基础技术或科学理解尚不存在。可以想象，未来人类的寿命将延长两倍。大自然已经证明，这在生物学上并非不可能——许多动物比最长寿的人类活得还要久。然而，医学界在这方面仍然进展甚微。同样，尽管人类在未来殖民火星可以想象，但就目前的太空技术来说，距离实现这一目标还十分遥远。

通过对现有组件、工具和机器的直接（甚至是极端的）推算，以

图 A.2　技术与教学：19 世纪时的种种预言[①]

此来预测技术或能力，这种预测对人更有用。我们可以把这些东西视为创新者的"工具包"。我们可以通过观察工业革命以来的三个早期阶段，来阐释这类预测的性质：19 世纪从铁路到汽车再到飞机的大扩张和大转变（见图 A.2）；20 世纪中期的登月和核能时代；以及 2000 年之前的数字时代的黎明。

让我们从 19 世纪开始：1893 年，芝加哥世界博览会开幕，那时距托马斯·爱迪生在纽约珍珠街建成第一个中央发电站仅过去了 11 年，距电话的发明仅过去了 20 年。开尔文勋爵[②]（Lord Kelvin）曾公开说过一句浅薄的话："比空气重的飞行器是不可能飞起来的。"[15] 然而此后不到 10 年，莱特兄弟就驾驶飞机飞了起来。同样臭名远扬的是，1876 年，西联电报公司曾说过："电话缺点太多，人们无法严肃地把它视为一种

---

① 来源：让-马克·科泰（Jean Marc Cote），艾萨克·阿西莫夫（Isaac Asimov），《未来生活：在 1900 畅想 2000 的世界》（*Futuredays: A Nineteenth-Century Vision of the Year 2000*），维珍图书公司（Virgin Books），1986 年。
② 指威廉·汤姆森（William Thomson），第一代开尔文男爵。他是英国的数学物理学家、工程师，也是热力学温标（绝对温标）的发明人，被称为热力学之父。

通信手段。"[16]

比当时怀疑论者所犯错误更有趣的，是热衷于技术的人们所想象的在其有生之年可能发生的事。1900年12月，《妇女家庭杂志》(The Ladies Home Journal)刊登了关于2000年预测的摘要。值得注意的是，虽然使用的术语很宽泛，但其中很多预测都实现了，特别是"汽车将取代现在已知的每一种马拉交通工具"，以及"无线电话和电报线路将遍布全球"。A栏中列举了《妇女家庭杂志》那篇文章中的一些预测，并按照我们的想法分类为：日常生活、旅行、食物/资源，以及在当时可能会觉得不可思议的技术——新设备/工具。

《妇女家庭杂志》的预测和当时其他类似预测，都强调这样一个关键史实：整个社会的基础设施已经发生结构性转变，无论其性质还是规模，都是先前几百年所没有，也无法复制的。从所有迹象来看，这验证了规范主义者所持的观点：人们只能发现一次电，只能发明一次汽车。之后必然会有一些改进，但这些都只是"量变"而非"质变"了。

这个事实或许可以部分上解释为什么在20世纪，学术和大众领域的预测特征发生了根本转变。两次世界大战的冲击波显然破坏了一些乐观情绪。1979年，I. F.克拉克（I. F. Clarke）出版了一部开创性著作《期望的模式：1644—2001》(The Pattern of Expectation: 1644–2001)，其中描绘了预测基调上发生的这种深刻变化。事实上，他指出，在他那个时代，"未来学一词是个丑陋而矫饰的词汇"。他还指出，就像《麦克白》中的女巫一样，现代预言家们为国家的需要所召唤——国家要求他们展示即将到来的事物，因为这些事物或许能为政治行动提供理论依据"[17]。

第二次世界大战后的预测显示出一种技术上的"精神分裂症"：许多人先是为太空竞赛所束缚，然后又为核能的前景所吸引。但是，当时的世界正处在"冷战"的阴影下、处在对全球核战争的恐惧中，而且在那个充满限制和所谓"环境末日"的时代，马尔萨斯主义也正流行。

A栏[①]

在1900年对2000年做出的预测[18]

《妇女家庭杂志》

日常生活

- 美国会有3.5亿—5亿人。
- （巴拿马）大运河完工后，尼加拉瓜将申请加入美国联邦；而墨西哥将是下一个。
- 美国人将活到50岁，而不是像现在一样只能活到35岁。
- 大学教育将对全员免费。
- 蚊子、家蝇和蟑螂将几乎被完全消灭。
- 除动物园外，其他地方将没有野生动物。
- 巨型火炮的射程可达25英里（约40千米）甚至更远，并能将炮弹投掷到半径范围内的任何地方，爆炸并摧毁整个城市。这种火炮将装备有指南针。

旅行

- 汽车将比今天的马更便宜，并将取代现在已知的所有马车。汽车可以像房屋一样，进行人工降温。
- 在城市范围内，所有繁忙的交通都将在地面以下或极高的空中进行。因此，城市将没有噪声。
- 快速电动船能够以每分钟1英里（约每分钟1.6千米）的速度穿越海洋。螺旋桨由电力驱动。船只将完全防火，船舱都经过人工降温。
- 城市里的房子将不复存在。从郊区的家到办公室只需要几分

[①] 本附录中，此栏和其他栏中所列的预测均对所引用原文进行了压缩和转述。

钟。一便士就够付车费。
- 从纽约到旧金山,乘快车只需要一天一夜的时间。
- 未来将有飞艇,但它在客运和货运方面竞争不过汽车和船。

食物 / 资源
- 不论是热食还是冷食,都会被气动管道或自动货车运送到私人住宅。
- 人们会发现水力发电要便宜得多。因此,所有的流动水源,无论是淡水还是咸水,都将得到治理利用,发挥与尼亚加拉河今天一样的功能,即为获取热、光和燃料而发电。
- 液态空气冰箱可以长时间为大量食物保鲜。
- 快速运输在陆地和海面上的冰箱在几天内就能给人们带来热带和南部温带的美味水果。
- 气动管道将代替人力货车递送包裹。
- 农民会把冬天变成夏天,把黑夜变成白天。他还会在玻璃顶下种地。土壤里的电流能让有价值的植物长得更大更快,还能杀死讨厌的杂草。

新设备 / 工具
- 无线电话和电报线路将遍布世界各地。
- 人们可以从任何距离拍摄照片,且这些照片将再现自然界的所有颜色。
- 人们可以用摄像头拍摄各种各样的人和事物,摄像头则能通过电线与电路两端相隔几千英里的屏幕相连。
- 人们可以通过释放冷热空气来调节房子的温度,就像现在开水龙头放热水或冷水一样。
- 人们可以用显微镜观察人或动物的活体,生命器官一览无余。

不管医疗目的是什么，活体都是透明的。
- 人们几乎不用把药物吞进胃里。药物将通过皮和肉直接作用于器官。

下面将继续这三个预测时代的罗夏墨迹测验，这一次是 20 世纪中期，我们转而看看两位流行科幻作家。B 栏和 C 栏汇编的预测，来自那个时代两位最成功、获奖最多的科幻作家。第一个预测来自罗伯特·海因莱因（Robert Heinlein），时间是 1952 年。罗伯特·海因莱因常被誉为"硬科幻小说之父"，他的小说《异乡异客》（*Stranger in a Strange Land*）于 1961 年出版，被美国国会图书馆列入"塑造美国的 88 本书"[这个书单还包括本杰明·富兰克林 1751 年出版的《关于电的实验和观察》（*Experiments and Observations on Electricity*）]。第二个预测来自艾萨克·阿西莫夫，时间是 1964 年。阿西莫夫以机器人系列和机器人三定律而闻名。我们在每一组预测中都能看到当时人们的担忧，尤其是对人口过剩，食物、资源和能源短缺的担忧。或许读者会认为，现代农业超凡的生产力在当时应该已经很明显了。他们也都预见到了一些有用的小工具，甚至信息革命的一些特征：口袋大小的视频电话以及全球互联。然而，无论是这群人还是当时的其他人，都没能预见到互联网或全球规模的云计算。

对于人类如何旅行、如何制造东西和生产能源这样的大规模物理系统会发生怎样的根本变化，两位预言家的预测就大错特错了。他们曾期待这一领域会像 20 世纪那样发生重大改变，但结果是，阿西莫夫设想的飞行汽车和海因莱因的廉价超音速飞行都没能出现，更不用说太空旅行了。

B 栏
罗伯特·海因莱因于 1952 年预测的 2000 年 [19]

日常生活
- 不断增加的流动性将剥夺大多数人的公民权。
- 宪法修正案将废除州界线,表面上的州界线得以保留。
- 避孕和疾病控制正在改变两性关系,其程度之深将影响整个社会结构和经济结构。
- 15 年后,住房短缺将通过新技术的突破得到解决,而且新技术将使现在的每一座房子都像茅房一样过时。
- 癌症、普通感冒和蛀牙都将被攻克;医学研究中革命性的新问题将是如何实现再生,即让病人长出新腿,而不是给他装假肢。

旅行
- 每小时 1 千英里(约每小时 1 600 千米),且每英里只需一分钱会很常见;超快的短途运输将在"真空地铁"中进行。
- 所有飞机都将由巨型雷达网络操作,该雷达网络覆盖整个大陆,由多个电子"大脑"控制。
- 星际旅行轻而易举,客到付款。只要付钱,就可以去。
- 到 21 世纪末,人类将已经探索过太阳系,而第一艘计划到达最近恒星的飞船也将在建造中。

食物 / 资源
- 不久以后,人类都会吃不饱。
- 鱼和酵母将成为我们蛋白质的主要来源。牛肉将成为奢侈品,羊肉将消失。

新设备 / 工具

- 私人电话可以小到放入手提包。
- 家用电话将可以记录信息,回答简单询问并传送图像。
- 人们将在火星上发现智慧生命。

"人类不会很快实现,甚至永远无法实现的事"

- 在可预见的未来,人类无法建立一个"世界政府",也无法终结战争。
- 以超光速旅行,或者进行时间旅行。
- 物质的"无线电"传送。
- 在实验室里创造出生命。
- 真正理解思想是什么以及它如何与物质相联系。
- 能像人类一样反应的人形机器人。

C 栏

艾萨克·阿西莫夫于 1964 年预测的 2014 年 [20]

日常生活

- 2014 年,几乎在所有的常规工作方面,机器都比人做得更好。因此,在很大程度上,人类将成为一群"机器看管员"。
- 至于电视机,银幕电视将取代普通电视。
- 人们将设计出可以自动准备"早餐"的厨房设备,早餐可以在前一天晚上被"预订",并在第二天早上的特定时间内准备好。
- 郊区到处都是地下住宅,室内温度易于控制且不受天气变化的影响,室内空气清洁,光线可控。
- 所有中学生都将学习基本的计算机技术,同时熟练使用二进制算法和计算机语言。

旅行

- 人们将越来越重视尽量不与地面接触的交通运输方式；地面旅行将越来越多地转为空中旅行。
- 具有"机器人大脑"的车辆可以针对特定目的地进行设置，并在不受人类驾驶员缓慢反应干扰的情况下继续行驶到终点。

食物 / 资源

- 人口压力将迫使越来越多的人住进沙漠和极地地区……大陆架殖民也开始步入正轨。
- 并不是所有人都能充分享受未来世界的各种设备。与今天相比，将有更多的一部分人无法享有这种便利。
- 地表将专用于大规模农业、放牧和公园用地，人类实际居住的空间浪费将减少。
- 在一些沙漠和半沙漠地区，大型太阳能发电站也将投入使用。在人口更多但同时也多云雾的地区，太阳能会不太实用。
- 常规农业将面临巨大困难，一些"农场"将转向生产更高效的微生物。加工过的酵母和藻类产品将有多种口味，假火鸡和假牛排将出现。

新设备 / 工具

- 2014年，机器人既不常见，性能也不是很好，但会有机器人存在。[1]
- 2014年，电器将没有电线；它们将由使用放射性同位素的耐用电池供电，而放射性同位素是核裂变发电厂的副产品，到2014年，核裂变发电厂将满足人类一半以上的电力需求。

---

[1] 原文如此。——编者注

- 打电话的时候，既能看到也能听到对方。屏幕不仅可以用来看打电话的人，还可以用来阅读、研究文件和照片。
- 可以利用同步卫星，直接给地球上任何地点的人打电话。
- （用于对话交流）的激光束必须通过塑料管传输，以避免材料和大气的干扰。2014 年，工程师们仍将继续研究这个问题。
- 每个地方都会有运输货物和材料的压缩空气管。

20 世纪中叶的末世预言学派（以及现代环境运动学派）的核心预测，是对人口过剩和资源限制的预言。在那段历史时期里发生了许多事件：1969 年，圣巴巴拉海上石油泄漏，由于 24 小时不间断的电视新闻的出现，此事被放大。蕾切尔·卡逊（Rachel Carson）在 1972 年出版了《寂静的春天》(*Silent Spring*)，试图"消除"化学的魔力；1973 年，阿拉伯石油禁运使油价上涨了 4 倍，引发了全球经济衰退，并进一步加剧了能源焦虑。

马尔萨斯主义在现代的表现，则是罗马俱乐部（Club of Rome）1972 年出版的《增长的极限》(*Limits to Growth*)。这本书卖出了 1 000 万册，至今仍不断激发人们对环境问题的思考。该俱乐部在 1975 年的续作《人类的目标》(*Goals for Mankind*)中写道："由于缺乏便宜、充足的能源和材料供应，社会经济发展可能遭受挫折，而对稀缺昂贵资源的竞争可能会升级为暴力。"

1970 年，信奉末世论的保罗·埃尔利希（Paul Ehrlich）与经济学家朱利安·西蒙（Julian Simon）进行了一场著名的赌局，这场赌局的内容被广泛报道：在 10 年内，大宗商品价格将会飙升（即埃尔利希对达到极限和人口过剩的预测），还是会下跌（即西蒙对创新和富足的预测）。1980 年到来时，埃尔利希输了。但他毫无悔意，仍然预言世界末日将会到来。[21]

考虑到当今关于气候变化的"世纪之争"以及有关能源技术的预测，我们要强调一下 40 年前能源技术预测的历史（见 D 栏）。虽然当时寻找全新能源的动机与今天不同，但核心问题仍然是新技术。

1973年，《美国新闻与世界报道》（*U.S. News & World Report*）出版了一份专家预测摘要。[22] 编辑们在介绍这本书时这样写道："除非立即采取大规模措施来解决（能源）问题……否则美国人将不得不面对世界末日。"其中一个重要的预测是：如今正在使用的火花点火式内燃发动机，会在1994年到来前早早成为历史古董。

人们对能源技术的关注是可以理解的，毕竟，没有任何东西可以在不消耗能量的情况下产生、生长或运行。人类的进步精神可以在能源技术的一次次进步中找到（我和同事在之前的一本书中就追溯了能源进步的足迹[23]）。人类取得的一个最伟大的成就是，用于燃料和食品的财富在整个经济中的占比，从历史上的60%—80%下降到现在的10%。

D栏中显示了1980年的许多预测，其中一些大家可能听起来很熟悉。历史证明，那个时代几乎每一个关于能源的预测都是错误的。这是个具有历史性的预测"失误"。

D栏

1980年前后关于能源预测的样本

"廉价的石油和天然气正在耗尽。"

——《人类能源：重获控制》（*Our Energy: Regaining Control*），M. 罗斯（M. Ross），R. 威廉姆斯（R. Williams），麦格劳-希尔集团，1981年

"以石油为基础的工业社会无法维持，也无法复制。自1973年以来，石油价格大幅上涨，这实际上决定了第三世界国家将永远不会从石油中获得大部分能源。"

——《太阳能的可能性》（*Solar Possibilities*）丹尼斯·海斯（Denis Hayes），世界观察研究所，《能源杂志特刊：可再生能源前景》（*Energy Journal Special Issue: Renewable Energy Prospects*），1979年10月

"现在非常清楚,世界已经进入了长期能源短缺期,这个时期将一直持续下去,直到人类学会利用可再生能源为止。"

——《能源战略》(*Energy Strategy*)忧思科学家联盟,1980 年

"短期内,唯一现实的两个选择是木材和木材废料,以及随地获取太阳能的技术,如太阳能供暖、小型水电站和小型风电站。"

——《能源未来》(*Energy Future*),《哈佛商学院能源项目报告》(*Report of the Energy Project of the Harvard Business School*),
斯托博(Stobaugh),耶金(Yergin),兰登书屋,1979 年

"我们必须迅速调整经济运作方式,以适应传统能源供应长期紧张的情况。"

——詹姆斯·施莱辛格(James R. Schlesinger),美国能源部第一部长,
1979 年 9 月 24 日

"20 年内,太阳能及其衍生能源或许能满足美国能源需求的五分之一。"

——《能源未来》(*Energy Future*),哈佛商学院

"经济合作与发展组织下属的国际能源机构(IEA)进行了一项新研究,并得出如下结论:从 20 世纪 80 年代后期开始,石油将供不应求。"

——"欺骗性过剩",经合组织观察员,1982 年 11 月

"在 2000 年以前(很可能是在 1985—1995 年之间),即赋能源价格比目前的价格水平高出 50%(按实际价值计算),石油供应仍将无法满足日益增长的需求。"

——《能源:全球展望 1985—2000 年》(*Energy: Global Prospects 1985 - 2000*),可替代能源战略研讨会,麻省理工学院,1977 年

"鉴于世界石油产量可能在 20 世纪 90 年代达到顶峰,然后逐渐下降,因此对美国来说,想要通过增加其在世界石油总进口中所占份额

来抵消国内液体燃料产量的下降，几乎是不可能的。"

——《能源转型 1985—2010 年》(*Energy in Transition 1985-2010*)，

美国国家科学院，1979 年

"经济将不可避免地发生转轨，开始依赖可再生能源。"

——《关于能源的好消息》(*The Good News About Energy*)，

总统环境质量委员会，1979 年

以上预测把我们带到了解释性预测的第三个时代。这个时代开始于不远的过去，其关注焦点是我们当今正在经历的数字技术的"加速变革"。

数字设备公司是第一家把计算机放在（实验室）桌面上的公司，而肯·奥尔森（Ken Olsen）是其创始人。1977 年，即苹果公司推出第一款家用计算机的那一年，时任苹果公司主席肯·奥尔森说："没有任何人会有理由在家里拥有一台计算机。"和肯·奥尔森一样，其他人也因误判而输给了竞争对手，并错失了不久的将来。[24] 就连手机的发明者马蒂·库珀（Marty Cooper）也在 1981 年说过："移动电话绝对不会取代地方有线电话系统。"[25] 1997 年，迈克尔·戴尔（Michael Dell）甚至说："我宁可关闭（苹果公司），把钱还给股东。"[26]

在互联网时代初期的新潮预测中，出现了很多舛误。为了全面吸收此间的教训，现在再来看看另一份专家汇编资料。这份汇编资料由《连线》(*Wired*) 杂志的编辑在 1996 年整理而成，题目是"核对现实"（Reality Check）。对此，投资者们一定印象深刻：仅仅在 25 年前，科技股估值惊人上涨，反映出当时投资者的极大热情；而后，历史则记录了所谓"互联网泡沫"破灭时股市的全面崩盘。

E 栏把从"核对现实"中所选的预测分为两类，一类"命中"，一类"未命中"。回顾过去，我们会发现一个明显的模式。

一方面是数字领域的先见之明。例如，"核对现实"很早就预测到，未来会出现在线软件销售、虚拟现实眼镜以及取代西尔斯公司（Sears）的电子商务巨头。要知道，当时西尔斯公司还在盈利，其股价也又持续上涨了近10年。

另一方面，只要涉及物理活动而非信息活动，《连线》杂志的所有预测几乎都错了。他们预测：超音速飞行将于2014年普及，经济实惠的太阳能将于2004年普及，自动化高速公路将于2019年普及，商用磁悬浮列车将于2021年普及。他们认为会有更多的员工远程办公而非开车上班，这点没错，但至于出现这种状况的原因及相关比例，他们都说错了。直到2004年，他们的预测都并未如期发生。

E栏

1996年的技术预测：来自《连线》的样本 [27]

命中的预测

- 电子现金，1998年
- 统一收费电话服务，1998年
- 全球无线电话号码（收费），2001年
- 计算机手写识别，2002年
- 通用可视电话，2003年
- 商业化的纳米技术，2004年
- 全息医学成像，2004年
- 计算机击败人类象棋大师，2005年
- 软件"超级分发"，2005
- 光纤到家，2007年
- 与西尔斯同等规模的在线零售商，2007年
- 20%的消费者在网上购物，2008年

- 下载音乐取代光盘销售，2010 年
- 在线广告超过电视广告，2014 年
- 全息录音机，2016 年
- 大型公共虚拟图书馆，2016 年

未命中的预测
- 交互式电视"不太可能"
- 速成版定制服装，1999 年
- 简单的减肥药丸，2002 年
- 美国 1/5 的员工远程办公，2003 年
- 太阳能开始在经济上具有竞争力，2004 年
- 大多数农产品都是转基因，2004 年
- 万能的器官捐赠动物，2005 年
- 清扫房屋的机器人，2005
- 自洁式厕所，2006 年
- 虚拟现实眼镜，2009 年
- 装在药丸里的手术机器人，2010 年
- 大众化超音速飞行，2014 年
- 可提供所有营养的食品片剂，2015 年
- 自动化公路系统，2019 年
- 人类登陆火星，2020 年
- 商用磁悬浮列车，2021 年

不确定预测
- C-3PO 式机器人[①]成为现实，2047 年

---

① 《星球大战》中的角色。——译者注

(失败)预测的教训

许多关于预测的回顾,都集中在预测如何展示过去的文化和社会上。刚刚总结的三个时代的预测,在各自时代都很典型。从这些预测以及历史上的其他预测中,都可以获得经验教训,搜集到预测艺术中的行为模式证据。在这方面,我们认为有三类谬误要考虑。

C.S. 刘易斯与当下主义谬误

我们有一种本能的倾向,认为如今的人类更聪明。那是因为我们拥有最新的技术,并且比以前知道得更多,因此就必然拥有敏锐的洞察力,因为这洞察力是属于现代的。

C.S. 刘易斯(C.S.Lewis)是一位作家兼哲学家,在《魔鬼家书》(*Screwtape Letters*)一书中,他写道,这种"当下主义"倾向是一种罪,是一种无视过去教训的罪。他又具体地提道,这是仅仅因为我们的祖先不够"现代"就无视他们洞察力的罪。当然,一些预言家承认早期的教训,然而他们对独一无二的事物的总结性描述百变不离其宗:"这一次,不一样。"

戈登·摩尔和分类谬论

当新技术,尤其是那些基于新科学的新技术出现时,预测者、作家和权威人士都会热切地想象它们可能会带来的各种影响,从中我们可以提炼出各种类别的错误。19世纪,蒸汽机的发明震惊了世人,也激发了对各种服务的预测。做出这些预测的人认为,人类可以轻而易举地把所有服务都进行类似的机械化。这一发明还激发了延续至今的蒸汽朋克美学运动。后来,在电气时代早期,人们给出了同样大胆的预测,包括用电来治疗疾病,甚至植入知识。核能也引起了事后看来很可笑的类似预测：原子能飞机和原子能汽车，甚至是飞行城市。

如今，对硅谷充满敬畏的专家们都会援引摩尔定律，并把它作为预测技术大致变化（尤其是能源领域技术变化）的"法则"。但期望这一法则在其他领域也能适用，是另一个类别错误。对一个领域内的技术来说，其性质和进展很少适用于该领域之外。例如，如果能源系统沿着硅基微芯片的轨迹发展，那么一本书大小的电池就足以驱动大型喷气式飞机。

罗伊·阿玛拉和惯性谬误

值得肯定的是，斯坦福大学的计算机科学家罗伊·阿玛拉（Roy Amara）首先指出了这一点：预测者往往会高估短期技术进步，而低估长期技术进步。[28] 历史已经表明，预测不仅与"出现什么"有关，而且与"什么时候发生"有关。在培根关于动力飞行的预测中，这种"相互作用"表现得非常明显：在他做出预测后的 5 个世纪里，尽管必要的技术工具包获得了发展，动力飞行却未能实现。几十年前，那些预测商用超音速飞机即将问世的人也犯了同样的错误：虽然实现这一目标的工具可能终于近在眼前，但商用超音速飞机并没有出现。

阿玛拉的"定律"也适用于大系统的惯性。一般来说，要想将一项基础性的发明或发现商业化，并制造出相应的"社会（根据定义，这是一个大系统）产品"，需要花费数十年的时间。人类社会的主要系统，即物理、技术和经济系统，都异常庞大，因而会对变化表现出某种惯性的阻力。

遵循自然规律

许多人还会犯这样的错误，即不能观察到或者不能明白自然法则所能容忍的限度。这些法则包括物理自然规律、人类自然规律和经济自然规律。

我们先从物理自然法则开始，特别是那些热衷于新发明或新发现的人常常忽略的物理约束。在科学家成功控制了核裂变之后，许多人预测，人类很快就会拥有原子能汽车。当然，这些人忽略了一件事——要想制造出原子能汽车，就需要把令人望而却步的强辐射屏蔽掉，然而对此并没有已知的解决办法（现在仍然没有）。另一些人预测，商业化的高超音速飞行器将无处不在，但他们也忽略了一件事，即要想实现这个目标，就要有能承受这种速度产生的极端热量的廉价材料，而这种材料目前尚不存在。

在谈到自然的隐藏法则时，一些未来主义者回答说："我们不知道未知的事情。"这让人想起新科学发现的必然性。当然，基础性的科学发现为创新开辟了全新的道路。但是，人们无法安排甚至无法预测新科学。那些可以有意义地预测到的创新，都受到已知物理自然规律的约束。

之后，便是人性的法则。虽然，与物理定律相比，人性更难以捉摸（或至少在表面上不那么固定），但它也决定了人们如何接受或拒绝某项技术。尽管随着时间的推移，文化中某些类型的行为模式发生了微妙甚至重要的变化，而且不同文化之间也存在差异，但历史上有些行为似乎亘古不变——对舒适、便利、伴侣，甚至冲突的追求。可以说，人性是恒久不变的，古代的故事在今天仍然和当时一样令人震撼，这就是证明。工具和玩具变了，人却没变。

最后是经济学的"自然"法则，这个法则可以说是人类行为法则的一个子集。有史以来，人类商业互动的现实几乎没有发生过改变。在与贸易有关的经济行为、技能专业化、支付手段以及政府向公民收税的作用等方面，人类有着千百年的丰富经验。[29]

但是，如果说有一条不变的基本经济规律的话，那就是，人们希望生活必需品以及所有求而不得的东西都能价格低廉。

对 20 世纪中叶的预测家们而言，他们在回顾半个世纪前的惊人技术进步时，实际上都曾假设这些趋势会线性地持续下去。但这并没有发生，很大程度上是因为所有趋势都受这三类自然规律的一种或多种法则的约束，并在某一时刻趋于停滞。自 1920 年以来的 100 多年表明，物质世界的创新速度放慢了，数字世界的创新速度却在加快。

赫尔曼·卡恩（Herman Kahn）和安东尼·维纳（Anthony J. Wiener）都是未来主义者。1967 年，他们在《2000 年：对未来 33 年的推测框架》(*The Year 2000: A Framework for Speculation on the Next Thirty-Three Years*) 一书中提出了 100 个具体的预测，其中涉及通信和计算机技术的预测大多惊人地准确。[30] 然而在基础设施、交通运输和制造类技术方面，他们的预测几乎很少命中。

即将到来的工业革命不仅会影响信息领域，还将影响物理领域。而这之所以有可能实现，正是因为这三个当代基础技术领域所取得的交叉进步——新一代人工智能微处理器、使先进的制造手段成为可能的新机器，以及新的建筑材料。正是这种交叉进步，才造就了中世纪的技术革命和伟大的工业革命。

致　　谢

这篇公开致谢，绝不仅是循规蹈矩地向那些帮助或影响过我的人表示感谢。许多写过非虚构类作品的人都知道，写非虚构类作品之所以令人生畏，并不是因为它需要付出多少努力，而是因为它代表了一种信仰。我们希望最终的作品足够引人入胜，并在某种程度上具有潜在的影响力。如果事实确实如此，作者在很大程度上要感谢那些在思想发展和书籍本身方面提供过帮助的人。

在某种程度上，这本书是在曼哈顿研究所的赞助下撰写的，对于该所，对于里翰·萨拉姆（Reihan Salam，现任院长）和拉里·莫内（Larry Mone，前任院长，现已退休）的支持，在此表示衷心的感谢。我尤其要感谢汤姆·史密斯（Tom Smith）和托马斯·W. 史密斯基金会（Thomas W. Smith Foundation）的支持和鼓励。还要感谢史蒂夫·福布斯（Steve Forbes）和里奇·凯尔加德（Rich Karlgaard），他们给了我在不同场合思考主题和观点的机会，并给了我一个阐述的平台。

我同样要感谢西北大学麦考密克工程学院的院长胡里奥·奥蒂诺（Julio Ottino），感谢他让我接触到该工程学院的众多人才，也感谢他为我提供见解与另一个检测观点的平台。感谢我的商业伙伴瑞安·格尼（Ryan Gurney）和杰里米·阿伦特（Jeremy Arendt），感谢他们对我的"三心二意"表现出的耐心。感谢凡妮莎·门多萨（Vanessa Mendoza）、杰西·奥苏贝尔（Jesse Ausubel）和詹姆斯·哈洛伦（James Halloran）给我的指导、见解和鼓励。感谢伯纳黛特·塞尔顿（Bernadette Serton）耐心地读完了一章又一章，并提出了许多宝贵建议。

感谢编辑安德鲁·谢伊（Andrew Shea），他不仅表现出了对细节的极大关注，而且在发现本书文字过于隐晦之后，对词句进行了颇有见地的调整。不过，如果文中出现了任何毛病或令人困惑的句子，责任全在我。

感谢诺亚·马斯森特（Noah Muscente）和罗科·阿里兹（Rocco Arizzi），他们对我的研究资助至关重要，同样重要的还有班克什·塔库尔（Bankesh Thakur）和凯瑟琳·梅森格（Katherine Messenger），感谢他们为书中大量图表提供了高超的艺术支持。

我非常感谢经纪人詹姆斯·莱文（James Levine），他很早就看到了本书的潜力。我也非常感谢罗杰·金博尔（Roger Kimball）和遇见（Encounter）出版社的团队能够出版这本书。多年来，我与无数科学家、工程师和创新者们倾心交谈，获益无穷，在此难以一一致谢，他们是我灵感的来源，这是不可否认的。

我必须感谢我的孩子们——托尼（Tony）、菲利普（Philip）、波西亚（Portia）和布兰登（Brendan），尤其要感谢我的妻子堂娜玛丽（Donnamarie），感谢你们能够容忍我的喋喋不休，感谢我们关于未来做了无数次有建设性的交流。

最后，必须要感谢彼得·休伯（Peter Huber），他是我深交了几十年的绝世好友，不幸的是，他已经永远地离开了这个世界。曾几何时，我经常和他探讨这本书——只不过在他生命的最后几个月里，他因为身上的病痛而不能像以前那样反驳我了。在写这本书的过程中，他敏锐的理解和深刻的见解，一直萦绕在我的脑海中，久久回荡。

译 后 记

"云"是什么？

人类进入21世纪20年代，社会和生活的许多方面正在发生巨大的变化。科技给人类带来的变化不可估量，许多传统的词汇和概念悄然发生了变化。正如"菜单"不再只是饭桌上的词汇一样，"云"也不再仅仅表示一种大气现象，而成为对许多人来说还是一个不可捉摸、高深莫测的"新潮"词汇。然而，"云"已经离我们很近，就像空气一样包围着我们，我们却浑然不觉它的存在。掌握了"云"，就等于拥有了一种高效率的生产力，掌握了一种最新的生活方式、就等于抓住了未来的动向。

所谓"云"，有狭义和广义两种概念，狭义的"云"指的是一种虚拟的网络技术。"云"是描述全球服务器网络的术语。由于这个计算机网络不是一个物理实体，而是一个庞大的全球网络，相互连接在一起，形成一个生态系统运行，故称其为"云"。广义上的"云"却可以理解为一种生活方式或者生存方式，从数据存储和博客网站，到视频短片、社交媒体，一直到酒店管理、交通调度和最近的疫情管控，无不渗透着"云"。"云"已然变成一种必不可少的新时代的生活模式。曾经有人将"云"革命定义为人类的第三次工业革命，这话一点不假。从蒸汽到电力，再到如今的"云"，第三次工业革命将一切转变成为飘忽不定、无影无踪的东西，世界变得"虚拟"，人们开始打破现实和虚拟的界限,生存在"云"端。

那么究竟如何理解"云"?"云"的前世今身是怎样的?如何搭上"云"的快车、步入未来?马克·P.米尔斯的《云端革命:新技术融合引爆未来经济繁荣》,就是向人们全方位解释"云"的来龙去脉及其重要内涵。和其他有关"云"的著作不同,这是一本"跨界"之作。作者以渊博的知识,将翔实的数据和敏锐的历史感相结合,将科技、商业、社会、生活各个领域中"云"的作用娓娓道来,既深入浅出又旁征博引。尤其值得一提的是,米尔斯将当今最前沿的"云"技术发展趋势和20世纪美国的"咆哮的20年代"相联系,从西班牙大流感开始,历数新科技的出现对美国社会造成的重大影响,涉及文化领域、政治制度、社会问题、商业消费,构建出一幅关于"云"的立体概念图景。

米尔斯指出了"云端革命"的三大要素:信息、机器和材料,三者缺一不可。在"咆哮的20年代",三个相互协同的基础技术领域发生了科技的交汇进步,加速了工业革命的发展。这些领域包括信息的收集和传播、生产工具的进步,以及可用于各种生产的新型材料的出现。同20世纪初一样,人们正在见证一场材料领域的革命,但这一次包括了通过计算机技术设计并合成的材料。米尔斯通过研究历史,寻找科技发展的脉络,然后分析当下,并大胆地对"云"的未来做出了预测。

正如作者所云,此书的目的是对未来10年或20年的发展做出预测,基本思路是"不久的将来是在不远的过去创造的"。这本书共分为四个部分。第一部分简要阐述预测未来的原因和方式,指出技术革命如同自然现象都有其规律,而对技术创新的预测也基于对规律的把握。第二部分探讨了世上最新颖、最非凡的基础设施的"云"的本质。随着互联网的出现,人类已到达一个巅峰。无论是规模还是功能,"云"的变革,其影响之深远,远超从电报到手机的转变。"云"是第一个史无前例的、全人类规模的信息基础设施。第三部分探讨信息、机器和材料三个技术领域的革命,并着重关注数字化和"云"的作用。米尔斯认为，人类从环境中获取信息的方式已经离不开由计算机和"云"计算形成的观察工具。从前合成材料盛行的时代，如今已演变成一个计算设计材料盛行的时代。在第四部分，米尔斯通过观察推测，这一切对人类衣食住行、健康和安全、教育、生产及娱乐等方面的重要影响。作者紧密结合现实，从新冠疫情下的实际生活出发，探讨了某些技术变革的必然性及其造成的社会影响，给我们描绘出一幅令人无限憧憬的未来。

本书内容庞杂，涉及面广，兼顾科技、医疗、社会、商业与经济等专业知识，因此对翻译构成了一定的挑战。译好这本书，对译者的专业水平也是一种检验。例如，介绍硅引擎的特性时，从硅片到二进制、图形处理器、卷积神经网络，到神经处理器、智能处理器、矢量处理器和张量处理器等，均有论及，又通过分析逻辑"内核"和存储器的矛盾，提出新的 CPU 架构可能性及采用新硅引擎密度的方法，以降低逻辑运算的单位耗量。当然，除了计算机和"云"领域的专业知识，书中还涉及经济学、科技史等其他学科。本书最大的特点就是新思想、新词汇、新观点俯拾皆是，因此，翻译这本书，译者如履薄冰，战战兢兢，一不留神可能就会产生误译。译者除了吃透原书的思想，还要对相关学科知识有所了解，这样才能更透彻地把握书中的思想，如软件即服务 (SaaS)、计算基础设施即服务 (IaaS) 和整个业务的平台即服务 (PaaS)，对于未来云社会意味着什么。

在本书的翻译过程中，译者面临的最大挑战即是科技新词汇的"定名"问题。众所周知，科技领域日新月异，新概念不断涌现，许多新词汇的翻译正在或者尚未进入译入语（即汉语）文化，还有许多词汇是以原语的形式进入的，更有以多种译文形式存在的词汇，造成了"一词多译"的现象。例如，手机应用程序是汉语日常用语之一，但绝大多数人已经习惯使用"手机 app"这一说法，反而不会使用"小应用""小程序"之类的词汇。像 UNIX 系统、2GB 硬盘容量等，皆属此类，甚至没有相应的汉语译名。针对这些情况，我们采用了不同的翻译策略和原则。首先，遵循规范，兼顾通行。在翻译新词和术语时，尽量采用规范的译文，同时兼顾"民间"通行译名。"规范先行"是因为规范具有权威性，而且规范中的术语具有普适性，不会引起误解。使用规范的术语，在大多数情况下都准确恰当。例如，在大数据处理字节单位时，原文中出现了 giga、tera、peta、exa 这些词汇，我们遵照国内通行计算机教材的译法，分别译成"吉""太""拍""艾"。然而，对于 mega（兆）这一单位，若按《新华字典》所定义，兆"古代指一万亿"，即 10 的 12 次方（日本和中国台湾地区通行），若按国家 1984 年公布的《中华人民共和国法定计量单位》，"兆"则定为 100 万（即 10 的 6 次方）。这两种译法，显然有天壤之别，因而有人提议，需要修改原国标中的"兆"字，将它恢复原义。对于这种情况，我们则依照国家标准，兼顾通行译法，"将错就错"，依据"规范"，因而不会引起混淆。在翻译 fab 的时候，我们注意到，国内有人把这个词翻译成半导体厂或者半导体制造厂，也有通俗地称"晶圆厂"的。而原文中也正式指出，fab 就是"半导体制造厂的艺术化术语"，因此，我们就采用了通俗的译名，和正式定义并置。又如，书中 The Roaring 20s 指的是美国 20 世纪 20 年代发生重大科技和社会变革的时代，这个词汇已经成为尽人皆知的历史文化词汇，其固定译文是"咆哮的 20 年代"，我们则遵用这一译法，尽管在个别地方会影响阅读效果，但鉴于其专业性，仍然沿用标准。

采取名实照应的原则，考虑到原文和现有译名并不见得一一对应，或者译入语习惯于使用原文，但为了翻译的严谨，则将原文和译文都给出，或在文中，或在页下，做出简单的注解加以说明。例如，在翻译数据单位 zetta 时，译者首先给出通行汉语名"泽"，并在页下注脚中解释，"泽"为字节单位，即"10 万亿亿字节"，这样就做到了通俗与学术共举。

斟词定义，创造翻译。还有些词汇，由于技术新颖，尚未在业界规模通行，因此虽有各种汉语译文，却没有一个令人满意的译名。针对这种情况，我们在理解技术特性基础之上，选择恰当的汉语表达，用尽量节俭的方式进行翻译。例如，本书中多次出现 conformal sensors、conformal displays 这样的词汇，但并没有给出严格的定义。但是，根据上下文，能够看出，这种器具是一种穿戴设备，能够像文身一样贴合皮肤，甚至植入体内，实现传感功能。而查询网络，有"共形传感器""保形传感器""塑形传感器""柔性可穿戴传感器"等不同译法。根据词根分析，conform 表示"遵循、适合"等意，这里是指传感器可以适应身体皮肤，穿戴在身上。因此，我们将 conformal sensor 译为"适形传感器"，在表意上比"共形"和"保形"更佳。原文中还提到了 teaching pods 这一新现象，指的是新冠肺炎疫情下，中小学校园把学生分成小组，分别授课的形式。每个小组的学生只有两三个，就像太空舱的太空胶囊一样。而 pod 这个词，中古英语词源上表示袋子（bag），后来用来表示豆荚的结荚、昆虫的卵囊、飞行器里的分离舱等。teaching pods 无疑是一个崭新的社会现象，虽然源自新冠肺炎疫情，但或许会成为未来教育的一种特殊的模式。根据这种理解，我们将这个词汇翻译成"微型校园"，取其实质意义，而牺牲了原词的形象隐喻，这也是为了达到功能表意至上的目的，因为如果翻译成"胶囊教学"，虽然未免不可，但或许还给读者造成理解障碍。本书中类似的新名词很多，比如事件视界望远镜（Event Horizon Telescope）、机器人化（robotification）等，其中一些词汇甚至并非业界通用，而是作者临时用来表达特殊概念的词汇（如 Zoomification），这里不再一一列举。

最后，我们也特别注意防止译文僵化，死板套用，致使术语"泛化"，出现因词害意的现象。这种现象实际上是当前科技和社科文献翻译中广泛存在的一个问题。译者常常将词汇"术语化"，不会灵活变通，而是死板套用，表面上严格遵循"学术规范"，甚至把不是术语的词汇也固定翻译，实则吃不透原文精髓，造成译文拙劣，不忍卒读。例如，

cloud 一词，除了翻译成"云"，也可以根据上下文灵活译成"云端"，甚至"云服务"等。access 一词常常用于数据库、网络、云端服务，根据上下文就应当译成不同的表达，意译为主，不必死板地译成"访问"或者"访达"，"获取""上网"等表达也都是非常合适的。又如，文中屡次提到 human computers，若机械地套用"计算机"这一"通行标准"，则会出现不伦不类的译文。原文用 human computers 表示和靠人工操作进行计算的人，有别于靠电力计算的电子自动计算机。如果翻译成"人类计算机"，显然不知所云，鉴于此，我们灵活译成了"计算员""人工计算机""人力计算机"等。

  本书的翻译是集体智慧的结晶，全书工作由丁林棚负责译文标准的统一和内容审定，并对译稿逐章进行了审读和修改。参加翻译工作的组员包括北京大学外国语学院的翻译硕士研究生郎振坡（第 1 章、4 章、7 章、10 章、13 章、16 章、19 章、22 章、25 章、28 章和后记）、周淇（前言及第 2 章、5 章、8 章、11 章、17 章、20 章、23 章、26 章、29 章）、朱彤（序及第 3 章、6 章、9 章、12 章、15 章、18 章）、李绪格（第 12 章、18 章、21 章、24 章、27 章）、刘小坦（第 14 章、29 章），组员之间有个别章节合译，不一一列出。译文初稿花费了 3 个月，审稿、修改也历经近 3 个月时间，几经修改，最终成形，我们希望能够借此机会向广大读者介绍这本书所蕴含的思想。最后也特别向中译出版社表示感谢，因为这本书的引进无疑能帮助读者开阔眼界。

丁林棚

北京大学燕园

2022 年 8 月 15 日

尾　注

序

[1] Jr., Ivan Pongracic. "The Great Depression According to Milton Friedman: Ivan Pongracic Jr." Foundation for Economic Education, September 1, 2007. https://fee.org/articles/the-great-depression-according-to-milton-friedman/.

[2] Smil, Vaclav. *Made in the USA: The Rise and Retreat of American Manufacturing*. Cambridge, Mass: MIT Press Ltd, 2013.

[3] Barroso, Luiz André, Urs Hölzle, and Parthasarathy Ranganathan. "The Data-center as a Computer: Designing Warehouse-Scale Machines, Third Edition." *Synthesis Lectures on Computer Architecture 13*, no. 3 (2018): i-189. https://doi.org/10.2200/s00874ed3v01y201809cac046.

[4] Sutton, Philip. "The Woolworth Building: The Cathedral of Commerce." The New York Public Library, April 23, 2013. https://www.nypl.org/blog/2013/04/22/woolworth-building-cathedral-commerce.

[5] Mokyr, Joel. Essay. In *The Enlightened Economy: an Economic History of Britain*, 1700-1850, 1. New Haven: Yale University Press, 2009.

[6] Phelps, Edmund S. *Mass Flourishing: How Grassroots Innovation Created Jobs, Challenge, and Change*. Princeton: Princeton University Press, 2015.

[7] Ibid p.27.

[8] Scannell, Jack W., Alex Blanckley, Helen Boldon, and Brian Warrington. "Diagnosing the Decline in Pharmaceutical R&D Efficiency." *Nature Reviews Drug Discovery 11*, no. 3 (2012): 191–200. https://doi.org/10.1038/nrd3681.

[9] Mills, Mark P. *Digital Cathedrals: The Information Infrastructure Era*. Encounter Books, 2020.

[10] Vollrath, Dietrich. *Fully Grown: Why a Stagnant Economy Is a Sign of Success*. Chicago: The University of Chicago Press, 2020.

[11] Gimpel, Jean, *The Medieval Machine: The Industrial Revolution of the Middle Ages*, Barnes & Nobel Books, 1976.

[12] Rosenstein, Bruce. *Create Your Future the Peter Drucker Way: Developing and Applying a Forward-Focused Mindset*. New York: McGraw-Hill Education, 2014.

[13] *Economic Report of the President*, Council of Economic Advisors, January 1976.

[14] Martin Neil Baily and Barry P. Bosworth, "US Manufacturing: Understanding Its Past and Its Potential Future," *Journal of Economic Perspectives*, Winter 2014.

[15] Alsop, Thomas. "Global Technology Market Size 2014-2019," March 2, 2020. https://www.statista.com/statistics/886397/total-tech-spending-worldwide.

[16] Huber, Peter and Mark P. Mills. *The Bottomless Well: The Twilight of Fuel, The Virtue of Waste, and Why We Will Never Run Out of Energy*. Basic Books, 2005.

第一章　技术至关重要

[1] Nye, David E. *Technology Matters: Questions to Live With*. Cambridge, MA: MIT Press, 2007.

[2] "The Sveriges Riksbank Prize in Economic Sciences in Memory of Alfred Nobel 1987." NobelPrize.org. Accessed April 6, 2021. https://www.nobelprize.org/prizes/economic-sciences/1987/solow/lecture/.

[3] "World Population Living in Extreme Poverty, 1820-2015." Our World in Data. Accessed April 6, 2021. https://ourworldindata.org/grapher/world-population-in-extreme-poverty-absolute.

[4] Perrottet, Tony. *Route 66 A.D.: on the Trail of Ancient Roman Tourists*. London: Ebury, 2003.

[5] "Environmental Documentary Planet of the Humans Argues Green Energy Won't Save Us from 'Total Human Apocalypse'." Non-fiction Film. Accessed April 6, 2021. https://www.nonfictionfilm.com/news/planet-of-the-humans-possibly-most-bracing-environmental-documentary-ever-made-premieres-at-traverse-city-film-festival.

[6] Bruckner, Pascal. "Apocalyptic Daze." City Journal, August 3, 2018. https://www.city-journal.org/html/apocalyptic-daze-13468.html.

[7] Gabor, Richard. *Inventing the Future*. Secker & Warburg, 1963.

第二章　技术革命的结构

[1] Grinin, Leonid E., et al. Kondratieff Waves: Juglar-Kuznets-Kondratieff. Russian Academy of Science, July 2014.

[2] Di Nucci Pearce, Maria Rosaria, and David Pearce. "Economics and Technological Change: Some Conceptual and Methodological Issues." *Erkenntnis* 30, no. 1-2 (1989): 101–27. https://doi.org/10.1007/bf00184818.

[3] Tran, Lina. "What Will Solar Cycle 25 Look Like?" NASA, September 17, 2020. https://www.nasa.gov/feature/goddard/2020/what-will-solar-cycle-25-look-like-sun-prediction-model.

[4] Perez, Carlota. *Technological Revolutions and Financial Capital: The Dynamics of Bubbles and Golden Ages*. Cheltenham England: Edward Elgar, 2014.

[5] "Changes in Vehicles per Capita around the World." Energy.gov. Accessed April 6, 2021. https://www.energy.gov/eere/vehicles/fact-617-april-5-2010- chang-

es-vehicles-capita-around-world.

[6] Mokyr, Joel. "The Past and the Future of Innovation: Some Lessons from Economic History." *Explorations in Economic History 69* (2018): 13–26. https://doi.org/10.1016/j.eeh.2018.03.003.

第三章　硅引擎："计算机"的终结

[1] Grier, David Alan. When Computers Were Human, Princeton, NJ: Princeton University Press, 2007.

[2] Thompson, Clive. "The Gendered History of Human Computers." Smithsonian.com. June 1, 2019. https://www.smithsonianmag.com/science-nature/history-human-computers-180972202/.

[3] Mates, Benson. "William Kneale and Martha Kneale. The Development of Logic. Oxford University Press, London1962, Viii + 761 Pp." *Journal of Symbolic Logic 27*, no. 2 (1962): 213–17. https://doi.org/10.2307/2964116.

[4] Turing, Dermot. *Prof: Alan Turing Decoded*. Stroud, Gloucestershire: The History Press, 2016.

[5] "Review of Maritime Transport 2018." UNCTAD. Accessed April 6, 2021. https://unctad.org/webflyer/review-maritime-transport-2018.

[6] Smil, Vaclav. *Prime Movers of Globalization: the History and Impact of Diesel Engines and Gas Turbines*. Cambridge, MA: MIT Press, 2013.

[7] Merritt, Rick. "Startup Spins Whole Wafer for AI." EETimes, August 19, 2019. https://www.eetimes.com/startup-spins-whole-wafer-for-ai/.

[8] Rumelhart, David E., Geoffrey E. Hinton, and Ronald J. Williams. "Learning Representations by Back-Propagating Errors." *Nature 323*, no. 6088 (1986): 533–36. https://doi.org/10.1038/323533a0.

[9] Nusca, Andrew. "This Man Is Leading an AI Revolution in Silicon Valley-And He's Just Getting Started." Fortune, November 16, 2017. https://fortune.com/2017/11/16/nvidia-ceo-jensen-huang.

[10] Nusca, Andrew. "This Man Is Leading an AI Revolution in Silicon Valley-And He's Just Getting Started." Fortune, November 16, 2017. https://fortune.com/2017/11/16/nvidia-ceo-jensen-huang.

[11] Garibay, Ty. "Council Post: AI And The Third Wave Of Silicon Processors." Forbes. May 15, 2018. https://www.forbes.com/sites/forbestechcouncil/2018/05/15/ai-and-the-third-wave-of-silicon-processors/#78d98616a476.

[12] Metz, Cade. "Pixar Pioneers Win $1 Million Turing Award." The New York Times. March 18, 2020. https://www.nytimes.com/2020/03/18/technology/pixar-pioneers-win-1-million-turing-award.

[13] Ward-Foxton, Sally. "Graphcore CEO Touts 'Most Complex Processor' Ever." EETimes, April 18, 2019. https://www.eetimes.com/document.asp?doc_id=1334578.

[14] Stewart, Duncan, and Jeff Loucks. "Putting AI into the Edge Is a No-Brainer; Here's Why." EE Times Europe, April 23, 2020. https://www.eetimes.eu/putting-ai-into-the-edge-is-a-no-brainer-heres-why/.

[15] "Nvidia: Rally On." SeekingAlpha. Accessed April 6, 2021. https://seekingalpha.com/article/4326957-nvidia-rally-on.

[16] Coy, Peter. "Why the Periodic Table of Elements Is More Important Than Ever." Bloomberg.com. Accessed April 6, 2021. https://www.bloomberg.com/news/features/2019-08-28/the-modern-triumph-of-the-periodic-table-of-elements.

[17] Merritt, Rick. "AI Becomes the New Moore's Law." EETimes, July 13, 2018. https://www.eetimes.com/ai-becomes-the-new-moores-law/.

[18] Jones, Willie D. "Flexible, Transparent, Atom-Thick Electronics." IEEE Spectrum, August 30, 2012. https://spectrum.ieee.org/semiconductors/nanotechnology/flexible-transparent-atomthick-electronics.

[19] Jones, Willie D. "Flexible, Transparent, Atom-Thick Electronics." IEEE Spectrum, August 30, 2012. https://spectrum.ieee.org/semiconductors/nanotechnology/flexible-transparent-atomthick-electronics.

[20] Merritt, Rick. "Nanotubes May Put IBM Watson in a Pocket." EETimes, July 10, 2014. https://www.eetimes.com/nanotubes-may-put-ibm-watson-in-a-pocket.

[21] Rodney Brooks, "The End of Moore's Law," Robots, AI, and other stuff, February 4, 2017. https://rodneybrooks.com/the-end-of-moores-law.

[22] Sorger, et. al., Volker J. "Roadmap on Atto-Joule per Bit Modulators." arXiv.org, October 10, 2017. https://arxiv.org/abs/1710.00046.

[23] Yoshida, Junko. "AI's Limits Send Scientists Back to the Brain." EETimes, February 14, 2018. https://www.eetimes.com/ais-limits-send-scientists-back-to-the-brain/.

[24] Ravindran, Sandeep. "Building a Silicon Brain." The Scientist Magazine, May 1, 2019. https://www.the-scientist.com/features/building-a-silicon-brain-65738.

[25] Liao, Xiang-ke, et al. "Moving from Exascale to Zettascale Computing: Challenges and Techniques." *Frontiers of Information Technology & Electronic Engineering 19*, no. 10 (2018): 1236–44. https://doi.org/10.1631/fitee.1800494.

[26] Truck, Fred, and Hans Moravec. "Mind Children: The Future of Robot and Human Intelligence." *Leonardo 24*, no. 2 (1991): 242. https://doi. org/10.2307/1575314.

[27] Jurvetson, Steve. "Moore's Law over 120 Years." Flickr, December 10, 2016. https://www.flickr.com/photos/jurvetson/31409423572.

[28] Fabry, Merrill. Today in Media History: In 1952, a computer helped CBS predict the winner of the presidential election, March 31, 2016. https://www.poynter.org/reporting-editing/2014/today-in-media-history-in-1952-a-univac-computer-helped-cbs-news-predict-the-winner-of-the-presidential-election.

[29] Vailshery, Lionel Sujay. "Global Smartwatch Market Share by Vendor 2014-2020." Statista, January 22, 2021. https://www.statista.com/statistics/524830/global-smartwatch-vendors-market-share.

Statt, Nick. "Apple Now Sells More Watches than the Entire Swiss Watch Industry." The Verge, February 6, 2020. https://www.theverge. com/2020/2/5/21125565/apple-watch-sales-2019-swiss-watch-market-esti- mates-outsold.

[30] "Top 5 Best Wearable Tech Startup Companies in US." WearableWorldLabs.com, May 1, 2020. http://wearableworldlabs.com/companies/

[31] Voigt, Alex. "An Autonomous Vehicle Is A New Medium." CleanTechnica, August 9, 2020. https://cleantechnica.com/2020/08/09/an-autonomous-vehi-

cle-is-a-new-medium/.

第四章　信息是基础设施

[1] Kurtzleben, Danielle. "Amazon Is One of the Only Things Keeping the US Postal Service Afloat." Vox.com, September 24, 2014. https://www.vox.com/2014/9/24/6829335/us-postal-service-post-office-charts-amazon-fedex- UPS.

[2] Madrigal, Alexis C. "The 1947 Paper That First Described a Cell-Phone Network." The Atlantic. September 20, 2011. https://www.theatlantic.com/tech- nology/archive/2011/09/the-1947-paper-that-first-described-a-cell-phone-net-work/245222/.

[3] Siegel, Ethan. "Latest Starlink Plans Unveiled By Elon Musk And SpaceX Could Create An Astronomical Emergency." Forbes. December 11, 2019. https:// www.forbes.com/sites/startswithabang/2019/12/11/elon-musk-spacex-un- veil-latest-starlink-plans-creating-an-astronomical-emergency/.

[4] Nordrum, Amy. "Popular Internet of Things Forecast of 50 Billion Devices by 2020 Is Outdated." IEEE Spectrum, August 18, 2016. https://spectrum.ieee.org/tech-talk/telecom/internet/popular-internet-of-things-forecast-of-50-billion-devices-by-2020-is-outdated/.

[5] K., Jayakody Dushantha Nalin, John Thompson, Symeon Chatzinotas, and Salman Durrani. *Wireless Information and Power Transfer: A New Paradigm for Green Communications*. Cham: Springer International Publishing, 2018.

[6] Bradley, David. "Antenna Can Power Devices by Harvesting Ubiquitous Wifi Signals." Chemistry World, February 28, 2019. https://www.chemistryworld.com/news/antenna-can-power-devices-by-harvesting-ubiquitous-wifi-signals/3010070.article.

[7] Gibney, Elizabeth. "The inside Story on Wearable Electronics." *Nature 528*, no. 7580 (December 1, 2015): 26–28. https://doi.org/10.1038/528026a.

[8] Bartje, Janina. "The Top 10 IoT Application Areas – Based on Real IoT Projects." iot-analytics.com, August 16, 2016. https://www.iot-analytics.com/news/top-10-iot-application-areas-based-real-iot-projects.

[9] "Iot Barometer APAC," 2018. https://www.vodafone.com/business/vodafone-iot-apac-barometer-2017-18.

[10] "Strategy Analytics: Internet of Things Now Numbers 22 Billion Devices but Where Is The Revenue?" businesswire.com, May 16, 2019. https://www.businesswire.com/news/home/20190516005700/en/Strategy-Analytics-Inter-net-Things-Numbers-22-Billion.

[11] Dahad, Nitin. "5G Is Just Rolling Out. So What's 6G?" EETimes, September 17, 2018. https://www.eetimes.com/5g-is-just-rolling-out-so-whats-6g/.

[12] Juniper, Dean. "The First World War and Radio Development." History Today, March 20, 2008. https://www.historytoday.com/archive/first-world-war-and-radio-development.

[13] "Video Interview with Matin Cooper." Scene World, February 12, 2015. https://sceneworld.org/blog/2015/02/12/video-interview-with-marty-cooper/.

[14] Juniper, Dean. "The First World War and Radio Development." History To-

day, March 20, 2008. https://www.historytoday.com/archive/first-world-war-and-radio-development.

[15] "State of the Network: 2020 Edition." TeleGeography. Accessed May 6, 2021. https://www2.telegeography.com/download-state-of-the-network.

[16] Höfflinger Bernd. *CHIPS 2020 VOL. 2: New Vistas in Nanoelectronics*. Cham: Springer, 2016.

[17] Author's calculation: housefly weighs ~10 milligrams.

[18] "Market Status: APAC and North America Lead Network Densification to 2021." Small Cell Forum, June 20, 2018. https://www.smallcellforum.org/ press-releases/market-status-apac-north-america-lead-network-densification-2021/.

[19] Author calculation.

[20] "Millimeter-Wave Massive MIMO Communication for Future Wireless Systems: A Survey." IEEE Xplore. Accessed April 7, 2021. https://ieeexplore.ieee.org/document/8241348.

[21] "Internet Trends 2018." Kleiner Perkins, May 30, 2018. https://www.kleinerperkins.com/perspectives/internet-trends-report-2018/.

[22] Gleick, James. Essay. *The Information: A History, a Theory, a Flood*, 416. London: Fourth Estate, 2012.

[23] "Computer History for 1960." Computer Hope, November 30, 2020. https://www.computerhope.com/history/1960.

[24] Kleinrock, Leonard. "Information Flow in Large Communication Nets." Dissertation, 1961.

[25] Licklider, J.C. *Libraries of the Future*. Cambridge, Mass.: M.I.T. Press, 1965.

[26] Mills, Mark P. "Energy and the Information Infrastructure: Part 2 – The Invisible & Voracious 'Information Superhighway'." RealClearEnergy, October 31, 2018. https://www.realclearenergy.org/articles/2018/10/31/energy_and_the_information_infrastructure_part_2 the_invisible voracious_informa- tion_superhighway_110359.

[27] "Clever Swedish Tool Designs That Are Hard-to-Find in America." Core77. Accessed April 17, 2021. https://www.core77.com/posts/26740/Clever-Swedish-Tool-Designs-that-are-Hard-to-Find-in-America.

[28] Department, Published by Statista Research. "Value of the Hand Tool Market Worldwide 2017-2027." Statista, January 12, 2021. https://www.statista.com/statistics/476871/global-value-hand-tool-market.

[29] Curry, David. "App Revenue Data (2021)." Business of Apps, April 1, 2021. https://www.businessofapps.com/data/app-revenues.

[30] Curry, David. "App Revenue Data (2021)." Business of Apps, April 1, 2021. https://www.businessofapps.com/data/app-revenues.

[31] Swanson, Bret. "Soft Power: Zero to 60 Billion in Four Years," Entropy Economics, 2012. http://entropyeconomics.com/wp-content/uploads/2012/12/Soft-Power-Zero-to-60-Billion-Bret-Swanson-12.05.12.pdf.

[32] Iqbal, Mansoor. "App Download and Usage Statistics (2020)." Business of Apps, October 30, 2020. https://www.businessofapps.com/data/app-statistics/.

[33] Mitra, Sramana. "Anatomy of Innovation: Exodus Founder B.V. Jagadeesh (Part 1).", October 18, 2008. https://www.sramanamitra.com/2008/10/13/entrepre- neurship-and-leadership-through-innovation-3leaf-ceo-bv-jagadeesh-part-1/.

[34] Mitra, Sramana. "Anatomy of Innovation: Exodus Founder B.V. Jagadeesh (Part 1)." , October 18, 2008. https://www.sramanamitra.com/2008/10/13/entrepre-neurship-and-leadership-through-innovation-3leaf-ceo-bv-jagadeesh-part-1/.

[35] Mitra, Sramana. "Anatomy of Innovation: Exodus Founder B.V. Jagadeesh (Part 1)." , October 18, 2008. https://www.sramanamitra.com/2008/10/13/entrepre-neurship-and-leadership-through-innovation-3leaf-ceo-bv-jagadeesh-part-1/.

[36] Sutton, Philip. "The Woolworth Building: The Cathedral of Commerce." The New York Public Library, April 23, 2013. https://www.nypl.org/blog/2013/04/22/woolworth-building-cathedral-commerce.

[37] ICT Price, April 8, 2019. http://ict-price.com/top-10-biggest-data-centres-from-around-the-world.

[38] Scalisi, Tom. "2020 Guide to US Building Commercial Construction Cost per Square Foot." Levelset, November 12, 2020. https://www.levelset.com/blog/commercial-construction-cost-per-square-foot/.

Coyle, Rob. "How Much Will a Data Center Cost You? - PCX Corp." pcx-corp.com, August 25, 2020. https://info.pcxcorp.com/blog/how-much-will-a-data-center-cost-you.

"Colocation Pricing (The 2020 Definitive Guide)." Digital Service Consultants, November 28, 2019. https://www.dscga.com/colocation-pricing-the-definitive- guide-on-what-to-expect-2019-report/.

Admin. "How Many Servers Does a Data Center Have?" RackSolutions, March 22, 2021. https://www.racksolutions.com/news/blog/how-many-servers-does-a-data-center-have/.

Hodgson, Camilla. "The 11 Cities with the Most Expensive Skyscrapers." Business Insider, July 12, 2017. https://www.businessinsider.com/most-expensive-skyscrapers-11-cities-by-rental-2017-7.

[39] "Hyperscale Operators Now Account for a Third of All Spending on Data Center Hardware & Software." Synergy Research Group, December 13, 2019. https://www.srgresearch.com/articles/hyperscale-operators-now-account-third-all-spending-data-center-hardware-software.

[40] "Tallest Buildings." 100 Tallest Completed Buildings in the World – The Skyscraper Center. Accessed April 7, 2021. https://www.skyscrapercenter.com/buildings.

[41] https://data-economy.com/data-centers-going-green-to-reduce-a-carbon-footprint-larger-than-the-airline-industry/: https://www.skyscrapercenter.com/countries

[42] https://www.statista.com/statistics/500458/worldwide-datacenter-and-it-sites/

[43] Morgan, Timothy Prickett, and Joe Murray says: "Datacenters Are Hungry for Servers Again." The Next Platform, December 13, 2019. https://www.next-

[44] Trifiro, Matt, and Jacob Smith. State of the Edge, October 14, 2020. https://www.stateoftheedge.com.

[45] Morgan, Timothy Prickett, and Joe Murray says: "Datacenters Are Hungry for Servers Again." The Next Platform, December 13, 2019. https://www.nextplatform.com/2019/12/09/datacenters-are-hungry-for-servers-again/.

[46] Does online video streaming harm the environment? Accessed April 7, 2021. https://www.saveonenergy.com/uk/does-online-video-streaming-harm-the-environment/.

[47] "Data Center Power Series 4 – Watts per Square Foot." Silverback Data Center Solutions, November 15, 2020. https://teamsilverback.com/knowledge-base/data-center-power-series-4-watts-per-square-foot/.

Gould, Scott. "Plug and Process Loads Capacity and Power Requirements Analysis." NREL, September 2014. http://www.nrel.gov/docs/fy14osti/60266.pdf.

[48] Author calculation: credit for the idea of comparing transistors produced to grains grown belongs to: Hayes, Brian, "The Memristor," American Scientist, March-April 2011.

Annual transistor production from: Hutcheson, "Graphic: Transistor Production Has Reached Astronomical Scales," IEEE Spectrum, April 2, 2015.

[49] Jones, Nicola. "How to Stop Data Centres from Gobbling up the World's Electricity." Nature. September 12, 2018. https://www.nature.com/articles/d41586-018-06610-y%20.

[50] "Use of energy explained: Energy use in commercial buildings," U.S. Energy Information Administration (EIA). Accessed April 7, 2021. https://www.eia.gov/energyexplained/use-of-energy/commercial-buildings.php.

[51] Hao, Karen. "The Computing Power Needed to Train AI Is Now Rising Seven Times Faster than Ever Before." MIT Technology Review, April 2, 2020. https://www.technologyreview.com/2019/11/11/132004/the-computing-power-needed-to-train-ai-is-now-rising-seven-times-faster-than-ever-before/.

[52] Schwartz, Roy, and Jesse Dodge. "Green AI." ACM, December 1, 2020. https://cacm.acm.org/magazines/2020/12/248800-green-ai/fulltext.

[53] Strubell, Emma, Ananya Ganesh, and Andrew McCallum. "Energy and Policy Considerations for Deep Learning in NLP." Proceedings of the 57th Annual Meeting of the Association for Computational Linguistics, 2019. https://doi.org/10.18653/v1/p19-1355.

[54] Smith, Brad. "Microsoft Will Be Carbon Negative by 2030." The Official Microsoft Blog, January 16, 2020. https://blogs.microsoft.com/blog/2020/01/16/microsoft-will-be-carbon-negative-by-2030/.

第五章　信息1：知识繁荣

[1] Yucesoy, Burcu, Xindi Wang, Junming Huang, and Albert-László Barabási. "Success in Books: a Big Data Approach to Bestsellers." *EPJ Data Science 7*, no. 1

[2] Licklider: p 15.

[3] Hilbert, Martin, and Priscila López. "The World's Technological Capacity to Store, Communicate, and Compute Information." Science, April 1, 2011. https://science.sciencemag.org/content/332/6025/60.full.

[4] Schumer, Peter. "When Did Humans First Learn to Count?" The Conversation, June 5, 2018. https://theconversation.com/when-did-humans-first-learn-to-count-97511. Schumer, Peter. "When Did Humans First Learn to Count?" The Conversation, June 5, 2018. https://theconversation.com/when-did-humans-first-learn-to-count-97511.

[5] "Megabytes, Gigabytes, Terabytes… What Are They?" WhatsaByte, June 6, 2018. https://whatsabyte.com/.

[6] Adam, David. "Metric Prefixes Sought for Extreme Numbers." Science, February 15, 2019. https://science.sciencemag.org/content/363/6428/681.full.

[7] Haupt, Michael. "'Data Is the New Oil' - A Ludicrous Proposition." Medium. Project 2030, May 2, 2016. https://medium.com/project-2030/data-is-the-new-oil-a-ludicrous-proposition-1d91bba4f294.

[8] Crawford, James. "The Life and Death of the Library of Alexandria." Literary Hub, March 13, 2017. https://lithub.com/the-life-and-death-of-the-library-of-alexandria/.

[9] Bush, Vannevar. "As We May Think." The Atlantic. January 9, 2019. https://www.theatlantic.com/magazine/archive/1945/07/as-we-may-think/303881/.

[10] Licklider.

[11] Stephens, Zachary D., et al. "Big Data: Astronomical or Genomical?" *PLOS Biology 13*, no. 7 (July 7, 2015). https://doi.org/10.1371/journal.pbio.1002195. https://doi.org/10.1371/journal.pbio.1002195.

[12] Basiri-Esfahani, Sahar, Ardalan Armin, Stefan Forstner, and Warwick P. Bowen. "Precision Ultrasound Sensing on a Chip." Nature. January 10, 2019. https://www.nature.com/articles/s41467-018-08038-4.

第六章　信息 2：商业数字化

[1] Dave Evans. "The Internet of Things: How the Next Evolution of the Internet Is Changing Everything." Cisco, April 2011. https://www.cisco.com/c/dam/en_us/about/ac79/docs/innov/IoT_IBSG_0411FINAL.pdf.

[2] Dastjerdi, Amir Vahid, and Rajkumar Buyya. "Fog Computing: Helping the Internet of Things Realize Its Potential." *Computer 49*, no. 8 (August 2016): 112–16. https://doi.org/10.1109/mc.2016.245.

[3] "IDC Forecasts Worldwide Spending on the Internet of Things to Reach $745 Billion in 2019, Led by the Manufacturing, Consumer, Transportation, and Utilities Sectors." Business Wire, January 3, 2019. https://www.businesswire.com/news/home/20190103005070/en/IDC-Forecasts-Worldwide-Spending-on-the-Internet-of-Things-to-Reach-745-Billion-in-2019-Led-by-the-Manufacturing-Consumer-Transportation-and-Utilities-Sectors.

[4] Saha, Soumen. "IoT Industrialization – True ROI Is Connecting the Data from Devices to Business Process Digitization." Capgemini Australia, July 23, 2018. https://www.capgemini.com/au-en/2018/08/iot-industrialization-true-roi-is-connecting-the-data-from-devices-to-business-process-digitization/.

[5] "GPS Pioneer Bradford Parkinson Awarded Draper Prize in Engineering: 2/03." Stanford University, February 19, 2003. https://news.stanford.edu/pr/03/draper219.html. February 19, 2003

[6] Vogels, Emily A. "About One-in-Five Americans Use a Smart Watch or Fitness Tracker." Pew Research Center, January 9, 2020. https://www.pewresearch.org/fact-tank/2020/01/09/about-one-in-five-americans-use-a-smart-watch-or-fitness-tracker/.

[7] Mnookin, Jennifer L. "The Image of Truth: Photographic Evidence and the Power of Analogy." Yale Law Review. Accessed April 8, 2021. https://digitalcommons.law.yale.edu/cgi/viewcontent.cgi?article=1181&context=yjlh.

[8] "Look First." Max-Planck-Gesellschaft, January 15, 2015. https://www.mpg.de/8849014/hierarchy-senses.

[9] IC Insights, August 27, 2019. https://www.icinsights.com/news/bulletins/CMOS-Image-Sensors-Stay-On-Stairway-To-Record-Revenues.

[10] Kerns, Jeff. "Can New Technology Provide an Infrastructure-Free IoT?" StackPath, June 28, 2016. https://www.machinedesign.com/automation-iiot/article/21832073/can-new-technology-provide-an-infrastructurefree-iiot.

[11] Mraz, Stephen J. "Tiny Sensor Acts as a High-Tech Stethoscope." StackPath. Machine Design, August 23, 2020. https://www.machinedesign.com/medical-design/article/21129583/tiny-sensor-acts-as-a-hightech-stethoscope.

[12] Juliussen, Egil. "Connected Cars: Show Me The Money." EETimes, February 26, 2021. https://www.eetimes.com/connected-cars-show-me-the-money.

[13] Fischer, David, The Great Wave: Price Revolutions and the Rhythm of History, Oxford University Press, 1996.

[14] Steele, Jason. "The History of Credit Cards." Experian, January 21, 2020. https://www.experian.com/blogs/ask-experian/the-history-of-credit-cards/.

[15] Leiner, Barry, Cerf, Vinton, et al. "A Brief History of the Internet, version 3.2," February 20, 1997. https://arxiv.org/html/cs/9901011

[16] "The 2020 McKinsey Global Payments Report." McKinsey & Company, October 2020. https://www.mckinsey.com/~/media/McKinsey/Industries/Financial%20Services/Our%20Insights/Accelerating%20winds%20of%20change%20in%20global%20payments/2020-McKinsey-Global-Payments-Report-vF.pdf.

[17] Pitts, John C. "Survey Finds That Fintech Has Been a Lifeline during COVID-19; Consumers Say It's the 'New Normal.'" Plaid, September 15, 2020. https://plaid.com/blog/2020-fintech-effect-covid.

[18] "The Fintech 250: the Top Fintech Companies of 2020." CB Insights, May 3, 2021. https://www.cbinsights.com/research/report/fintech-250-start-ups-most-promising.

[19] Chang, Sue. "Here's All the Money in the World, in One Chart." MarketWatch, November 28, 2017. https://www.marketwatch.com/story/this-is-how-much-money-exists-in-the-entire-world-in-one-chart-2015-12-18.

[20] L., Kenny. "The Blockchain Scalability Problem & the Race for Visa-Like Transaction Speed." Towards Data Science, July 23, 2019. https://towardsdatascience.com/the-blockchain-scalability-problem-the-race-for-visa-like-transaction-speed-5cce48f9d44.

[21] "Gold Mining Industry: Fuel Costs Explode Over The Past Decade." SRSrocco Report, August 4, 2014. http://srsroccoreport.com/gold-mining-industry-fuel-costs-explode-in-a-decade/gold-mining-industry-fuel-costs-explode-in-a-decade.

[22] Peck, Morgen. "Why the Biggest Bitcoin Mines Are in China." IEEE Spectrum, October 4, 2017. https://spectrum.ieee.org/computing/networks/why-the-biggest-bitcoin-mines-are-in-china.

[23] "Bitcoin Energy Consumption Index." Digiconomist, April 10, 2021. https://digiconomist.net/bitcoin-energy-consumption.

[24] Ferris, Eleanor. "The Financial Relations of the Knights Templars to the English Crown." *The American Historical Review 8*, no. 1 (1902): 1. https://doi.org/10.2307/1832571.

[25] Lee, Edward. "The Past, Present and Future of Cyber-Physical Systems: A Focus on Models." *Sensors 15*, no. 3 (February 26, 2015): 4837–69. https://doi.org/10.3390/s150304837.

[26] Taylor, Frederick. *The Principles of Scientific Management*. Harper & Brothers Publishers, 1911.

[27] "Cisco Annual Internet Report – Cisco Annual Internet Report (2018–2023) White Paper." Cisco, March 10, 2020. https://www.cisco.com/c/en/us/solutions/collateral/executive-perspectives/annual-internet-report/white-paper-c11-741490.html.

[28] "Tech's Next Big Wave: Manufacturing." Morgan Stanley. Accessed April 8, 2021. https://www.morganstanley.com/ideas/manufacturing-tech-wave.

[29] "Supply Chain Analytics Market Size Worth $9,875.2 Million By 2025." Grandview Research, August 2019. https://www.grandviewresearch.com/press-release/supply-chain-analytics-market-analysis.

第七章　信息 3：科学数字化

[1] Peckham, Oliver. "CERN Is Betting Big on Exascale." HPCwire, April 5, 2021. https://www.hpcwire.com/2021/04/01/cern-is-betting-big-on-exascale.

[2] Service, Robert F. "Molecular CT Scan Could Speed Drug Discovery." Science, October 26, 2018. https://science.sciencemag.org/content/362/6413/389.full.

[3] "A Theory of Germs." U.S. National Library of Medicine, 2004. https://www.ncbi.nlm.nih.gov/books/NBK24649/.

[4] Zewail, Ahmed H. "Micrographia of the Twenty-First Century: from Camera Obscura to 4D Microscopy." *Philosophical Transactions of the Royal Society A: Mathematical, Physical and Engineering Sciences 368*, no. 1914 (2010): 1191–1204. https://doi.org/10.1098/rsta.2009.0265.

[5] Jayawardena, Nadishka, et al. "Structural Basis for Anthrax Toxin Receptor 1 Recognition by Seneca Valley Virus." *Proceedings of the National Academy of

Sciences 115, no. 46 (2018). https://doi.org/10.1073/pnas.1810664115.

[6] "The Nobel Prize in Chemistry 2017." NobelPrize.org. Accessed April 8, 2021. https://www.nobelprize.org/prizes/chemistry/2017/summary/.

[7] "Implement an Effective HPC Cryo-EM Strategy and Give Your Researchers Timely Access to Mission-Critical Data Business White Paper." PSNow. Accessed April 8, 2021. https://psnow.ext.hpe.com/doc/a50001166enw?jumpid=in_lit-psnow-red.

[8] Shumate, Christopher. "Disruptive Fluorescence Microscopy." Laser Focus World, May 1, 2019. https://www.laserfocusworld.com/home/article/16556329/disruptive-fluorescence-microscopy.

[9] Coughlin, Tom. "Data Processing and Storage for Black Hole Event Horizon Imaging." Supermicro, June 2019. https://www.supermicro.com/white_paper/white_paper_Black_Hole_Event_Horizon_Imaging.pdf.

[10] Reisch, Mark S. "Instrument Makers Invest in Cloud Computing." C&EN, March 13, 2017. https://cen.acs.org/articles/95/i11/Instrument-makers-invest-cloud-computing.html.

[11] Service, Robert F. "Molecular CT Scan Could Speed Drug Discovery." Science. October 26, 2018. https://science.sciencemag.org/content/362/6413/389.full.

[12] Blain, Loz. "Huge Advance as Photon-Sensing 3D Camera Crosses the Megapixel Mark." New Atlas, April 20, 2020. https://newatlas.com/digital-cameras/megax-spad-camera-sensor-photon-counting/.

[13] McGlaun, Shane. "Insane T-CUP Camera Snaps 10 Trillion Frames per Second." SlashGear. October 12, 2018. https://www.slashgear.com/insane-t-cup-camera-snaps-10-trillion-frames-per-second-12549828/.

[14] Moyer, Melinda Wenner. "How Vaccines Can Drive Pathogens to Evolve." Quanta Magazine, May 10, 2018. https://www.quantamagazine.org/how-vaccines-can-drive-pathogens-to-evolve-20180510/.

[15] Soni, Jimmy. "It's Claude Shannon's 104th Birthday. To Celebrate, We Give You 104 Of His Best Quotes And Quips." Mission.org, April 30, 2020. https://medium.com/the-mission/on-claude-shannons-103rd-birthday-here-are-103-memorable-claude-shannon-quotes-maxims-and-843de4c716cf.

[16] Lloyd, Seth. "Computational Capacity of the Universe." *Physical Review Letters 88*, no. 23 (2002). https://doi.org/10.1103/physrevlett.88.237901.

[17] Villanueva, John Carl. "How Many Atoms Are There in the Universe?" Universe Today, July 30, 2009. https://www.universetoday.com/36302/atoms-in-the-universe/.

第八章　材料1：从去物质化到再物质化

[1] Mcafee, Andrew. *More from Less: The Surprising Story of How We Learned to Prosper Using Fewer Resources—and…What Happens Next.* Scribner, 2020.

[2] Fan, Hong-Rui, Kui-Feng Yang, Fang-Fang Hu, Shang Liu, and Kai-Yi Wang. "The Giant Bayan Obo REE-Nb-Fe Deposit, China: Controversy and Ore Genesis." Geoscience Frontiers. Elsevier, November 30, 2015. https://www.sciencedirect.com/science/article/pii/S1674987115001310.

[3] Wong, Joon Ian. "The Story of the Humble Latex, Which Laid the Foundation for the Global Web." Quartz, October 5, 2016. https://qz.com/785119/the-forgotten-tropical-tree-sap-that-set-off-a-victorian-tech-boom-and-gave-us-global-telecommunications/.

[4] Tully, John. "A Victorian Ecological Disaster: Imperialism, the Telegraph, and Gutta-Percha." *Journal of World History 20*, no. 4 (December 2009): 559–79. https://doi.org/10.1353/jwh.0.0088.

[5] Smith, Jennifer. "Apple, Google, Tesla AND Microsoft Are Sued for 'Aiding and Abetting' Child Mining in Congo." Daily Mail Online. December 16, 2019. https://www.dailymail.co.uk/news/article-7797489/Apple-Google-Tesla-Microsoft-sued-aiding-abetting-child-mining-Congo.html.

[6] Yenice, Ayberk, and Necip Ünlü. "Historical Development of Czochralski Process and Single Crystal Growth." 19th International Metallurgy & Materials Congress, 2018. http://www1.metalurji.org.tr/immc2018/10_MSTS/257.pdf.

[7] Tenreiro, Daniel. "Capitalism Will Save the World." National Review, October 25, 2019. https://www.nationalreview.com/2019/10/capitalism-will-save-the-world/.

[8] Peterson, Lee. "The 'Dematerialization' of Society in the Digital Age." Salon.com, August 28, 2013. https://www.salon.com/2013/08/27/the_dematerialization_of_society_in_the_digital_age_newscred/.

[9] Allwood, Julian M., Michael F. Ashby, Timothy G. Gutowski, and Ernst Worrell. "Material Efficiency: Providing Material Services with Less Material Production." *Philosophical Transactions of the Royal Society A: Mathematical, Physical and Engineering Sciences 371*, no. 1986 (2013): 20120496. https://doi.org/10.1098/rsta.2012.0496.

[10] "Material Resources, Productivity and the Environment," OECD. February 12, 2015. https://www.oecd.org/environment/waste/material-resources-productivity-and-the-environment-9789264190504-en.

[11] Gutowski, Timothy G., Sahil Sahni, Julian M. M. Allwood, Michael F. F. Ashby, and Ernst Worrell. "The Energy Required to Produce Materials: Constraints on Energy-Intensity Improvements, Parameters of Demand." *Philosophical Transactions of the Royal Society A: Mathematical, Physical and Engineering Sciences,* March 13, 2013. https://royalsocietypublishing.org/doi/10.1098/rsta.2012.0003.

[12] "What Countries Have the Highest Number of Vehicles Per Capita?" Maps of the World, February 12, 2019. https://www.mapsofworld.com/answers/economics/countries-high-number-vehicles-per-capita/#.

[13] Circularity Gap Reporting Initiative – Home. Accessed April 8, 2021. https://www.circularity-gap.world/.

[14] "The State of the Global Paper Industry – 2018." Environmental Paper Network, 2018. https://environmentalpaper.org/stateoftheindustry2018/.

[15] Fix, Blair. "Dematerialization Through Services: Evaluating the Evidence." *BioPhysical Economics and Resource Quality* 4, no. 2 (2019). https://doi.org/10.1007/s41247-019-0054-y.

[16] Mills, Rick. "How the US Lost the Plot on Rare Earths." Mining.com, January 25, 2019. https://www.mining.com/web/us-lost-plot-rare-earths/.

[17] Roy, Avik. "Biologic Medicines: The Biggest Driver Of Rising Drug Prices." Forbes. July 3, 2019. https://www.forbes.com/sites/theapothecary/2019/03/08/biologic-medicines-the-biggest-driver-of-rising-drug-prices/.

第九章　材料2：从采集到合成

[1] Riello, Giorgio. Essay. In *Cotton: The Fabric That Made the Modern World*, 241. Cambridge: Cambridge University Press, 2013.

[2] Ibid; p95.

[3] "Textile Market Size: Industry Analysis Report, 2021-2028." Textile Market Size: Industry Analysis Report, 2021-2028, March 2021. https://www.grandviewresearch.com/industry-analysis/textile-market.

[4] "History and Future of Plastics." Science History Institute, November 20, 2019. https://www.sciencehistory.org/the-history-and-future-of-plastics.

[5] Ibid.

[6] "Employment Outlook in the Industrial Chemical Industry, 1953." St. Louis Fed. Accessed May 8, 2021. https://fraser.stlouisfed.org/files/docs/publications/bls/bls_1151_1954.pdf.

[7] Pikul, James H., et al. "High Strength Metallic Wood from Nanostructured Nickel Inverse Opal Materials." *Scientific Reports* 9, no. 1 (2019). https://doi.org/10.1038/s41598-018-36901-3.

[8] Hurley, Billy. "Super-Porous Material Gives Hydrogen-Powered Vehicles a Boost." Tech Briefs, April 21, 2020. https://www.techbriefs.com/component/content/article/tb/stories/blog/36745.

[9] Kumagai, Jean. "X-Ray Detection May Be Perovskites' Killer App." IEEE Spectrum. May 20, 2019. https://spectrum.ieee.org/biomedical/imaging/xray-detection-may-be-perovskites-killer-app.

[10] Shao, Lefeng. "Silicon Carbide: a Love-Hate Relationship." EETimes, September 26, 2019. https://www.eetimes.com/silicon-carbide-a-love-hate-relationship/.

[11] "October 22, 2004: Discovery of Graphene." American Physical Society. Accessed April 9, 2021. https://www.aps.org/publications/apsnews/200910/physicshistory.cfm.

[12] Atwell, Cabe. "Graphene Advancements Spur New Innovation." StackPath, June 27, 2017. https://www.machinedesign.com/materials/article/21835667/graphene-advancements-spur-new-innovation.

[13] "Materials by Design." NIST, May 22, 2019. https://www.nist.gov/feature-stories/materials-design.

[14] Donaldson, Laurie. "Collaboration Produces First-Ever 2D Phosphorene Nanoribbons." Materials Today, April 23, 2019. https://www.materialstoday.com/nanomaterials/news/first-ever-2d-phosphorene-nanoribbons/.

[15] Rogers, John A., and Joseph M. DeSimone. "Novel Materials." PNAS. National Academy of Sciences, October 18, 2016. https://www.pnas.org/content/113/42/11667.

[16] Park, Sulbin, Byeong-Gwang Shin, Seongwan Jang, and Kyeongwoon Chung. "Three-Dimensional Self-Healable Touch Sensing Artificial Skin Device." *ACS Applied Materials & Interfaces 12*, no. 3 (2019): 3953–60. https://doi.org/10.1021/acsami.9b19272.

[17] Haines, Carter S., et al. "New Twist on Artificial Muscles." PNAS. National Academy of Sciences, October 18, 2016. https://www.pnas.org/content/113/42/11709.

[18] "Artificial Intelligence Solves Schrödinger's Equation." Phys.org, December 21, 2020. https://phys.org/news/2020-12-artificial-intelligence-schrdinger-equation.html.

[19] Conover, Emily. "Can Room-Temperature Superconductors Work without Extreme Pressure?" Science News, March 24, 2021. https://www.sciencenews.org/article/superconductor-room-temperature-pressure-physics-electricity.

[20] Stoye, Emma. "How Chemical Evolution Took the 2018 Chemistry Nobel Prize." Chemistry World, October 12, 2018. https://www.chemistryworld.com/features/how-chemical-evolution-took-the-2018-chemistry-nobel-prize/3009626.article.

[21] "Materials by Design." NIST, May 22, 2019. https://www.nist.gov/feature-stories/materials-design.

[22] Dallke, Jim. "Inside the Evanston Company Whose Tech Was Acquired by Apple and Used by SpaceX." bizjournals.com, February 18, 2017. http://www.bizjournals.com/chicago/news/2017/02/18/inside-the-evanston-company-whose-tech-was.html.

[23] de Pablo, Juan J., et. al. "New Frontiers for the Materials Genome Initiative." Nature, April 5, 2019. https://www.nature.com/articles/s41524-019-0173-4.

[24] Bridgwater, Adrian. "Tom Siebel's C3.Ai Charts New Data Lake For COVID-19 Research." Forbes, May 27, 2020. https://www.forbes.com/sites/adrianbridgwater/2020/05/27/tom-siebels-c3ai-charts-new-data-lake-for-covid-19-research.

[25] "History of Microelectromechanical Systems." SCME. Accessed May 8, 2021. http://www.scme-nm.org/files/History%20of%20MEMS_Presentation.pdf.

[26] Zafarris, Jess. "The Etymology of 'Alchemy.'" Useless Etymology, May 16, 2018. https://uselessetymology.com/2018/06/20/the-etymology-of-alchemy.

[27] Matson, John. "Fact or Fiction?: Lead Can Be Turned into Gold." Scientific American, January 31, 2014. https://www.scientificamerican.com/article/fact-or-fiction-lead-can-be-turned-into-gold.

[28] Deffree, Suzanne. "Apple IPO Makes Instant Millionaires, December 12, 1980." EDN, December 10, 2019. https://www.edn.com/apple-ipo-makes-instant-millionaires-december-12-1980/.

[29] "Computational Materials Science." Elsevier. Accessed May 8, 2021. https://www.journals.elsevier.com/computational-materials-science.

[30] Rzepa, Henry S., Benjamin J. Whitaker, and Mark J. Winter. "Chemical Applications of the World-Wide-Web System." *Journal of the Chemical Society, Chemical Communications*. The Royal Society of Chemistry, January 1, 1994. https://pubs.rsc.org/en/content/articlelanding/1994/c3/c39940001907#!

[31] Kemsley, Jyllian. "The Internet Has Allowed Scientists Instantaneous Access to

Massive Amounts of Chemical Data." How the Internet Changed Chemistry, August 15, 2015. http://internet.cenmag.org/the-internet-has-allowed-scientists-instantaneous-access-to-massive-amounts-of-chemical-data.

第十章　材料3：能源关系

[1] "High Yield In View: Automobiles And Semiconductors." SeekingAlpha, March 16, 2021. https://seekingalpha.com/article/4414374-high-yield-in-view-automobiles-and-semiconductors.

[2] "Semiconductors – the Next Wave Opportunities and Winning..." Deloitte, April 2019. https://www2.deloitte.com/content/dam/Deloitte/cn/Documents/technology-media-telecommunications/deloitte-cn-tmt-semiconductors-the-next-wave-en-190422.pdf.

[3] Huber, Peter, and Mark P. Mills, "The Law of the Powercosm: Burn Silicon," The Huber-Mills Digital Power Report, April 2000. https://www.tech-pundit.com/wp-content/uploads/2011/06/Law-of-the-Powercosm-April00.pdf

[4] Linkovl, Jon, "LED Headlights Can Be Brighter but Often Lack Clear Advantages," Consumer Reports, August 6, 2019. https://www.consumerreports.org/headlights/led-headlights-can-be-brighter-but-often-lack-clear-advantages.

[5] "Global Lighting Market: LED Penetration Rate." Statista, February 19, 2021. https://www.statista.com/statistics/246030/estimated-led-penetration-of-the-global-lighting-market/.

[6] Wellock, Thomas. "'Too Cheap to Meter': A History of the Phrase." U.S. NRC Blog, June 3, 2016. https://public-blog.nrc-gateway.gov/2016/06/03/too-cheap-to-meter-a-history-of-the-phrase.

[7] Arie, Sam, "Renewables are primed to enter the global energy race," Financial Times, August 13, 2018. https://www.ft.com/content/ 4079d82a-9e1f-11e8-b196-da9d6c239ca8

[8] Day, John W., et al. "The Energy Pillars of Society: Perverse Interactions of Human Resource Use, the Economy, and Environmental Degradation." *BioPhysical Economics and Resource Quality* 3, no. 1 (2018). https://doi.org/10.1007/s41247-018-0035-6.

[9] Ibid

[10] Smil, Vaclav. "Your Phone Costs Energy—Even Before You Turn It On." IEEE Spectrum. April 26, 2016. https://spectrum.ieee.org/energy/environment/your-phone-costs-energyeven-before-you-turn-it-on.

[11] Gutowski, Timothy G., et al. "The Energy Required to Produce Materials: Constraints on Energy-Intensity Improvements, Parameters of Demand." *Philosophical Transactions of the Royal Society A: Mathematical, Physical and Engineering Sciences 371*, no. 1986 (2013): 20120003. https://doi.org/10.1098/rsta.2012.0003.

[12] de Pablo, Juan J., et. al. "New Frontiers for the Materials Genome Initiative." Nature. April 5, 2019. https://www.nature.com/articles/s41524-019-0173-4.

[13] Jourabchi, Massoud. "MEMORANDUM: Electrical Load Impacts of Indoor Commercial Cannabis Production." Northwest Power and Conservation Council, September 3, 2014. https://nwcouncil.org/sites/default/files/p7.pdf.

[14] Mills, Evan. "The Carbon Footprint of Indoor Cannabis Production." *Energy Policy 46* (2012): 58–67. https://doi.org/10.1016/j.enpol.2012.03.023.

[15] Chu, Jennifer. "Footwear's (Carbon) Footprint." MIT News, May 22, 2013. https://news.mit.edu/2013/footwear-carbon-footprint-0522.

[16] "Frequently Asked Questions on the Transat with Greta Thunberg - News: Team Malizia & Boris Herrmann Racing - Professional Sailing Team Racing around the World." Team Malizia & Boris Herrmann Racing, August 11, 2019. https://www.borisherrmannracing.com/news/frequently-asked-ques-tions-on-the-transat-with-greta-thunberg.

Howarth, Jack, et al, "Energy intensity and environmental analysis of mechanical recycling of carbon fibre composite," Journal of Cleaner Production, October 15, 2014. https://www.sciencedirect.com/science/article/pii/ S0959652614006118.

[17] Smil, Vaclav. *Energy in Nature and Society: General Energetics of Complex Systems*. Cambridge, MA: MIT Press, 2008.

[18] Moscovenko, Louise Rozès, "France's 'imported emissions' are 70% higher than domestic CO2 output, report finds," Euractiv France, October 7, 2020. https://www.euractiv.com/section/energy/news/frances-imported-emissions-are-70-higher-than-domestic-co2-output-report-finds/.

[19] "Quadrennial Technology Review 2015." Energy.gov. Department of Energy (DOE), 2015. https://www.energy.gov/quadrennial-technology-review-2015.

[20] "Glass Manufacturing Is an Energy-Intensive Industry Mainly Fueled by Natural Gas." U.S. Energy Information Administration (EIA), August 21, 2013. https://www.eia.gov/todayinenergy/detail.php?id=12631.

[21] "The Footprint of Energy: Land Use of U.S. Electricity" Strata, June 2017. https://www.strata.org/pdf/2017/footprints-full.pdf.

[22] Shellenberger, Michael. "If Solar Panels Are So Clean, Why Do They Produce So Much Toxic Waste?" Forbes, May 23, 2018. https://www.forbes.com/sites/michaelshellenberger/2018/05/23/if-solar-panels-are-so-clean-why-do-they-produce-so-much-toxic-waste.

[23] "Responsible Minerals Sourcing for Renewable Energy." University of Technology Sydney, April 16, 2019. https://www.uts.edu.au/research-and-teaching/our-research/institute-sustainable-futures/our-research/resource-futures/responsible-minerals-for-renewable-energy.

[24] "The Growing Role of Minerals and Metals for a Low Carbon Future." World Bank, June 2017. https://documents.worldbank.org/en/publication/documents-reports/documentdetail/207371500386458722/the-growing-role-of-minerals-and-metals-for-a-low-carbon-future.

[25] "The Role of Critical Minerals in Clean Energy Transitions – Analysis." IEA, May 2021. https://www.iea.org/reports/the-role-of-critical-minerals-in-clean-energy-transitions.

[26] Peters, Jens F., et al. "The Environmental Impact of Li-Ion Batteries and the Role of Key Parameters – A Review." *Renewable and Sustainable Energy Reviews 67* (2017): 491–506. https://doi.org/10.1016/j.rser.2016.08.039.

Qiao, Qinyu, et al. "Cradle-to-Gate Greenhouse Gas Emissions of Battery Electric and Internal Combustion Engine Vehicles in China." *Applied Ener-*

gy 204 (October 15, 2017): 1399–1411. https://doi.org/10.1016/j.apener-gy.2017.05.041.

[27]   Masefield, John, "The Ship and Her Makers," Poetry Foundation. https://www.poetryfoundation.org/poems/148817/the-ship-and-her-makers.

第十一章　机器 1：人体放大器

[1]   Nye, David E.

[2]   Lawton, B. *Early Power and Transport: Young Engineer's Guide to Various and Ingenious Machines*. New York, NY, USA: ASME Press, 2017.

[3]   Smil, Vaclav, *Prime Movers of Globalization: The History and Impact of Diesel Engines and Gas Turbines*, MIT Press, 2010.

[4]   "Top 5: Ways Container Ships Have Evolved in Size." Logistics Middle East, April 30, 2015. https://www.logisticsmiddleeast.com/article-11234-top-5-ways-container-ships-have-evolved-in-size.

[5]   Paris, Costas, and Mike Sudal. "With Container Ships Getting Bigger, Maersk Focuses on Getting Faster." The Wall Street Journal, December 20, 2018. https://www.wsj.com/articles/with-container-ships-getting-bigger-maersk-focuses-on-getting-faster-11545301800.

[6]   "Why Have Containers Boosted Trade so Much?" The Economist, May 22, 2013. https://www.economist.com/the-economist-explains/2013/05/21/why-have-containers-boosted-trade-so-much.

[7]   Smil, Vaclav, *Prime Movers of Globalization: The History and Impact of Diesel Engines and Gas Turbines*, MIT Press, 2010.

[8]   Osnat, Rani. "A Brief History of Containers: From the 1970s Till Now." Container, Serverless & Cloud Native Application Security, January 10, 2020. https://blog.aquasec.com/a-brief-history-of-containers-from-1970s-chroot-to-docker-2016.

[9]   "Shipping and World Trade: Driving Prosperity." International Chamber of Shipping. Accessed May 18, 2021. https://www.ics-shipping.org/shipping-fact/shipping-and-world-trade-driving-prosperity/.

[10]   Ibid: p16.

[11]   Gimpel; p15.

第十二章　机器 2：运动中的魔法

[1]   Schlenoff, Daniel C. "The Future: A History of Prediction from the Archives of Scientific American." Scientific American, January 1, 2013. https://www.scientificamerican.com/article/50-100-the-future-history-prediction-from-archives-scientific-american/.

[2]   Ackerman, Evan. "Self-Driving Cars Were Just Around the Corner—in 1960." IEEE Spectrum, August 31, 2016. https://spectrum.ieee.org/tech-history/heroic-failures/selfdriving-cars-were-just-around-the-cornerin-1960.

[3] Ross, Philip E. "Q& A: The Masterminds Behind Toyota's Self-Driving Cars Say AI Still Has a Way to Go." IEEE Spectrum, June 29, 2020. https://spectrum.ieee.org/transportation/self-driving/qa-the-masterminds-behind-toyotas-selfdriving-cars-say-ai-still-has-a-way-to-go.

[4] "Self-Driving Cars Moving into the Industry's Driver's Seat: IHS Online Pressroom." SelfAwarePatterns, January 5, 2014. https://selfawarepatterns.com/2014/01/05/self-driving-cars-moving-into-the-industrys-drivers-seat-ihs-online-pressroom.

[5] "40+ Corporations Working On Autonomous Vehicles." CB Insights, December 16, 2020. https://mobility21.cmu.edu/40-corporations-working-on-autonomous-vehicles/.

[6] "The DARPA Grand Challenge: Ten Years Later." Defense Advanced Re- search Projects Agency (DARPA), March 3, 2014. https://www.esd.whs.mil/ Portals/54/Documents/FOID/Reading%20Room/DARPA/15-F-0059_NEWS_ GC_10_YRS_LATER.pdf.

[7] Mervis, Jeffrey. "Are We Going Too Fast on Driverless Cars?" Science, December 14, 2017. https://www.sciencemag.org/news/2017/12/are-we-going-too-fast-driverless-cars.

[8] Brown, Bruce. "NTSB: Tesla Driver Killed in Crash Did Not Have His Hands on the Wheel." Digital Trends, June 8, 2018. https://www.digitaltrends.com/cars/tesla-autopilot-fatal-crash-warnings-ignored/.

[9] "The DeHavilland Comet Crash." Aerospace Engineering Blog, July 24, 2018. http://aerospaceengineeringblog.com/dehavilland-comet-crash.

[10] "Fatality Facts 2019: State by State." IIHS. Accessed April 11, 2021. http://www.iihs.org/iihs/topics/t/general-statistics/fatalityfacts/state-by-state-overview.

[11] Author calculation: Single pedestrian fatality for Uber came after a seemingly impressive six million cumulative autonomous miles: that's statistically 15 times higher than current highway death rate.

Carson, Biz. "Uber's Self-Driving Cars Hit 2 Million Miles As Program Regains Momentum." Forbes, December 22, 2017. https://www.forbes.com/sites/bizcarson/2017/12/22/ubers-self-driving-cars-2-million-miles/#25a1a593a4fe.

"Waymo's Fleet Reaches 4 Million Self-Driven Miles." Medium. Waymo, February 27, 2018. https://medium.com/waymo/waymos-fleet-reaches-4-million-self-driven-miles-b28f32de495a.

[12] Yoshida, Junko. "Let's Cut the Hype About Robocars." EETimes, June 18, 2019. https://www.eetimes.com/lets-cut-the-hype-about-robocars/.

[13] Harris, Mark. "Have Self-Driving Cars Stopped Getting Better?" IEEE Spectrum, February 2, 2018. https://spectrum.ieee.org/cars-that-think/transportation/self-driving/have-selfdriving-cars-stopped-getting-better.

[14] Mervis, Jeffrey. "Are We Going Too Fast on Driverless Cars?" Science, December 14, 2017. https://www.sciencemag.org/news/2017/12/are-we-going-too-fast-driverless-cars.

[15] Brooks, Rodney. "The Big Problem With Self-Driving Cars Is People." IEEE Spectrum, January 27, 2017. https://spectrum.ieee.org/transportation/self-driving/the-big-problem-with-selfdriving-cars-is-people.

[16] Benjamin, David. "'Common Sense' Cools AV Ardor at AutoSens." EETimes, September 22, 2019. https://www.eetimes.com/common-sense-cools-av-ardor-at-autosens/.

[17] Young, Chris. "New Doppler Radar System Can Detect Moving Vehicles Around Corners." Interesting Engineering, June 26, 2020. https://interestingengineering.com/new-doppler-radar-system-can-detect-moving-vehicles-around-corners.

[18] Shen, Xuemin, Romano Fantacci, and Shanzhi Chen. "Internet of Vehicles." *Proceedings of the IEEE 108*, no. 2 (2020): 242–45. https://doi.org/10.1109/jproc.2020.2964107.

[19] Benjamin, David. "'Common Sense' Cools AV Ardor at AutoSens." EETimes, September 22, 2019. https://www.eetimes.com/common-sense-cools-av-ardor-at-autosens/.

[20] Gawron, James H., et al. "Life Cycle Assessment of Connected and Automated Vehicles: Sensing and Computing Subsystem and Vehicle Level Effects." *Environmental Science & Technology 52*, no. 5 (2018): 3249–56. https://doi.org/10.1021/acs.est.7b04576.

[21] Mraz, Stephen. "Self-Driving Cars May Increase Rather Than Decrease Gas Use." StackPath, May 8, 2019. https://www.machinedesign.com/mechanical-motion-systems/article/21837780/selfdriving-cars-may-increase-rather-than-decrease-gas-use.

[22] Author calculation: Increased road use from autonomy from:

"Adoption of autonomous vehicles could increase U.S. transportation energy consumption," EIA, June 18, 2018. https://www.eia.gov/todayinenergy/detail.php?id=36492&src=email

[23] Yang, Andrew. *The War on Normal People: The Truth About America's Disappearing Jobs and Why Universal Basic Income Is Our Future*. Hachette Books, 2019.

[24] Smith, Jennifer, "Trucking Companies Boost Pay in Hunt for Drivers as Demand Surges," Wall Street Journal, April 14, 2021. https://www.wsj.com/articles/trucking-companies-boost-pay-in-hunt-for-drivers-as-demand-surges-11618401600

[25] Condon, Dr. E. U., and H. H. Windsor. "Driverless Tractor Plants Crops in Spirals." *Popular Mechanics* 74, no. 1, July 1940.

[26] "Autonomous Tractors Take the Farmer Out of the Fields," Connector Suppli- er, September 15, 2020. https://www.connectorsupplier.com/autonomous-trac- tors-take-the-farmer-out-of-the-fields/.

[27] Harrop, Peter, "Electric and Autonomous Vehicles in Mining," OEM Off Highway, March 6, 2019. https://www.oemoffhighway.com/trends/electrifica- tion/article/21047959/electric-and-autonomous-vehicles-in-mining.

[28] The Business Research Company, "Agriculture, Construction, And Min- ing Machinery Manufacturing Global Market Report 2020," January 2020. https://www.thebusinessresearchcompany.com/report/agriculture-construction-and-mining-machinery-manufacturing-global-market-report.

[29] "21 autonomous tractor projects around the world," Future Farming, Novem-

ber 21, 2019. https://www.futurefarming.com/Machinery/Articles/2019/11/21-autonomous-tractor-projects-around-the-world-501448E/.

[30] "U.S. Diesel Vehicle Sales Continue Upward, Despite Headwinds." Diesel Technology Forum, January 15, 2019. https://www.dieselforum.org/news/u-s-diesel-vehicle-sales-continue-upward-despite-headwinds.

[31] Field, Kyle. "Tesla Model 3 Battery Pack & Battery Cell Teardown Highlights Performance Improvements." CleanTechnica, January 28, 2019. https://cleantechnica.com/2019/01/28/tesla-model-3-battery-pack-cell-teardown-highlights-performance-improvements/.

[32] Lambert, Fred. "Tesla Gigafactory 1 Now Employs over 3,000 Workers as It Becomes Biggest Battery Factory in the World." Electrek, August 21, 2018. https://electrek.co/2018/08/21/tesla-gigafactory-1-3000-workers/.

[33] "Share of SUVs in Total Car Sales in Key Markets, 2010-2018 – Data & Statistics." IEA, November 18, 2019. https://www.iea.org/data-and-statistics/charts/share-of-suvs-in-total-car-sales-in-key-markets-2010-2018.

"The Recent Decline in Light-Duty Vehicle Sales Has Affected Cars More than Light Trucks." Today in Energy - U.S. Energy Information Administration (EIA), May 29, 2020. https://www.eia.gov/todayinenergy/detail.php?id=43835.

[34] "Commuting in America 2013." Travel Trends, May 2013. https://travel-trends-dev.transportation.org/wp-content/uploads/sites/62/2019/07/B4_CA4_Population-and-Worker-Dynamics_final-proof2.pdf.

[35] Nichols, Greg. "This Was the First FAA-Approved Autonomous Drone Delivery in the U.S." ZDNet, March 28, 2016. https://www.zdnet.com/article/this-was-the-first-faa-approved-autonomous-drone-delivery-in-the-u-s/.

[36] Josephs, Leslie. "UPS Wins First Broad FAA Approval for Drone Delivery." CNBC, October 1, 2019. https://www.cnbc.com/2019/10/01/ups-wins-faa-approval-for-drone-delivery-airline.html.

[37] Dormehl, Luke "Alphabet's Wing drones now have FAA approval to deliver packages in the U.S.," Digital Trends, April 23, 2019. https://www.digitaltrends.com/cool-tech/alphabet-wing-faa-us-delivery.

[38] AeroVironment Inc.: Opportunistic Bargain Buy For This Leading Player In Drone Manufacturing" SeekingAlpha, March 4, 2020. https://seekingalpha.com/article/4329244-aerovironment-inc-opportunistic-bargain-buy-for-this-leading-player-in-drone-manufacturing.

[39] Pinch, Trevor J., and Karin Bijsterveld. *The Oxford Handbook of Sound Studies*. New York: Oxford University Press, 2017.

[40] *Assessing the Risks of Integrating Unmanned Aircraft Systems into the National Airspace System*. Washington, DC: The National Academies Press, 2018.

[41] Datta, Anubhav. "Commercial Intra-City On-Demand Electric-VTOL." NASA Aeronautics Research Institute, January 15, 2015. https://vtol.org/files/dmfile/TVF.WG2.YR2017draft.pdf.

[42] Garrett-Glaser, Brian. "Joby Aviation Closes $590 Million Funding Round Led by Toyota." Aviation Today, January 16, 2020. https://www.aviationtoday.com/2020/01/16/joby-aviation-closes-590-million-funding-round-led-toyota/.

[43] Garrett-Glaser, Brian. "Wisk's Cora Will Begin Passenger Transport Trials in New Zealand, Once Certified." Aviation Today, February 4, 2020. https://www.aviationtoday.com/2020/02/04/wisks-cora-will-begin-passenger-transport-trials-new-zealand-certified/.

[44] Blain, Loz. "Lilium's 7-Seat EVTOL Is More like an Air Minibus than an Air Taxi." New Atlas, April 1, 2021. https://newatlas.com/aircraft/lilium-7-seat-evtol-air-taxi-spac.

第十三章 机器3：生产资料

[1] Shahan, Zachary. "Elon Musk: 'Tesla's Long-Term Competitive Advantage Will Be Manufacturing.'" CleanTechnica, August 21, 2020. https://cleantechnica.com/2020/08/21/elon-musk-teslas-long-term-competitive-advantage-will-be-manufacturing/.

[2] Stackpole, Beth. "IoT-Enabled Product as a Service Could Transform Manufacturing." TechTarget, April 29, 2015. https://internetofthingsagenda.techtarget.com/feature/IoT-enabled-product-as-a-service-could-transform-manufacturing.

[3] Li, W. D., and Mehnen Jörn. *Cloud Manufacturing: Distributed Computing Technologies for Global and Sustainable Manufacturing*. Berlin: Springer, 2015.

[4] Campbell, Thomas, Christopher Williams, Olga Ivanova, and Banning Garrett. "Could 3D Printing Change the World?" Atlantic Council, October 17, 2011. https://www.atlanticcouncil.org/in-depth-research-reports/report/could-3d-printing-change-the-world/.

[5] Walker, David A., James L. Hedrick, and Chad A. Mirkin. "Rapid, Large-Volume, Thermally Controlled 3D Printing Using a Mobile Liquid Interface." *Science* 366, no. 6463 (October 18, 2019): 360–64. https://doi.org/10.1126/science.aax1562.

[6] Masuch, Thomas. "Consumer Products & Electronics Increasingly Important for AM Market." Fon Mag, May 20, 2020. https://fon-mag.de/industry-news/2020/05-wohlers-report/?L=1.

[7] Lambert, Fred. "Tesla Is Installing World's Biggest Casting Machine Outside Fremont Factory." Electrek, August 16, 2020. https://electrek.co/2020/08/15/tesla-world-biggest-casting-machine-outside-fremont-factory.

[8] Lehmhus, Dirk, Thorsten Wuest, Stefan Wellsandt, Stefan Bosse, Toshiya Kaihara, Klaus-Dieter Thoben, and Matthias Busse. "Cloud-Based Automated Design and Additive Manufacturing: A Usage Data-Enabled Paradigm Shift." *Sensors* 15, no. 12 (2015): 32079–122. https://doi.org/10.3390/s151229905.

[9] "Stone Industry Statistical Data." Natural Stone Institute, January 21, 2021. https://www.naturalstoneinstitute.org/data.

"Global Wood Products Market Data And Industry Growth Analysis." The Business Research Company, December 2020. https://www.thebusinessresearchcompany.com/report/wood-products-global-market-report-2020-30-covid-19-impact-and-recovery.

"Global Cotton Market Report 2021-2027: $46.56 Billion Industry - Consumption, Production, Export, Imports." Cision PR Newswire, March 5,

2021. https://www.prnewswire.com/news-releases/global-cotton-market-re-port-2021-2027-46-56-billion-industry---consumption-production-export-im-ports-301241610.

[10] "Semiconductor Fabs to Log Record Spending of Nearly $68 Billion in 2021 After 2020 Lull." Semi, June 9, 2020. https://www.semi.org/en/news-resources/press/world-fab-forecast-june-2020.

Kline Jr., Steve. "World Machine Tool Report Shows Manufacturing Shift to North America," Modern Machine Shop, April 6, 2020.

[11] "Gartner Says Worldwide Semiconductor Revenue Grew 7.3% in 2020." Gartner, January 24, 2020. https://www.gartner.com/en/newsroom/press-releases/2021-01-14-gartner-says-worldwide-semiconductor-revenue-grew-7-percent-in-2020.

[12] Miskin, Marc et. al. Z. "Fabrication of Electronically Integrated, Mass-Manufactured, Microscopic Robots." *Nature 584* (August 26, 2020): 557–61. https://doi.org/10.21203/rs.3.pex-1012/v1.

[13] Toumey, Christopher. "Reading Feynman Into Nanotechnology: A Text for a New Science." University of South Carolina, 2008. https://scholar.lib.vt.edu/ejournals/SPT/v12n3/pdf/toumey.pdf.

[14] "Protein Design as a Pathway to Molecular Manufacturing." Institute for Molecular Manufacturing, December 4, 2014. http://www.imm.org/publications/pnas/.

[15] Johnson, Dexter. "Research on Molecular Mechanosynthesis Is Progressing Slowly." IEEE Spectrum, March 28, 2011. https://spectrum.ieee.org/nanoclast/semiconductors/nanotechnology/research-on-molecular-mechanosynthesis-is-progressing-slowly.

[16] "The Nobel Prize in Chemistry 2016." NobelPrize.org, October 5, 2016. https://www.nobelprize.org/prizes/chemistry/2016/press-release/.

[17] Johnson, Dexter. "Robotic System Leads to Mass Assembly of Nanostructures." IEEE Spectrum, May 17, 2018. https://spectrum.ieee.org/nanoclast/semiconductors/nanotechnology/robotic-system-leads-to-mass-assembly-of-nanostructures.

第十四章 机器4：为万物注入能量

[1] Kurzweil, P. "Gaston Planté and His Invention of the Lead–Acid Battery—The Genesis of the First Practical Rechargeable Battery." *Journal of Power Sources* 195, no. 14 (2010): 4424–34. https://doi.org/10.1016/j.jpowsour.2009.12.126.

[2] "The Nobel Prize in Chemistry 2019." NobelPrize.org, October 9, 2019. https://www.nobelprize.org/prizes/chemistry/2019/press-release/.

[3] *Uninhabited Air Vehicles: Enabling Science for Military Systems*. Washington, D.C.: National Academy Press, 2000.

[4] Author's calculations. For useful perspectives, see:
"Unveiling of the World's Smallest and Most Powerful Micro Motors." Phys.org, May 1, 2015. https://phys.org/news/2015-05-unveiling-world-smallest-powerful-micro.html.

Davies, Ella. "Earth – The World's Strongest Animal Can Lift Staggering Weights." BBC, November 21, 2016. http://www.bbc.com/earth/story/20161121-the-worlds-strongest-animal-can-lift-staggering-weights.

"Updating the A380: the Prospect of a Neo Version and What's Involved." Leeham News and Analysis, February 3, 2014. https://leehamnews.com/2014/02/03/updating-the-a380-the-prospect-of-a-neo-version-and-whats-involved.

[5] De Reyes, Ed. "Can Cargo-Carrying Drones Jump Over Air Freight's Logistical Logjams?" IEEE Spectrum, May 28, 2020. https://spectrum.ieee.org/aerospace/aviation/can-cargocarrying-drones-jump-over-air-freights-logistical-logjams.

[6] Szondy, David. "Microturbine-Powered Drone Makes Maiden Flight." New Atlas, September 25, 2019. https://newatlas.com/aircraft/microturbine-powered-drone-maiden-flight/.

[7] Moss, Sebastian. "Fueling the Future." Datacenter Dynamics, March 5, 2018. https://www.datacenterdynamics.com/en/analysis/fueling-the-future/.

[8] "Comparing Pipes & Wires." Northwest Gas Association. Accessed April 12, 2021. http://northwestchptap.org/NwChpDocs/Transmission_and_N_Gas_Comparing_Pipes_and_Wires_032304.pdf.

[9] Pan, Z.F., L. An, and C.Y. Wen. "Recent Advances in Fuel Cells Based Propulsion Systems for Unmanned Aerial Vehicles." *Applied Energy 240* (April 15, 2019): 473–85. https://doi.org/10.1016/j.apenergy.2019.02.079.

[10] "Intelligent Energy UAV Fuel Cells Power Fixed Wing EVTOL Endurance Drone for the US Army." Intelligent Energy, July 8, 2020. https://www.intelligent-energy.com/news-and-events/company-news/2020/07/08/intelligent-energy-uav-fuel-cells-power-fixed-wing-evtol-endurance-drone-for-the-us-army/.

[11] Author calculation regarding performance of engines seen in, for example:
Stub, Sara Toth. "The Car Engine of Tomorrow: Cleaner, Lighter, With One Moving Part." The Wall Street Journal, June 20, 2019. https://www.wsj.com/articles/the-car-engine-of-tomorrow-cleaner-lighter-with-one-moving-part-11561039041.
Stewart, Jack. "A Powerful Yet Tiny Engine Inches Closer to Powering EVs and Drones." Wired, June 3, 2017. https://www.wired.com/2016/06/tiny-engine-one-step-closer-powering-drones-electric-cars/.

Plaza, Juan. "LiquidPiston Enters the UAV Arena with a Revolutionary Rotary Engine." Commercial UAV News, April 2, 2018. https://www.commercialu-avnews.com/infrastructure/liquidpiston-enters-uav-arena-revolutionary-rotary-engine.

[12] Jevons, William Stanley, "The Coal Question," Macmillan and Co., 1865. https://www.econlib.org/library/YPDBooks/Jevons/jvnCQ.html.

[13] Nordhaus, Ted. "The Energy Rebound Battle." Issues in Science and Technology, July 28, 2020. http://issues.org/33-4/the-energy-rebound-battle.

[14] Larkin, Alice, Kevin Anderson, and Paul Peeters. "Air Transport, Climate Change and Tourism." *Tourism and Hospitality Planning; Development 6*, no. 1 (April 2009): 7–20. https://doi.org/10.1080/14790530902847012.

[15] Roser, Max, and Hannah Ritchie. "Technological Progress." Our World in Data, May 11, 2013. https://ourworldindata.org/technological-progress.

[16] Mandyck, John. "Fewer Than 18 Percent Of People Have Flown: What Happens Next?" Huffington Post, December 7, 2017. https://www.huffpost.com/

entry/fewer-than-18-of-people-h_b_12443062.

[17] Trevithick, Joseph. "The U.S. Military Wants Tiny Road Mobile Nuclear Reactors That Can Fit In A C-17." The Drive, January 24, 2019. https://www.thedrive.com/the-war-zone/26152/the-u-s-military-wants-tiny-road-mobile-nuclear-reactors-that-can-fit-in-a-c-17.

[18] Radiation works. Flying Reactors – The History of Nuclear Powered Airplanes. Accessed April 12, 2021. http://web.archive.org/web/20060302180919/http://www.radiationworks.com/flyingreactor.htm.

[19] "World Military Spending Rises to Almost $2 Trillion in 2020." SIPRI, April 26, 2021. https://www.sipri.org/media/press-release/2021/world-military-spending-rises-almost-2-trillion-2020.

[20] Mills, Mark P. and M. Anthony Mills. "The Science Before the War." The New Atlantis, September 26, 2020. https://www.thenewatlantis.com/publications/the-science-before-the-war.

[21] "Cybersecurity." Merriam-Webster. Accessed May 9, 2021. http://www.merriam-webster.com/dictionary/cybersecurity.

[22] Zetter, Kim. "An Unprecedented Look at Stuxnet, the World's First Digital Weapon." Wired. November 3, 2014. https://www.wired.com/2014/11/countdown-to-zero-day-stuxnet/.

[23] Matthews, Christopher M. "Google Search Technique Aided N.Y. Dam Hacker in Iran." The Wall Street Journal, March 27, 2016. https://www.wsj.com/articles/google-search-technique-aided-n-y-dam-hacker-in-iran-1459122543.

[24] Matthews, Christopher M. "Google Search Technique Aided N.Y. Dam Hacker in Iran." The Wall Street Journal, March 27, 2016. https://www.wsj.com/articles/google-search-technique-aided-n-y-dam-hacker-in-iran-1459122543.

[25] "Unclassified Version of New Report Predicts Small Drone Threats to Infantry Units, Urges Development of Countermeasures." nationalacademies.org, March 6, 2018. https://www.nationalacademies.org/news/2018/03/unclassified-version-of-new-report-predicts-small-drone-threats-to-infantry-units-urges-development-of-countermeasures.

[26] Buderi, Robert. *The Invention That Changed the World: the Story of Radar from War to Peace*. London: Abacus, 2004.

[27] Ibid.

[28] Knight, Will. "Laser Weapon Destroys Artillery Fire." New Scientist, November 6, 2002. https://www.newscientist.com/article/dn3022-laser-weapon-destroys-artillery-fire/.

[29] Szondy, David. "US Air Force Gets Drone-Killing Laser." New Atlas, October 23, 2019. https://newatlas.com/military/us-air-force-drone-killing-laser/.

[30] Trevithick, Joseph. "Navy To Add Laser Weapons To At Least Seven More Ships In The Next Three Years." The Drive, July 8, 2020. https://www.thedrive.com/the-war-zone/34663/navy-to-add-laser-weapons-to-at-least-seven-more-ships-in-the-next-three-years.

[31] "Leonidas." Epirus Inc. Accessed May 9, 2021. https://www.epirusinc.com/products.

第十五章　机器 5：从自动化到自动机

[1]　Woodcroft, Bennet. *Pneumatica: The Pneumatics of Hero of Alexandria*. New York, NY: Oia Press, 2015.

[2]　Mayor, Adrienne. *Gods and Robots: Myths, Machines, and Ancient Dreams of Technology*. Lawrenceville: Princeton University Press, 2018.

[3]　Dunn, Alison. "The Father of Invention: Dick Morley Looks Back on the 40th Anniversary of the PLC." Manufacturing Automation, June 12, 2019. https://www.automationmag.com/855-the-father-of-invention-dick-morley-looks-back-on-the-40th-anniversary-of-the-plc/.

[4]　Nocks, Lisa. "500 Years of Humanoid Robots Automata Have Been around Longer than You Think." *IEEE Spectrum 54*, no. 10 (2017): 18–19. https://doi.org/10.1109/mspec.2017.8048830.

[5]　"Atlas." Boston Dynamics. Accessed April 12, 2021. https://www.bostondynamics.com/atlas.

[6]　Mogg, Trevor. "Spot the Robot Dog Is Amazing, and Look How Far It's Come." Digital Trends, June 17, 2020. https://www.digitaltrends.com/news/ spot-the-robot-dog-is-amazing-but-look-how-far-its-come/.

[7]　Matyus, Allison. "How A Boston Dynamics Robot Is Helping To Fight Coronavirus." Digital Trends, April 23, 2020. https://www.digitaltrends.com/news/boston-dynamics-robot-coronavirus-hospital/.

[8]　Jaynes, E.T. Rep. *The Muscle as an Engine*. Cambridge, 1983.

[9]　Bourzac, Katherine. "A Super-Stretchy Self-Healing Artificial Muscle." IEEE Spectrum, April 18, 2016. https://spectrum.ieee.org/tech-talk/robotics/robotics-hardware/a-superstretch-selfhealing-artificial-muscle.

[10]　Lopatka, Alex. "Microstructures of a Feather Lock Together." Physics Today, February 27, 2020. https://physicstoday.scitation.org/do/10.1063/ PT.6.1.20200227a/full/.

第十六章　工作 1："工作终结"的神话

[1]　Gimpel, p9.

[2]　Jünger Friedrich Georg. *The Failure of Technology Perfection without Purpose*. Hinsdale, Ill: Regnery, 1949.

[3]　Juenger, p30.

[4]　*Unemployment and the Machine*. Chicago, IL: Industrial Workers of the World, 1934.

[5]　Field, Alexander J. *A Great Leap Forward: 1930s Depression and U.S. Economic Growth*. New Haven, CT: Yale University Press, 2012.

[6]　Field; pp48, 49.

[7]　Stephen Ezell. "Technology and Automation Create, Not Destroy, Jobs." The Innovation Files, June 16, 2011. https://www.innovationfiles.org/technolo-

gy-and-automation-create-not-destroy-jobs/.

[8] Short, Eva. "The Grids Are All Right: Robots Have Never and Will Never Steal Jobs." Silicon Republic, October 13, 2017. https://www.siliconrepublic.com/careers/history-robots-automation-jobs-loss.

[9] Autor, David H. "Why Are There Still So Many Jobs? The History and Future of Workplace Automation." *Journal of Economic Perspectives 29*, no. 3 (2015): 3–30. https://doi.org/10.1257/jep.29.3.3.

[10] Kliesen, Kevin L., and John A. Tatom. "Here's Why U.S. Manufacturing Is Fundamentally Strong." Economic Research - Federal Reserve Bank of St. Louis, March 2, 2018. https://research.stlouisfed.org/publications/economic-synopses/2018/03/02/heres-why-u-s-manufacturing-is-fundamentally-strong/.

[11] Roser, Max, and Hannah Ritchie. "Food Supply." Our World in Data, March 5, 2013. https://ourworldindata.org/food-per-person.

[12] Wang, Sun Ling, and Eldon Ball. "Agricultural Productivity Growth in the United States: 1948-2011," ResearchGate.February 3, 2014. https://www.researchgate.net/publication/263809020_Agricultural_Productivity_Growth_in_the_United_States_1948-2011.

[13] "Industrial Production: Total Index." FRED, March 16, 2021. https://fred.stlouisfed.org/series/INDPRO.

[14] "The Future of Cooling," International Energy Agency, 2018. https://www.iea.org/futureofcooling/.

[15] Lagace, Martha. "Industry Self-Regulation: What's Working (and What's Not)?" HBS Working Knowledge, April 9, 2007. https://hbswk.hbs.edu/item/industry-self-regulation-whats-working-and-whats-not.

[16] "The Just 100 2021." Forbes, October 14, 2020. https://www.forbes.com/just-companies/#22a437392bf0.

[17] "STEM Occupations: Past, Present, And Future." U.S.Bureau of Labor Statistics, January 2017. https://www.bls.gov/spotlight/2017/science-technology-engineering-and-mathematics-stem-occupations-past-present-and-future.

[18] Ibid.

[19] "Agricultural Workers : Occupational Outlook Handbook." U.S. Bureau of Labor Statistics, September 1, 2020. https://www.bls.gov/ooh/Farming-Fishing-and-Forestry/Agricultural-workers.htm.

[20] Charette, Robert N. "The STEM Crisis Is a Myth." IEEE Spectrum, August 30, 2013.https://spectrum.ieee.org/at-work/education/the-stem-crisis-is-a-myth.

[21] Strauss, Valerie. "Analysis | The Surprising Thing Google Learned about Its Employees - and What It Means for Today's Students." The Washington Post, April 5, 2019. https://www.washingtonpost.com/news/answer-sheet/wp/2017/12/20/the-surprising-thing-google-learned-about-its-employees-and-what-it-means-for-todays-students.

[22] "Artificial Intelligence Trends to Watch in 2018." CB Insights, June 29, 2020. https://www.cbinsights.com/research/report/a rtificial-intelli- gence-trends-2018/.

[23] Anderson,Tim. "Coding Unit Tests Is Boring. Wouldn't It Be Cool If an AI Could Do

[24] "Manufacturing Sector: Output Per Hour of All Persons." FRED, March 23, 2021. https://fred.stlouisfed.org/series/MFGOPH.

[25] "Manufacturers' New Orders: Information Technology Industries." FRED, April 5, 2021. https://fred.stlouisfed.org/series/AITINO#0.

[26] Autor, David, and Anna Salomons. "New Frontiers: The Evolving Content and Geography of New Work in the 20th Century." NBER Economics of Artificial Intelligence, May 2019. https://stuff.mit.edu/people/dautor/Autor-Salomons-NewFrontiers.pdf.

[27] Autor, David H. "Work of the Past, Work of the Future." *AEA Papers and Proceedings* 109 (2019): 1–32. https://doi.org/10.1257/pandp.20191110.

第十七章　工作2：制造业的服务化

[1] "Commodity Flow Survey 2017: Select Industries Shipped Almost 12.5B Tons, Up 10.4% from 2012." U.S. Bureau of Transportation Statistics, July 16, 2020. https://www.bts.gov/newsroom/commodity-flow-survey-2017-select-industries-shipped-almost-125b-tons-104-2012.

[2] "The Benefits of International Trade." U.S. Chamber of Commerce, January 15, 2021. https://www.uschamber.com/international/international-policy/benefits-international-trade.

[3] Levinson, Marc. "U.S. Manufacturing in International Perspective." Congressional Research Service, February 21, 2019. https://fas.org/sgp/crs/misc/ R42135.pdf.

[4] Tengler, Steve. "Beyond Tesla's Gigafactory: Why Some Auto Jobs Are Moving Back To North America." Forbes, August 25, 2020. https://www.forbes.com/sites/stevetengler/2020/08/25/beyond-teslas-gigafactory-why-some-auto-jobs-are-moving-back-to-north-america/.

[5] Johnston, Louis D. "History Lessons: Understanding the Decline in Manufacturing." MinnPost, November 2, 2020. https://www.minnpost.com/macro-micro-minnesota/2012/02/history-lessons-understanding-decline-manufacturing/.

[6] "Gross Domestic Product, (Third Estimate), GDP by Industry, and Corporate Profits, Fourth Quarter and Year 2020 | U.S. Bureau of Economic Analysis (BEA)." U.S. Bureau of Economic Analysis, March 25, 2021. https://www.bea.gov/news/2021/gross-domestic-product-third-estimate-gdp-industry-and-corporate-profits-4th-quarter-and.

[7] Vailshery, Lionel Sujay, "Services revenue as share of Apple's total revenue 2015-2021," Statista, March 24, 2021. https://www.statista.com/statistics/1101212/services-revenue-as-share-of-apples-total-revenue/.

[8] Levy, Nat. "How Big Is Amazon's Global Real Estate Footprint? New Filing Reveals Tech Giant's Astounding Presence." GeekWire, February 11, 2019. https://www.geekwire.com/2019/big-amazons-global-real-estate-foot-print-new-filing-reveals-tech-giants-astounding-presence/.

[9] Gartner Forecasts Worldwide IT Spending to Grow 6.2% in 2021, January 25,

2021. https://www.gartner.com/en/newsroom/press-releases/2020-01-25-gartner-forecasts-worldwide-it-spending-to-grow-6-point-2-percent-in-2021.

Research and Markets, "Worldwide Communications Equipment Industry to 2027," October 2, 2020. https://www.prnewswire.com/news-releases/worldwide-communications-equipment-industry-to-2027---by-type-component-application-end-user-and-geography-301144975.html.

[10] Autor, David H. "Work of the Past, Work of the Future." *AEA Papers and Proceedings 109* (2019): 1–32. https://doi.org/10.1257/pandp.20191110.

[11] Levinson, Marc. "U.S. Manufacturing in International Perspective." Congressional Research Service, February 21, 2019. https://fas.org/sgp/crs/misc/R42135.pdf.

[12] "Andy Grove How America Can Create Jobs," Blogs.com. July 1, 2010. https://mariotti.blogs.com/files/andy-grove_-how-america-can-create-jobs.pdf.

[13] Stephenson, Sherry M. "The Linkage between Services and Manufacturing in the U.S. Economy." WITA, May 23, 2017. https://www.wita.org/blogs/the-linkage-between-services-and-manufacturing-in-the-u-s-economy/.

[14] "What Business Are You In?: Classic Advice from Theodore Levitt." Harvard Business Review, October 2006. https://hbr.org/2006/10/what-business-are-you-in-classic-advice-from-theodore-levitt.

[15] "The Economic Effects of Significant U.S. Import Restraints: Eighth Update." USITC. Accessed April 13, 2021. https://www.usitc.gov/economic_effects_significant_us_import_restraints.htm.

[16] Kordalska, Aleksandra, and Magdalena Olczyk. "Linkages between Services and Manufacturing as a New Channel for GVC Growth: Evidence from CEE Countries." ETSG. Accessed April 13, 2021. https://www.etsg.org/ETSG2018/papers/286.pdf.

[17] Levinson, Marc. "U.S. Manufacturing in International Perspective." Congressional Research Service, February 21, 2019. https://fas.org/sgp/crs/misc/R42135.pdf.

[18] Miroudot, Sébastien, and Charles Cadestin. "Services In Global Value Chains." *OECD Trade Policy Papers,* 2017. https://doi.org/10.1787/465f0d8b-en.

[19] Low, Patrick, and Gloria O. Pasadilla. "Manufacturing-Related Services." *Services in Global Value Chains*, 2016, 1–58. https://doi.org/10.1142/9789813141469_0001.

[20] "Connected and Autonomous Supply Chain Ecosystems 2025." PWC, 2020. https://www.pwc.com/gx/en/industrial-manufacturing/digital-supply-chain/supply-chain-2025.pdf.

[21] Johnson, Dexter. "Robotics, AI, and Cloud Computing Combine to Supercharge Chemical and Drug Synthesis." IEEE Spectrum, August 31, 2020. https://spectrum.ieee.org/tech-talk/biomedical/devices/robotics-ai-and-cloud-computing-combine-to-supercharge-chemical-and-drug-synthesis.

[22] Ibid.

[23] "Proceedings of a Workshop: Continuous Manufacturing for the Modernization of Pharmaceutical Production." *National Academies of Sciences, Engineering, and Medicine*, 2019. https://doi.org/10.17226/25340.

[24] Garside, M. "Global Chemical Industry Revenue 2019." Statista, March 22, 2021. https://www.statista.com/statistics/302081/revenue-of-global-chemi- cal-industry/.

[25] Ma, Wayne. "What Apple Learned From Automation: Humans Are Better." The Information, June 4, 2020. https://www.theinformation.com/articles/ what-apple-learned-from-automation-humans-are-better.

[26] "Tesla CEO Elon Musk, Stressed but 'Optimistic,' Predicts Big Increase in Model 3 Production." CBS News, April 13, 2018. https://www.cbsnews.com/ news/elon-musk-tesla-model-3-problems-interview-today-2018-04-13/.

[27] Peshkin, Michael, and J. Edward Colgate. "Cobots." *Industrial Ro- bot: An International Journal* 26, no. 5 (1999): 335–41. https://doi. org/10.1108/01439919910283722.

[28] Stegemann, Sven. "The Future of Pharmaceutical Manufacturing in the Context of the Scientific, Social, Technological and Economic Evolution." *European Journal of Pharmaceutical Sciences* 90 (2016): 8–13. https://doi.org/10.1016/j.ejps.2015.11.003.

[29] Molitch-Hou, Michael. "Scientists 3D Print Lightweight Material Stron- ger than Steel." 3D Printing Industry, February 7, 2015. https://3dprinting- industry.com/news/german-scientists-3d-print-lightweight-material-stron- ger-steel-23300/.

[30] Lipson, Hod, and Melba Kurman. *Fabricated: the New World of 3D Printing*. Indianapolis: John Wiley & Sons, Inc., 2013.

[31] Masuch, Thomas. "Consumer Products & Electronics Increasingly Import- ant for AM Market." Fon Mag, May 20, 2020. https://fon-mag.de/indus- try-news/2020/05-wohlers-report/?L=1.

[32] "New MakerBot Report Reveals 74% of Companies Plan to Invest in 3D Printing in 2021." Yahoo! Finance, September 29, 2020. https://finance.yahoo.com/news/makerbot-report-reveals-74-companies-135200598.html.

[33] Kerns, Jeff. "3D Printing Trends in Manufacturing, Part 2." StackPath, April 26, 2019. https://www.machinedesign.com/3d-printing-cad/arti- cle/21837746/3d-printing-trends-in-manufacturing-part-2.

[34] "Senvol Database Material Trend Analysis in Wohlers Report 2020." Sen- vol, March 25, 2020. http://senvol.com/2020/03/18/senvol-database-materi- al-trend-analysis-in-wohlers-report-2020/.

[35] Kerns, Jeff. "3D Printing Trends in Manufacturing, Part 3." StackPath, May 23, 2019. https://www.machinedesign.com/3d-printing-cad/arti- cle/21837822/3d-printing-trends-in-manufacturing-part-3.

第十八章　工作3：服务的机器人化

[1] "Whitepaper: Unlocking the Value of Industry 4.0." Abiresearch.com. October 25, 2019. https://go.abiresearch.com/lp-unlocking-the-value-of-industry-4.

[2] Soper, Spencer. "Amazon Plans to Put 1,000 Warehouses in Suburban Neigh- borhoods." Bloomberg.com, September 16, 2020. https://www.bloomberg.com/news/articles/2020-09-16/amazon-plans-to-put-1-000-warehouses-in-

neighborhoods.

[3] "Industrial Robots: Robot Investment Reaches Record 16.5 Billion USD." IFR International Federation of Robotics, September 18, 2019. https://ifr.org/ifr-press-releases/news/robot-investment-reaches-record-16.5-billion-usd.

[4] "About Joseph Engelberger - Father of Robotics." Robotics Online. Accessed April 13, 2021. https://www.robotics.org/joseph-engelberger/about.cfm.

[5] "A Tribute to Joseph Engelberger - Father of Robotics." Automate. Accessed May 19, 2021. https://www.robotics.org/joseph-engelberger/unimate.cfm.

[6] "Technology, Media, and Telecommunications Predictions 2020." Deloitte Insights, 2020. https://www2.deloitte.com/content/dam/Deloitte/at/Documents/technology-media-telecommunications/at-tmt-predictions-2020.pdf.

[7] "World Robotics Report," International Federation of Robotics, September 18, 2019. https://ifr.org/ifr-press-releases/news/robot-investment-reaches-re-cord-16.5-billion-usd.

[8] Efrati, Amir. "AI Startups Proliferate as Businesses Look for Savings." The Information, August 12, 2020. https://www.theinformation.com/articles/ai-start-ups-proliferate-as-businesses-look-for-savings.

[9] "Technology, Media, and Telecommunications Predictions 2020." Deloitte Insights, 2020. https://www2.deloitte.com/content/dam/Deloitte/at/Documents/technology-media-telecommunications/at-tmt-predictions-2020.pdf.

[10] "Big Is In: Warehouse Starts Increase in Number and Size." Construction.com, July 9, 2019. https://www.construction.com/toolkit/warehouse-construc-tion-big.

[11] Shaw, Keith. "World Robotics Report: Global Sales of Robots Hit $16.5B in 2018." Robotics Business Review, September 18, 2019. https://www.roboticsbusinessreview.com/research/world-robotics-report-global-sales-of-robots-hit-16-5b-in-2018/.

[12] "Warehouse Automation Market." ThelogisticsIQ, February 11, 2021. https://www.thelogisticsiq.com/research/warehouse-automation-market/.

[13] Wenz, John. "Robots Designed to Self-Construct." Knowable Magazine, February 5, 2020. https://knowablemagazine.org/article/technology/2020/modu-lar-reconfigurable-robots.

[14] Cho, Hyesung, et al. "Intrinsically Reversible Superglues via Shape Adaptation Inspired by Snail Epiphragm." PNAS, July 9, 2019. https://www.pnas.org/con-tent/116/28/13774.

[15] "John Froelich, Inventor of the Gas-Powered Tractor, Is Born." History.com, January 27, 2010. https://www.history.com/this-day-in-history/john-froelich-inventor-of-the-gas-powered-tractor-is-born.

[16] Marsh, Allison. "John Deere and the Birth of Precision Agriculture." IEEE Spectrum, February 28, 2018. https://spectrum.ieee.org/tech-history/sili-con-revolution/john-deere-and-the-birth-of-precision-agriculture.

[17] Kessler, Sarah. "Swarms of Teeny Robo-Tractors Will Outmaneuver Tes- la's Driverless Cars." OneZero, January 13, 2020. https://onezero.medium.com/swarms-of-teeny-robo-tractors-will-outmaneuver-teslas-driverless-cars-5a7f288e007e.

[18] Seabrook, John. "The Age of Robot Farmers." The New Yorker, April 8, 2019. https://www.newyorker.com/magazine/2019/04/15/the-age-of-robot-farmers.

[19] Sankai, Yoshiyuki, and Takeru Sakurai. "Exoskeletal Cyborg-Type Robot." *Science Robotics 3*, no. 17 (2018). https://doi.org/10.1126/scirobotics.aat3912.

[20] Strickland, Eliza. "Industrial Workers Will Soon Don Exoskeletons and Achieve Super Strength." IEEE Spectrum, January 2, 2019. https://spectrum.ieee.org/robotics/industrial-robots/industrial-workers-will-soon-don-exoskeletons-and-achieve-super-strength.

[21] "Ekso Bionics Receives FDA Clearance to Market Its EksoNR Robotic Exoskeleton for Use with Acquired Brain Injury Patients." Ekso Bionics Holdings, Inc., June 25, 2020. https://ir.eksobionics.com/press-releases/detail/689/ekso-bionics-receives-fda-clearance-to-market-its.

[22] "End of the Line for ASIMO, Japan's Famed Robot?" Phys.org, June 28, 2018. https://phys.org/news/2018-06-line-asimo-japan-famed-robot.html.

[23] Edwards, David. "Exoskeleton Market Projected to Grow to $6 Billion." Robotics & Automation News, May 8, 2019. https://roboticsandautomationnews.com/2019/05/08/exoskeleton-market-projected-to-grow-to-6-billion/22257/.

[24] "Census of Fatal Occupational Injuries (CFOI) - Current and Revised Data." U.S. Bureau of Labor Statistics, December 22, 2020. https://www.bls.gov/iif/oshcfoi1.htm.

[25] McBurnett, Marie. "Designing Robots for Ikigai." StackPath, October 1, 2020. https://www.machinedesign.com/markets/robotics/article/21143565/designing-robots-for-ikigai.

[26] Ladd, Brian. *Autophobia: Love and Hate in the Automotive Age*. Chicago, IL: Univ. of Chicago Press, 2011.

[27] Crawford, James. "The Life and Death of the Library of Alexandria." Literary Hub, March 13, 2017. https://lithub.com/the-life-and-death-of-the-library-of-alexandria/.

第十九章 工作4：货运无人机、硅汽车与空中出租车

[1] "FAA Aerospace Forecasts," U.S. Federal Aviation Administration. July 23, 2020. https://www.faa.gov/data_research/aviation/aerospace_forecasts/.

[2] Pitcher, Jack. "Drones Do Deadly Work So You Don't Have To." Bloomberg.com, July 26, 2019. https://www.bloomberg.com/news/articles/2019-07-26/drones-do-deadly-work-so-you-don-t-have-to.

[3] Hall, Morris A. "Motor-Driven Vehicles and Traffic Congestion." *Horseless Age 30*, no. 20 (December 11, 1912): 900.

[4] "Congestion Costs Each American Nearly 100 Hours, $1,400 A Year." Inrix, March 30, 2021. https://inrix.com/press-releases/2019-traffic-scorecard-us/.

[5] "Ride-Hailing's Climate Risks." Union of Concerned Scientists, February 2020. https://www.ucsusa.org/resources/ride-hailing-climate-risks.

[6] Yardeni, Edward, Debbie Johnson, and Mali Quintana. "US Economic Indi-

cators: ATA Truck Tonnage Index." Yardeni Research, Inc., April 12, 2021. https://www.yardeni.com/pub/atatruck.pdf.

[7] Ibid.

[8] "2018 Package Delivery Statistics: A Global Perspective." Parcel Pending, July 12, 2019. https://www.parcelpending.com/blog/package-delivery-statistics/.

[9] Cheng, Andria. "Amazon Ships 2.5 Billion Packages A Year, With Billions More Coming, In A Major Threat To UPS And FedEx." Forbes, December 12, 2019. https://www.forbes.com/sites/andriacheng/2019/12/12/how-serious-is-amazons-threat-to-ups-fedex-study-finds-it-could-soon-beat-them-in-us-package-delivery-volume/.

[10] Shieber, Jonathan. "Kroger, One of America's Largest Grocery Chains, Experiments with Ghost Kitchens and Delivery in the Midwest." Tech Crunch, October 8, 2020. https://www.msn.com/en-US/news/technology/kroger-one-of-america-s-largest-grocery-chains-experiments-with-ghost-kitchens-and-delivery-in-the-midwest/ar-BB19PjZb.

[11] "The Future of the Last-Mile Ecosystem." World Economic Forum, January 2020. https://www.weforum.org/reports/the-future-of-the-last-mile-ecosystem.

[12] "Urban Commercial Transport and the Future of Mobility." McKinsey & Company, November 13, 2017. https://www.mckinsey.com/business-functions/sustainability/our-insights/urban-commercial-transport-and-the-future-of-mobility.

[13] Linnane, Ciara. "UPS Is at Risk as Shrinking Delivery Times and Smaller Packages Disrupt Business Model." MarketWatch, December 14, 2019. https://www.marketwatch.com/story/ups-stock-at-risk-as-rising-e-commerce-volumes-disrupt-delivery-business-says-bmo-2019-12-11.

[14] "The Final 50 Feet of The Urban Goods Delivery System." Seattle Department of Transportation, January 19, 2018. http://depts.washington.edu/sctlctr/sites/default/files/SCTL_Final_50_ES.pdf.

[15] De Reyes, Ed. "Can Cargo-Carrying Drones Jump Over Air Freight's Logistical Logjams?" IEEE Spectrum, May 28, 2020. https://spectrum.ieee.org/aerospace/aviation/can-cargocarrying-drones-jump-over-air-freights-logistical-logjams.

[16] Xu, Jia. "Design Perspectives on Delivery Drones." RAND Corporation, September 28, 2017. https://www.rand.org/pubs/research_reports/RR1718z2.html.

[17] Lardinois, Frederic. "A First Look at Amazon's New Delivery Drone." TechCrunch, June 5, 2019. https://techcrunch.com/2019/06/05/a-first-look-at-amazons-new-delivery-drone/.

[18] Ridden, Paul. "UPS Partners with Wingcopter for next Generation Delivery Drones." New Atlas, March 24, 2020. https://newatlas.com/drones/ups-flight-forward-wingcopter-package-delivery/.

[19] "Wingcopter Wins at World Bank-Sponsored Drone Challenge, Sets Benchmark for Emergency Delivery." sUAS News - The Business of Drones, May 6, 2020. https://www.suasnews.com/2020/05/wingcopter-wins-at-world-bank-sponsored-drone-challenge-sets-benchmark-for-emergency-delivery/.

[20] Garrett-Glaser, Brian. "Through Agility Prime, Air Force Commits to Commercial Success of Air Taxis." Aviation Today, April 28, 2020. https://www.

aviationtoday.com/2020/04/28/agility-prime-air-force-commits-winning-innovation-war-electric-vtol-aircraft/.

[21] "Honeywell Bets on Drones." JPT, June 14, 2020. https://jpt.spe.org/honeywell-bets-drones.

[22] Gulden, Timothy R. "The Energy Implications of Drones for Package Delivery." RAND Corporation, September 28, 2017. https://www.rand.org/pubs/research_reports/RR1718z1.html.

[23] Lohn, Andrew J. "What's the Buzz? Assessing Drone Delivery." RAND Corporation, August 9, 2017. https://www.rand.org/pubs/research_reports/RR1718.html.

[24] Doerfler, Sue. "Commercial Drone Delivery Is Still Far From Taking Flight." Inside Supply Management Magazine, September 2020. https://www.ismworld.org/supply-management-news-and-reports/news-publications/inside-supply-management-magazine/blog/2020-09/commercial-drone-delivery-is-still-far-from-taking-flight/.

[25] Perez, Sarah. "U.S. e-Commerce Sales to Jump 18% in 2020, but Not Enough to Offset Retail's Decline." Tech Crunch, June 8, 2020. https://www.msn.com/en-us/news/technology/us-e-commerce-sales-to-jump-18-25-in-2020-but-not-enough-to-offset-retails-decline/ar-BB15cuMn.

"Commerce Retail Sales as a Percent of Total Sales." FRED, February 19, 2021. https://fred.stlouisfed.org/series/ECOMPCTSA.

[26] Spataro, Jared. "2 Years of Digital Transformation in 2 Months." Microsoft 365 Blog, April 30, 2020. https://www.microsoft.com/en-us/microsoft-365/blog/2020/04/30/2-years-digital-transformation-2-months/.

[27] Choudhury, Prithwiraj (Raj), Barbara Z. Larson, and Cirrus Foroughi. "Is It Time to Let Employees Work from Anywhere?" Harvard Business Review, August 14, 2019. https://hbr.org/2019/08/is-it-time-to-let-employees-work-from-anywhere.

[28] "Job Flexibilities and Work Schedules—2017-2018." U.S. Bureau of Labor Statistics, September 24, 2019. https://www.bls.gov/news.release/pdf/flex2.pdf.

[29] Dingel, Jonathan I., and Brent Neiman. "How Many Jobs Can Be Done at Home?" BFI, June 2020. https://bfi.uchicago.edu/working-paper/how-many-jobs-can-be-done-at-home/.

[30] Carey, Benedict. "What We're Learning About Online Learning." The New York Times, June 13, 2020. https://www.nytimes.com/2020/06/13/health/school-learning-online-education.html.

[31] Bloom, Nicholas A., James Liang, John Roberts, and Zhichun Jenny Ying. "Does Working from Home Work? Evidence from a Chinese Experiment." Stanford Graduate School of Business, March 2013. https://www.gsb.stanford.edu/faculty-research/publications/does-working-home-work-evidence-chinese-experiment.

[32] Choudhury, Prithwiraj (Raj), Barbara Z. Larson, and Cirrus Foroughi. "Is It Time to Let Employees Work from Anywhere?" Harvard Business Review, August 14, 2019. https://hbr.org/2019/08/is-it-time-to-let-employees-work-from-anywhere.

[33] Kessler, Sarah. "IBM, Remote-Work Pioneer, Is Calling Thousands of Employees Back to the Office." Quartz, March 21, 2017. https://qz.com/924167/ibm-

[34] Fuchs, Henry, Andrei State, and Jean-Charles Bazin. "Immersive 3D Telepresence." *Computer 47*, no. 7 (2014): 46–52. https://doi.org/10.1109/mc.2014.185.

[35] "Holoportation." Microsoft Research, September 4, 2018. https://www.microsoft.com/en-us/research/project/holoportation-3/.

[36] Roser Cañigueral Vila, Maria. "Cognitive and Neural Mechanisms of Social Eye Gaze." University College London, January 2020. https://discovery.ucl.ac.uk/id/eprint/10089147/1/RCanigueral_thesis_final.pdf.

[37] Rammer, Christian, Jan Kinne, and Knut Blind. "Knowledge Proximity and Firm Innovation: A Microgeographic Analysis for Berlin." *Urban Studies 57*, no. 5 (2019): 996–1014. https://doi.org/10.1177/0042098018820241.

[38] "State of Remote Work 2020", Buffer.com. 2020. https://lp.buffer.com/state-of-remote-work-2020.

[39] Zeitlin, Matthew. "What Facebook's Remote Work Policy Means for the Future of Tech Salaries Everywhere." Medium, May 22, 2020. https://onezero.medium.com/what-facebooks-remote-work-policy-means-for-the-future-of-tech-salaries-everywhere-edf859226b62.

[40] Mullings, Joe. "Op-Ed: More Companies Will Offer Remote Work at Price of Staff Position. Take the Deal." CNBC, July 25, 2020. https://www.cnbc.com/2020/07/25/op-ed-more-companies-will-offer-remote-work-at-price-of-staff-job.html.

[41] Klein, Matthew. "The US Tech Sector Is Really Small." Financial Times, January 8, 2016. https://ftalphaville.ft.com/2016/01/08/2149557/the-us-tech-sector-is-really-small/.

[42] "Transportation Energy Data Book: Edition 39." Oak Ridge National Laboratory, February 18, 2021. https://tedb.ornl.gov/data/.

[43] "Commuting in America 2013." Travel Trends, May 2013. https://travel-trends-dev.transportation.org/wp-content/uploads/sites/62/2019/07/B4_CA4_Population-and-Worker-Dynamics_final-proof2.pdf.

[44] Hook, Andrew, Victor Court, Benjamin K Sovacool, and Steve Sorrell. "A Systematic Review of the Energy and Climate Impacts of Teleworking." *Environmental Research Letters 15*, no. 9 (2020): 093003. https://doi.org/10.1088/1748-9326/ab8a84.

[45] "Does online video streaming harm the environment?" Saveonenergy.com. Accessed April 13, 2021. https://www.saveonenergy.com/uk/does-online-video-streaming-harm-the-environment/.

[46] Naughton, Keith. "Work-From-Home Culture Will Cut Billions of Miles of Driving," Bloomberg.com, July 15, 2020. https://www.bloomberg.com/news/articles/2020-07-15/new-work-from-home-culture-will-cut-billions-of-miles-of-driving.

[47] Lavars, Nick. "Volocopter and Japan Airlines Plan Air Taxi Launch within Three Years." New Atlas, September 29, 2020. https://newatlas.com/aircraft/volocopter-japan-airlines-air-taxi-launch-within-three-years/.

[48] "PitchBook Analyst Note: The EVTOL Air Taxi Startup Handbook." PitchBook, April 8, 2021. https://pitchbook.com/news/reports/q2-2021-pitch-

book-analyst-note-the-evtol-air-taxi-startup-handbook?utm_campaign=q2-2021-pitchbook-analyst-note-the-evtol-air-taxi-startup-handbook.

[49] Abrams, Samuel J. "A Millennial Exodus from America's Cities?" The American Conservative, March 31, 2021. https://www.theamericanconservative.com/articles/millennials-embrace-rural-america/.

第二十章　医疗 1：生命密码中的疗法

[1] "Microbiology by Numbers." *Nature Reviews Microbiology 9*, no. 9 (2011): 628–28. https://doi.org/10.1038/nrmicro2644.

[2] Liang, Shu Ting, Lin Ting Liang, and Joseph M Rosen. "COVID-19: a Comparison to the 1918 Influenza and How We Can Defeat It." *Postgraduate Medical Journal*, 2021. https://doi.org/10.1136/postgradmedj-2020-139070.

[3] "Solid Biofuels." biofuel.org.uk. Accessed April 14, 2021. http://biofuel.org.uk/solid-biofuels.html.

[4] "Microbiology by Numbers." *Nature Reviews Microbiology 9*, no. 9 (2011): 628–28. https://doi.org/10.1038/nrmicro2644.

[5] Leigh, Gabriel. "Coronavirus Vaccine Airlift Begins: Here's How It's Getting Done." Forbes, December 3, 2020. https://www.forbes.com/sites/gabrielleigh/2020/12/03/coronavirus-vaccine-airlift-begins-heres-how-its-getting-done/.

[6] Otterman, Sharon. "'I Trust Science,' Says Nurse Who Is First to Get Vaccine in U.S." The New York Times, December 14, 2020. https://www.nytimes.com/2020/12/14/nyregion/us-covid-vaccine-first-sandra-lindsay.html.

[7] Lafraniere, Sharon, et al. "Politics, Science and the Remarkable Race for a Coronavirus Vaccine." The New York Times, November 21, 2020. https://www.nytimes.com/2020/11/21/us/politics/coronavirus-vaccine.html.

[8] Braithwaite, Jeffrey, and Wendy Lipworth. "Faculty Opinions Recommendation of Diagnosing the Decline in Pharmaceutical R&D Efficiency." *Faculty Opinions – Post-Publication Peer Review of the Biomedical Literature*, 2012. https://doi.org/10.3410/f.14158956.15680056.

[9] Ringel, Michael S., Jack W. Scannell, Mathias Baedeker, and Ulrik Schulze. "Breaking Eroom's Law." *Nature Reviews Drug Discovery 19*, no. 12 (2020): 833–34. https://doi.org/10.1038/d41573-020-00059-3.

[10] Hickland, Megan. "Breaking Eroom's Law." D4 Pharma, April 30, 2020. https://d4-pharma.com/breaking-erooms-law/.

[11] Kocher, Robert, and Nikhil R. Sahni. "Rethinking Health Care Labor: NEJM." New England Journal of Medicine, October 13, 2011. https://www.nejm.org/doi/full/10.1056/NEJMp1109649.

[12] Thompson, Derek. "Health Care Just Became the U.S.'s Largest Employer." The Atlantic, January 9, 2018. https://www.theatlantic.com/business/archive/2018/01/health-care-america-jobs/550079/.

[13] Guilford, Gwynn. "Jobs in 2030: Health Care Booms, Employers Want More." The Wall Street Journal, January 8, 2021. https://www.wsj.com/articles/jobs-in-2030-health-care-booms-employers-want-more-11610101800.

[14] Mandel, Michael. "A Simple Analysis of Healthcare Productivity." Mandel on Innovation and Growth, December 12, 2010. https://innovationandgrowth.wordpress.com/2010/12/11/a-simple-analysis-of-healthcare-productivity/.

[15] Kocher, Robert. "The Downside of Health Care Job Growth." Harvard Business Review, December 20, 2014. https://hbr.org/2013/09/the-downside-of-health-care-job-growth.

[16] McGrath, John J. "The Other End of the Spear: The Tooth-to-Tail Ratio (T3R) in Modern Military Operations ." Army Press. Accessed April 14, 2021. https://www.armyupress.army.mil/Portals/7/combat-studies-institute/csi-books/mcgrath_op23.pdf.

[17] "Congress's Doctor Shortage." The Wall Street Journal, January 4, 2021. https://www.wsj.com/articles/congresss-doctor-shortage-11609802722.

[18] Catlin, Aaron C., and Cathy A. Cowan. "History of Health Spending in the United States, 1960-2013." CMS.gov, November 19, 2015. https://www.cms.gov/Research-Statistics-Data-and-Systems/Statistics-Trends-and-Reports/NationalHealthExpendData/Downloads/HistoricalNHEPaper.pdf.

[19] Clark, Emily, Shubham Singhal, and Kyle Weber. "The Future of Healthcare: Value Creation through next-Generation Business Models." McKinsey & Company, January 5, 2021. https://www.mckinsey.com/industries/healthcare-systems-and-services/our-insights/the-future-of-healthcare-value-creation-through-next-generation-business-models.

[20] "Digital Health 150: The Digital Health Startups Transforming the Future of Healthcare." CB Insights, December 18, 2020. https://www.cbinsights.com/research/report/digital-health-startups-redefining-healthcare/.

[21] Ibid.

[22] Forbes, Steve, and Elizabeth Ames. *Reviving America: How Repealing Obamacare, Replacing the Tax Code and Reforming the Fed Will Restore Hope and Prosperity*. New York: McGraw-Hill Education, 2016.

[23] "Cancer Statistics." National Cancer Institute, September 25, 2020. https://www.cancer.gov/about-cancer/understanding/statistics.

[24] "Death Rate from Cancer." Our World in Data. Accessed April 14, 2021. https://ourworldindata.org/grapher/cancer-death-rates.

[25] Bui, Quang "Neo", Sean Hansen, Manlu Liu, and Qiang (John) Tu. "The Productivity Paradox in Health Information Technology." *Communications of the ACM 61*, no. 10 (2018): 78–85. https://doi.org/10.1145/3183583.

[26] Jason, Christopher. "The 3 Eras of Clinician Burnout and How EHRs Can Mitigate It." EHR Intelligence, January 4, 2021. https://ehrintelligence.com/news/the-3-eras-of-clinician-burnout-and-how-ehrs-can-mitigate-it.

[27] Herrera, Sebastian, and David Benoit. "Why the Amazon, JPMorgan, Berk- shire Venture Collapsed: 'Health Care Was Too Big a Problem'." The Wall Street Journal, January 7, 2021. https://www.wsj.com/articles/why-the-ama- zon-jpmorgan-berkshire-venture-collapsed-health-care-was-too-big-a-problem-11610039485.

[28] Ranger, Steve. "Apple Just Expanded the Reach of Its IPhone Health Records Feature." ZDNet, October 7, 2020. https://www.zdnet.com/article/apple-just-expanded-the-reach-of-its-iphone-health-records-feature/.

[29] Gormley, Brian. "Telehealth Startups Seek to Sustain Momentum Following Giant Year in 2020." The Wall Street Journal, January 4, 2021. https://www.wsj.com/articles/telehealth-startups-seek-to-sustain-momentum-following-giant-year-in-2020-11609756200.

[30] Brownstein, Catherine A, John S Brownstein, David S Williams, Paul Wicks, and James A Heywood. "The Power of Social Networking in Medicine." *Nature Biotechnology* 27, no. 10 (2009): 888–90. https://doi.org/10.1038/nbt1009-888.

[31] "AI in Medical Diagnostics 2020-2030: Image Recognition, Players, Clinical Applications, Forecasts." IDTechEx, July 27, 2020. https://www.idtechex.com/en/research-report/ai-in-medical-diagnostics-2020-2030-image-recognition-players-clinical-applications-forecasts/766.

第二十一章　医疗 2：未来不是星际迷航，但比这还要好

[1] "Family-Led Team Takes Top Prize in Qualcomm Tricorder Xprize." Xprize, April 13, 2017. https://www.xprize.org/prizes/tricorder/articles/family-led-team-takes-top-prize-in-qualcomm-tricor.

[2] Chu, Jennifer. "Researchers Produce First Laser Ultrasound Images of Humans." Massachusetts Institute of Technology, December 19, 2019. https://news.mit.edu/2019/first-laser-ultrasound-images-humans-1219.

[3] Comstock, Jonah. "Apple Unveils Watch Series 4 with FDA-Approved ECG." Healthcare IT News, September 13, 2018. https://www.healthcareitnews.com/news/apple-unveils-watch-series-4-fda-approved-ecg.

[4] Chen, Angela. "What the Apple Watch's FDA Clearance Actually Means." The Verge, September 13, 2018. https://www.theverge.com/2018/9/13/17855006/apple-watch-series-4-ekg-fda-approved-vs-cleared-meaning-safe.

[5] Vogels, Emily A. "About One-in-Five Americans Use a Smart Watch or Fitness Tracker." Pew Research Center, January 9, 2020. https://www.pewresearch.org/fact-tank/2020/01/09/about-one-in-five-americans-use-a-smart-watch-or-fitness-tracker/.

[6] Dowd, Kevin. "11 Big Things: Whoop's Wearables Win over Sports Stars." Yahoo! Finance, November 1, 2020. https://finance.yahoo.com/news/11-big-things-whoops-wearables-050000288.html.

[7] Young, Chris. "IPhones Might Soon Allow Users to Detect Airborne Allergens and Toxicants." Interesting Engineering, September 30, 2020. https://interestingengineering.com/iphones-might-soon-allow-users-to-detect-airborne-allergens-and-toxicants.

[8] Emilio, Maurizio Di Paolo. "Radar-Based Blood Pressure Sensors on the Way." EETimes, July 24, 2020. https://www.eetimes.com/radar-based-blood-pres-sure-sensors-on-the-way.

[9] Dahad, Nitin. "CMOS Sensor Detects Chronic Conditions via Android App." EETimes, September 26, 2018. https://www.eetimes.com/cmos-sensor-detects-chronic-conditions-via-android-app/.

[10] Damhorst, Gregory L., Maurine Murtagh, William R. Rodriguez, and Rashid Bashir. "Microfluidics and Nanotechnology for Detection of Global Infectious Diseases." *Proceedings of the IEEE 103*, no. 2 (2015): 150–60. https://doi.org/10.1109/jproc.2014.2385078.

[11] Rawson, Timothy, et. al. M. "Microneedle Biosensors for Real-Time, Minimally Invasive Drug Monitoring of Phenoxymethylpenicillin: a First-in-Human Evaluation in Healthy Volunteers." *The Lancet Digital Health 1*, no. 7 (2019). https://doi.org/10.1016/s2589-7500(19)30131-1.

[12] "Graphene-Based Electrochemical Sensor Can Detect COVID-19 in Less than Five Minutes." Graphene, December 10, 2020. https://www.graphene-info.com/graphene-based-electrochemical-sensor-can-detect-covid-19-less-five-minutes.

[13] Schweber, Bill. "Aerosol Jet Prints Skin-Friendly 'Tattoos' with Active Electronics." Machine Design, February 3, 2020. https://www.machinedesign.com/medical-design/article/21122059/aerosol-jet-prints-skinfriendly-tattoos-with-active-electronics.

[14] Keum, Do Hee, et. al. "Wireless Smart Contact Lens for Diabetic Diagnosis and Therapy." Science Advances, April 1, 2020. https://advances.sciencemag.org/content/6/17/eaba3252.full.

[15] Porter, Jon. "L'Oréal's Wearable Sensor Will Track Your UV Exposure throughout the Day." The Verge, November 14, 2018. https://www.theverge.com/2018/11/14/18094903/loreal-uva-track-la-roche-posay-my-skin-uv-sensor-wearable-exposure-sun-uvb.

[16] "First Clinical X-Ray in America Performed." Dartmouth University, January 28, 2019. https://250.dartmouth.edu/highlights/first-clinical-x-ray-america-performed.

Note: We're aware that claim of the first x-ray in "clinical conditions" has been credited to one taken about a month earlier, on January 11, 1896, in England. That x-ray, however, was taken in the lab with the subject a researcher, not a public citizen.

[17] Sittig, D. F., J. S. Ash, and R. S. Ledley. "The Story Behind the Development of the First Whole-Body Computerized Tomography Scanner as Told by Robert S. Ledley." *Journal of the American Medical Informatics Association 13*, no. 5 (2006): 465–69. https://doi.org/10.1197/jamia.m2127.

[18] "Next-Generation Medical Scanning." ScienceDaily, January 5, 2018. https://www.sciencedaily.com/releases/2018/01/180105142456.htm.

[19] Landi, Heather. "From Big Deals to Bankruptcy, a Digital Health Unicorn Falls Short. Here's What Other Startups Can Learn from Proteus." FierceHealthcare, September 4, 2020. https://www.fiercehealthcare.com/tech/from-billions-to-bankruptcy-proteus-digital-health-fell-short-its-promise-here-s-what-other.

[20] Mussomeli, Adam, Aaron Parrott, Brian Umbenhauer, and Lane Warshaw. "Digital Twins." Deloitte Insights, January 15, 2020. https://www2.deloitte.com/us/en/insights/focus/tech-trends/2020/digital-twin-applications-bridging-the-physical-and-digital.html.

[21] "The Virtual Physiological Human – a 'Digital Twin' for Patients." Medical Xpress, December 18, 2017. https://medicalxpress.com/news/2017-12-virtu-

al-physiological-human-digital-twin.html.

[22] Gomi, Kazuhiro. "Council Post: How Far Bio-Digital Twins Have Come, And What May Be Next." Forbes, July 7, 2020. https://www.forbes.com/sites/forbestechcouncil/2020/07/08/how-far-bio-digital-twins-have-come-and-what-may-be-next/.

[23] "Interactive Virtual Human Body: an Interview with Frank Sculli, CEO, BioDigital." News-Medical, January 14, 2015. https://www.news-med-ical.net/news/20150113/Interactive-virtual-human-body-an-inter-view-with-Frank-Sculli-CEO-BioDigital.aspx.

[24] "BioDigital Collaborates with Johns Hopkins Medicine to Power Ultimate Digital 3D Human Musculoskeletal Resource", PRN News Wire. June 26, 2018. https://www.prnewswire.com/news-releases/biodigital-collabo-rates-with-johns-hopkins-medicine-to-power-ultimate-digital-3d-human-mus-culoskeletal-resource-300430862.html.

[25] Vincent, Brandi. "COVID-19 High Performance Computing Consortium Shifts Focus to Patient Outcomes." Nextgov.com, April 14, 2021. https://www.nextgov.com/emerging-tech/2020/11/covid-19-high-performance-computing-consortium-shifts-focus-patient-outcomes/170086/.

[26] "Green 500 November 2020." TOP500. Accessed April 14, 2021. https://www.top500.org/lists/green500/2020/11/.

[27] Burt, Jeffrey, and Timothy Prickett Morgan. "Attacking The Novel Coronavirus With Supercomputing Cycles." The Next Platform, June 9, 2020. https://www.nextplatform.com/2020/06/09/attacking-the-novel-coronavirus-with-supercomputing-cycles/.

[28] Zhang, Yu Shrike. "The Ultimate in Personalized Medicine: Your Body on a Chip." IEEE Spectrum, March 21, 2019. https://spectrum.ieee.org/biomedical/diagnostics/the-ultimate-in-personalized-medicine-your-body-on-a-chip.

[29] Everett, Hayley. "Aprecia Partners with Battelle to Scale up 3D Printed Pharmaceutical Manufacturing." 3D Printing Industry, January 4, 2021. https://3d-printingindustry.com/news/aprecia-partners-with-battelle-to-scale-up-3d-printed-pharmaceutical-manufacturing-181629/.

第二十二章　医疗3:（保健）服务的机器人化

[1] E., Goodhart C A, and Manoj Vasant Pradhan. *The Great Demographic Reversal: Ageing Societies, Waning Inequality, and an Inflation Revival*. Cham, Switzerland: Palgrave Macmillan, 2020.

[2] Nasser, Haya El. "The Graying of America: More Older Adults Than Kids by 2035." The United States Census Bureau, March 19, 2021. https://www.census.gov/library/stories/2018/03/graying-america.html.

[3] Livingston, Gretchen. "U.S. Women More Likely to Have Children Than a Decade Ago." Pew Research Center's Social & Demographic Trends Project, July 31, 2020. https://www.pewresearch.org/social-trends/2018/01/18/theyre-waiting-longer-but-u-s-women-today-more-likely-to-have-children-than-a-de-cade-ago/.

Livingston, Gretchen. "Childlessness Falls, Family Size Grows Among Highly

Educated Women." Pew Research Center's Social & Demographic Trends Project, August 6, 2020. https://www.pewresearch.org/social-trends/2015/05/07/childlessness-falls-family-size-grows-among-highly-educated-women/.

[4] Punt, Dominic. "The World's Oldest People and Their Secrets to a Long Life." Guinness World Records, October 1, 2020. https://www.guinnessworldrecords.com/news/2020/10/the-worlds-oldest-people-and-their-secrets-to-a-long-life-632895.

[5] "Child Mortality vs GDP per Capita." Our World in Data, 2016. https://ourworldindata.org/grapher/child-mortality-gdp-per-capita?time=2016.

[6] Piore, Adam. "Anti-Aging Drugs." MIT Technology Review, April 5, 2020. https://www.technologyreview.com/technology/anti-aging-drugs/.

[7] Finley, David S., and Ninh T. Nguyen. "Surgical Robotics." *Current Surgery* 62, no. 2 (2005): 262–72. https://doi.org/10.1016/j.cursur.2004.11.005.

[8] Crew, Bec. "Worth the Cost? A Closer Look at the Da Vinci Robot's Impact on Prostate Cancer Surgery." Nature, April 22, 2020. https://www.nature.com/articles/d41586-020-01037-w.

[9] Densford, Fink. "Auris Health Raises $220M for Medical Robotics Platform." The Robot Report, November 28, 2018. https://www.therobotreport.com/auris-health-220m-monarch-medical-robot/.

[10] Sheetz, Kyle H., Jake Claflin, and Justin B. Dimick. "Trends in the Adoption of Robotic Surgery for Common Surgical Procedures." *JAMA Network Open 3*, no. 1 (2020). https://doi.org/10.1001/jamanetworkopen.2019.18911.

[11] Jarvis, Claire. "Surgical Robots Are Surging in Popularity. So Will Their Data." Undark Magazine, August 15, 2019. https://undark.org/2019/08/15/surgical-robots-are-suring-in-popularity/.

[12] Finley, David S., and Ninh T. Nguyen. "Surgical Robotics." *Current Surgery* 62, no. 2 (2005): 262–72. https://doi.org/10.1016/j.cursur.2004.11.005.

[13] Vincent, James. "After the Pandemic, Doctors Want Their New Robot Helpers to Stay." The Verge, July 9, 2020. https://www.theverge.com/21317055/robot-coronavirus-hospital-pandemic-help-automation.

[14] O'Hare, Ryan. "Augmented Reality Helps Surgeons 'See through' Tissue to Reconnect Blood Vessels: Imperial News: Imperial College London." Imperial News, January 31, 2018. https://www.imperial.ac.uk/news/184520/augmented-reality-helps-surgeons-through-tissue/.

[15] Choi, Charles Q. "Bio-Ink for 3-D Printing Inside the Body." IEEE Spectrum, July 1, 2020. https://spectrum.ieee.org/the-human-os/biomedical/devices/invivo-printing.

[16] Brody, Liz. "The Segway's Inventor Has a New Project: Manufacturing Human Organs." Medium, June 18, 2020. https://onezero.medium.com/ the-segways-inventor-has-a-new-project-manufacturing-human-organs-7a6a- 2da7c8f4.

[17] Hanaphy, Paul. "University of Minnesota Researchers Use 3D Bioprinting to Create Beating Human Heart." 3D Printing Industry, July 7, 2020. https://3dprintingindustry.com/news/university-of-minnesota-researchers-use-3d-bioprinting-to-create-beating-human-heart-173210/.

[18] Regalado, Antonio. "Hyper-Personalized Medicine." MIT Technology Review, April 5, 2020. https://www.technologyreview.com/technology/hyper-personalized-medicine/.

[19] Juengst, Eric, and Daniel Moseley. "Human Enhancement." Stanford Encyclopedia of Philosophy, May 15, 2019. https://plato.stanford.edu/entries/enhancement/.

[20] Horgan, John. "Who Wants to Be a Cyborg?" Scientific American, July 21, 2020. https://www.scientificamerican.com/article/who-wants-to-be-a-cyborg/.

[21] Bess, Michael. "Icarus 2.0: A Historian's Perspective on Human Biological Enhancement." *Technology and Culture 49*, no. 1 (2007): 114–26. https://doi.org/10.1353/tech.2008.0040.

第二十三章　教育与娱乐：掉进（同一个）兔子洞了吗？

[1] Pappano, Laura. "The Year of the MOOC." The New York Times, November 2, 2012. https://www.nytimes.com/2012/11/04/education/edlife/massive-open-online-courses-are-multiplying-at-a-rapid-pace.html.

[2] Kopf, Dan. "Vinyl Sales Rock on in Spite of Covid-19." Quartz, August 21, 2020. https://qz.com/1851227/vinyl-sales-rock-on-in-spite-of-covid-19/.

[3] Entertainment includes tourism:

Statista, "Value of the global entertainment and media market from 2011 to 2021."

https://www.statista.com/statistics/237749/value-of-the-global-entertainment-and-media-market/.

Statista, "Leisure tourism spending worldwide." https://www.statista.com/statistics/1093335/leisure-travel-spending-worldwide/.

Education includes public, private, corporate:

HolonIQ, "Education in 2030: The $10 Trillion dollar question," 2020. https://www.holoniq.com/2030/.

CBInsights, "Education In The Post-Covid World: 6 Ways Tech Could Transform How We Teach And Learn," September 2, 2020.

[4] Wells, H. G. *World Brain*. London: Methuen, 1938; p28.

[5] Licklider, J. C. "Man-Computer Symbiosis." *IRE Transactions on Human Factors in Electronics HFE-1*, no. 1 (1960): 4–11. https://doi.org/10.1109/thfe2.1960.4503259.

[6] Roser, Max, and Esteban Ortiz-Ospina. "Literacy." Our World in Data, August 13, 2016. https://ourworldindata.org/literacy.

[7] "International Awareness Days." The British Geographer. Accessed April 14, 2021. http://thebritishgeographer.weebly.com/international-awareness-days.html.

[8] Nietzel, Michael T. "Low Literacy Levels Among U.S. Adults Could Be Costing The Economy $2.2 Trillion A Year." Forbes, September 9, 2020. https://www.forbes.com/sites/michaeltnietzel/2020/09/09/low-literacy-levels-among-us-adults-could-be-costing-the-economy-22-trillion-a-year/.

[9] "Covid & Post Pandemic Education: 6 Ways Tech Could Transform How We Teach & Learn." CB Insights, October 2, 2020. https://www.cbinsights.com/research/back-to-school-tech-transforming-education-learning-post-covid-19/.

[10] "The Complete List of Global EdTech Unicorns." HolonIQ, April 7, 2021. https://www.holoniq.com/edtech-unicorns/.

[11] "Apple, Rising 1976-1985," The Pop History Dig, May 10, 2010. https://www.pophistorydig.com/topics/early-apple-1976-1985/.

[12] Hopkins, Stephanie Prizeman. "On the Air: Educational Radio, Its History and Effect on Literacy and Educational Technology (By Michael Haworth; Stephanie Hopkins)." ETEC540 Text Technologies RSS. Accessed April 14, 2021. https://blogs.ubc.ca/etec540sept09/2009/10/28/on-the-air-educational-radio-its-history-and-effect-on-literacy-and-educational-technology-by-michael-haworth-stephanie-hopkins/.

[13] "National Education Technology Plan (NETP)." U.S. Office of Educational Technology. Accessed April 14, 2021. http://tech.ed.gov/.

[14] Fabos, Bettina, "Wrong Turn on the Information Superhighway: Education and the Commercialization of the Internet," Teachers College Press, Columbia University, April 2004: Chapter 1. https://sites.uni.edu/fabos/publications/wrongturnch.1-history.pdf.

[15] Clute, John, et al, ed., "Education In SF," Encyclopedia of Science Fiction, Third Edition, September 15, 2020. http://www.sf-encyclopedia.com/entry/encyclopedia_of_science_fiction_the.

[16] "The Pill of Knowledge." *JAMA: The Journal of the American Medical Association 196*, no. 1 (1966): 94. https://doi.org/10.1001/jama.1966.03100140148044.

[17] Love, Dylan. "Coming Soon, Maybe: 'Knowledge Pills' That You Eat To Automatically Learn Anything." Business Insider, March 18, 2014. https://www.businessinsider.com/knowledge-pills-2014-3.

[18] Matusov, Eugene, Daniella Baker, Yueyue Fan, Hye Jung Choi, and Robert L. Hampel. "Magic Learning Pill: Ontological and Instrumental Learning in Order to Speed Up Education." *Integrative Psychological and Behavioral Science 51*, no. 3 (2017): 456–76. https://doi.org/10.1007/s12124-017-9384-8.

[19] Danaher, John. "Polanyi's Paradox: Will Humans Maintain Any Advantage over Machines?" Philosophical Disquisitions, January 1, 1970. https://philosophicaldisquisitions.blogspot.com/2015/10/polanyis-paradox-will-humans-maintain.html.

[20] Hobbs, Tawnell D., and Lee Hawkins. "The Results Are in for Remote Learning: It Didn't Work." The Wall Street Journal, June 5, 2020. https://www.wsj.com/articles/schools-coronavirus-remote-learning-lockdown-tech-11591375078.

[21] Carey, Benedict. "What We're Learning About Online Learning." The New York Times, June 13, 2020. https://www.nytimes.com/2020/06/13/health/school-learning-online-education.html.

[22] Hobbs, Tawnell D., and Lee Hawkins. "The Results Are in for Remote Learning: It Didn't Work." The Wall Street Journal, June 5, 2020. https://www.wsj.com/articles/schools-coronavirus-remote-learning-lockdown-tech-11591375078.

[23] Asimov, Isaac, "The Fun They Had," The Magazine of Fantasy and Science Fiction, February 1954, (reprint). http://web1.nbed.nb.ca/sites/ASD-S/1820/J%20Johnston/Isaac%20Asimov%20-%twentiethe%20fun%twentiethey%20had.pdf.

第二十四章 教育 1：远程辅导

[1] Mears, Jennifer. "Father of Telecommuting Jack Nilles Says Security, Managing Remote Workers Remain Big Hurdles." Network World, May 15, 2007. https://www.networkworld.com/article/2299251/father-of-telecommuting-jack-nilles-says-security--managing-remote-workers-remain-big-hurd.html.

[2] Bellman, Eric. "As Covid-19 Closes U.S. Classrooms, Families Turn to India for Homework Help." The Wall Street Journal, October 30, 2020. https://www.wsj.com/articles/as-covid-19-closes-american-classrooms-families-turn-to-india-for-homework-help-11603972843.

[3] Koh, Yoree. "Teachers Retrain to Keep Students on Track in Online Classes." The Wall Street Journal, August 29, 2020. https://www.wsj.com/articles/teachers-retrain-to-keep-students-on-track-in-online-classes-11598727600.

[4] Gillespie, Colin. "The HolonIQ Interview Part One: Addressing Global Disruption in Education and Technology" The Renaissance Network, May 5, 2020. https://ren-network.com/the-holoniq-interview-part-one-addressing-global-disruption-in-education-and-technology/.

[5] Wigfall, Catrin. "How COVID-19 Is 'Super-Spreading' School Choice." Center of the American Experiment, October 8, 2020. https://www.americanexperiment.org/how-covid-19-is-super-spreading-school-choice/.

[6] Hubler, Shawn. "Keeping Online Testing Honest? Or an Orwellian Overreach?" The New York Times, May 10, 2020. https://www.nytimes.com/2020/05/10/us/online-testing-cheating-universities-coronavirus.html.

[7] Carey, Benedict. "What We're Learning About Online Learning." The New York Times, June 13, 2020. https://www.nytimes.com/2020/06/13/health/school-learning-online-education.html.

[8] "Teachers and Pupil/Teacher Ratios." NCES, 2015. https://nces.ed.gov/programs/coe/pdf/Indicator_CLR/coe_CLR_2017_05.pdf.

[9] "Covid & Post Pandemic Education: 6 Ways Tech Could Transform How We Teach & Learn." CB Insights, October 2, 2020. https://www.cbinsights.com/research/back-to-school-tech-transforming-education-learning-post-covid-19/.

[10] "Public Schools Administrative Bloat." Cost of College, May 29, 2014. https://costofcollege.wordpress.com/2014/05/30/public-schools-administrative-bloat/.

[11] "'I Don't Like How Technology Makes Smart People Feel Dumb,' ServiceNow Founder Fred Luddy Tells Forbes." Forbes, October 26, 2020. https://www.forbes.com/video/6204703209001/i-dont-like-how-technology-makes-smart-people-feel-dumb-servicenow-founder-fred-luddy-tells-forbes/.

[12] "National Spending for Public Schools Increases for Third Consecutive Year in School Year 2015-16." IES, December 6, 2018. https://ies.ed.gov/blogs/nces/

[13] Brundage, Jr., Vernon. "Educational Attainment Rises over the Last 24 Years." U.S. Bureau of Labor Statistics, August 1, 2017. https://www.bls.gov/spotlight/2017/educational-attainment-of-the-labor-force/home.htm.

[14] Dua, André Jonathan Law, Ted Rounsaville, and Nadia Viswanath. "Reimagining Higher Education in the United States." McKinsey & Company, October 26, 2020. https://www.mckinsey.com/industries/public-and-social-sector/our-insights/reimagining-higher-education-in-the-united-states.

[15] McGinty, Jo Craven. "With No Commute, Americans Simply Worked More During Coronavirus." The Wall Street Journal, October 30, 2020. https://www.wsj.com/articles/with-no-commute-americans-simply-worked-more-during-coronavirus-11604050200.

[16] "Time For Class: COVID-19 Edition, Part 1, A National Survey of Faculty." Every Learner Everywhere, July 8, 2020. https://www.everylearnereverywhere.org/resources/time-for-class-covid-19-edition/.

[17] "Distance Learning Statistics [2021]: Online Education Trends." EducationData, March 15, 2021. https://educationdata.org/online-education-statistics.

[18] Ibid.

[19] Bouchrika, Imed. "50 Online Education Statistics: 2020 Data on Higher Learning & Corporate Training." Guide 2 Research, June 30, 2020. http://www.guide2research.com/research/online-education-statistic.

[20] "Distance Learning Statistics [2021]: Online Education Trends." EducationData, March 15, 2021. https://educationdata.org/online-education-statistics.

[21] Bouchrika.

[22] Young, Jeffrey R. "MOOCs Are No Longer Massive. And They Serve Different Audiences Than First Imagined. - EdSurge News." EdSurge, August 21, 2018. https://www.edsurge.com/news/2018-08-21-moocs-are-no-longer-massive-and-they-serve-different-audiences-than-first-imagined.

[23] Bouchrika.

[24] Ip, Greg, Morenne, Benoit, "The $2 Trillion Question: How to Spend On Education for the Future," Wall Street Journal, Nov 12, 2020. https://www.wsj.com/articles/the-2-trillion-question-how-to-spend-on-education-for-the-future-11605229192.

[25] Dua, André Jonathan Law, Ted Rounsaville, and Nadia Viswanath. "Reimagining Higher Education in the United States." McKinsey & Company, October 26, 2020. https://www.mckinsey.com/industries/public-and-social-sector/our-insights/reimagining-higher-education-in-the-united-states.

[26] Belkin, Douglas, "Is This the End of College as We Know It?" Wall Street Journal, November 12, 2020. https://www.wsj.com/articles/is-this-the-end-of-college-as-we-know-it-11605196909.

[27] Dua, André Jonathan Law, Ted Rounsaville, and Nadia Viswanath. "Reimagining Higher Education in the United States." McKinsey & Company, October 26, 2020. https://www.mckinsey.com/industries/public-and-social-sector/our-insights/reimagining-higher-education-in-the-united-states.

[28] Using a broader definition, some scholars credit Morocco's University of Al-Karaouine, founded in 859 AD, as the oldest "institution of higher learning," though it operated as a madrasa until after World War II.

[29] Marcus, Jon, "How Technology Is Changing the Future of Higher Education, New York Times, February 20, 2020. https://www.nytimes.com/2020/02/20/education/learning/education-technology.html.

第二十五章　教育 2："脏活""软"技能的虚拟化

[1] Autor, Salomons.

[2] Caballar, Rina Diane. "Programming Without Code: The Rise of No-Code Software Development." IEEE Spectrum, March 11, 2020. https://spectrum.ieee.org/tech-talk/computing/software/programming-without-code-no-code-software-development.

[3] Ziobro, Paul. "UPS Offering Buyouts to Management Workers." The Wall Street Journal, September 17, 2020. https://www.wsj.com/articles/ups-offering-buyouts-to-management-workers-11600378920.

[4] McFadden, Christopher. "The World's First Commercially Built Flight Simulator: The Link Trainer Blue Box." Interesting Engineering, August 21, 2018. https://interestingengineering.com/the-worlds-first-commercially-built-flight-simulator-the-link-trainer-blue-box.

[5] Vanfossen, Lorelle. "Virtual Reality Pioneer: Tom Furness." Educators in VR, May 31, 2019. https://educatorsinvr.com/2019/05/31/virtual-reality-pioneer-tom-furness/.

[6] "LX6 – Medium Fidelity Simulator Platform – Built for High Throughput Training." Immersive Technologies – Expect Results. Accessed April 15, 2021. https://www.immersivetechnologies.com/products/LX6-Medium-Fidelity-Training-Simulator-for-Surface-Mining.htm.

[7] Vara, Jon. "Heavy Equipment Simulators." JLC Online, February 1, 2012. https://www.jlconline.com/business/employees/heavy-equipment-simulators_o.

[8] Greig, Jonathan. "Using 'Star Wars' as Inspiration, Hologram Maker Imagines New Future for Smartphones." TechRepublic, March 16, 2021. https://www.techrepublic.com/article/using-star-wars-as-inspiration-hologram-maker-imagines-new-future-for-smartphones/.

[9] Dormehl, Luke. "Facebook Is Making AR Glasses That Augment Hearing." Digital Trends, November 1, 2020. https://www.digitaltrends.com/features/facebook-ar-glasses-deaf/.

[10] Brandessece Market Research, "Gesture Recognition Market," April 13, 2020. https://brandessenceresearch.com/PressReleases/gesture-recognition-market-is-expected-to-reach-usd-25551-99-million-by.

[11] Ishii, Hiroshi. "Tangible Bits." *Proceedings of the 8th international conference on Intelligent user interfaces – IUI '03*, 2003. https://doi.org/10.1145/604045.604048.

[12] Begole, James. "The Dawn Of The Age Of Responsive Media." Forbes, Jan-

[13] LoPresti, Phillip. "Surface Haptics: A Safer Way for Drivers to Operate Smooth-Surface Controls." Electronic Design, December 3, 2020. https://www.electronicdesign.com/markets/automotive/article/21145025/surface-haptics-a-safer-way-for-drivers-to-operate-smoothsurface-controls.

[14] Park, Sulbin, Byeong-Gwang Shin, Seongwan Jang, and Kyeongwoon Chung. "Three-Dimensional Self-Healable Touch Sensing Artificial Skin Device." *ACS Applied Materials & Interfaces 12*, no. 3 (2019): 3953–60. https://doi.org/10.1021/acsami.9b19272.

[15] Needleman, Sarah E. and Jeff Horwitz, "Facebook, Apple and Niantic Bet People Are Ready for Augmented-Reality Glasses," Wall Street Journal, April 6, 2021. https://www.wsj.com/articles/facebook-apple-and-niantic-bet-people-are-ready-for-augmented-reality-glasses-11617713387.

[16] Kaplan, Jeremy. "Future of Vision: Augmented Reality Contact Lenses Are Here." Digital Trends, March 2, 2021. https://www.digitaltrends.com/features/augmented-reality-contact-lenses-vision/.

[17] "An Introduction to Immersive Technologies." Vista Equity Partners, August 10, 2020. https://www.vistaequitypartners.com/insights/an-introduc- tion-to-immersive-technologies/.

第二十六章　娱乐1：从欧里庇得斯到电子竞技

[1] "83 Walt Disney Quotes About Dreams, Imagination, and Living a Magical Life." Develop Good Habits, February 6, 2021. https://www.developgoodhabits.com/walt-disney-quotes/.

[2] Lyon, Peter. "'Pokémon GO' Is Still Pokémon NO In Japan." Forbes, July 15, 2016. https://www.forbes.com/sites/peterlyon/2016/07/15/pokemon-go-is-still-pokemon-no-in-its-home-of-japan/.

[3] "Break out the Sneakers and Poké Balls!" Niantic, July 6, 2016. https://www.nianticlabs.com/blog/launch/.

[4] "John Hanke And Niantic's World Of Augmented Reality." The Wall Street Journal, October 20, 2020. https://www.wsj.com/video/events/john-hanke-and-niantic-world-of-augmented-reality/85B29976-9329-464E-BB70-7C4E5460D62E.html.

[5] "During Economic Highs and Lows, the Arts Are Key Segment of U.S. Economy." National Endowment for the Arts, March 17, 2020. https://www.arts.gov/about/news/2020/during-economic-highs-and-lows-arts-are-key-segment-us-economy.

[6] "The Old Globe Theater History." The Old Globe Theater History. Accessed April 15, 2021. http://www.william-shakespeare.info/william-shake- speare-globe-theatre.htm.

[7] Fischer, Claude S. *America Calling: a Social History of the Telephone to 1940*. Berkeley u.a.: Univ. of California Pr.,2006.

[8]   Bryson, Bill. *One Summer: America 1927*. London: Black Swan, 1927.

[9]   Evans, Heath. "'Content Is King' - Essay by Bill Gates 1996." Medium, October 28, 2017. https://medium.com/@HeathEvans/content-is-king-essay-by-bill-gates-1996-df74552f80d9.

[10]   "Household Entertainment Spending up 58% since 1995." White Hutchinson – Leisure & Learning Group, 2012. https://www.whitehutchinson.com/news/lenews/2012/november/article102.shtml.

[11]   Frankl-Duval, Mischa, "Music Investors Don't Stop Believin' in Streaming," Wall Street Journal, Nov. 1, 2020. https://www.wsj.com/articles/music-investors-dont-stop-believin-in-streaming-11604257194.

[12]   "US Wireless Telecom Carriers Revenue 2007-2021." Statista, February 28, 2016. http://www.statista.com/statistics/293490/revenue-of-wireless-telecommunication-carriers-in-the-us/.

        Gelder, Koen van. "Topic: U.S. Furniture Retail." Statista, February 24, 2021. http://www.statista.com/topics/1136/us-furniture-retail/.

[13]   "Demographics of Mobile Device Ownership and Adoption in the United States." Pew Research Center: Internet, Science & Tech, April 14, 2021. https://www.pewresearch.org/internet/fact-sheet/mobile/.

[14]   Gallagher, Dan. "Disney Wants to Be the Streamiest Place on Earth." The Wall Street Journal, October 30, 2020. https://www.wsj.com/articles/disney-wants-to-be-the-streamiest-place-on-earth-11604050203.

[15]   Watson, R.T. "Big Tech Snags Hollywood Talent to Pursue Enhanced Reality." The Wall Street Journal, November 3, 2020. https://www.wsj.com/articles/big-tech-enlists-hollywood-to-boost-adoption-of-enhanced-reality-11604399401.

[16]   "John Hanke And Niantic's World Of Augmented Reality." The Wall Street Journal, October 20, 2020. https://www.wsj.com/video/events/john-hanke-and-niantic-world-of-augmented-reality/85B29976-9329-464E-BB70-7C4E5460D62E.html.

[17]   "Ag and Food Sectors and the Economy." USDA ERS. Accessed April 15, 2021. https://www.ers.usda.gov/data-products/ag-and-food-statistics-charting-the-essentials/ag-and-food-sectors-and-the-economy/.

[18]   Webster, Andrew. "Travis Scott's First Fortnite Concert Was Surreal and Spectacular." The Verge, April 24, 2020. https://www.theverge.com/2020/4/23/21233637/travis-scott-fortnite-concert-astronomical-live-report.

[19]   Williams, Adam. "Video Game Industry Stalls, Stocks Plunge. What's Going On?" Wolf Street, March 13, 2019. https://wolfstreet.com/2019/03/13/video-game-industry-stalls-stocks-plunge-whats-going-on/.

[20]   Peckham, Eric. "Newzoo Forecasts 2020 Global Games Industry Will Reach $159 Billion." TechCrunch, June 26, 2020. https://techcrunch.com/2020/06/26/newzoo-forecasts-2020-global-games-industry-will-reach-159-billion/.

[21]   "Broadway vs West End: Who's on Top?" Theatrefullstop, February 24, 2015. https://theatrefullstop.wordpress.com/2015/02/24/broadway-vs-west-end-whos-on-top/.

[22]   "During Economic Highs and Lows, the Arts Are Key Segment of U.S. Economy." National Endowment for the Arts, March 17, 2020. https://www.arts.

gov/about/news/2020/during-economic-highs-and-lows-arts-are-key-segment-us-economy.

[23] Brownlee, John. "The UI That Could Help Make E-Sports A $100 Billion Industry." Fast Company, August 24, 2018. http://www.fastcodesign.com/3061631/the-ui-that-could-make-e-sports-a-100-billion-industry.

[24] Rietkerk, Remer. "The Global Esports Audience Will Be Just Shy of 500 Million This Year." Newzoo, March 9, 2021. https://newzoo.com/insights/articles/newzoo-esports-sponsorship-alone-will-generate-revenues-of-more-than-600-million-this-year/.

[25] de la Navarre, Tristianu. "Biggest ESports Live Events in History: Top 5 Largest Tournaments Ever." Esports Teams, Rankings & Articles, June 4, 2020. https://www.lineups.com/esports/biggest-esports-live-events-in-history/.

[26] "US Teen Wins $3 Million at Video Game Tournament Fortnite World Cup." CNBC, July 29, 2019. https://www.cnbc.com/2019/07/29/fortnite-world-cup-us-teen-wins-3-million-at-video-game-tournament.html.

[27] Bradshaw, Tim, Murphy, Hannah, "Facebook to move into cloud-based gaming," Financial Times, October 26 2020. https://www.ft.com/content/75926d55-bec4-4e4a-b341-f8782ad78710.

[28] Grubb, Jeff. "Electronic Arts Acquires GameFly's Cloud-Streaming Technology." VentureBeat, May 25, 2018. https://venturebeat.com/2018/05/22/electronic-arts-acquires-gameflys-cloud-streaming-service/.

[29] Wingfield, Nick, "Microsoft's New Weapon in Console Wars: a 'Netflix for Games'," The Information, Nov. 20, 2020. https://www.theinformation.com/articles/microsofts-new-weapon-in-console-wars-a-netflix-for-games?utm_term=popular-articles&utm_content=article-5067&utm_campaign=article_email&utm_source=sg&utm_medium=email.

[30] Berkman, Seth. "N.B.A. Brings Flash to E-Sports, but Can It Hold On to Its Viewers?" The New York Times, August 29, 2020. https://www.nytimes.com/2020/08/29/business/esports-nba-2k.

[31] Silver, Jon, and John McDonnell. "Are Movie Theaters Doomed? Do Exhibitors See the Big Picture as Theaters Lose Their Competitive Advantage?" *Business Horizons 50*, no. 6 (2007): 491–501. https://doi.org/10.1016/j.bushor.2007.07.004.

[32] Scott, A. O. "How Much Do You Really Miss Going to the Movies?" The New York Times, October 16, 2020. https://www.nytimes.com/2020/10/16/movies/movie-theater-problems.html.

[33] Crucchiola, Jordan. "On the Future of (Going to the) Movies." Wired, October 1, 2020. https://www.wired.com/story/on-the-future-of-movies/.

[34] Passy, Charles. "Broadway Industry Says Covid-19 Vaccines Could Hasten Revival." The Wall Street Journal, November 17, 2020. https://www.wsj.com/articles/broadway-industry-says-covid-19-vaccines-could-hasten-revival-11605621476.

[35] McPhee, Ryan. "Broadway Ends 2018–2019 With Highest Gross and Attendance in Recorded History." Playbill. May 28, 2019. https://www.playbill.com/article/broadway-ends-20182019-with-highest-gross-and-attendance-inrecorded-history.

[36] Teachout, Terry. "Trying to Free Streaming Theater From Equity's Headlock." The Wall Street Journal, November 21, 2020. https://www.wsj.com/articles/trying-to-free-streaming-theater-from-equitys-headlock-11605960002.

[37] Ibid.

[38] "New SVOD Viewing Habits Will Stick Post-Lockdown: WARC." WARC, June 8, 2020. https://www.warc.com/newsandopinion/news/new-svod-view-ing-hab-its-will-stick-post-lockdown/43946.

[39] Gigante, Michael Del. "Is Long-Form Video on Social Media the New TV?" MDG Advertising, January 31, 2019. https://www.mdgadvertising.com/marketing-insights/is-long-form-video-on-social-media-the-new-tv/.

[40] "United States Series Charts Including SVOD TV Demand Television (10 – 16 November, 2019)." Parrot Analytics, November 2019. https://www.parrotanalytics.com/insights/united-states-series-charts-including-svod-tv-demand-television-10-16-november-2019/.

[41] Schumacher-Rasmussen , Eric. "U.S. SVOD Subscriptions on Pace to Pass 300 Million by 2025." Streaming Media Magazine, March 5, 2020. https://www.streamingmedia.com/Articles/ReadArticle.aspx?ArticleID=139606.

[42] Valente, AJ. "Changes in Print Paper During the 19th Century." *Anything Goes*, 2012. https://doi.org/10.5703/1288284314836.

[43] Friedman, Jane. "US Book Publishing Remains Resilient: Print and Ebook Sales Are Growing." Jane Friedman, July 30, 2020. https://www.janefriedman.com/us-book-publishing-remains-resilient-print-and-ebook-sales-are-growing/.

[44] Handley, Lucy. "Physical Books Still Outsell e-Books - and Here's Why." CNBC, September 19, 2019. https://www.cnbc.com/2019/09/19/physical-books-still-outsell-e-books-and-heres-why.html.

[45] Ibid.

[46] Friedman.

[47] "How Many Americans Still Read Books?" Lifeway Research, April 20, 2018. https://lifewayresearch.com/2018/04/20/how-many-americans-still-read-books/.

第二十七章　娱乐2：消遣"工具"

[1] Blain, Loz. "Sony's Spatial Reality Display: Responsive, No-Glasses 3D on Your Desk." New Atlas, October 19, 2020. https://newatlas.com/computers/sony-spatial-reality-display-3d/.

[2] Richter, Felix. "Infographic: Tourism Back to 1990 Levels As Pandemic Halts Travel." Statista, February 5, 2021. https://www.statista.com/chart/21793/international-tourist-arrivals-worldwide/.

[3] "US, China, Germany Rank Top 3 Countries by Annual Tourism Revenue." ChinaTravelNews, January 10, 2020. https://www.chinatravelnews.com/article/135069.

[4] Dans, Enrique. "It's Time to Rethink the Tourism Industry." Medium, No-

vember 14, 2020. https://medium.com/enrique-dans/its-time-to-rethink-the-tourism-industry-8b3375369e5a.

[5] JBell, Trudy E., David Dooling, and Janie McLawhorn Fouke. *Engineering Tomorrow: Today's Technology Experts Envision the next Century*. Piscataway, NJ: IEEE Press, 2000.

[6] Graft, Andrew. "Travel and Tourism Statistics: The Ultimate Collection." Access Development Loyalty Blog, April 13, 2021. https://blog.accessdevelopment.com/tourism-and-travel-statistics-the-ultimate-collection.

[7] "Travel Facts and Figures." U.S. Travel Association. Accessed May 19, 2021. https://www.ustravel.org/research/travel-facts-and-figures.

[8] Nagumo, Jada. "Nintendo's Super Mario Park Opens after Roller-Coaster Ride." Nikkei Asia, March 18, 2021. https://asia.nikkei.com/Business/Media-Entertainment/Nintendo-s-Super-Mario-park-opens-after-roller-coaster-ride.

[9] "Facts & Figures on the Creative Economy." NASAA. Accessed April 15, 2021. https://nasaa-arts.org/nasaa_research/facts-figures-on-the-creative-economy/.

[10] Wilson, Aaron. "The Wristwatch Revisited." Medium, June 20, 2014. https://medium.com/@w/the-wristwatch-revisited-fc9a0a4b99e.

[11] Ramesh, Kini, and Melnikov Igor. "The Gaming Addiction Problem and Its Economic and Social Consequences: A Comprehensive, Dynamic Approach." *Advanced Engineering Technology and Application 5*, no. 3 (2016): 69–77. https://doi.org/10.18576/aeta/050304.

[12] Lantz, Frank. "Video Games Teach Us Systems Literacy-the Literacy of the Future." Quartz, October 31, 2018. https://qz.com/1433044/video-games-teach-us-systems-literacy-the-literacy-of-the-future/.

[13] Lantz, Frank. "Video Games Teach Us Systems Literacy-the Literacy of the Future." Quartz, October 31, 2018. https://qz.com/1433044/video-games-teach-us-systems-literacy-the-literacy-of-the-future/.

[14] Chiang, Helen. "The Head of Minecraft on the Role Collaborative Gaming Will Play in the Future." Quartz, October 31, 2018. https://qz.com/1438338/the-head-of-minecraft-on-the-role-collaborative-gaming-will-play-in-the-future/.

[15] Mnookin, Jennifer L. "The Image of Truth: Photographic Evidence and the Power of Analogy." Yale Law Review. Accessed April 8, 2021. https://digitalcommons.law.yale.edu/cgi/viewcontent.cgi?article=1181&context=yjlh.

[16] McLuhan, Marshall. *Understanding Media: the Extensions of Man*: (6. Printing). New York, Toronto: McGraw-Hill, 1964.

[17] Carey, John, and Martin Elton. "When Media Are New: Understanding the Dynamics of New Media Adoption and Use," *New Media World*, 2010. https://doi.org/10.3998/nmw.8859947.0001.001.

[18] Madrigal, Alexis, "When Did TV Watching Peak?" The Atlantic, May 30, 2018. https://www.theatlantic.com/technology/archive/2018/05/when-did-tv-watching-peak/561464/.

[19] McLuhan, Marshall. *The Mechanical Bride: Folklore of Industrial Man*. Boston, MA: Beacon, 1967.

[20] McLuhan.

第二十八章 科学1：对奇迹的追求

[1] "90% Of All the Scientists That Ever Lived Are Alive Today." Future of Life Institute, May 24, 2018. https://futureoflife.org/2015/11/05/90-of-all-the-scientists-that-ever-lived-are-alive-today/.

[2] "Impacts of Federal R&D Investment," Breakthrough Energy. September 2020. https://www.breakthroughenergy.org/reports/RandD-Impact.

[3] Crouch, Dennis. "How Many Patents Issued in 2019?" Patently, December 31, 2019. https://patentlyo.com/patent/2019/12/many-patents-issued.html.

[4] "Edwin Mansfield, 67, Scholar Of Economics and Technology." The New York Times, November 21, 1997. https://www.nytimes.com/1997/11/21/busi- ness/edwin-mansfield-67-scholar-of-economics-and-technology.html.

[5] Horgan, John. *The End of Science: Facing the Limits of Knowledge in the Twilight of the Scientific Age.* New York: Basic Books, A member of the Perseus Books Group, 2015.

[6] Bhattacharya, Jay, and Mikko Packalen. "Stagnation and Scientific Incentives." *Nber Working Paper Series*, February 2020. https://doi.org/10.3386/w26752.

[7] Lipsey, Richard G., Kenneth I. Carlaw, and Clifford T. Bekar. "Economic Transformations: General Purpose Technologies and Long-Term Economic Growth." *The Economic History Review 59*, no. 4 (2006): 881–82. https://doi.org/10.1111/j.1468-0289.2006.00369_30.x.

[8] Lipsey, Richard G., Kenneth I. Carlaw, and Clifford T. Bekar. "Economic Transformations: General Purpose Technologies and Long-Term Economic Growth." *The Economic History Review 59*, no. 4 (2006): 881–82. https://doi.org/10.1111/j.1468-0289.2006.00369_30.x.

[9] "The Nobel Prize in Physics 2019." NobelPrize.org, 2019. https://www.nobelprize.org/prizes/physics/2019/peebles/speech/.

[10] Coker, Rachel. "The Nobel Journey of M. Stanley Whittingham - Binghamton News." News - Binghamton University, May 6, 2020. https://www.binghamton.edu/news/story/2424/the-nobel-journey-of-m-stanley-whittingham/.

[11] "Full Text of Alfred Nobel's Will." NobelPrize.org. Accessed April 16, 2021. https://www.nobelprize.org/alfred-nobel/full-text-of-alfred-nobels-will-2/.

[12] Mills, Mark P., "Basic Research and the Innovation Frontier," Manhattan Institute, February 2015. https://media4.manhattan-institute.org/sites/default/files/market.pdf.

[13] "This Week's Citation Classic - Eugene Garfield." University of Pennsylvania. Accessed April 16, 2021. http://www.garfield.library.upenn.edu/classics1983/A1983QX23200001.pdf.

[14] Ahmadpoor, Mohammad, and Benjamin F. Jones. "The Dual Frontier: Patented Inventions and Prior Scientific Advance." *Science 357*, no. 6351 (2017): 583–87. https://doi.org/10.1126/science.aam9527.

[15]   Mansfield, Edwin. "Academic Research and Industrial Innovation: An Update of Empirical Findings." *Research Policy* 26, no. 7-8 (1998): 773–76. https://doi.org/10.1016/s0048-7333(97)00043-7.

[16]   Jones, Benjamin F., Summers, Lawrence H., "A Calculation of the Social Returns of Innovation," NBER Working Paper, September 2020. https://www.nber.org/papers/w27863.

[17]   Impacts of Federal R&D Investment, September 2020. https://www.breakthroughenergy.org/reports/RandD-Impact.

[18]   Medeiros, João. "This Economist Has a Plan to Fix Capitalism. It's Time We All Listened." WIRED UK, October 11, 2019. https://www.wired.co.uk/article/mariana-mazzucato.

[19]   Mills, M. Anthony, and Mark P. Mills. "COVID-19 Vaccines: An Overnight Success Decades in the Making." National Review, January 21, 2021. https://www.nationalreview.com/2021/01/COVID-19-vaccines-an-overnight-success-decades-in-the-making.

[20]   Mills, M. Anthony, and Mark P. Mills. "COVID-19 Vaccines: An Overnight Success Decades in the Making." National Review, January 21, 2021. https://www.nationalreview.com/2021/01/covid-19-vaccines-an-overnight-success-decades-in-the-making.

[21]   Bush, Vannevar. "Science: The Endless Frontier (1944)." National Science Foundation. Accessed April 16, 2021. https://www.nsf.gov/od/lpa/nsf50/vbush1945.htm#summary.

[22]   Bush, Vannevar. "Science: The Endless Frontier (1944)." National Science Foundation. Accessed April 16, 2021. https://www.nsf.gov/od/lpa/nsf50/vbush1945.htm#summary.

[23]   Hatfield, Elaine. "The Golden Fleece Award: Love's Labours Almost Lost." Association for Psychological Science – APS, June 1, 2006. https://www.psychologicalscience.org/observer/the-golden-fleece-award-loves-labours-almost-lost.

[24]   Hartpole, Lecky William Edward. *Democracy and Liberty*. London: Longmans, Green, and Co. London, New York, and Bombay, 1896.

[25]   "The Nobel Prize in Physiology or Medicine 2013." NobelPrize.org, 2013. https://www.nobelprize.org/prizes/medicine/2013/schekman/speech/.

[26]   Dienst, Karin. "Princeton Chemist Edward C. Taylor, Inventor of Anti-Cancer Drug, Dies at 94." Princeton University, November 29, 2017. https://www.princeton.edu/news/2017/11/29/princeton-chemist-edward-c-taylor-inventor-anti-cancer-drug-dies-94.

[27]   "Did Science Fiction Invent 'Genetic Engineering'?" Biology in Science Fiction. Accessed April 9, 2021. https://blog.sciencefictionbiology.com/2009/04/did-science-fiction-invent-genetic.html.

[28]   "Biological Basis of Heredity: Recombination and Linkage." Palomar. Accessed May 19, 2021. https://www2.palomar.edu/anthro/biobasis/bio_3.

[29]   Mills, M. Anthony. "What Kind of Data Revolution Is This?" U.S. Chamber of Commerce Foundation, October 21, 2014. https://www.uschamberfoundation.org/blog/post/what-kind-data-revolution/42089.

第二十九章 科学2："神经技术"时代

[1] Bergson, Henri. *Creative Evolution* (1907). Basingstoke: Palgrave Macmillan, 2007.

[2] Pethokoukis, James. "Can Artificial Intelligence Reverse the Productivity Slowdown? My Long-Read Q&A with Nicholas Crafts." American Enter- prise Institute, July 17, 2020. https://www.aei.org/economics/can-artificial-in- telligence-reverse-the-productivity-slowdown-my-long-read-qa-with-nicho- las-crafts/.

[3] Daly, Mike. "An Understanding of AI's Limitations Is Starting to Sink In." The Economist, June 11, 2020. https://www.economist.com/technology-quar- terly/2020/06/11/an-understanding-of-ais-limitations-is-starting-to-sink-in.

[4] Benaich, Nathan, and Ian Hogarth. "State of AI Report 2020." Air Street Capital, June 28, 2019. https://www.stateof.ai/.

[5] Harmon Courage, Katherine. "Machine Learning Takes On Antibiotic Resistance." Quanta Magazine, March 9, 2020. https://www.quantamagazine.org/machine-learning-takes-on-antibiotic-resistance-20200309/.

[6] Salter, Alexander William. "Opinion | How Economics Lost Itself in Data." The Wall Street Journal, January 27, 2021. https://www.wsj.com/articles/how- economics-lost-itself-in-data-11611775849.

[7] Schwartz, Roy, and Jesse Dodge. "Green AI." ACM, December 1, 2020. https://cacm.acm.org/magazines/2020/12/248800-green-ai/fulltext.

[8] Author calculation from:

Strubell, Emma, Ananya Ganesh, and Andrew McCallum. "Energy and Policy Considerations for Deep Learning in NLP." *Proceedings of the 57th Annual Meeting of the Association for Computational Linguistics*, 2019. https://doi.org/10.18653/v1/p19-1355.

[9] Parker, Kim, Rich Morin, and Juliana Menasce Horowitz. "Worries and Priorities about America's Future." Pew Research Center's Social & Demographic Trends Project. Pew Research Center, December 31, 2019. https://www.pewresearch.org/social-trends/2019/03/21/worries-priorities-and-potential-problem-solvers/.

[10] "IBM Archives -- FAQ's for Research," IBM. June 11, 2001. https://www.ibm.com/ibm/history/reference/faq_0000000511.html.

"The First Corporate Pure Science Research Laboratory." IBM. Accessed May 19, 2021. http://www-03.ibm.com/ibm/history/ibm100/us/en/icons/scientificresearch/.

[11] Horgan, John. "Profile of Claude Shannon, Inventor of Information Theory." Scientific American Blog Network, July 26, 2017. https://blogs.scientificamerican.com/cross-check/profile-of-claude-shannon-inventor-of-information-theory/.

[12] Ibid.

[13] "S&E Indicators 2016: NSF - National Science Foundation." NSF. Accessed April 16, 2021. https://www.nsf.gov/statistics/2016/nsb20161/#/table/tt04-03.

[14] Bernanke, Ben S. "Government's Role in Promoting Research and Development." Issues in Science and Technology, March 18, 2021. http://issues.org/27- 4/bernanke/.

[15] Polanyi, Michael. *The Logic of Liberty*. Chicago, Ill: The Univ. of Chicago Pr, 1951.

[16] Ibid.

[17] Romer, Paul. "Opinion | Government Can Do More to Support Science and Innovation." The Wall Street Journal, November 20, 2018. https://www.wsj.com/articles/government-can-do-more-to-support-science-and-innovation-1542758326.

[18] Brooks, Harvey. "Chapter 2: The Evolution of Science." Essay. In *Technology, R&D, and the Economy*. Washington, D.C.: Brookings Institution and American Enterprise, 1996.

[19] Crafts, Nicholas. "AI as a GPT: An Historical Perspective - Warwick." University of Warwick, March 25, 2020. https://warwick.ac.uk/fac/soc/economics/staff/nfrcrafts/ai_as_a_gpt.ppt.pdf.

[20] Weiss, Todd R. "NSF Partners with Amazon, Google, Intel, Accenture on Next Round of AI Institutes." HPCwire, September 11, 2020. https://www.hpcwire.com/2020/09/10/nsf-partners-with-amazon-google-intel-accenture-on-next-round-of-ai-institutes/.

[21] "Top 20 R&D Spenders 2018." Statista, March 17, 2021. https://www.statista.com/statistics/265645/ranking-of-the-20-companies-with-the-highest- spending-on-research-and-development/.

[22] McGee, William J., "Fifty Years of American Science," *The Atlantic Monthly, September* 1898: 307. https://books.google.com/books?id=0fk3AQAAMAAJ&pg=RA2-PT10&lpg=RA2-PT10&dq=William+J.+McGee,+Atlantic+Monthly,+1898+science.

[23] Mumford, Lewis. *Technics and Civilization*. Chicago: University of Chicago Press, 1934.

后记　未来的事业

[1] Shermer, Michael. "Chicken Soup for the Evolutionist's Soul." Michael Shermer, April 16, 2018. https://michaelshermer.com/2000/02/ chicken-soup-for-the-evolutions-soul/.

[2] Florman, Samuel C. *The Existential Pleasures of Engineering*. London: Souvenir, 2017.

[3] Schwab, Katharine. "A Rare Look At One Of MoMA's First Design Shows." Fast Company, July 9, 2018. https://www.fastcompany.com/90134323/a-rare-look-at-one-of-momas-first-design-shows.

[4] Solow, Robert. "Technical Change and the Aggregate Production Function." *Real Business Cycles*, 1998, 543–51. https://doi.org/10.4324/9780203070710.pt7.

See also George Evans, Seppo Honkapohja, and Paul Romer, "Growth Cycles," *American Economic Review* 88 (3) (1998).

and *The Global Competitiveness Report 2001-2002: World Economic Forum*, Geneva, Switzerland 2001. New York: Oxford University Press, 2002.

[5] Solow, Robert M. "Technical Change and the Aggregate Production Function." *The Review of Economics and Statistics* 39, no. 3 (1957): 312. https://doi.org/10.2307/1926047.

[6] Mokyr, Joel. *The Lever of Riches: Technological Creativity and Economic Progress.* New York: Oxford University Press, 1990.

[7] Kruger, Justin, and David Dunning. "Unskilled and Unaware of It: How Difficulties in Recognizing One's Own Incompetence Lead to Inflated Self-Assessments." *Journal of Personality and Social Psychology* 77, no. 6 (1999): 1121–34. https://doi.org/10.1037/0022-3514.77.6.1121.

[8] "Clarke's Three Laws." New Scientist. Accessed April 16, 2021. https://www.newscientist.com/definition/clarkes-three-laws/.

[9] Tweney, Dylan. "May 25, 1945: Sci-Fi Author Predicts Future by Inventing It." Wired, January 14, 2018. https://www.wired.com/2011/05/0525arthur-c-clarke-proposes-geostationary-satellites/.

[10] Pogue, David. "Use It Better: The Worst Tech Predictions of All Time." Scientific American, January 18, 2012. https://www.scientificamerican.com/article/pogue-all-time-worst-tech-predictions/.

[11] Boucher, Marc. "The Space Elevator: 'Thought Experiment', or Key to the Universe?" SpaceRef, August 12, 2003. http://spaceref.com/space-elevator/the-space-elevator-thought-experiment-or-key-to-the-universe-by-sir-arthur-c-clarke.html.

[12] Brumfiel, Geoff. "Andre Geim: in Praise of Graphene." Scientific American, October 7, 2010. https://www.scientificamerican.com/article/andre-geim-graphene/.

[13] "Riddle of 'Baghdad's Batteries'." BBC News, February 27, 2003. http://news.bbc.co.uk/2/hi/science/nature/2804257.stm.

[14] Clarke, I. F. *The Pattern of Expectation, 1644-2001.* London: Book Club Associates, 1979.

[15] "Future Imperfect." The Irish Times, January 7, 2010. https://www.irishtimes.com/news/science/future-imperfect-1.1239449.

[16] Wadhwa, Vivek. "Why We Should Believe the Dreamers - and Not the Experts." The Washington Post, April 17, 2019. https://www.washingtonpost.com/news/innovations/wp/2014/07/31/why-we-should-believe-the-dreamers-and-not-the-experts/.

[17] Clarke: 304.

[18] Watkins, Jr, John Elfreth. "What May Happen in the Next Hundred Years." Penn State University. Accessed April 16, 2021. http://personal.psu.edu/staff/t/w/twa101/whatmayhappen.pdf.

[19] Lamar, Cyriaque. "Robert Heinlein's Predictions for the Year 2000 (from 1952)." io9, December 25, 2011. https://io9.gizmodo.com/robert-heinleins-predictions-for-the-year-2000-from-19-5871053.

[20] Asimov, Isaac. "Visit to the World's Fair of 2014," The New York Times, August 16, 1964. https://archive.nytimes.com/www.nytimes.com/books/97/03/23/lifetimes/asi-v-fair.html.

[21] Kestenbaum, David. "A Bet, Five Metals And The Future Of The Planet." NPR, January 2, 2014. https://www.npr.org/sections/money/2013/12/31/258687278/a-bet-five-metals-and-the-future-of-the-planet.

[22] "1994: The World of Tomorrow," *U.S. News & World Report.* January 1, 1973.

[23] Huber, Peter, and Mark P. Mills. *The Bottomless Well: The Twilight of Fuel, The Virtue of Waste, And While We Will Never Run Out of Energy.* Basic Books, 2005.

[24] Loeffler, John. "29 Terrible Predictions About Future Technology." Interesting Engineering, February 12, 2019. https://interestingengineering.com/29-terrible-predictions-about-future-technology.

[25] Oremus, Will. "Forty Years Ago Today, Snarky Tech Journalists Made Fun of the First Cellphone." Slate Magazine, April 3, 2013. https://slate.com/technology/2013/04/cellphones-40th-birthday-skeptics-made-fun-of-first-mobile-phone.html.

[26] Singh, Jai. "Dell: Apple Should Close Shop." CNET, October 6, 1997. https://www.cnet.com/news/dell-apple-should-close-shop/.

[27] Wieners, Brad, and David Pescovitz. *Reality Check.* San Francisco: Hardwired, 1996.

[28] Hammock, Rex. "So What Exactly Did Paul Saffo Say and When Did He Say It?" RexBlogcom, February 20, 2009. https://www.rexblog.com/2007/06/15/16955.

[29] Parrish, John B. "Rise of Economics as an Academic Discipline: The Formative Years to 1900." *Southern Economic Journal 34*, no. 1 (1967): 1. https://doi.org/10.2307/1055330.

[30] Albright, Richard E. "What Can Past Technology Forecasts Tell Us about the Future?" *Technological Forecasting and Social Change 69*, no. 5 (2002): 443–64. https://doi.org/10.1016/s0040-1625(02)00186-5.